Organisation der Regulierungsverwaltung

Alexander Wellerdt

Organisation der Regulierungsverwaltung

am Beispiel der deutschen und unionalen Energieverwaltung

Springer

Alexander Wellerdt
Bonn
Deutschland

ISBN 978-3-662-56450-9 ISBN 978-3-662-56451-6 (eBook)
https://doi.org/10.1007/978-3-662-56451-6

Die Deutsche Nationalbibliothek verzeichnet diese Publikation in der Deutschen Nationalbibliografie; detaillierte bibliografische Daten sind im Internet über http://dnb.d-nb.de abrufbar.

Zgl.: Lüneburg, Universität, Dissertation, 2017

Gedruckt auf säurefreiem und chlorfrei gebleichtem Papier

Springer ist Teil von Springer Nature
Die eingetragene Gesellschaft ist Springer-Verlag GmbH Deutschland
Die Anschrift der Gesellschaft ist: Heidelberger Platz 3, 14197 Berlin, Germany

Meinen Eltern

Vorwort

Die wirtschaftswissenschaftliche Fakultät der Leuphana Universität Lüneburg hat die vorliegende Arbeit im Wintersemester 2016/2017 als Dissertation angenommen. Die Druckfassung befindet sich im Wesentlichen auf dem Stand von Dezember 2017. Insbesondere wurden bereits die Vorschläge der Europäischen Kommission für ein Viertes Binnenmarktpaket für den Europäischen Energiebinnenmarkt berücksichtigt.

Danken möchte ich zuerst Herrn Professor Dr. Jörg Philipp Terhechte für lehrreiche Jahre als wissenschaftlicher Mitarbeiter am Competition & Regulation Institut der Leuphana Universität Lüneburg, in denen er mir wissenschaftlichen Freiraum gegeben hat, der mir wiederum zahlreiche Gastforschungsaufenthalte ermöglicht hat, ohne die diese Arbeit nicht entstanden wäre.

Herrn Professor Dr. Dr. h.c. Thomas Schomerus danke ich nicht nur für die Erstellung des Zweitgutachtens, sondern bereits für das Interesse am Fortgang meiner Arbeit. Insbesondere seine Empfehlung an die Bundesnetzagentur in Bonn hat meine Arbeit wesentlich gefördert.

Besonders danken möchte ich Herrn Professor Dr. Thomas Wein für die zügige Erstellung des Drittgutachtens sowie seine geduldige Diskussionsbereitschaft, die mich sowohl fachlich als auch menschlich durch die Höhen und Tiefen als Doktorand begleitet hat.

Darüber hinaus danke ich meinem verehrten Lehrer Herrn Professor Dr. Dr. h.c. mult. Eberhard Schmidt-Aßmann, der mich mit der juristischen Wissenschaft vertraut gemacht und mir Freude am Verwaltungsrecht in all seinen Facetten vermittelt hat. Sein Forschung wie Lehre gleichermaßen umfassendes Arbeitsethos waren für mich immer Vorbild und Ansporn.

Ferner danke ich Frau Professor Dr. Bettina Schöndorf-Haubold, die mich während meines Studiums und meiner Dissertation stets wohlwollend mit konstruktiver Kritik unterstützt hat.

Diese Arbeit wurde maßgeblich beeinflusst von vielfältigen Praxiseinblicken durch die Bundesnetzagentur für Elektrizität, Gas, Telekommunikation, Post und Eisenbahnen in Bonn. Hierfür danke ich herzlich Frau Dr. Annegret Groebel und Frau Prof. Dr. Nadia Horstmann die mir wertvolle Einblicke in die praktische

Organisation der deutschen und europäischen Regulierungsverwaltung gewährt und diese Arbeit durch unzählige Diskussionen gefördert haben.

Ich danke meinen Kollegen am Competition & Regulation Institute – besonders Dagmar, Claudia und Christoph – sowie Katrin, Dina, Yvonne und Christian an der Leuphana Universität Lüneburg, die mich während meiner Doktorandenzeit besonders begleitet haben.

Stete Begleiter in diesem Lebensabschnitt waren meine Freunde Bianca, Maximilian, Jörn, Jan, Alexander und Leni deren Motivation und Verständnis mich durch die Höhen und Tiefen als Doktorand begleitet haben. Sie haben mir viel Kraft gegeben, um diese Arbeit abzuschließen.

Zum Schluss danke ich meinen Eltern, die mir in meinem Leben alles ermöglicht und mich mit Ihrem festen Glauben an mich unterstützt haben. Ihnen sei diese Arbeit gewidmet.

Bonn im Dezember 2017 Alexander Wellerdt

Inhaltsverzeichnis

Abkürzungsverzeichnis

ABl.	Amtsblatt der Europäischen Union
Abs.	Absatz
ACER	Agency for the Cooperation of Energy Regulators
ACER-Verordnung	Verordnung (EG) 713/2009 des Europäischen Parlaments und des Rates vom 13. Juli 2009 zur Gründung einer Agentur für die Zusammenarbeit der Energieregulierungsbehörden, ABl. L Nr. 211 vom 14.08.2009, S. 1.
AEUV	Vertrag über die Arbeitsweise der Europäischen Union
AöR	Archiv des öffentlichen Rechts
ARegV	Verordnung über die Anreizregulierung der Energieversorgungsnetze (Anreizregulierungsverordnung)
Art.	Artikel
Aufl.	Auflage
BGBl.	Bundesgesetzblatt
BGH	Bundesgerichtshof
BNetzA	Bundesnetzagentur für Elektrizität, Gas, Telekommunikation, Post und Eisenbahnen
BNetzAG	Gesetz über die Bundesnetzagentur für Elektrizität, Gas, Telekommunikation, Post und Eisenbahnen
Ca.	Circa
CEER	Council of European Energy Regulators
DÖV	Die Öffentliche Verwaltung
DV	Die Verwaltung
DVBl.	Deutsches Verwaltungsblatt
EGL.	Ergänzungslieferung

Elektrizitäts-Richtlinie 2009	Richtlinie 2009/72/EG des Europäischen Parlaments und des Rates vom 13. Juli 2009 über gemeinsame Vorschriften für den Elektrizitätsbinnenmarkt, ABl. L Nr. 211 vom 14.08.2009, S. 55.
Elektrizitäts-Richtlinie 2003	Richtlinie 2003/54/EG des Europäischen Parlaments und des Rates vom 26. Juni 2003 über gemeinsame Vorschriften für den Elektrizitätsbinnenmarkt und zur Aufhebung der Richtlinie 96/92/EG, ABl. L Nr. 176 vom 15.07.2003, S. 34.
ENTSO-E	European Network of Transmission System Operators for Electricity
ENTSO-G	European Network of Transmission System Operators for Gas
EnWG	Gesetz über die Elektrizitäts- und Gasversorgung (Energiewirtschaftsgesetz)
EnzEuR	Enzyklopädie Europarecht
ERGEG	European Regulators Group for Energy and Gas
EuG	Europäisches Gericht (erster Instanz)
EuGH	Europäischer Gerichtshof
EuR	Europarecht
EUV	Vertrag über die Europäische Union
EuZW	Europäische Zeitschrift für Wirtschaftsrecht
EYIEL	European Yearbook of International Economic Law
GasNEV	Verordnung über die Entgelte für den Zugang zu Gasversorgungsnetzen (Gasnetzentgeltverordung)
GasNZV	Verordnung über den Zugang zu Gasversorgungsnetzen (Gasnetzzugangsverordnung)
Gas-Richtlinie 2009	Richtlinie 2009/73/EG vom 13. Juli 2009 über gemeinsame Vorschriften für den Erdgasbinnenmarkt, ABl. L Nr. 211 vom 14.08.2009, S. 94.
Gas-Richtlinie 2003	Richtlinie 2003/55/EG des Europäischen Parlaments und des Rates vom 26. Juni 2003 über gemeinsame Vorschriften für den Erdgasbinnenmarkt und zur Aufhebung der Richtlinie 98/30/EG, ABl. L Nr. 176 vom 15.07.2003, S. 57.
Gaszugangsverordnung 2009	Verordnung (EG) 715/2009 des Europäischen Parlaments und des Rates vom 13. Juli 2009 über die Bedingungen für den Zugang zu den Erdgasfernleitungsnetzen; ABl. L Nr. 211 vom 14.08.2009, S. 36.

Gaszugangsverordnung 2005	Verordnung (EG) 1775/2005 des Europäischen Parlaments und des Rates vom 28. September 2005 über die Bedingungen für den Zugang zu den Erdgasfernleitungsnetzen; ABl L Nr. 289 vom 03.11.2005, S. 1.
GG	Grundgesetz
GVwR	Grundlagen des Verwaltungsrechts
HStR	Handbuch des Staatsrechts
ICER	International Confederation of Energy Regulators
IR	Infrastruktur-Recht
JZ	Juristen Zeitung
LRegB	Landesregulierungsbehörde
MMR	MultiMedia und Recht
NJW	Neue Juristische Wochenschrift
NVwZ	Neue Zeitschrift für Verwaltungsrecht
OLG	Oberlandesgericht
RdE	Recht der Energiewirtschaft
REMIT Verordnung	Verordnung (EU) Nr. 1227/2011 des Europäischen Parlaments und des Rates vom 25. Oktober 2011 über die Integrität und Transparenz des Energiegroßhandelsmarktes, ABl. L Nr. 326 vom 08.12.2011, S. 1.
Stromhandelsverordnung 2009	Verordnung (EG) 714/2009 des Europäischen Parlaments und des Rates vom 13. Juli 2009 über die Netzzugangsbedingungen für den grenzüberschreitenden Stromhandel, ABl. L Nr. 211 vom 14.08.2009, S. 15.
Stromhandelsverordnung 2003	Verordnung (EG) Nr. 1228/2003 des Europäischen Parlaments und des Rates vom 26. Juni 2003 über die Netzzugangsbedingungen für den grenzüberschreitenden Stromhandel, ABl. L Nr. 176 vom 15.07.2003, S. 1
StromNEV	Verordnung über die Entgelte für den Zugang zu Elektrizitätsversorgungsnetzen (Stromnetzentgeltverordnung)
StromNZV	Verordnung über den Zugang zu Elektrizitätsversorgungsnetzen (Stromnetzzugangsverordnung)
U. a.	Unter anderem
VerwA	Verwaltungsarchiv
VBlBW	Verwaltungsblätter Baden-Württemberg
VVDStRL	Veröffentlichungen der Vereinigung der Deutschen Staatsrechtslehrer
VwVfG	Verwaltungsverfahrensgesetz
VwZG	Verwaltungszustellungsgesetz

WuW	Wirtschaft und Wettbewerb
ZaöRV	Zeitschrift für ausländisches öffentliches Recht und Völkerrecht
Z. B.	Zum Beispiel
ZNER	Zeitschrift für Neues Energierecht
ZPO	Zivilprozessordnung

Abbildungsverzeichnis

Kapitel 1 Einleitung zur Organisation der Regulierungsverwaltung im Energiesektor

I. Einführung

Die Verwaltungsorganisation gilt oft als statisch und das Verwaltungsorganisationsrecht als abstrakt. Das Gegenteil ist der Fall. Verwaltungsorganisation ist kein Selbstzweck, sondern Voraussetzung jedes Verwaltungshandelns. In einer multipolaren und supranationalen Verwaltungswelt gewinnt die Organisation der Verwaltung zunehmend an Bedeutung. Die Verwaltungsorganisation dient der bestmöglichen Erfüllung der öffentlichen Aufgaben, indem sie äußere Einflüsse aufnimmt und in staatliche Strukturen überführt, um flexibel auf die Veränderungen der Zeit zu reagieren.

Diese Arbeit untersucht die Verwaltung und ihre Organisation in der Bundesrepublik Deutschland und der Europäischen Union am „Referenzgebiet"[1] der Regulierungsverwaltung. Regulierung ist eine dynamische Aufgabe der Verwaltung und nimmt im Verwaltungshandeln zunehmend Raum ein. Hingegen wird die Organisation der Regulierungsverwaltung in der rechtswissenschaftlichen Forschung bisher nur beschrieben. Eine tiefere Diskussion der Vielfalt von Organisationsstrukturen und deren Einfluss auf Verwaltungsentscheidungen steht noch aus.

Besonders bedeutsam wird Regulierung im Energiesektor. Energie ist ein absolutes Gemeinschaftsgut.[2] Die Versorgung der Allgemeinheit mit Energie gehört zur öffentlichen Daseinsvorsorge. Sie dient der Förderung und Sicherung des Gemeinwohls in der Bundesrepublik Deutschland. Daher unterliegt die Energiewirtschaft in besonderem Maße der staatlichen Regulierung. Die Verwaltung muss bei der Regulierung der Elektrizitäts- und Gaswirtschaft unterschiedliche

[1] Begriffsprägend *E. Schmidt-Aßmann*, Das allgemeine Verwaltungsrecht als Ordnungsidee, 2. Aufl. 2004, 1. Kap. Tz. 12 ff. und 3. Kap. Tz. 1 ff.; zur methodischen Arbeit *A. Voßkuhle*, Neue Verwaltungsrechtswissenschaft, in: Hoffmann-Riem/Schmidt-Aßmann/ders. (Hrsg.), GVwR Bd. I, 2. Aufl. 2012, § 1 Rn. 43 ff.

[2] BVerfGE 30, 292 (323 f.); 66, 248 (258).

A. Wellerdt, *Organisation der Regulierungsverwaltung*,
https://doi.org/10.1007/978-3-662-56451-6_1

Interessenkonstellationen von Gesellschaft und Staat bis zu Energieversorgern und Energienetzbetreibern entlang der Wertschöpfungsstufen der Energiewirtschaft berücksichtigen.[3]

II. Gegenstand der Untersuchung

Zumeist stehen im Fokus der Untersuchungen im Verwaltungsrecht materiellrechtliche Regelungen. Indes bleiben die formellen Regelungen der Verwaltungsorganisation meist unbeachtet.[4] Während die materielle Programmierung von Wirtschaftsbereichen immer weiter geht, wächst der Bedarf an formeller Ordnung und Steuerung durch die Fachverwaltung. Gegenstand der Untersuchung sind die Rechtsgrundlagen der Verwaltungsorganisation der Regulierungsverwaltung in der Energiewirtschaft.

1. Problemaufriss

Der Verwaltungsorganisation kommt nicht nur formell, sondern auch materiell eine zunehmende Bedeutung zu. Durch die formelle Konstruktion von Verwaltungseinheiten werden die materiellen Voraussetzungen des Verwaltens geschaffen. Die Verwaltungsorganisation setzt durch ihre Struktur und ihre Rechtsgrundlagen einen Rahmen für Verwaltungshandlungen, der das Verfahren und das Ergebnis von Entscheidungen von Verwaltungsorganisationen beeinflusst.[5]

Der Zusammenhang zwischen der Organisation einer Verwaltungseinheit und deren Einfluss auf Entscheidungen wurde bisher nicht untersucht. Eine empirische Untersuchung des Einflusses von Organisationen auf Entscheidungen ist kaum möglich. Es gibt keine juristische Methode, um den Einfluss von rechtlich oder tatsächlich verfassten Organisationen auf Handlungen und Entscheidungen zu bestimmen.

Ein Anknüpfungspunkt für die Untersuchung ergibt sich jedoch aus einer Verbindung des ökonomischen Ansatzes, insbesondere der Neuen Institutionenökonomik, mit der rechtswissenschaftlichen Methode der Auslegung, die methodisch aufeinander

---

[3] *J.-C. Pielow*, Energierecht, in: Ehlers/Fehling/Pünder (Hrsg.), Besonderes Verwaltungsrecht Bd. 1, 3. Aufl. 2012, § 22 Rn. 2.

[4] So bereits frühzeitig *A. Hatje*, Gemeinschaftsrechtliche Steuerung der Wirtschaftsverwaltung, 1998, S. 111 ff.; *H.-W. Rengeling*, Rechtsgrundsätze beim Verwaltungsvollzug des Europäischen Gemeinschaftsrechts, Kölner Schriften zum Europarecht, Bd. 27, 1977, S. 25 ff.; *W. Kahl*, DV 1996, S. 341 (343).

[5] *G. F. Schuppert*, Verwaltungswissenschaft, 2000, S. 547; *E. Schmidt-Aßmann*, Verwaltungsorganisationsrecht als Steuerungsressource, in: ders./Hoffmann-Riem (Hrsg.), Verwaltungsorganisationsrecht als Steuerungsressource, 1997, S. 9 (20); *R. K. Weaver/B. Rockman*, Assessing the effects of institutions, When and how do institutions matter, in: dies. (Hrsg.), Do Institutions matter? Government Capabilities in the United States and Abroad, 1993, S. 5 (9).

bezogen werden können.[6] In einem ersten Schritt geht die Untersuchung von Erkenntnissen über das Handeln von Menschen aus. Menschen richten ihr Handeln entsprechend ihren Präferenzen aus. Präferenzen zielen in der Regel auf die Maximierung von Nutzen. Indes unterliegt das menschliche Handeln innerhalb der Präferenzen gewissen Restriktionen. In einem zweiten Schritt werden diese Zusammenhänge menschlichen Handelns auf Organisationen übertragen, da sich das „Handeln" von Organisationseinheiten auf den Einfluss von Einzelpersonen zurückführen lässt. Je größer der Einfluss einer Organisation auf eine Entscheidung, umso größer ist der Nutzen für die Organisation. Eingeschränkt wird der Einfluss auf Entscheidungen zudem durch Restriktionen, die sich aus rechtlichen oder tatsächlichen Regeln ergeben.

2. Zur Terminologie der Untersuchung

Die Regulierungsverwaltung hat die Aufgabe, die Regulierung von Märkten entsprechend politisch ausgehandelter Vorgaben und ökonomischer Ziele zu gewährleisten. Märkte sind in der Bundesrepublik Deutschland als Mitglied der Europäischen Union nicht allein national, sondern vielmehr supranational geprägt. Besonders Energiemärkte für Elektrizität und Gas sind in den letzten 20 Jahren zu einer Thematik mit grenzüberschreitender Bedeutung geworden. Entsprechend sind auch die gesetzlichen Vorgaben zunehmend auf europäischer Ebene angesiedelt.

Eine zentrale Regelung der Energiepolitik erfolgt seit 2009 primärrechtlich unter Titel XXI „Energie" des Vertrags über die Arbeitsweise der Europäischen Union. Durch Art. 194 AEUV werden drei Kernziele für die Regulierung der Energiemärkte definiert: die Sicherstellung des Funktionierens des Energiebinnenmarktes, die Gewährleistung der Energieversorgungssicherheit und die Förderung der Interkonnektion der Energienetze. Hinzu kommen zahlreiche sekundärrechtliche Konkretisierungen der Ziele des Art. 194 Abs. 1 lit. a) – d) in Richtlinien und Verordnungspaketen. Hierin liegen die Vorgaben zur Umsetzung im Energiewirtschaftsrecht der Mitgliedstaaten.

Die Regulierung der Energiemärkte ist vor allem eine Regulierung der Energienetze.[7] Die Verbindung nationaler Energienetze ist die Voraussetzung sowohl zur Schaffung eines funktionierenden Energiebinnenmarktes als auch zur Gewährleistung von Versorgungssicherheit. Weitere energiewirtschaftliche Regelungen insbesondere zur Erzeugung erneuerbarer Energien und zur Stärkung des Verbraucherschutzes knüpfen an die grundlegenden Vorgaben zur Regulierung der Energienetzwirtschaft an.

Die Untersuchung konzentriert sich auf die Organisation der Regulierungsverwaltung in der Energie*netz*wirtschaft. Die Vielzahl von nationalen und supranationalen sowie öffentlichen und privatwirtschaftlichen Akteuren ist beispielhaft für die Verwaltungsorganisation der Regulierungsverwaltung im Europäischen Binnenmarkt.

---

[6] *C. Möllers*, Der vermisste Leviathan, 2008, S. 83; *M. Ruffert*, Begriff, in: Fehling/ders. (Hrsg.), Regulierungsrecht, 2010, § 7 Rn. 18, 22.

[7] Hierin liegt der Ursprung des Energie-Regulierungsrechts, siehe rechtshistorisch und rechtsvergleichend: *J.-P. Schneider*, Liberalisierung der Stromwirtschaft, 1999, S. 40, 132 ff., 375 ff.

3. Übersicht über die Regulierungsakteure im Energiesektor

Zentrale Regulierungsbehörde in der Bundesrepublik Deutschland ist die Bundesnetzagentur für Elektrizität, Gas, Telekommunikation, Post und Eisenbahnen, die für alle nationalen Regulierungsaufgaben zuständig ist, § 54 Abs. 1 EnWG, soweit sich keine besondere Zuständigkeit der Landesregulierungsbehörden aus § 54 Abs. 2 EnWG ergibt. Fünf[8] Länder haben sich aus kompetenziellen und finanziellen Gründen gegen die Einrichtung eigener Landesregulierungsbehörden entschieden.[9] Über ein Verwaltungsabkommen zwischen dem jeweiligen Landeswirtschaftsministerium mit der Bundesnetzagentur wurde die Erfüllung der Aufgaben kraft Organleihe vereinbart.[10]

Die Erscheinungsformen der Energie-Regulierungsverwaltung auf europäischer Ebene sind vielfältig. Zunächst wurden 1998 in Florenz das Europäische Forum für Elektrizitätsregulierung und 1999 in Madrid das Europäische Forum für Gasregulierung eingerichtet. Sie entstanden auf Initiative der Europäischen Kommission aus einer Zusammenkunft nationaler Vertreter von Ministerien, Regulierungsbehörden und Energiewirtschaft zur Erarbeitung unverbindlicher Leitlinien zur Energiemarktregulierung. Ergänzt werden diese Foren in jüngerer Zeit durch das Europäische Bürgerforum für Energie in London und das Europäische Infrastrukturforum in Stockholm.

Im Zuge der Gründung spezifischer Regulierungsbehörden in den Mitgliedstaaten wurde im Jahre 2000 der Rat der Europäischen Energieregulierungsbehörden (Council of European Energy Regulators, CEER) gegründet.[11] Er besteht aus Vertretern der 28 Regulierungsbehörden der Europäischen Union, Norwegen und Israel. Das CEER unterstützt die Kommission bei der Rechtsetzung im Energiesektor und bewertet die Unionsrechtsumsetzung in den Mitgliedstaaten der Europäischen Union.

Daneben wurde ein Europäisches Netzwerk der Netzbetreiber für Elektrizität beziehungsweise Gas (European Network of Transmission System Operators for Electricity and Gas) als Vereinigung der europäischen Verbände der Übertragungsnetzbetreiber für Elektrizität und Fernleitungsnetzbetreiber für Gas zur Koordinierung der Netzausbauplanung im Jahre 2005 gegründet. Der europäische Energiemarkt hat die nationalstaatlichen Grenzen längst überwunden. Eine organisierte Zusammenarbeit der Netzbetreiber ist für die Errichtung eines Energiebinnenmarktes mit grenzüberschreitenden Transportnetzen zur Gewährleistung der Versorgungssicherheit unerlässlich.

---

[8] Dies sind Berlin, Brandenburg, Bremen, Schleswig-Holstein und Thüringen.

[9] Stenografischer Bericht der 812. Sitzung des Bundesrates vom 17.06.2005, S. 240; hierzu erläuternd *B. Holznagel/M.-S. Göge/P. Schumacher*, DVBl. 2006, S. 471 (473); *P. Franke*, Die Landesregulierungsbehörden, in: Baur/Salje/Schmidt-Preuß (Hrsg.), Recht der Energiewirtschaft, 2. Aufl. 2016, Kap. 40 Rn. 9.

[10] *S. Neveling*, ZNER 2005, S. 263 (267); *C. Koenig/J. Kühling/W. Rasbach*, Energierecht, 3. Aufl. 2013, Kap. 10 Rn. 13 f.

[11] Die Gründung eines Rates der Regulierungsbehörden im Energiesektor stellte eine Reaktion auf die Gründung der Vereinigung der Europäischen Übertragungsnetzbetreiber (European Transmission System Operators) im Rahmen des Europäischen Forums für Elektrizitätsregulierung 1999 dar.

Im Zuge des Dritten Energiebinnenmarktpaketes der Europäischen Union von 2009 wurde die Gründung der Agentur für die Zusammenarbeit der Energieregulierungsbehörden (Agency for the Cooperation of Energy Regulators, ACER) beschlossen. Die ACER definiert als europäische Agentur nur einen formellen Rahmen zur Koordination der nationalen Energieregulierungsbehörden. Zweck der ACER ist es, sowohl die Europäische Kommission als auch die nationalen Energieregulierungsbehörden bei der Erfüllung ihrer regulatorischen Aufgaben auf europäischer Ebene zu unterstützen.

Zentrale Verwaltungsorganisation auf europäischer Ebene ist die Europäische Kommission, deren Handlungsrahmen regelmäßig vom Europäischen Parlament und vom Rat als Rechtsetzer bestimmt wird. Daneben bestehen sekundärrechtlich geforderte, aber inzwischen überholte Komitologieausschüsse zum Erlass von Durchführungsbestimmungen zu den Richtlinien und Verordnungen der Europäischen Union.

Auf internationaler Ebene existiert ein einziger Regulierungsakteur mit dem Internationalen Verband der Energie-Regulierer (International Confederation of Energy Regulators, ICER), der unter dem Dach des World Energy Forums eine freiwillige Kooperation regionaler Gruppen von Regulierungsbehörden weltweit darstellt.

4. Stand der Forschung

Eine Untersuchung des Einflusses von Organisationsformen auf Entscheidungen der Verwaltung gibt es bisher weder in der deutschsprachigen noch in einer der übrigen europäischen Rechtswissenschaften. Die Forschung zum Einfluss von privaten oder öffentlichen Organisationen auf Entscheidungen konzentriert sich auf sozioökonomische Studien zum Umgang mit Entscheidungsunsicherheiten. In den Politikwissenschaften wird die Frage untersucht, welchen Einfluss Akteurskonstellationen sowie die Art und Weise der Interaktionen auf das erzielte Ergebnis haben.[12] Im Rahmen der Neuen Institutionenökonomik wird ein „*interest in studying how organizations solve their problems*“[13] erkannt. Daneben ist die juristische Forschung über erste Ansätze nicht hinausgekommen.[14] Einzig eine Untersuchung zum angloamerikanischen Wettbewerbsrecht setzt sich hiermit ausdrücklich, aber nur am Rande, auseinander und konstatiert: „*Institutional considerations are beginning to receive the attention they deserve.*“.[15] Eine stimmige Doktrin konnte sich hieraus jedoch noch nicht entwickeln.

Im Regulierungsrecht werden die Organisationsformen der Regulierungsakteure lediglich beschrieben, ohne deren Einfluss auf Regulierungsentscheidungen

---

[12] *D. Jansen/K. Schubert*, Netzwerkanalyse, Netzwerkforschung und Politikproduktion: Ansätze zur ‚cross-fertilization', in: dies. (Hrsg.), Netzwerke und Politikproduktion. Konzepte, Methoden, Perspektiven, 1993, S. 9.

[13] *K. J. Arrow*, Essays in the theory of risk-bearing, 1971, S. 224.

[14] *R. Posner*, Economic Analysis of Law, 8. Aufl. 2011, S. 31, 33.

[15] *W. E. Kovacic*, in: Hermann/Krajewski/Terhechte (Hrsg.), EYIEL Vol. 4 (2013), S. 6.

zu thematisieren. Diese Beschreibungen bieten jedoch Ansatzpunkte für eine weiterführende Auseinandersetzung sowohl mit den praktischen Bewirkungsformen der Regulierungsakteure als auch mit den dahinterstehenden Handlungsformen und deren Rechtswirkungen von Regulierungsentscheidungen. Gerade im Regulierungsrecht ist der Zusammenhang von Organisationsformen und Entscheidungen besonders relevant, da die Regulierung von Wirtschaftsbereichen in der europäischen Mehrebenenverwaltung durch eine Vielzahl nationaler und unionaler, hoheitlicher und privater Akteure erfolgt. Angesichts der hohen Praxisrelevanz des Zusammenhangs von Organisationsformen und Entscheidungen im Regulierungsrecht erscheint es unerlässlich, diesen Zusammenhang genauer zu verstehen. Am Referenzgebiet des Energiesektors soll daher sowohl formell, anhand der Organisationsformen von Regulierungsakteuren, als auch materiell, mithilfe der Handlungsformen und Entscheidungsverfahren, der Einfluss auf Entscheidungen in der Regulierungsverwaltung abgeleitet werden.

III. Ziel der Untersuchung

Diese Arbeit nimmt den Zusammenhang zwischen der Organisation der Regulierungsverwaltung und den Entscheidungen der Verwaltung in den Blick. Im Mittelpunkt steht die Frage, welchen Einfluss die Verwaltungsorganisation auf das Entscheidungsverfahren und auf Entscheidungsergebnisse von Regulierungsakteuren hat.

Um diesen Einfluss sowohl strukturell rechtlich als auch praktisch beschreiben zu können, verfolgt die vorliegende Studie zwei Untersuchungsansätze: In einem ersten Schritt wird anhand der Rechtsgrundlagen der Verwaltungsorganisationen untersucht, wie die materiell-rechtlichen Regeln die Bewirkungsformen der Regulierungsakteure programmieren. Das führt zu der Frage, wie sich die dahinterstehenden Handlungsformen von Regulierungsakteuren in ihren Rechtswirkungen auf Entscheidungen unterscheiden. In einem zweiten Schritt wird untersucht, wie die Organisation der Verwaltung und Verwaltungsverfahren von Regulierungsakteuren bei Entscheidungen zusammenwirken. Dabei werden vor allem formale Organisationszusammenhänge zwischen den Regulierungsakteuren aufgezeigt. Grundlegende Formen des Zusammenwirkens werden als Modelltypen beschrieben, um damit die Rolle der Verwaltungsorganisation in der Regulierungsverwaltung zu charakterisieren.

IV. Gang der Untersuchung

Die Untersuchung des Einflusses von Organisationsformen auf Entscheidungen der Regulierungsverwaltung im Energiesektor gliedert sich in sechs Abschnitte.

Im zweiten Kapitel werden die Grundlagen zum Thema dieser Arbeit gelegt. Einführend steht eine kurze Darstellung der ökonomischen Grundlagen der

Netzregulierung und der Besonderheiten der Regulierung von Elektrizitäts- und Gasnetzen in Deutschland. Im Mittelpunkt stehen die Rechtsbegriffe, die dieser Arbeit ihren Titel geben. Die (Verwaltungs-)*Organisation* und die *Regulierungsverwaltung* werden definiert und erläutert. Dies erfolgt zunächst auf terminologischer Ebene als eine Annäherung an die Begriffe der Verwaltung und der Organisation, um das Wesen der Verwaltungsorganisation herauszuarbeiten. Sie steht im Zentrum der Untersuchung im Hinblick auf ihren Einfluss auf Entscheidungen. Anschließend wird die Regulierungsverwaltung als Referenzgebiet dieser Untersuchung konkret in Bezug auf ihre Entstehung und ihre Funktion sowie ihre besonderen Herausforderungen bei der ökonomischen Netzregulierung dargestellt.

Im dritten Kapitel wird das methodische Vorgehen der Untersuchung erläutert. Der ökonomische Ansatz bietet einen Einstieg, um eine erste Konzeptualisierung zur Bestimmung des Einflusses auf Entscheidungen zu gewinnen. Der Einfluss auf Entscheidungen wird ökonomisch gesprochen von institutionellen Arrangements beziehungsweise rechtlich gesprochen von Normen oder Regeln bestimmt. Hier setzt die juristische Methode mit einer Auslegung der Organisationsregeln an. Ausgangspunkt der Auslegung sind die konstitutiven Rechtsgrundlagen von Verwaltungsträgern, aus denen sich gemeinsame Elemente von Formen der Verwaltungsorganisation ableiten lassen, die maßgebend für deren Einfluss auf das Entscheidungsverfahren und die Entscheidungsergebnisse sind.

Im vierten Kapitel werden die Akteure der Verwaltungsorganisation mit ihren jeweiligen Bewirkungsformen herausgearbeitet. Indem die Rechtsgrundlagen der Regulierungsakteure nach den Elementen der Verwaltungsorganisation ausgelegt werden, lassen sich zuerst die unterschiedlichen Regulierungsakteure, sodann die damit verbundenen Bewirkungsformen der Regulierungsverwaltung in der Praxis darstellen. Im fünften Kapitel werden die Bewirkungsformen der Regulierungsakteure weiter untersucht. Hinter den praktischen Bewirkungsformen stehen rechtliche Handlungsformen, die sich in ihren Rechtswirkungen und Rechtsschutzmöglichkeiten unterscheiden.

Im sechsten Kapitel werden die Erkenntnisse zu einer zusammenfassenden Beschreibung des materiellen Einflusses der einzelnen Regulierungsakteure auf Entscheidungsverfahren und Entscheidungsergebnisse verdichtet und durch eine Bildung von Modellen das Zusammenspiel zwischen Organisation und Verfahren der Regulierungsakteure veranschaulicht. Die einzelnen Regulierungsakteure lassen sich übergeordneten Organisationsformen zuordnen. Anhand der Bildung von fünf Modelltypen der Verwaltungsorganisation werden die nationalen und supranationalen Regulierungsakteure hinsichtlich ihres Einflusses auf Entscheidungsverfahren und -ergebnisse systematisiert.

Die Arbeit schließt mit einer Zusammenfassung Zur Organisation der Regulierungsverwaltung und gibt eine Antwort auf die Forschungsfrage.

Kapitel 2 Ökonomische und rechtliche Grundlagen

Die Untersuchung der Organisation der Regulierungsverwaltung erfolgt in der Schnittstelle von Ökonomie und Recht. Auf der einen Seite geht es damit um die rechtlich festgelegten Formen von Organisation und Verwaltung. Auf der anderen Seite handelt es sich um ökonomisch dynamische Vorgänge bei der Regulierung von Märkten.

Um diese komplexen Zusammenhänge zu beschreiben, erfolgt zunächst eine Einführung in die ökonomischen Grundlagen. (I.) Die Darstellung der Entwicklung der Regulierung in den Netzwirtschaften (1.) hilft die Ursachen und Zielsetzungen sowie den Anwendungsbereich der ökonomischen Regulierung von Netzwirtschaften (2.) herauszuarbeiten. Insbesondere die Regulierung von Elektrizitäts- und Gasnetzen weist rechtliche, ökonomische und technische Besonderheiten auf (3.).

Die Untersuchung der „Organisation der Regulierungsverwaltung" gründet auf zwei komplexe Rechtsbegriffe, denn für die Begriffe „Organisation" und „Regulierungsverwaltung" gibt es kein einheitliches Verständnis. Als Ausgangspunkt dieser Arbeit wird daher ein präzises und einheitliches Verständnis der zentralen Begriffe erarbeitet. Die Bestimmung der Verwaltungsorganisation (II.) bedient sich einer semantischen Trennung in die Wortteile der Verwaltung (1.) und der Organisation (2.), in deren Zusammenspiel die Bedeutung der Verwaltungsorganisation (3.) aufgezeigt wird.

Die Regulierungsverwaltung (III.) ist ein junger Verwaltungsbereich, entsprechend klärt sich das Begriffsverständnis erst langsam. Regulierung ist ein Begriff (1.), der nach dem Wortsinn sehr weit verstanden wird und erst im Kontext der Entstehungsgeschichte der Regulierungsverwaltung seine hier maßgebliche Bedeutung erhalten hat. Eine besondere funktionelle Bedeutung (2.) kommt der Regulierungsverwaltung durch ihre weitgehend unabhängige Stellung im Verwaltungsapparat zu. Die Regulierungsverwaltung übernimmt mehrere Funktionen (3.) bei der rechtlichen Regelung von Wirtschaftssektoren. Indes begegnet die Regulierungsverwaltung gerade durch ihre unabhängige Stellung und ihre weitreichenden Funktionen besonderen Herausforderungen (4.), da sie zur Erfüllung ihrer Aufgaben wesentliche Daten, Informationen und Wissen benötigt.

A. Wellerdt, *Organisation der Regulierungsverwaltung*,
https://doi.org/10.1007/978-3-662-56451-6_2

I. Einführung in die ökonomische Regulierung

Die staatliche Regulierung von Märkten basiert auf einem normativen Grundverständnis von funktionierenden beziehungsweise versagenden Märkten. Demnach wird Regulierung dort eingesetzt, wo Märkte versagen.[1] Ein Marktversagen tritt nach diesem Grundverständnis dann auf, wenn sich unter der Annahme rational agierender Akteure mit individuellen Präferenzen und Restriktionen keine effiziente Verteilung der Güter einstellt.[2] Gründe für ein solches Marktversagen können insbesondere externe Effekte,[3] Informationsmängel[4] oder Unteilbarkeiten[5] sein. Hier setzt Regulierung an.[6] Regulierung umfasst alle ökonomisch motivierten Eingriffe des Staates in marktwirtschaftliche Allokationsprozesse zur Beschränkung von Marktmechanismen auf fehlerhaften Märkten oder zur Übernahme von einen Wettbewerb stimulierenden Marktfunktionen auf fehlenden Märkten.[7] Durch die Wirkung des Wettbewerbs kommt es zu einer besseren Ressourcenallokation, was Wohlfahrtsgewinne mit sich bringt.[8]

1. Entwicklung der Regulierung in den Netzwirtschaften

Ziel der Regulierung ist insbesondere die Eröffnung von Wettbewerb in Wirtschaftssektoren, die über Jahre auf der Grundlage staatlicher Monopole geordnet waren. Staatliche Monopole waren in den Netzwirtschaften für Elektrizität und

---

[1] *M. Fritsch*, Marktversagen und Wirtschaftspolitik, 9. Aufl. 2014, S. 80 ff., 159 ff., 247 ff.; kritisch zum Marktversagen als wesentliche Ursache für Regulierung *G. Majone*, Theories of regulation, in: ders. (Hrsg.), Regulating Europe, 1996, S. 28 f.

[2] *M. Fritsch*, Marktversagen und Wirtschaftspolitik, 9. Aufl. 2014, S. 60 ff.

[3] Externe Effekte sind alle negativen Wirkungen des Wettbewerbs oder Kosten des Marktes, die durch das Verhalten Dritter verursacht werden, so *M. Leschke*, Regulierungstheorie aus ökonomischer Sicht, in: Fehling/Ruffert (Hrsg.), Regulierungsrecht, 2010, § 6 Rn. 25 f., 32 ff.

[4] Informationsmängel kommen auf realen Märkten regelmäßig vor, wenn Marktakteure aufgrund unvollständiger, verspäteter oder kostenintensiver Information nur eingeschränkt am Markt teilnehmen, wodurch der Markt in seiner Funktionsweise beeinträchtigt ist, so *F. H. Knight*, Risk, Uncertainty and Profit, 1971; grundlegend hierzu *G. A. Akerlof*, The Market for Lemons": Quality Uncertainty and the Market Mechanism, Quarterly Journal of Economics 84 (1970), S. 488 ff.

[5] Unteilbarkeiten bestehen insbesondere bei natürlichen Monopolen, wenn sich die Kapazitäten bestimmter Ressourcen nicht ökonomisch sinnvoll duplizieren lassen und Marktkonzentrationen entstehen, so *M. Fritsch*, Marktversagen und Wirtschaftspolitik, 9. Aufl. 2014, S. 159 ff.

[6] Kritisch hierzu *J. Brettschneider*, Der Staat 54 (2015), S. 501 (503 ff., 528 ff., 537 f.).

[7] *A. Groebel*, Ökonomische Rationalität des europäischen Regulierungsrechts, in: Bien/Ludwigs (Hrsg.), Das europäische Kartell- und Regulierungsrecht der Netzindustrien, 2015, S. 171 (171); *J. Kühling*, Sektorspezifische Regulierung in den Netzwirtschaften, 2004, S. 13 f., 58; *T. Attendorn*, Die Regulierungsbehörde als freier Marktgestalter und Normsetzer?, 2008, S. 51.

[8] *Angelika Benz/K. König*, Privatisierung und staatliche Regulierung – eine Zwischenbilanz, in: König/Benz (Hrsg.), Privatisierung und staatliche Regulierung, 1997, S. 606 (619 f.).

Gas verbreitet. Durch rechtliche Vorgaben und technische Entwicklungen wurden diese Wirtschaftsbereiche privatisiert, liberalisiert und dem Wettbewerbsprinzip unterstellt.[9]

So entwickelte sich ein eigenes Recht für die Regulierung der Netzwirtschaften in Deutschland.[10] Trotz einheitlicher theoretischer Grundlagen für die Regulierung der Netzwirtschaften sind die Ausprägungen in den einzelnen Regulierungssektoren durch jeweils spezifische, einfachgesetzliche Vorschriften in Fachgesetzen sehr heterogen. Eine einheitliche Normierung des materiellen Regulierungsrechts wurde nicht erreicht.[11] Die Regulierung der Netze begann Anfang der 1990er Jahre bei der Post und Telekommunikation, ehe Mitte der 1990er Jahre eine Regulierung der Elektrizitäts- und Gasnetze einsetzte. Zudem bestanden und bestehen in diesen Sektoren teilweise noch immer staatliche Monopole, da es Aufgabe des Bundes und der Bundesverwaltung war, bundesweit funktionstüchtige und unionsweit kohärente Netze zu schaffen.[12]

Verwaltungsorganisatorisch wird diese Entwicklung durch die Ausgliederung der Regulierungsverwaltung aus der Ministerialfachverwaltung und die Abgrenzung zur Wettbewerbsverwaltung im Bundeskartellamt begleitet. Mit der Bundesnetzagentur für Elektrizität, Gas, Telekommunikation, Post und Eisenbahnen wurde eine eigenständige, unabhängige Regulierungsbehörde für die Netzwirtschaften errichtet. Die Regulierungsverwaltung bekommt mit dieser Behörde ein Gesicht. Ihre Organisationsstruktur verklammert die netzwirtschaftlichen Regulierungsbereiche.[13] Durch die Kodifizierung eines einheitlichen organisatorischen Rahmens folgt die materielle Rechtsanwendung zumindest grundlegenden Organisationsformen. Darin wird die Bedeutung des Verwaltungsorganisationsrechts für die Regulierungsverwaltung deutlich.

---

[9] *J. Masing*, Gutachten D zum 66. DJT 2006, S. 13; *G. Knieps*, Der disaggregierte Regulierungsansatz der Netzökonomie, in: ders./G. Brunekreeft (Hrsg.), Zwischen Regulierung und Wettbewerb – Netzsektoren in Deutschland, 2. Aufl. 2003, S. 9 ff.; *J.-P. Schneider*, Liberalisierung der Stromwirtschaft, 1999, S. 525 ff.; *W. Hoffmann-Riem*, DÖV 1997, S. 433 (436).

[10] Kritisch *K. F. Gärditz*, AöR 135 (2010), S. 251 (259 f.), der das geltende Recht für grundsätzliche und streitbefangene Wertungsfragen im Rahmen von Abwägungsentscheidungen nicht ausreichend programmiert sieht.

[11] Trotz intensiver wissenschaftlicher Diskussionen, vgl. *J. Masing*, Gutachten D zum 66. DJT 2006, Teil D; *T. von Danwitz*, DÖV 2004, S. 977 ff.; *H.-W. Laubinger*, VBlBW 2010, S. 306 ff.

[12] *M. Möstl*, in: Maunz/Dürig, Grundgesetz Kommentar, 60. EGL Oktober 2010, Art. 87 f Rn. 88; *J. Wieland*, in: Dreier (Hrsg.), Grundgesetz Kommentar, Bd. III, 2. Aufl. 2008, Art. 87 f Rn. 17 f., 21 f.

[13] *J. Masing*, Gutachten D zum 66. DJT 2006, S. 189 f. fordert über eine organisatorische Regelung hinaus auch eine materiell einheitliche und sektorübergreifende Regelung in Form eines Netzregulierungsgesetzes.

2. Ökonomische Regulierung in den Netzwirtschaften am Beispiel des Energiesektors

Um das Instrument der Regulierung nur in den Bereichen einzusetzen, wo es erforderlich ist, wird in den Netzwirtschaften eine Unterscheidung getroffen zwischen denjenigen Wertschöpfungsstufen, die einen natürlichen monopolistischen Engpass (bottleneck) darstellen, und denjenigen, die durch aktiven und potenziellen Wettbewerb gekennzeichnet sind.[14] Regulierung ist nur in den Engpassbereichen (a.) erforderlich, um einen chancengleichen Wettbewerb auf den komplementären Märkten zu ermöglichen (b.; c.). Auf allen anderen Wertschöpfungsstufen ist Regulierung überflüssig und wäre verbunden mit hohen administrativen Kosten.[15] Das wird auch bei der Regulierung von Elektrizitäts- und Gasnetzen deutlich (d.).

a. Engpassbereiche entlang der energiewirtschaftlichen Wertschöpfungskette

Die energiewirtschaftliche Wertschöpfungskette erstreckt sich von der Erzeugung von Elektrizität beziehungsweise der Förderung oder dem Import von Gas über den Transport und die Verteilung bis zum Handel und Vertrieb an die Endkunden.[16] In der Erzeugung von Elektrizität und der Beschaffung von Gas bestehen regelmäßig keine Größenvorteile, da die Förderung von Gas oder die Erzeugung von Elektrizität bei größeren Mengen nicht günstiger wird. Vielmehr entstehen hohe Kosten durch die Investitionen in Förder- und Erzeugungseinrichtungen, die bei der Installation einmal anfallen und nicht wieder rückgängig gemacht werden können. Es liegt kein Engpass, sondern ein voll funktionsfähiger Wettbewerb vor, da es eine Vielzahl von Erzeugern, Förderern und Importeuren gibt, die mögliche Marktmacht disziplinieren.[17]

Gleiches gilt für den Handel und den Vertrieb an Endkunden. Auf beiden Wertschöpfungsstufen können Größenvorteile durch größere Handels- und

---

[14] *G. Knieps*, Netzsektoren zwischen Regulierung und Wettbewerb, in: Berg (Hrsg.), Deregulierung und Privatisierung, 2002, S. 59 (67); grafisch dargestellt und differenziert *ders.*, in: Gramlich/Manger-Nestler (Hrsg.), Europäisierte Regulierungsstrukturen und -netzwerke, 2011, S. 25 (26 f.)

[15] *G. Knieps*, Wettbewerb in Netzen, 1996, S. 125, 127; *ders.*, Zur Regulierung monopolistischer Bottlenecks, Zeitschrift für Wirtschaftspolitik 1999, S. 297 (299).

[16] Erster Ansatz bei *G. Knieps*, Wettbewerb in Netzen, 1996, S. 121; ausgeführt von *C. Theobald*, Grundlagen des deutschen Rechts der Energiewirtschaft, in: Schneider/Theobald (Hrsg.), Recht der Energiewirtschaft, 4. Aufl. 2013, § 1 Rn. 5 ff.; ausdifferenziert von *M. Kurth*, Regulierung der Energiemärkte – Die Veränderungen der Energiemärkte in Deutschland und Europa der letzten Jahre, in: Baur/Sandrock/Scholtka/Shapira (Hrsg.), FS Günter Kühne, 2010, S. 191 (191) differenziert die energiewirtschaftliche Wertschöpfungskette feiner aus: Energieerzeugung, Energiehandel, Energietransport, Energieverteilung, Energievertrieb, Energiemessung und Energieabrechnung (dem jüngst Energiedienstleistungen hinzugefügt werden müssten).

[17] *G. Brunekreeft/K. Keller*, Elektrizität: Verhandelter versus regulierter Netzzugang, in: Knieps/Brunekreeft (Hrsg.), Zwischen Regulierung und Wettbewerb – Netzsektoren, 2. Aufl. 2003, S. 131 (135 ff., 154).

Abnahmemengen zum Vertrieb entstehen, doch weder Handels- noch Vertriebseinrichtungen sind mit unwiederbringlichen Kosten verbunden. Es herrscht aktiver Wettbewerb und es besteht kein Grund zu staatlichen Eingriffen der Regulierungsverwaltung. Potenzielle Wettbewerber können eine mögliche Marktmacht angreifen.

Dagegen können auf der Wertschöpfungsstufe des Transports von Elektrizität und Gas über Übertragungs- und Verteilnetze natürliche monopolistische Engpässe beim Netzzugang, beim Netzbetrieb und bei der Netznutzung für die Marktteilnehmer bestehen.[18] Es handelt sich um ein natürliches Monopol, wenn die Nachfrage nach einer Leistung am wirtschaftlichsten durch einen Anbieter zu erfüllen ist. In der Regel geht es um Infrastrukturleistungen.[19] Leitungsnetze zum Transport von Elektrizität und Gas stellen solche Infrastrukturleistungen dar. Die Schaffung von Netzinfrastrukturen ist mit hohen Investitionskosten und relativ geringen Betriebskosten verbunden.[20] Es ergibt ökonomisch keinen Sinn, die Leitungsnetze mehrfach zu verlegen, solange keine Kapazitätsengpässe auftreten.[21] Außerdem sollten Netze auch aus ökologischen Gründen wegen der Beanspruchung von Raum und Umwelt nicht beliebig vervielfältigt werden.[22]

b. Regulierung von monopolistischen Engpässen

Entscheidend für einen staatlichen Eingriff ist, dass der monopolistische Engpass zu netzspezifischer Marktmacht führt. Zur Bestimmung netzspezifischer Marktmacht bedient sich die Regulierungsökonomie des wettbewerbsökonomischen Konzepts einer „wesentlichen Einrichtung",[23] wenn der Zugang zu einer Einrichtung auf einem vorgelagerten Markt unerlässlich ist, um auf einem nachgelagerten Markt tätig zu werden.

---

[18] *C. Theobald*, Grundlagen des deutschen Rechts der Energiewirtschaft, in: Schneider/ders. (Hrsg.), Recht der Energiewirtschaft, 4. Aufl. 2013, § 1 Rn. 34 ff.; differenzierend *G. Knieps*, Der disaggregierte Regulierungsansatz der Netzökonomie, in: ders./Brunekreeft (Hrsg.), Zwischen Regulierung und Wettbewerb – Netzsektoren in Deutschland, 2. Aufl. 2003, S. 9 (11 ff.) beschreibt mit dem disaggregierten Regulierungsansatz ein einheitliches analytisches Konzept, das sich auf die netzgebundenen Aktivitäten entlang der Wertschöpfungskette begrenzt; ausführlich hierzu *G. Knieps*, Wettbewerbsökonomie, 3. Aufl. 2008, S. 95 ff.

[19] *H. Demsetz*, Why regulate utilities?, Journal of Law and Economics, 11 (1968), S. 55 (56); *G. Knieps*, Wettbewerbsökonomie, 3. Aufl. 2008, S. 21 ff.; *R. A. Posner*, Economic Analysis of Law, 8. Aufl. 2011, S. 355.

[20] *M. Erlei/M. Leschke/D. Sauerland*, Neue Institutionenökonomik, 2. Aufl. 2007, S. 271, 273; *G. Knieps*, Der disaggregierte Regulierungsansatz der Netzökonomie, in: ders./Brunekreeft (Hrsg.), Zwischen Regulierung und Wettbewerb – Netzsektoren in Deutschland, 2. Aufl. 2003, S. 9 (11).

[21] *M. Erlei/M. Leschke/D. Sauerland*, Neue Institutionenökonomik, 2. Aufl. 2007, S. 271, 273; *G. Knieps*, Der disaggregierte Regulierungsansatz der Netzökonomie, in: ders./Brunekreeft (Hrsg.), Zwischen Regulierung und Wettbewerb – Netzsektoren in Deutschland, 2. Aufl. 2003, S. 9 (11).

[22] *J. Masing*, DV 2003, S. 1 (6).

[23] *G. Knieps*, Wettbewerbsökonomie, 3. Aufl. 2008, S. 23 ff.; EuGH, Urteil vom 26.11.1998, C-7/97 (Bronner), Slg. 1998 I-7791, Rn. 45; *H. Gersdorf*, in: Spindler/Schuster (Hrsg.), Kommentar, 3. Aufl. 2015, § 9 TKG Rn. 29.

Eine Einrichtung ist wesentlich, wenn sie drei Voraussetzungen erfüllt:[24] Zunächst muss die Einrichtung unabdingbar sein, um Wettbewerbern die Durchführung ihrer Geschäftstätigkeit zu ermöglichen und um Kunden zu erreichen. Dann darf eine solche Einrichtung am Markt nicht anderweitig vorhanden sein. Schließlich darf eine solche Einrichtung auch nicht objektiv mit wirtschaftlich zumutbaren Mitteln neu geschaffen werden können.[25]

Im Fall von Übertragungs- und Verteilnetzen von Elektrizität und Gas handelt es sich um Einrichtungen, die unabdingbar sind, um Erzeugern von Elektrizität und Förderern von Gas ihre Geschäftstätigkeit zu ermöglichen und Kunden mit Energie zu beliefern. In der Regel gibt es kein anderweitiges, zweites oder drittes Leitungsnetz am Markt.[26] Die Errichtung eines solchen Leitungsnetzes wäre mit einem erheblichen, ökonomisch nicht zumutbaren Aufwand verbunden. Somit erfüllen Leitungsnetze zum Transport von Elektrizität und Gas die drei Voraussetzungen, um als wesentliche Einrichtung behandelt zu werden.

c. Engpass als „wesentliche Einrichtung" mit spezifischer Marktmacht

Mit einer wesentlichen Einrichtung verbindet sich spezifische Markmacht, wenn Bündelungsvorteile für bestehende Netzbetreiber bestehen, die bereits im Markt aktiv sind, und irreversible Kosten für potenzielle Netzbetreiber, die in den Markt eintreten wollen, entstehen würden.[27]

Es liegen Bündelungsvorteile für den bestehenden Netzbetreiber vor, wenn es kostengünstiger ist, die gesamte Marktleistung, das heißt die Netzbereitstellung, in einem einzigen Unternehmen, das heißt durch einen Netzanbieter, zu erbringen, da Aufbau, Instandhaltung und Verbesserung des Netzes mit hohen Fixkosten verbunden sind.[28] Das liegt daran, dass der Unternehmer bei der Leistung Größenvorteile (Economies of Scale) besitzt, die im Fall von Netzen häufig in Verbindung mit Bündelungsvorteilen und/oder Verbundvorteilen entstehen.[29] Mit zunehmender

---

[24] *Europäische Kommission*, Mitteilung über die Anwendung der Wettbewerbsregeln auf Zugangsvereinbarungen im Telekommunikationsbereich, ABl. C Nr. 265 vom 22.08.1998, S. 2 Ziffer 68; *W. Deselaers*, in: Grabitz/Hilf/Nettesheim (Hrsg.), EU-Kommentar, 58. EGL Januar 2016, Art. 102 AEUV Rn. 467 ff.

[25] *G. Knieps*, Zur Regulierung monopolistischer Bottlenecks, in: Wirtschaftspolitisches Forum – Die Liberalisierung des deutschen Telekommunikationsmarktes: Zukünftige Regulierungserfordernisse im Lichte bisheriger Erfahrungen, Zeitschrift für Wirtschaftspolitik 1999, S. 297 (298 f.); *ders.*, Netzsektoren zwischen Regulierung und Wettbewerb, in: Berg (Hrsg.), Deregulierung und Privatisierung, 2002, S. 59 (67).

[26] Das gilt für Elektrizitätsübertragungsnetze, während Gasfernleitungsnetze hiervon eine Ausnahme darstellen.

[27] *M. Bettzüge/S. Kesting*, Ökonomische Grundlagen der Regulierung von Energienetzen, in: Baur/Salje/Schmidt-Preuß (Hrsg.), Regulierung in der Energiewirtschaft, 2. Aufl. 2016, Kap. 4 Rn. 38.

[28] *M. Fritsch*, Marktversagen und Wirtschaftspolitik, 9. Aufl. 2014, S. 164 ff.

[29] *M. Bettzüge/S. Kesting*, Ökonomische Grundlagen der Regulierung von Energienetzen, in: Baur/Salje/Schmidt-Preuß (Hrsg.), Regulierung in der Energiewirtschaft, 2. Aufl. 2016, Kap. 4 Rn. 7 spricht von subadditiven Kosten als Ursache von Bündelungsvorteilen für bestehende Marktteilnehmer (Netzbetreiber).

Bereitstellung des Netzes an mehrere Netznutzer zu Transport und Verteilung von Energie sinken die Durchschnittskosten der Netzbereitstellung unter die Umsätze.[30] *Ein* Netzbetreiber kann die Nachfrage zu niedrigeren, kostendeckenderen Preisen erfüllen als jede andere Anzahl von Unternehmen. Jeder weitere Anbieter bewirkt eine Zunahme der insgesamt entstehenden Kosten, sodass eine gesamtwirtschaftlich ineffiziente Güterverteilung stattfindet.[31] Der bestehende Netzbetreiber kann einen maximalen Gewinn (die sogenannte Monopolrente)[32] erzielen und besitzt regelmäßig eine dominante Marktstellung mit netzspezifischer Marktmacht.[33] So kann sich kein funktionierender Wettbewerb im Netz etablieren.

Daneben sind Investitionen zum Aufbau von Elektrizitäts- und Gasnetzen meist sehr spezifisch und langfristig angelegt. Es handelt sich um versunkene Kosten, da die bei einem Markteintritt anfallenden Investitionskosten bei einem Marktaustritt wertlos würden, weil die einmal verlegte Netzinfrastruktur nicht mehr oder nur unter hohen Verlusten einer anderen Verwendung zugeführt werden kann.[34] Irreversible Kosten sind für den bestehenden Netzbetreiber nicht mehr relevant, wohl aber für die potenziellen Wettbewerber bei der Entscheidung, ob sie diese unwiederbringlichen Kosten in einem Markt aufbringen sollen. Dadurch ist der Wettbewerbsdruck auf den bestehenden Netzbetreiber überschaubar, sodass weder ineffiziente Produktion noch hohe Gewinne zwangsläufig zum Markteintritt von potenziellen Wettbewerbern führen.

d. Anwendung auf die Regulierung von Elektrizitäts- und Gasnetzen

Übertragungs- und Verteilnetze für Elektrizität und Gas sind wesentliche Einrichtungen. Sie stellen Engpassbereiche dar, an denen natürliche Monopole entstehen, die für aktive und potenzielle Wettbewerber nicht angreifbar sind. Ein Netzbetreiber als natürlicher Monopolist kann potenzielle Wettbewerber sowohl preislich durch hohe Netzentgelte als auch nichtpreislich durch einen eingeschränkten Netzzugang oder unzumutbare Anforderungen beim Netzbetrieb diskriminieren.

Hier setzt Regulierung an, um preisliche und nichtpreisliche Diskriminierungen zu beseitigen und zu verhindern.[35] Die Regulierungsverwaltung simuliert einen Wettbewerb mit Markt- und Preismechanismen, um den (noch) fehlenden

---

[30] *M. Fritsch*, Marktversagen und Wirtschaftspolitik, 9. Aufl. 2014, S. 160 ff.

[31] *J.-P. Schneider*, Liberalisierung der Stromwirtschaft, 1999, S. 133.

[32] *R. A. Posner*, Economic Analysis of Law, 8. Aufl. 2011, S. 353 ff.

[33] *M. Erlei/M. Leschke/D. Sauerland*, Neue Institutionenökonomik, 2. Aufl. 2007, S. 271, 273.

[34] *M. Bettzüge/S. Kesting*, Ökonomische Grundlagen der Regulierung von Energienetzen, in: Baur/Salje/Schmidt-Preuß (Hrsg.), Regulierung in der Energiewirtschaft, 2. Aufl. 2016, Kap. 4 Rn. 8.

[35] *J.-C. Pielow*, Energierecht, in: Ehlers/Fehling/Pünder (Hrsg.), Besonderes Verwaltungsrecht Bd. 1, 3. Aufl. 2012, § 22 Rn. 23; *G. Knieps*, in: Gramlich/Manger-Nestler (Hrsg.), Europäisierte Regulierungsstrukturen und -netzwerke, 2011, S. 25 (26 f.); *G. Knieps*, Wettbewerbsökonomie; 3. Aufl. 2008, S. 79 ff.

Wettbewerbsdruck durch „Regulierungsdruck“ zu ersetzen und so einen funktionierenden Wettbewerb zu schaffen.[36] In diesem Sinne werden „angemessene“ Bedingungen der Netznutzung und das „wahre“ Netzentgelt (im Sinne eines Marktpreises), die sich bei funktionierendem Wettbewerb als Ergebnis von Angebot und Nachfrage bilden würden,[37] abgeleitet.[38]

Preisliche Diskriminierungen stellen den Regelfall eines monopolistischen Verhaltens dar, mit dem der Markteintritt neuer Wettbewerber verhindert werden soll. Die Regulierung preislicher Diskriminierungen erfolgt durch die Setzung angemessener Netzentgelte. Dagegen werden nichtpreisliche Diskriminierungen durch die Entflechtung von Energieerzeugung und -vertrieb sowie durch die Einführung einheitlicher Standards zur Kompatibilität und Interoperabilität der Netze reguliert. Die Regulierung versteht sich als ein korrigierender Eingriff des Staates zur Verhinderung eines Missbrauchs von Marktmacht und zur Kompensation von Marktversagen.[39] Maßgeblicher Regulierungsmechanismus ist der Wettbewerb, der durch eine Öffnung des Netzes erreicht werden kann. Der Wettbewerb im Netz ermöglicht, dass die Endkunden, wie auf klassischen Märkten, zwischen Anbietern und Produkten wählen können.[40]

3. Besonderheiten der Regulierung der Energiewirtschaft

Die Energiewirtschaft stellt eine Besonderheit unter den Netzwirtschaften dar. Grund dafür sind netzseitige Besonderheiten sowie regulatorische Herausforderungen, die sich aus dem Charakter der Daseinsvorsorge dieses Wirtschaftssektors ergeben. Bei der Regulierung von Energiemärkten entstehen zusätzlich durch die Einspeisung und Vermarktung erneuerbarer Energien technische und ökonomische Herausforderungen, die durch regulatorische Zielkonflikte verstärkt werden (a.). Besonders charakteristisch für die Energiewirtschaft sind einerseits die Beschaffenheit der *Netzwirtschaft*, die gesetzliche Monopole und eine hohe Konzentration an Unternehmen aufweist (b.), sowie die Eigenart des *Netzgutes* (c.),[41] aus denen sich hohe Anforderungen an die Regulierung preislicher und nichtpreislicher Diskriminierungen auf dem Markt ergeben.

---

[36] *A. Groebel*, Ökonomische Rationalität des europäischen Regulierungsrechts, in: Bien/Ludwigs (Hrsg.), Das europäische Kartell- und Regulierungsrecht der Netzindustrien, 2015, S. 171 (171).

[37] *F. A. von Hayek*, Der Wettbewerb als Entdeckungsverfahren, 1968.

[38] *A. Groebel*, Ökonomische Rationalität des europäischen Regulierungsrechts, in: Bien/Ludwigs (Hrsg.), Das europäische Kartell- und Regulierungsrecht der Netzindustrien, 2015, S. 171 (171); kritisch hierzu *K. F. Gärditz*, AöR 135 (2010), S. 251 (257).

[39] *M. Fritsch*, Marktversagen und Wirtschaftspolitik, 9. Aufl. 2014, S. 184 ff., 205 f.; 206 ff.; 228 ff.; *J. Haucap/J. Kruse*, WuW 2004, S. 266 (267).

[40] *J. Herrmann*, Europäische Vorgaben zur Regulierung der Energienetze, 2005, S. 34.

[41] *J. Gundel*, Europäisches Energieverwaltungsrecht, in: Terhechte (Hrsg.), Verwaltungsrecht der EU, 2011, § 23 Rn. 15.

a. Regulatorische Besonderheiten

Zunächst weisen die tatsächlichen Umstände der Energiewirtschaft eine ökonomische und technische Komplexität auf.[42] Energieleitungsnetze sind in der Regel regionale Monopole, die durch Kuppelstellen technisch verbunden werden, um unterschiedliche Angebots- und Nachfragegrößen auszugleichen. Hierdurch entstehen Ungewissheiten für die Regulierungsverwaltung. Sie muss auf monopolähnlichen Märkten durch Annahmen „angemessene" Marktbedingungen und „richtige" Marktpreise, die sich bilden würden, wenn ein funktionsfähiger Wettbewerb bestünde, simulieren.[43]

Außerdem muss der rechtliche Rahmen die Ziele ökonomischer Regulierung mit den Zwecken staatlicher Regulierung vereinbaren. Einerseits zielt ökonomische Regulierung auf die Herstellung eines Wettbewerbs in einem natürlichen Monopol. Andererseits muss der Staat die Versorgungssicherheit der Bevölkerung durch die Instandhaltung und den Ausbau der Transportnetze gewährleisten. Hier besteht ein Konflikt zwischen der vorausschauenden Verhinderung eines Missbrauchs der Monopolstellung und einer angemessenen Regulierung der Netzentgelte, um den Erhalt und den Ausbau der Netze im Sinne des Gemeinwohls sicherzustellen.[44] Energiewirtschaftliche Interessen einer sicheren und preisgünstigen Energieversorgung sowie ökologische Interessen des Umweltschutzes und der langfristigen Ressourcennutzung durch Ressourcenschonung sind nur schwer mit einer kurzfristigen Effizienzorientierung in Einklang zu bringen.[45]

b. Eigenschaften der Netzwirtschaft

Zentrale Herausforderung für die *Netzwirtschaft* in der Bundesrepublik Deutschland und in Europa ist die Herstellung eines Energie(binnen)marktes. Die Integration nationaler Märkte in einen grenzüberschreitenden europäischen Energiebinnenmarkt erfordert regulatorische Vorgaben. In der Europäischen Union findet eine grenzüberschreitende Verknüpfung der Netze statt (aa.). Hier bestehen Hindernisse

---

[42] Es bestehen besondere technische Anforderungen an Systemdienstleistungen in Elektrizitäts- und Gasnetzen wie Frequenzhaltung, Spannungshaltung oder Versorgungswiederaufbau, die in komplexen Regelwerken (z. B. ENTSO Network Codes) von Energieversorgungsunternehmen oder -netzbetreibern unter geringem Einfluss der mitgliedstaatlichen Gesetzgebung bestimmt werden.

[43] *Angelika Benz/K. König*, Privatisierung und staatliche Regulierung – eine Zwischenbilanz, in: dies. (Hrsg.) Privatisierung und staatliche Regulierung, 1997, S. 606 (627, 630); vertiefend *M. Schmidt-Preuß*, Energieversorgung, in: Isensee/Kirchhof (Hrsg.), HStR IV, 3. Aufl. 2006, § 93 Rn. 16; kritisch hierzu *K. F. Gärditz*, AöR 135 (2010), S. 251 (261 ff.); *M. Leschke*, Regulierungstheorie aus ökonomischer Sicht, in: Fehling/Ruffert (Hrsg.), Regulierungsrecht, 2010, § 6 Rn. 12.

[44] *J. Gundel*, in: Danner/Theobald (Hrsg.), Energierecht, 79. EGL Dezember 2013, Europäisches Energierecht, Rn. 17 f.; *J. Herrmann*, Europäische Vorgaben zur Regulierung der Energienetze, 2005, S. 34 f.

[45] *J.-P. Schneider*, Liberalisierung der Stromwirtschaft, 1999, S. 31.

in der Bundesrepublik Deutschland, deren Energiemarkt durch natürliche Monopole auf Übertragungs- und Verteilnetzebene geprägt ist (bb.). Die natürlichen Monopole auf Netzebene werden durch eine hohe Verflechtung der Energiewirtschaftsunternehmen (cc.) noch verstärkt.

aa. Grenzüberschreitende Verknüpfung der Netze

Die Verknüpfung der Netzmonopole in der Bundesrepublik Deutschland mit den Netzinfrastrukturen in den Nachbar- und Mitgliedstaaten der Europäischen Union zu einem europäischen Energiebinnenmarkt stellt eine Besonderheit der Energienetzwirtschaft dar, da für den Transport von Elektrizität und Gas physische Kapazitäten erforderlich sind. Deshalb sind sowohl technische Einrichtungen, sogenannte grenzüberschreitende Kuppelstellen, als auch rechtliche Regeln zur effizienten und diskriminierungsfreien Bewältigung physischer Kapazitätsengpässe auf Angebots- oder Nachfrageseite erforderlich, um die nationalen Netzwirtschaften in einen gemeinsamen Energiebinnenmarkt zu integrieren.[46]

Hier setzen die Reformschritte des Energiewirtschaftsrechts unter dem Einfluss stetig verschärfter unionaler Richtlinien- und Verordnungspakete für die Elektrizitäts- und Gaswirtschaft an. Die Regulierung der Energiewirtschaft wurde erst durch die Binnenmarkt-Richtlinien[47] zur Lockerung der Infrastrukturmonopole Ende der 1990er Jahre angestoßen. Die Liberalisierung vollzog sich von da an jedoch nur schleppend in Form weiterer Reformpakete, von den Beschleunigungsrichtlinien[48]

---

[46] *J. Gundel*, in: Danner/Theobald (Hrsg.), Energierecht, 79. EGL Dezember 2013, Europäisches Energierecht, Rn. 37, 44; *ders.*, Europäisches Energieverwaltungsrecht, in: Terhechte (Hrsg.), Verwaltungsrecht der EU, 2011, § 23 Rn. 38; *S. de Moel/F. Melchior*, in: Roggenkamp/Hammer (Hrsg.), European Energy Law Report VIII (2011), S. 21 (23).

[47] Richtlinie 96/92/EG des Europäischen Parlaments und des Rates vom 19. Dezember 1996 betreffend gemeinsame Vorschriften für den Elektrizitätsbinnenmarkt, ABl. L Nr. 27 vom 30.01.1997, S. 20; Richtlinie 98/30/EG des Europäischen Parlaments und des Rates vom 22. Juni 1998 betreffend gemeinsame Vorschriften für den Erdgasbinnenmarkt, ABl. L Nr. 204 vom 21.07.1998, S. 1.

[48] Richtlinie 2003/54/EG des Europäischen Parlaments und des Rates vom 26. Juni 2003 über gemeinsame Vorschriften für den Elektrizitätsbinnenmarkt, ABl. L Nr. 176 vom 15.07.2003, S. 37; Richtlinie 2003/55/EG des Europäischen Parlaments und des Rates vom 26. Juni 2003 über gemeinsame Vorschriften für den Erdgasbinnenmarkt, ABl. L Nr. 176 vom 15.07.2003, S. 57; hierzu monografisch *J. Herrmann*, Europäische Vorgaben zur Regulierung der Energienetze: Eine Analyse der „Beschleunigungsrichtlinien" zur Vollendung des Energiebinnenmarktes, 2005; Verordnung (EG) Nr. 1228/2003 des Europäischen Parlaments und des Rates vom 26. Juni 2003 über die Netzzugangsbedingungen für den grenzüberschreitenden Stromhandel, ABl. L Nr. 176 vom 15.07.2003, S. 1; Verordnung (EG) Nr. 1775/2005 des Europäischen Parlaments und des Rates vom 28. September 2005 über die Bedingungen für den Zugang zu den Erdgasfernleitungsnetzen, ABl. L Nr. 289 vom 03.11.2005, S. 1.

von 2003 bis zum Legislativpaket zum Energiebinnenmarkt[49] von 2009, was durch die Vorschläge zu einem Vierten Binnenmarktpaket spätestens 2019 abgelöst werden dürfte.[50] Die europäischen Regulierungsvorgaben enthielten Umsetzungsspielräume, die durch Änderungsgesetze zur Neuregelung des Energiewirtschaftsgesetzes[51] in Deutschland fortlaufend ausgefüllt wurden.
Das Energiewirtschaftsgesetz enthält detaillierte Vorgaben zur Entflechtung,[52] zum Netzzugang[53] und zur Regulierung der Netzentgelte,[54] um die Ziele des Energiewirtschaftsrechts zu erreichen. Ziele sind die Gewährleistung einer preisgünstigen und sicheren Energieversorgung der Allgemeinheit, die Sicherstellung eines wirksamen und unverfälschten Wettbewerbs sowie die Sicherung eines leistungsfähigen und zuverlässigen Betriebs von Energieversorgungsnetzen (§ 1 EnWG).

bb. Netzmonopole durch Demarkations- und Konzessionsverträge

Die Entwicklung der Energienetzwirtschaft unterscheidet sich von anderen Netzwirtschaften in ihrem rechtlichen Ausgangspunkt. Mangels verfassungsrechtlicher Vorgaben gab es auf den Elektrizitäts- und Gasmärkten – anders als auf den Telekommunikations- und Postmärkten – kein staatliches Monopol.[55] Stattdessen waren

---

[49] Richtlinie 2009/72/EG des Europäischen Parlaments und des Rates vom 13. Juli 2009 über gemeinsame Vorschriften für den Elektrizitätsbinnenmarkt, ABl. L Nr. 211 vom 14.08.2009, S. 55; Richtlinie 2009/73/EG vom 13. Juli 2009 über gemeinsame Vorschriften für den Erdgasbinnenmarkt, ABl. L Nr. 211 vom 14.08.2009, S 94; Verordnung (EG) Nr. 714/2009 des Europäischen Parlaments und des Rates vom 13. Juli 2009 über die Netzzugangsbedingungen für den grenzüberschreitenden Stromhandel, ABl. L Nr. 211 vom 14.08.2009, S. 15; Verordnung (EG) Nr. 715/2009 des Europäischen Parlaments und des Rates vom 13. Juli 2009 über die Bedingungen für den Zugang zu den Erdgasfernleitungsnetzen; ABl L Nr. 211 vom 14.08.2009, S. 36; Verordnung (EG) Nr. 713/2009 des Europäischen Parlaments und des Rates vom 13. Juli 2009 zur Gründung einer Agentur für die Zusammenarbeit der Energieregulierungsbehörden, ABl. L Nr. 211 vom 14.08.2009, S. 1.

[50] *Europäische Kommission*, Proposal for a Directive of the European Parliament and of the Council on common rules for the internal market for electricity, 30.11.2016, COM (2016) 864 final; Proposal for a Regulation of the European Parliament and of the Council on the internal market for electricity, 30.11.2016, COM (2016) 861 final; S. 7; Artt. 31–41 Proposal for a Regulation of the European Parliament and of the Council establishing a European Union Agency for the Cooperation of Energy Regulators, 30.11.2016, COM (2016) 863 final, S. 6.

[51] Gesetz über die Elektrizitäts- und Gasversorgung (Energiewirtschaftsgesetz – EnWG) vom 07. Juli 2005 (BGBl. I S. 1970, 3621) zuletzt geändert am 20. Juli 2017 (BGBl. I S. 2808).

[52] Die Entflechtung von Transport und Verteilnetzen reicht von Informationen, Buchhaltung und Rechtsform über den operativen Betrieb bis zum Eigentum an Netzen, vgl. §§ 6-10e EnWG.

[53] Der Zugang zu Netzen wird hinsichtlich der Frage, ob Zugang gewährt wird, durch einen „Wettbewerb in Netzen" gemäß §§ 20 ff. EnWG geregelt und bezüglich der Frage, wie Zugang gewährt wird, durch einen „Wettbewerb um das Netz" nach § 46 EnWG.

[54] Am Anfang der Netzentgeltregulierung wurden Netzentgelte vorab genehmigt § 23 a EnWG, seit dem Jahre 2008 erfolgt die Netzentgeltregulierung über die sogenannte Anreizregulierung nach § 21 a EnWG.

[55] *J. Masing*, Gutachten D zum 66. DJT 2006, S. 15; *G. Britz*, Energie, in: Fehling/Ruffert (Hrsg.), Regulierungsrecht, 2009, § 9 Rn. 1.

die Unternehmen nach dem einfachgesetzlichen Energiewirtschaftsrecht durch Demarkations- und Konzessionsverträge staatlich geschützt und vom Wettbewerb freigestellt, um im öffentlichen Interesse eine gemeinwohlbezogene Versorgung herzustellen.[56]

Mit Demarkationsverträgen vereinbaren Wettbewerber, nicht zueinander in Wettbewerb zu treten, sodass faktisch Gebietsmonopole entstehen.[57] Vor diesem Hintergrund wird von den kommunalen Gebietskörperschaften exklusiv ein langfristiges Recht zur Nutzung öffentlicher Wege mittels eines „Konzessionsvertrages"[58] vergeben: Die Gemeinden in der Bundesrepublik Deutschland sind verpflichtet, ihre öffentlichen Verkehrswege für die Verlegung und den Betrieb von Netzleitungen zur unmittelbaren Versorgung der Bürger als Letztverbraucher durch Abschluss eines Vertrages zur Verfügung zu stellen (§ 46 Abs. 1 Satz 1 EnWG). Hierbei handelt es sich im Sinne des Gesetzes um einen Wegenutzungsvertrag. Vertragliche Gegenleistung zu dieser Verpflichtung der Gemeinde ist die Verpflichtung des Energieversorgungsunternehmens zur Zahlung einer Konzessionsabgabe (§ 46 Abs. 1 Satz 2, § 48 Abs. 1 und 3 EnWG). Insofern wird von einem Konzessionsvertrag gesprochen, der zur gebietsbezogenen, ausschließlichen Einspeisung von und Versorgung mit Energie berechtigt.

Ein Konzessionsvertrag darf höchstens für eine Dauer von 20 Jahren abgeschlossen werden (§ 46 Abs. 2 S. 1 EnWG). Somit findet regelmäßig alle 20 Jahre ein Wettbewerb um die Wegenutzungsrechte statt. Es wird von einem „Wettbewerb um das Netz" gesprochen.[59] Da Gemeinden im Sinne einer flächendeckenden, sicheren und preisgünstigen Energieversorgung gemäß dem Energiewirtschaftsgesetz Konzessionen bisher meist über den maximalen Zeitraum vergeben, entstehen monopolartige Strukturen. So erfolgte eine Kartellierung der Energiewirtschaft im Rahmen eines legal geschaffenen wettbewerblichen Ausnahmebereichs,[60] die

---

[56] *G. Britz*, Energie, in: Fehling/Ruffert (Hrsg.), Regulierungsrecht, 2009, § 9 Rn. 10 ff. unterscheidet das „gemeinwirtschaftliche Modell", wonach sich Regulierung nicht durch marktwirtschaftlichen Wettbewerb, sondern durch geschlossene Versorgungsgebiete mithilfe von Konzessions- und Demarkationsverträgen realisieren lasse, und das „Modell gewöhnlicher Markttätigkeit", bei dem natürliche Monopole staatlich reguliert dem Wettbewerb unterstellt werden. Letzteres wurde von den europäischen Richtlinien aufgenommen.

[57] *J.-C. Pielow*, Energierecht, in: Ehlers/Fehling/Pünder (Hrsg.), Besonderes Verwaltungsrecht Bd. 1, 3. Aufl. 2012, § 22 Rn. 34.

[58] Eingehend hierzu *C. Kermel* (Hrsg.), Praxishandbuch der Konzessionsverträge und Konzessionsabgaben, 2012; *W. Templin*, Das Recht der Konzessionsverträge, 2009.

[59] *M. Kurth*, Regulierung der Energiemärkte – Die Veränderungen der Energiemärkte in Deutschland und Europa der letzten Jahre, in: Baur/Sandrock/Scholtka/Shapira (Hrsg.), FS Günter Kühne, 2010, S. 191 (194 ff.); vertiefend *G. Britz*, Organisation und Organisationsrecht der Regulierungsverwaltung in der öffentlichen Versorgungswirtschaft, in: Fehling/Ruffert (Hrsg.), Regulierungsrecht, 2010, § 21 Rn. 24.

[60] Auf der Grundlage der §§ 103, 103 a des Gesetzes über Wettbewerbsbeschränkungen in der Fassung von 1990, die eine Ausnahmeregelung enthalten, die Demarkations- und Konzessionsverträge von den Bestimungen der §§ 1, 15, 18 GWB ausnimmt, sodass kein Verstoß gegen § 1 Abs. 1 GWB 1990 vorliegt.

vereinzelt noch weiter fortbesteht. Infolgedessen erfolgt eine symmetrische Regulierung der Netze.[61] Jeder einzelne Netzbetreiber wird reguliert, da jedes Netz für sich ein natürliches Monopol ist.[62]

cc. Verflechtung von Energieversorgungsunternehmen

Energieversorgungsunternehmen, die Erzeugung, Netzbetrieb und Versorgung vereinen – sogenannte integrierte Unternehmen –, können über das natürliche Monopol auf der Netzebene ihre Wettbewerber auf den vor- und nachgelagerten Wertschöpfungsstufen über das Netz als wesentliche Einrichtung sowohl preislich als auch nichtpreislich diskriminieren.

Ein integriertes Unternehmen liegt vor, wenn das Unternehmen auf zwei voneinander trennbaren Wertschöpfungsstufen tätig ist und unterschiedliche Märkte bedient.[63] Integrierte Unternehmen sind gegenüber einfachen Unternehmen im Vorteil, weil ihnen die Arbeit auf verschiedenen Wertschöpfungsstufen relevante Verbundvorteile eröffnet und Transaktionskosten reduziert. Infolgedessen können intern durch Quersubventionen zwischen den Wertschöpfungsstufen und extern durch einen Missbrauch der Marktmacht auf den einzelnen Wertschöpfungsstufen sowohl die Wettbewerber als auch der Letztverbraucher am Ende der Wertschöpfungskette diskriminiert werden.

Es gibt eine Vielzahl von Netzmonopolen in der Hand von kommunalen Stadtwerken, Regionalversorgern oder großen Verbundunternehmen, die über die Stufen der Wertschöpfungskette jeweils unterschiedlichen Einfluss auf die Energie- und Netzwirtschaft nehmen können.[64] Aus der Tatsache, dass es mehrere Netzbetreiber in der Bundesrepublik Deutschland gibt, darf nicht geschlossen werden, dass es sich im Netzbereich nicht um ein natürliches Monopol handelt. Vielmehr stellt jedes Teilnetz ein natürliches Monopol dar. Es liegt damit eine Vielzahl von natürlichen Monopolen auf den durch kommunale Konzessionen abgegrenzten Leitungsmärkten vor.

Kommunale Stadtwerke sind lokal in der Strom- und Gasverteilung sowie in deren Verkauf tätig.[65] Regionalversorger konzentrieren sich meist auf die Strom- und

---

[61] *G. Knieps*, Der disaggregierte Regulierungsansatz der Netzökonomie, in: ders./Brunekreeft (Hrsg.), Zwischen Regulierung und Wettbewerb – Netzsektoren in Deutschland, 2. Aufl. 2003, S. 9 (22).

[62] *A. Groebel*, Ökonomische Rationalität des europäischen Regulierungsrechts, in: Bien/Ludwigs (Hrsg.), Das europäische Kartell- und Regulierungsrecht der Netzindustrien, 2015, S. 171 (176).

[63] *J. Kühling*, Sektorspezifische Regulierung in den Netzwirtschaften, 2004, S. 337.

[64] Neben den vier Übertragungsnetzbetreibern TenneT TSO GmbH, Amprion GmbH, TransnetBW GmbH und 50Hertz Transmission GmbH sind dies in Deutschland ca. 950 Verteilnetzbetreiber für Elektrizität sowie 17 Fernleitungsnetzbetreiber und ca. 730 Verteilnetzbetreiber für Gas, *H. W. Schiffer*, Energiemarkt Deutschland, 2015, S. 172, 204.

[65] Inzwischen haben ca. 70 kommunale Stadtwerke im Zuge einer Rekommunalisierung die Netzgesellschaften von den Verbundunternehmen übernommen; Bundesverband der Energie- und Wasserwirtschaft (online verfügbar, zuletzt abgerufen am 01.12.2017 unter http://www.bdew.de/internet.nsf/id/8DWJTN-DE_Mitglieder).

Gasverteilung.[66] Das führt dazu, dass kommunale und regionale Energieversorger in der Wertschöpfungskette überwiegend die Transport- und Vertriebsstufe besetzen. Sie sind schwerpunktmäßig nicht in der Energieerzeugung tätig, die generell Preisschwankungen und seit dem politischen Reformanstoß zur Energiewende auch einer besonderen Regulierung zur Förderung und Einspeisung der erneuerbaren Energien unterliegt.

Dagegen sind Verbundunternehmen vertikal integriert auf allen Stufen der Wertschöpfungskette in der Energieversorgung tätig.[67] Damit haben sie die Möglichkeit, die durch Konzessionsverträge bedingten monopolähnlichen Zustände auf der Netzebene zur Querfinanzierung der anderen Wertschöpfungsstufen zu nutzen.[68]

c. Eigenschaften des Netzgutes

Die Struktur der Netzwirtschaft wird bei Transport und Verteilung von der Beschaffenheit des *Netzgutes* bestimmt. Gemeinsam haben alle Netzgüter, dass sie nur begrenzt speicherbar sind und besonders transportiert werden müssen.

Gesetzlich erfasst vom Energiewirtschaftsrecht wird nur leitungsgebundene Energie.[69] Darunter fallen insbesondere Elektrizität[70] und Gas,[71] die zum Transport und zur Verteilung an ein Netz gebunden sind. Deshalb erfolgen der Transport von Elektrizität und die Verteilung von Gas über spezielle (Kabel- oder Rohr-) Leitungssysteme, die die Verbindung zwischen Erzeugungs- und Verbrauchsort herstellen.

Im Bereich der Stromverteilung bestehen Kabelleitungssysteme verschiedener Spannungsebenen. Es gibt Höchst-, Hoch-, Mittel- und Niederspannungsebenen, die sich in Bezug auf die Übertragungsleistung und Übertragungsentfernung unterscheiden.[72] Elektrizität wird im Höchstspannungs- und Hochspannungsnetz landesweit und weiträumig verteilt. Es schließen sich Mittelspannungsnetze an, die

---

[66] Hierzu zählen ca. 90 Unternehmen, die früher im Verband der Verbundunternehmen und regionalen Netzgesellschaften und heute im Bundesverband der Energie- und Wasserwirtschaft organisiert sind (online verfügbar, zuletzt abgerufen am 01.12.2017 unter http://www.bdew.de/internet.nsf/id/8DWJTN-DE_Mitglieder).

[67] Hierzu werden in der Bundesrepublik Deutschland E.ON, RWE, Vattenfall Europe und EnBW gezählt.

[68] *J. Kühling*, Sektorspezifische Regulierung in den Netzwirtschaften, 2004, S. 337 ff.

[69] Hierin liegt der Ursprung des Energie-Regulierungsrechts, siehe rechtshistorisch und rechtsvergleichend: *J.-P. Schneider*, Liberalisierung der Stromwirtschaft, 1999, S. 40, 132 ff., 375 ff.

[70] Elektrizität ist nur unter hohem Aufwand und sowohl zeitlich als auch volumenmäßig begrenzt speicherbar. Das führt dazu, dass die Nachfrage nach Energie sekundengleich über das Leitungsnetz angeboten werden muss; vgl. *G. Brunekreeft/K. Keller*, Elektrizität: Verhandelter vs. regulierter Netzzugang, in: Knieps/Brunekreeft (Hrsg.), Zwischen Regulierung und Wettbewerb – Netzsektoren in Deutschland, 2. Aufl. 2003, S. 131 (132 ff.); *G. Hermes*, Staatliche Infrastrukturverantwortung, 1998, S. 15 f.

[71] Gas ist aufgrund anderer physikalischer Eigenschaften und entsprechend anderer technischer Merkmale als Elektrizität in begrenztem Umfang speicherbar, sodass Verbrauchsschwankungen ausgeglichen werden können; vgl. *G. Hermes*, Staatliche Infrastrukturverantwortung, 1998, S. 24.

[72] *C. Theobald*, Grundlagen des deutschen Rechts der Energiewirtschaft, in: Schneider/ders. (Hrsg.), Recht der Energiewirtschaft, 4. Aufl. 2013, § 1 Rn. 7.

Elektrizität in Städten bis zu Werkanschlüssen und in ländlichen Gebieten bis zu Straßenzügen führen, sowie Niederspannungsnetze, die den Strom direkt an die Haushalte liefern.[73] Die Übersetzung zwischen den unterschiedlichen Spannungsebenen erfolgt über Umspannwerke.

Dagegen ist der Transport von Gas über Rohrleitungssysteme weniger komplex. International und national wird Gas über Hochdruckleitungen und Unterwasserfernleitungen über weite Strecken zu den regionalen Abnehmern transportiert, von wo aus es über Mittel- und Niederdruckleitungen regional und lokal an die Endabnehmer verteilt wird.[74]

Diese Besonderheiten in den Netzinfrastrukturen für verschiedene Energieträger auf unterschiedlichen Transportebenen verstärken die Herausforderungen bei der technischen und rechtlichen Regulierung nichtpreislicher Diskriminierungen.

II. Verwaltungsorganisation

Die Verwaltungsorganisation und das Verwaltungsorganisationsrecht werden in der Verwaltungswissenschaft überwiegend abstrakt beschrieben.[75] Das liegt daran, dass die in früheren Zeiten entwickelten dogmatischen Grundlagen von der deutschen Landes- und Bundes- bis zur europäischen Unionsverwaltung weder den bis heute andauernden Entwicklungen noch den spezifischen Erscheinungsformen der Verwaltungswirklichkeit angepasst wurden. Daher erscheint die Verwaltungsorganisation in dogmatischer Hinsicht als eine Vielzahl von Ausnahmen gegenüber einem Mangel an einheitlichen systematischen Regeln.

Die Verwaltung und die Verwaltungsorganisation sind also kein einheitlich verfasstes Gebilde.[76] Sie können es auch nicht sein, da die öffentlichen Aufgaben, politischen Vorgaben und institutionellen Rahmenbedingungen der unterschiedlichen Sachgebiete zu verschieden sind. Es ist nicht möglich, die gesamte Verwaltung einheitlich zu gliedern.

Um dennoch den Begriff der Verwaltungsorganisation zu klären, erfolgt eine Annäherung daran mithilfe einer Trennung von Verwaltung und Organisation, um deren Zusammenspiel herauszuarbeiten (1.). Auf dieser Grundlage können die Funktionen der Verwaltungsorganisation verstanden werden. Sie bilden Rahmen und Ressource für die Steuerung des Verwaltungshandelns (2.). Hierdurch wird die Bedeutung der Verwaltungsorganisation und des formellen Verwaltungsorganisationsrechts (3.) für die materiell programmierte Regulierungsverwaltung deutlich.

---

[73] *C. Theobald*, Grundlagen des deutschen Rechts der Energiewirtschaft, in: Schneider/ders. (Hrsg.), Recht der Energiewirtschaft, 4. Aufl. 2013, § 1 Rn. 7 ff.

[74] *C. Theobald*, Grundlagen des deutschen Rechts der Energiewirtschaft, in: Schneider/ders. (Hrsg.), Recht der Energiewirtschaft, 4. Aufl. 2013, § 1 Rn. 13.

[75] *E. Schmidt-Aßmann*, Das allgemeine Verwaltungsrecht als Ordnungsidee, 2. Aufl. 2004, 5. Kap. Tz. 2; *T. Groß*, Das Kollegialprinzip in der Verwaltungsorganisation, 1999, S. 8 ff.

[76] *G. Püttner*, Verwaltungslehre, 4. Aufl. 2007, § 7 Rn. 1; eine „Einheit der Verwaltung" wird angenommen von *H. Dreier*, Hierarchische Verwaltung im demokratischen Staat, 1991, S. 30 ff., differenzierend S. 211 ff.

1. Begriff der Verwaltungsorganisation

Der Begriff der Verwaltungsorganisation setzt sich aus den Wortteilen der Verwaltung (a.) und der Organisation (b.) zusammen, die sich nicht nur semantisch trennen lassen. Vielmehr stellen sie inhaltlich zwei unterschiedliche Elemente dar, die sowohl eine formelle als auch eine materielle Bedeutung entfalten, aus denen sich die Wechselbeziehungen der Verwaltungsorganisation herausarbeiten lassen.

a. Organisierende Verwaltung

Eine erste Annäherung an den Begriff „Verwaltung" lässt sich aus der Wortbedeutung gewinnen. „Verwalten" bedeutet so viel wie etwas beeinflussen, lenken, ausführen.[77] Eine positive und ganzheitliche Definition des Begriffes „Verwaltung" hat sich bis heute nicht durchgesetzt.[78] Die Ursache liegt in der Eigenart von Verwaltung, die sich zwar beschreiben, aber nicht definieren lässt.[79] Dies hat einen guten Grund, denn die Verwaltung muss zur Bewältigung neuer Erscheinungsformen in Wirtschaft und Gesellschaft entwicklungsoffen bleiben.[80]

Einen Ausgangspunkt zur Definition von Verwaltung bietet Art. 20 Abs. 2 Satz 2 GG, der zwischen den drei Funktionen Gesetzgebung, vollziehende Gewalt und Rechtsprechung unterscheidet. Während die Gesetzgebung in Art. 77, 78 GG dem Bundestag unter Mitwirkung des Bundesrates und die Rechtsprechung gemäß Art. 92 GG den Gerichten zugewiesen wird, erfolgt für die Verwaltung als Teil der vollziehenden Gewalt keine eindeutige Regelung zur Zuständigkeit *eines* Organs. Daraus folgt die Negativdefinition, dass Verwaltung jede staatliche Tätigkeit ist, die weder der Gesetzgebung noch der Rechtsprechung zuzuordnen ist.[81] Positiv gewendet ist Verwaltung die Summe aller mit der Erfüllung öffentlicher Aufgaben betrauter

---

[77] Duden Bd. 10 – Das Bedeutungswörterbuch, 4. Aufl. 2010, S. 1045; *R. Stober*, in: Wolff/Bachof/Stober/Kluth (Hrsg.), Verwaltungsrecht I, 13. Aufl. 2017, § 3 Rn. 8 f.; *T. Ellwein*, Einführung in die Regierungs- und Verwaltungslehre, 1966, S. 108 f.

[78] *E. Forsthoff*, Lehrbuch des Verwaltungsrechts, Erster Band: Allgemeiner Teil, 10. Aufl. 1973, § 1 I: „Von jeher ist die Verwaltungsrechtswissenschaft um eine Definition ihres Gegenstandes, der Verwaltung, verlegen"; diese Auffassung wird aktuell bestätigt von *R. Stober*, in: Wolff/Bachof/Stober/Kluth, Verwaltungsrecht I, 13. Aufl. 2017, § 3 Rn. 3; *C. Möllers*, Gewaltengliederung, 2006, S. 112 ff.

[79] *E. Forsthoff*, Lehrbuch des Verwaltungsrechts, Erster Band: Allgemeiner Teil, 10. Aufl. 1973, § 1 I.

[80] Vgl. zur Diskussion mit unterschiedlichen Umschreibungsversuchen *D. Ehlers*, Staatliche Verwaltung, in: ders./Pünder (Hrsg.), Allgemeines Verwaltungsrecht, 15. Aufl. 2015, § 1 Rn. 4 ff.; *G. Püttner*, Verwaltungslehre, 4. Aufl. 2007; *R. Stober*, in: Wolff/Bachof/Stober/Kluth (Hrsg.), Verwaltungsrecht I, 13. Aufl. 2017, § 3 Rn. 2; *T. Ellwein*, Einführung in die Regierungs- und Verwaltungslehre, 1966, S. 87, 89, 95 ff.

[81] *O. Mayer*, Deutsches Verwaltungsrecht, Bd. 1, 3. Aufl. 1923, S. 7, 9, 13; *T. Groß*, Die Verwaltungsorganisation als Teil organisierter Staatlichkeit, in: Hoffmann-Riem/Schmidt-Aßmann/Voßkuhle (Hrsg.), GVwR Bd. I, 2. Aufl. 2012, § 13 Rn. 8; *R. Stober*, in: Wolff/Bachof/Stober/Kluth, Verwaltungsrecht I, 13. Aufl. 2017, § 3 Rn. 4; *K. Stern*, Das Staatsrecht der Bundesrepublik Deutschland, Bd. II, 1980, § 41 I 3a).

Staats- oder auch supranationaler Organe sowie deren Tätigkeit.[82] Aufgabe der Verwaltung ist die eigenverantwortliche, aber rechts- und zweckgebundene Erfüllung öffentlichen Zwecken dienender staatlicher Angelegenheiten. Der Begriff bezeichnet damit sowohl die Einheiten, die diese Aufgabe erfüllen, als auch die Tätigkeiten selbst. So kommt der Verwaltung einerseits eine materiell vollziehende, andererseits auch eine formell organisierende Funktion zu.[83] Bezogen auf ihre Tätigkeit wird Verwaltung auch beschrieben als ein System zur Herstellung von Entscheidungen. Sie verarbeitet Impulse aus der Umwelt, um Verwaltungsaufgaben zu erfüllen.[84]

So bezeichnet der Begriff Verwaltung einerseits eine dynamische Tätigkeit des Verwaltens in unterschiedlichen Lebens- und Wirtschaftsbereichen und wird andererseits als Synonym für die statische Organisation zur Ausübung der Staatstätigkeit verstanden.[85] Damit ist Verwaltung auch eine organisatorische Einheit, die staatliches Handeln organisiert.

b. Verwaltende Organisation

Eine Definition des Begriffes der „Organisation" hat nicht nur in den Rechtswissenschaften,[86] sondern auch in den Wirtschafts-[87] und Sozialwissenschaften[88] stattgefunden. Dadurch ist der Begriff der Organisation mehrdeutig.[89] Die Bedeutung reicht vom Vorgang des Organisierens über die innere Ordnung einer Verwaltungseinheit

[82] *G. Püttner*, Verwaltungslehre, 4. Aufl. 2007, § 4 Rn. 10; darüber hinaus greifen die positiven Begriffsbestimmungen unterschiedliche, typische Merkmale der Verwaltung auf, statt vieler *D. Ehlers*, Staatliche Verwaltung, in: ders./Pünder (Hrsg.), Allgemeines Verwaltungsrecht, 15. Aufl. 2015, § 1 Rn. 6 m. w. N. in Fußnoten 8–21.

[83] *W. Thieme*, Verwaltungslehre, 4. Aufl. 1984, § 1 Rn. 5 ff.; *T. Groß*, Die Verwaltungsorganisation als Teil organisierter Staatlichkeit, in: Hoffmann-Riem/Schmidt-Aßmann/Voßkuhle (Hrsg.), GVwR Bd. I, 2. Aufl. 2012, § 13 Rn. 7; *H. P. Bull/V. Mehde*, Allgemeines Verwaltungsrecht, 9. Aufl. 2015, § 10 Rn. 371; *C. Möllers*, Gewaltengliederung, 2006, S. 114, 117.

[84] *W. Krebs*, Die Juristische Methode im Verwaltungsrecht, in: Schmidt-Aßmann/Hoffmann-Riem (Hrsg.), Methoden der Verwaltungsrechtswissenschaft, 2004, S. 209 (209); abstrakt hierzu *H.-H. Trute* Methodik der Herstellung und Darstellung verwaltungsrechtlicher Entscheidungen, in: Schmidt-Aßmann/Hoffmann-Riem (Hrsg.), Methoden der Verwaltungsrechtswissenschaft, 2004, S. 293 (306 ff.).

[85] *W. Krebs*, Verwaltungsorganisation, in: Isensee/Kirchhof (Hrsg.), HStR V, 3. Aufl. 2007, § 108 Rn. 1; *G. F. Schuppert*, Verwaltungswissenschaft, 2000, S. 79 f.; *W. Thieme*, Verwaltungslehre, 4. Aufl. 1984, § 1 Rn. 9.

[86] *W. Kluth*, in: Wolff/Bachof/Stober/Kluth (Hrsg.), Verwaltungsrecht II, 7. Aufl. 2010, § 79 I Rn. 3 ff.; *M. Burgi*, Verwaltungsorganisationsrecht, in: Ehlers/Pünder (Hrsg.), Allgemeines Verwaltungsrecht, 15. Aufl. 2015, § 7 Rn. 4 ff., ausführlich hierzu *G. F. Schuppert*, Verwaltungswissenschaften, 2000.

[87] *E. Kosiol*, Organisation der Unternehmung, 2. Aufl. 1976, S. 15 ff.; 186 ff.; *G. Wöhe/U. Döring*, Einführung in die allgemeine Betriebswirtschaftslehre, 25. Aufl. 2013, S. 100 ff.

[88] *N. Luhmann*, Funktionen und Folgen formaler Organisation, 2. Aufl. 1972, S. 29, 31 ff.; *R. Mayntz*, Soziologie der öffentlichen Verwaltung, 1978, S. 82 ff.

[89] Duden Bd. 1 – Die deutsche Rechtschreibung, 26. Aufl. 2013, S. 787; Duden Bd. 5 – Das Fremdwörterbuch, 11. Aufl. 2015, S. 765; Duden Bd. 10 – Das Fremdwörterbuch, 4. Aufl. 2010, S. 698.

bis hin zum sozialen Gebilde als solchem.[90] Organisationen sind komplexe, arbeitsteilige Gebilde, die nach außen als geschlossene Einheit erscheinen.[91]

Der Begriff der Organisation wird also wie der Begriff der Verwaltung doppelsinnig verstanden.[92] Organisation beschreibt nicht nur eine statische Einheit von Organen, sondern auch ein dynamisches Instrument zur Wahrnehmung und Erfüllung von Aufgaben, um das Verwaltungshandeln in eine bestimmte Richtung zu lenken.[93] Im Kontext von staatlicher oder supranationaler Verwaltung schafft Organisation im Sinne von Struktur Handlungs- und Kommunikationsbeziehungen innerhalb oder zwischen Verwaltungseinheiten,[94] indem sie die Erfüllung von Aufgaben in einer festen Ordnung spezialisierten Organisationseinheiten mit einer detaillierten Programmierung zuweist. Dadurch struturiert die Organisation wiederum den Entscheidungsprozess, der zur Produktion von Verwaltungsentscheidungen führt.[95]

2. Funktionen der Verwaltungsorganisation

Die Verwaltungsorganisation besitzt eine Doppelfunktion.[96] Zunächst strukturiert die Verwaltungsorganisation das Verwaltungshandeln, welches sie vom Aufbau der Verwaltungseinheit über deren Personalauswahl bis zu Organisations- und Verfahrensregeln

---

[90] Vgl. *W. Krebs*, Verwaltungsorganisation, in Isensee/Kirchhof (Hrsg.), HStR V, 3. Aufl. 2007, § 108 Rn. 2 mit weiteren Nachweisen; *E. Laux*, Vom Verwalten, 1993, S. 239; *R. Mayntz*, Soziologie der Organisation, 1963, S. 36 f.; *E. Kosiol*, Organisation der Unternehmung, 2. Aufl. 1976, S. 15 ff., 19 f.

[91] *E. Schmidt-Aßmann*, Einführung, in: ders./Hoffmann-Riem (Hrsg.), Verwaltungsorganisationsrecht als Steuerungsressource, 1997, S. 11 (34); *W. Kluth*, in: Wolff/Bachof/Stober/Kluth (Hrsg.), Verwaltungsrecht II, 7. Aufl. 2010, § 79 I Rn. 13 ff.; *G. F. Schuppert*, Verwaltungswissenschaft, 2000, S. 767 ff.; *N. Luhmann*, Funktionen und Folgen formaler Organisation, 2. Aufl. 1972, S. 23 f.

[92] *E. Schmidt-Aßmann*, Einführung, in: ders./Hoffmann-Riem (Hrsg.), Verwaltungsorganisationsrecht als Steuerungsressource, 1997, S. 11 (35); *T. Groß*, Die Verwaltungsorganisation als Teil organisierter Staatlichkeit, in: Hoffmann-Riem/Schmidt-Aßmann/Voßkuhle (Hrsg.), GVwR Bd. I, 2. Aufl. 2012, § 13 Rn. 4; *H. P. Bull/V. Mehde*, Allgemeines Verwaltungsrecht, 9. Aufl. 2015, § 10 Rn. 372 f.

[93] *T. Groß*, Kollegialprinzip, 1999, S. 11, 19; hierzu auch *T. Ellwein*, Regieren und Verwalten, 1976, S. 148.

[94] *E. Schmidt-Aßmann*, Einführung, in: ders./Hoffmann-Riem (Hrsg.), Verwaltungsorganisationsrecht als Steuerungsressource, 1997, S. 11 (34); *H.-H. Trute*, Die Funktionen von Organisationen und ihre Abbildung im Recht, in: Schmidt-Aßmann/Hoffmann-Riem (Hrsg.), Verwaltungsorganisationsrecht als Steuerungsressource, 1997, S. 249 (254, 263 f.); *W. Brohm*, Strukturen der Wirtschaftsverwaltung, 1969, S. 16 f.

[95] *T. Groß*, Kollegialprinzip, 1999, S. 19 ff.; W. *Kluth*, in: Wolff/Bachof/Stober/ders. (Hrsg.), Verwaltungsrecht II, 7. Aufl. 2010, § 79 II Rn. 1, 93.

[96] *E. Schmidt-Aßmann*, Das allgemeine Verwaltungsrecht als Ordnungsidee, 2. Aufl. 2004, 5. Kap. Tz. 1; *ders.*, Einführung, in: ders./Hoffmann-Riem (Hrsg.), Verwaltungsorganisationsrecht als Steuerungsressource, 1997, S. 11 (11, 19 f.); *T. Groß*, Kollegialprinzip, 1999, S. 10 ff.; andere Ansicht *G. F. Schuppert*, Verwaltungsorganisation und Verwaltungsorganisationsrecht als Steuerungsfaktoren, in: Hoffmann-Riem/Schmidt-Aßmann/Voßkuhle (Hrsg.), GVwR Bd. I, 2. Aufl. 2012, § 16 Rn. 2 ff., der von drei Funktionen (Konstituierungsfunktion, Steuerungsfunktion, demokratische Funktion) und *R. Loeser*, System des Verwaltungsrechts, Bd. 2, 1994, § 10 Rn. 10 ff., der von vier Funktionen (rechtsstaatliche Funktion, Grundrechtsverwirklichung, demokratische Funktion, Transmissionsfunktion durch Verwirklichung grundgesetzlicher Werte und Strukturen) ausgeht.

programmiert.[97] Sie regelt die Innengestaltung und die Außenbeziehungen selbständiger Verwaltungseinheiten. Vereinfacht gesagt, schafft die Festsetzung der Verwaltungsorganisation einen Rahmen zur Steuerung des Verwaltungshandelns.

Ferner steuert die Verwaltungsorganisation die Verwaltungsentscheidungen, indem sie Aufgaben und Entscheidungsbefugnisse organisatorisch zuweist. Im Zusammenspiel zwischen der Verwaltungsorganisation und den Ressourcen des Verwaltungshandelns wird ein zweistufiger Prozess initiiert. Zunächst verarbeitet die Verwaltungsorganisation Impulse aus ihrer Umwelt. Hierdurch werden Informationen gesammelt, mit vorhandenem Sachverstand verarbeitet und mit internen Erfahrungen abgeglichen. Dann orientiert sich die Steuerung des Handelns an den konkreten Zielen der Verwaltungsorganisation.[98] Diese sind der Maßstab für Entscheidungen, die intern getroffen und mit den Bewirkungsformen der Verwaltungsorganisation ausgedrückt werden.

3. Bedeutung der Verwaltungsorganisation

Verwaltungsorganisation dient der bestmöglichen Erfüllung der öffentlichen Aufgaben.[99] Die Verwaltungsorganisation konstituiert die „strukturellen Voraussetzungen des Verwaltens"[100] in doppelter Hinsicht: Zunächst bestimmt die Struktur der Verwaltungsorganisation das Verwaltungshandeln und zugleich erfordert strukturiertes Verwaltungshandeln eine sachangemessene Verwaltungsorganisation.

Die Verwaltungsorganisation gewinnt nicht nur formell, sondern auch materiell eine zunehmende Bedeutung bei der Steuerung von Verwaltungsentscheidungen. Sie wirkt statisch strukturgebend für Verwaltungseinheiten und dynamisch strukturierend für Verwaltungshandeln.[101] Sie gestaltet sowohl die Entscheidungsorgane

---

[97] *G. F. Schuppert*, Verwaltungsorganisation und Verwaltungsorganisationsrecht als Steuerungsfaktoren, in: Hoffmann-Riem/Schmidt-Aßmann/Voßkuhle (Hrsg.), GVwR Bd. I, 2. Aufl. 2012, § 16 Rn. 8; 19; *E. Schmidt-Aßmann*, Das allgemeine Verwaltungsrecht als Ordnungsidee, 2. Aufl. 2004, 1. Kap. Tz. 36; *T. Groß*, Kollegialprinzip, 1999, S. 18 f.

[98] *H.-H. Trute*, Die Funktionen von Organisationen und ihre Abbildung im Recht, in: Schmidt-Aßmann/Hoffmann-Riem (Hrsg.), Verwaltungsorganisationsrecht als Steuerungsressource, 1997, S. 249 (257 f.); *M. Burgi*, Verwaltungsorganisationsrecht, in: Ehlers/Pünder (Hrsg.), Allgemeines Verwaltungsrecht, 15. Aufl. 2015, § 7 Rn. 14.

[99] *G. Püttner*, Verwaltungslehre, 4. Aufl. 2007, § 7 Rn. 1; *R. Loeser*, System des Verwaltungsrechts, Bd. 2, 1994, § 10 Rn. 1.

[100] *G. F. Schuppert*, Verwaltungswissenschaft als Steuerungswissenschaft. Zur Steuerung des Verwaltungshandelns durch Verwaltungsrecht, in: Schmidt-Aßmann/Hoffmann-Riem/ders. (Hrsg.), Zur Reform des Allgemeinen Verwaltungsrechts, 1993, S. 67 ff.; *E. Schmidt-Aßmann*, Einführung, in: ders./Hoffmann-Riem (Hrsg.), Verwaltungsorganisationsrecht als Steuerungsressource, 1997, S. 9 (20).

[101] *G. F. Schuppert*, Verwaltungsorganisation und Verwaltungsorganisationsrecht als Steuerungsfaktoren, in: Hoffmann-Riem/Schmidt-Aßmann/Voßkuhle (Hrsg.), GVwR Bd. I, 2. Aufl. 2012, § 16 Rn. 10, 19; *ders.*, Verwaltungswissenschaft, 2000, S. 582; *E. Schmidt-Aßmann*, Einführung, in: ders./Hoffmann-Riem (Hrsg.), Verwaltungsorganisationsrecht als Steuerungsressource, 1997, S. 11 (14); *ders.*, Das allgemeine Verwaltungsrecht als Ordnungsidee, 2. Aufl. 2004, 5. Kap. Tz. 1, 9 ff.

innerhalb einer Verwaltungseinheit als auch die Verwaltungsverfahren zur Entscheidungsgewinnung aus. Verwaltungsorganisationen sind „Steuerungsmedien",[102] die Ressourcen einzelner Organisationseinheiten kombinieren und mögliche Entscheidungsunsicherheiten durch die Sammlung von Informationen und den Abgleich mit organisationsinternem Wissen reduzieren.[103]

Die Verwaltungsorganisation wird durch das Verwaltungsorganisationsrecht festgelegt.[104] Neben den Rahmenvorgaben des Grundgesetzes und des Vertrags über die Arbeitsweise der Europäischen Union ergeben sich die Regeln der Verwaltungsorganisation von nationalen und europäischen Verwaltungsträgern vor allem aus Gesetzen, Verordnungen, Satzungen oder Organisationsstatuten, auf denen die Organisationen beruhen.

Diesen Regeln kommt eine große Bedeutung in der Rechtspraxis zu. Das Verwaltungsorganisationsrecht hat eine „Steuerungsintention".[105] Es bestimmt, in welcher Zusammensetzung der Verwaltungseinheit beziehungsweise deren Entscheidungsorganen die Aufgaben durch Verwaltungshandeln im Einzelfall erfüllt werden. Es legt die Verfassung der Organisation fest, regelt die Funktionsweise der Organe im Verwaltungsapparat und strukturiert das Verhältnis der Organisation zu ihren Handlungsadressaten, um Entscheidungen sachangemessen zu steuern.

Somit besitzt auch das Verwaltungsorganisationsrecht mit seiner Regelungswirkung nach innen und nach außen eine „Doppeldeutigkeit".[106] Besondere Bedeutung gewinnt das Verwaltungsorganisationsrecht durch die Verflechtungen nationaler und unionaler Verwaltungen in einem „Europäischen Verwaltungsverbund".[107] Es dient

---

[102] *E. Schmidt-Aßmann*, Einführung, in: ders./Hoffmann-Riem (Hrsg.), Verwaltungsorganisationsrecht als Steuerungsressource, 1997, S. 11 (19).

[103] *M. Eifert*, Innovation in und durch Netzwerkorganisation: Relevanz, Regulierung und staatliche Einbindung, in: ders./Hoffmann-Riem (Hrsg.), Innovation und rechtliche Regulierung, 2002, S. 88 (95 ff.); *G. F. Schuppert*, Verwaltungsorganisation und Verwaltungsorganisationsrecht als Steuerungsfaktoren, in: Hoffmann-Riem/Schmidt-Aßmann/Voßkuhle (Hrsg.), GVwR Bd. I, 2. Aufl. 2012, § 16 Rn. 139 f.

[104] *C. Möllers*, Materielles Recht – Verfahrensrecht – Organisationsrecht, in: Trute/Groß/Röhl/Möllers (Hrsg.), Allgemeines Verwaltungsrecht – zur Tragfähigkeit eines Konzepts, 2008, S. 489 (500).

[105] *S. Augsberg*, Europäisches Verwaltungsorganisationsrecht und Vollzugsformen, in: Terhechte (Hrsg.), Verwaltungsrecht der EU, 2011, § 6 Rn. 2; siehe allgemein zur Steuerung durch Recht *E.-H. Ritter*, Das Recht als Steuerungsmedium im kooperativen Staat, in: Grimm (Hrsg.), Wachsende Staatsaufgaben – sinkende Steuerungsfähigkeit des Rechts, 1990, S. 69 ff., *G. F. Schuppert*, Verwaltungswissenschaft als Steuerungswissenschaft. Zur Steuerung des Verwaltungshandelns durch Verwaltungsrecht, in: Hoffmann-Riem/Schmidt-Aßmann/ders. (Hrsg.), Reform des Allgemeinen Verwaltungsrechts, 1993, S. 65 ff.

[106] *W. Brohm*, Strukturen der Wirtschaftsverwaltung, 1969, S. 18.

[107] Begriffsprägend *E. Schmidt-Aßmann*, Einleitung: Der Europäische Verwaltungsverbund und die Rolle des europäischen Verwaltungsrechts, in: ders./Schöndorf-Haubold (Hrsg.), Der Europäische Verwaltungsverbund, 2005, S. 1 (7 ff.).

sowohl der Konstitution als auch der aufgabenbezogenen Steuerung der Eigenverwaltung der Union, der nationalstaatlichen Verwaltungen und supranationaler Verwaltungsakteure.[108] Das Verwaltungsorganisationsrecht ist eine „Steuerungsressource",[109] die durch die Organisation von Verwaltungseinheiten über die Nutzung von Informationen und Wissen bestimmt, Wechselwirkungen ausgleicht und Entscheidungen programmiert.

III. Regulierungsverwaltung

Der Begriff der Regulierungsverwaltung ist ein junger Begriff in der Verwaltungsrechtswissenschaft. Sein Ursprung liegt im US-amerikanischen Wirtschaftsverwaltungsrecht des 19. Jahrhunderts.[110] In den europäischen Rechtsdiskurs ging der Begriff der Regulierungsverwaltung erst Ende des 20. Jahrhunderts ein.
Mittlerweile steht Regulierung für jede staatliche Steuerung eines Marktgeschehens im Allgemeininteresse. Regulierung lässt sich als interdisziplinäre Querschnittsaufgabe charakterisieren, die die Erkenntnisse der Volks- und Betriebswirtschaftslehre ebenso wie die Gesetze der Naturwissenschaft und Technik einbezieht.[111]
Zunächst wird der Begriff der Regulierungsverwaltung nach seiner sprachlichen und historischen Entstehung bestimmt (1.), um die dogmatischen Ursprünge des damit bezeichneten Rechtsgebiets nachzuvollziehen. Auf dieser Basis werden die Bedeutung (2.) und die Funktion (3.) der Regulierungsverwaltung herausgearbeitet, um die Herausforderungen der Verwaltung bei der Regulierung abzuleiten (4.).

---

[108] Grundlegend hierzu *E. Schmidt-Aßmann*, Die Herausforderung der Verwaltungswissenschaft durch die Internationalisierung der Verwaltungsbeziehungen, Der Staat 45 (2006), S. 315 ff.

[109] *E. Schmidt-Aßmann*, Europäische Verwaltung zwischen Kooperation und Hierarchie, in: Cremer/Giegerich/Richter/Zimmermann (Hrsg.), FS Helmut Steinberger, 2002, S. 1375 (1390 ff.; 1399); erweiternd *E. Schmidt-Aßmann*, Einleitung: Der Europäische Verwaltungsverbund und die Rolle des europäischen Verwaltungsrechts, in: ders./Schöndorf-Haubold (Hrsg.), Der Europäische Verwaltungsverbund, 2005, S. 1 (22 f.); diesen Ansatz überträgt und erweitert *M. Ruffert* auch auf das internationale Verwaltungsrecht, Perspektiven des Internationalen Verwaltungsrechts, in: Möllers/Voßkuhle/Walter (Hrsg.), Internationales Verwaltungsrecht, 2007, S. 395 (405).

[110] *J. Wieland*, Die Entwicklung der Wirtschaftsregulierung in den Vereinigten Staaten von Amerika, DV 18 (1985), S. 84 (84 ff., 91 ff.); *O. Lepsius*, Verwaltungsrecht unter dem Common Law, 1997, S. 67 ff.; *ders.*, Regulierungsrecht in den USA: Vorläufer und Modell, in: Fehling/Ruffert (Hrsg.), Regulierungsrecht, 2010, § 1.

[111] *M. Schmidt-Preuß*, Das Regulierungsrecht als interdisziplinäre Disziplin – am Beispiel des Energierechts, in: Baur/Sandrock/Scholtka/Shapira (Hrsg.), FS Günter Kühne, 2010, S. 329 (331 ff.) mit zahlreichen weiteren Beispielen im Sektor des Energieregulierungsrechts S. 329 (334 ff.).

1. Begriff der Regulierungsverwaltung

Regulierung ist sowohl in der Wissenschaft als auch in den täglichen Nachrichten ein verbreiteter Begriff.[112] Wie ist dieser Begriff entstanden und was wird mit diesem Begriff alles gemeint? Regulierung hat noch keine einheitliche Definition.[113] Das Begriffsverständnis war traditionell vom Wortsinn (a.) geprägt und gewann durch die historischen Entwicklungen (b.) an Bedeutung und Beachtung.

a. Wortsinn der Regulierung

Im allgemeinen deutschen Sprachgebrauch wird der Begriff der Regulierung weit verstanden.[114] In wissenschaftlichen Abhandlungen wird Regulierung vielfach allgemein mit der Regelung oder Normierung eines bestimmten Sachverhalts gleichgesetzt.

In den Rechtswissenschaften konkretisiert der Begriff der Regulierung eine spezifische Tätigkeit der Verwaltung, die sich systematisch zwischen die Wirtschaftsaufsicht und die Wirtschaftslenkung einfügt.[115] Wirtschaftsaufsicht ist jede staatlich veranlasste Kontrolle zur Einhaltung rechtlicher Bestimmungen bei der wirtschaftlichen Betätigung, während Wirtschaftslenkung die planend-steuernde Einwirkung auf wirtschaftliche Abläufe ist.[116] Regulierung geht über die klassische Wirtschaftsaufsicht, die die Wirtschaftstätigkeit überwacht und bei Missständen punktuell eingreift, hinaus.[117] Es handelt sich um ein variables Instrument, das sich nicht auf *ein* Modell oder *ein* Ziel festlegen lässt.

Es wird zwischen Regulierung im weiteren und Regulierung im engeren Sinne unterschieden.[118] Regulierung im weiteren Sinne umfasst demnach alle staatlichen

---

[112] *G. Majone*, The regulatory state and its legitimacy problem, West European Politics, 22 (1999), S. 1; *M. Ruffert*, Begriff, in: Fehling/ders. (Hrsg.), Regulierungsrecht, 2010, § 7 Rn. 1 f.

[113] *M. Eifert*, Regulierungsstrategien, in: Hoffmann-Riem/Schmidt-Aßmann/Voßkuhle (Hrsg.), GVwR Bd. I, 2. Aufl. 2012, § 19 Rn. 1; *T. Prosser*, Law and the Regulators, 1997, S. 4 ff.; *S. Peltzman*, Toward a more general theory of regulation, Journal of Law and Economics 19 (1976), S. 211 (211 ff.) bezieht sich grundlegend auf *G. J. Stigler*, The Theory of Economic Regulation, 2 Bell Journal of Economic & Management Sciences 3 (1971), S. 3 ff.

[114] Duden Bd. 1 – Die deutsche Rechtschreibung, 26. Aufl. 2014, S. 883; Duden Bd. 5 – Das Fremdwörterbuch, 11. Aufl. 2015, S. 919; Duden Bd. 10 – Das Bedeutungswörterbuch, 4. Aufl. 2010, S. 755.

[115] *C. Berringer*, Regulierung als Erscheinungsform der Wirtschaftsaufsicht, 2004, S. 85 ff.

[116] Statt vieler *P. M. Huber*, Öffentliches Wirtschaftsrecht, in: Schoch (Hrsg.), Besonderes Verwaltungsrecht, 15. Aufl. 2013, Kap. 3 Rn. 176 ff., 187, 189.

[117] *J. Masing*, DV 36 (2003), S. 1 (6 f.); *M. Burgi*, DVBl. 2006, S. 269 (271); *J. Masing*, Gutachten D zum 66. DJT 2006, S. 48 ff.; *K. Herzmann*, Konsultationen, 2010, S. 39 f.

[118] *M. Schmidt-Preuß*, Das Regulierungsrecht als interdisziplinäre Disziplin – am Beispiel des Energierechts, in: Baur/Sandrock/Scholtka/Shapira (Hrsg.), FS Günter Kühne, 2010, S. 329 (330) unterscheidet neben Regulierung im engeren und im weiteren Sinne noch Regulierung im universellen Sinne als jeden staatlichen Eingriff in das Marktgeschehen zur Erreichung von sozialen Zielen (z. B. des Umwelt- oder Arbeitsrechts).

Regelungen des privaten Wirtschaftshandelns in bestimmten Wirtschaftsbereichen durch Handlungsgebote oder Tätigkeitsverbote. Dagegen beschreibt Regulierung im engeren Sinne eine zielgerichtete Einwirkung auf einen bestimmten Wirtschaftssektor, um Wettbewerb zu schaffen.[119]

Zusammenfassend beschreibt der Begriff der Regulierungsverwaltung jede gewollte und gezielte staatliche Beeinflussung von Marktprozessen, die einen bestimmten, über den Einzelfall hinausgehenden allgemeinen Ordnungszweck verfolgt.[120] Indes hat sich eine einheitliche Definition von Regulierung und Regulierungsverwaltung durch sektorspezifische Regelungen in Fachgesetzen bisher nicht durchgesetzt.[121]

b. Entstehung der Regulierungsverwaltung

Die Entstehung der Regulierungsverwaltung geht historisch auf eine Veränderung der Staatsaufgaben (aa.) und eine gewandelte Rolle des Staates (bb.) zurück.

aa. Veränderung der Aufgaben des Staates

Grundsätzlich fallen dem Staat alle Aufgaben in einem Gemeinwesen zu.[122] Staatsaufgaben werden in den verfassungsmäßigen Staatsfunktionen nicht eindeutig vorgegeben, sondern erst im politischen Prozess festgelegt und in der Vollzugspraxis konkretisiert.[123] Das heißt, dass der Staat alles leisten kann und vieles leisten muss.[124]

Der Staat kommt bei der Erfüllung seiner Aufgaben an seine Grenzen. In Zeiten knapper Staatsfinanzen nehmen die Personalressourcen des Staates ab, während die Aufgabenbereiche des Staates zunehmen.[125] Zur Erfüllung der Staatsaufgaben

---

[119] *R. Schmidt*, Öffentliches Wirtschaftsrecht, 1990, § 2 I 2 c bb; *J.-P. Schneider*, Liberalisierung der Stromwirtschaft, 1999, S. 36.

[120] Angelehnt an *M. Eifert*, Regulierungsstrategien in: Hoffmann-Riem/Schmidt-Aßmann/Voßkuhle (Hrsg.), GVwR Bd. I, 2. Aufl. 2012, § 19 Rn. 5.

[121] *T. von Danwitz*, DÖV 2004, S. 977 (977 ff.) folgert hieraus, dass der Begriff der Regulierung aufgrund seines geringen dogmatischen Gehalts entbehrlich sei, und subsumiert die Anwendungsfelder der Regulierung allgemein einer bestimmten Erscheinungsform staatlicher Wirtschaftsaufsicht.

[122] *C. Berringer*, Regulierung als Erscheinungsform der Wirtschaftsaufsicht, 1999, S. 19 ff.

[123] *K. König/Angelika Benz*, Verfassungsrechtliche Kriterien von Privatisierung und Regulierung, in: dies. (Hrsg.) Privatisierung und staatliche Regulierung, 1997, S. 53 (57 f.); *E. Grande*, Vom produzierenden zum regulierenden Staat: Möglichkeiten und Grenzen von Regulierung und Privatisierung, in: König/Benz (Hrsg.), Privatisierung und staatliche Regulierung, 1997, S. 576 (577).

[124] Grundlegend hierzu *J. Isensee*, Staatsaufgaben, in: ders./Kirchhof (Hrsg.), HStR IV, 3. Aufl. 2006, § 74 Rn. 27 ff., der zahlreiche Ausdifferenzierungen vornimmt.

[125] *E.-H. Ritter*, Das Recht als Steuerungsmedium im kooperativen Staat, in: Grimm (Hrsg.), Wachsende Staatsaufgaben – sinkende Steuerungsfähigkeit des Rechts, 1990, S. 69, 71; *D. Grimm*, Der Staat in der kontinentaleuropäischen Tradition, in: Voigt (Hrsg.), Abschied vom Staat – Rückkehr zum Staat?, 1993, S. 27 (45 f.); *H. Schulze-Fielitz*, Der Leviathan auf dem Weg zum nützlichen Haustier?, in: Voigt (Hrsg.), Abschied vom Staat – Rückkehr zum Staat?, 1993, S. 95 (100 f.); *H. Willke*, Die Steuerungsfunktion des Staates aus systemtheoretischer Sicht, in: Grimm (Hrsg.), Staatsaufgaben, 1994, S. 685 (707).

bedient sich der Staat aus funktionalen oder finanziellen Gründen der Beteiligung privater beziehungsweise gesellschaftlicher Kräfte.[126] Die Einbeziehung Privater kann von einer Arbeitsteilung zwischen Staat und Privaten bis zu einer Verschiebung von Staat zu Privaten reichen.[127]

bb. Veränderung der Rolle des Staates – von der Leistungsverwaltung zur Gewährleistungsverwaltung

Die Veränderung der Staatsaufgaben führt zu einem Wandel der Rolle des Staates: Während der Staat in früheren Zeiten exklusiv die Erfüllung der Staatsaufgaben gegenständlich geleistet und die Gemeinwohlsicherung verantwortet hat, wird die staatliche Leistungserfüllung und Verantwortung öffentlicher Aufgaben vermehrt entstaatlicht und privatisiert.[128] Die staatlichen Aufgaben beschränken sich auf die Förderung oder Koordinierung privater Tätigkeiten.[129] Dogmatisch handelt es sich um eine Arbeits- und Verantwortungsteilung zwischen staatlichen und privaten Akteuren.[130] Statt die Aufgaben sämtlich selbst zu erfüllen, beschränkt sich der Staat in vielen Bereichen auf die Setzung gemeinwohlorientierter Regeln, die die Privaten in ihrem Verhalten

---

[126] *K. König/Angelika Benz*, Rahmenbedingungen von Privatisierung und Regulierung, in: dies. (Hrsg.) Privatisierung und staatliche Regulierung, 1997, S. 37 (42 f., 49 ff.).

[127] *H.-H. Trute*, Verantwortungsteilung als Schlüsselbegriff eines sich verändernden Verhältnisses von öffentlichem und privatem Sektor, in: Schuppert (Hrsg.), Jenseits von Privatisierung und „schlankem" Staat, 1999, S. 13 (14) versteht darunter die Phänomene der Privatisierung, Deregulierung, öffentlich-privater Partnerschaften sowie der kooperativen Verwaltung; *G. F. Schuppert*, Vom produzierenden zum gewährleistenden Staat: Privatisierung als Veränderung staatlicher Handlungsformen, in: König/Benz (Hrsg.), Privatisierung und staatliche Regulierung, 1997, S. 539 (542 ff.) differenziert die Formen der Privatisierung der öffentlichen Verwaltung.

[128] *F. Ossenbühl*, Die Erfüllung von Verwaltungsaufgaben durch Private, VVDStRL 29 (1970), S. 137 (145 ff.); *H.-U. Gallwas*, Die Erfüllung von Verwaltungsaufgaben durch Private, VVDStRL 29 (1970), S. 211 ff.; *F. Schoch*, Privatisierung von Verwaltungsaufgaben, DVBl. 1994, S. 962 ff.; *L. Osterloh*, Privatisierung von Verwaltungsaufgaben, VVDStRL 54 (1995), S. 204 ff.; *H. Bauer*, Privatisierung von Verwaltungsaufgaben, VVDStRL 54 (1995), S. 243 ff.; kritisch dazu *D. Grimm*, Der Wandel der Staatsaufgaben und die Krise des Rechtsstaats, in: ders. (Hrsg.), Wachsende Staatsaufgaben – sinkende Steuerungsfähigkeit des Rechts, 1990, S. 297 ff.; *H.-H. Trute* Verantwortungsteilung als Schlüsselbegriff eines sich verändernden Verhältnisses von öffentlichem und privatem Sektor, in: Schuppert (Hrsg.), Jenseits von Privatisierung und „schlankem" Staat, 1999, S. 13 (18 f.).

[129] *D. Grimm*, Vorwort, in: ders. (Hrsg.), Staatsaufgaben, 1994, S. 9 (10); *Angelika Benz/K. König*, Privatisierung und staatliche Regulierung – eine Zwischenbilanz, in: dies. (Hrsg.) Privatisierung und staatliche Regulierung, 1997, S. 606 (644).

[130] Grundlegend hierzu *E. Schmidt-Aßmann*, Zur Reform des allgemeinen Verwaltungsrechts – Reformbedarf und Reformansätze, in: Hoffmann-Riem/ders. (Hrsg.), Reform des allgemeinen Verwaltungsrechts, 1993, S. 11 (43 f.); *H.-H. Trute*, DVBl. 1996, S. 950 ff.; vertiefend und ausführend zum Begriff der Verantwortungsteilung *ders,*. Verantwortungsteilung als Schlüsselbegriff eines sich verändernden Verhältnisses von öffentlichem und privatem Sektor, in: Schuppert (Hrsg.), Jenseits von Privatisierung und „schlankem" Staat, 1999, S. 13 ff.; *A. Voßkuhle*, Gesetzgeberische Regelungsstrategien der Verantwortungsteilung zwischen öffentlichem und privatem Sektor, in: Schuppert (Hrsg.), Jenseits von Privatisierung und „schlankem" Staat, 1999, S. 47 ff.; *ders.*, DV 2001, Beiheft 4, S. 197 (197); *M. Schmidt-Preuß*, Verwaltung und Verwaltungsrecht zwischen gesellschaftlicher Selbstregulierung und staatlicher Steuerung, VVDStRL 55 (1996), S. 160 (162).

steuern.[131] Eine Grundversorgung mit Leistungen der Daseinsvorsorge leistet der Staat nicht mehr selbst, sondern gewährleistet sie, indem er eine wettbewerbliche Öffnung originär monopolistischer Wirtschaftsbereiche zu einem freien Markt reguliert.[132]

Diese Regulierung ist eine komplexe Staatsaufgabe, denn der Staat muss ein angemessenes Angebot von Leistungen der Daseinsvorsorge zu bezahlbaren Preisen gewährleisten. Dafür bedient er sich der „Selbstorganisationskräfte"[133] von Märkten mit Wettbewerb. Der Staat kann sich aus der unmittelbaren Verwaltung des Marktes hin zu einer mittelbaren Regelsetzung von Marktbedingungen zu Gunsten Privater zurückziehen,[134] um einen freien Wettbewerb durch Angebot und Nachfrage zu ermöglichen.[135]

Die Veränderung der Staatsaufgaben und der Rückzug des Staates aus der Aufgabenerfüllung haben private Handlungsspielräume geschaffen. In ursprünglich staatlichen Wirtschaftsbereichen mit hoher öffentlicher Relevanz erfolgte eine Ökonomisierung, die erhebliche Regulierungsbedarfe eröffnete, die sich von der Schaffung eines allgemeinen Regelungsrahmens bis zur Detailregelung erstrecken.[136] So verbreitete sich das Instrument der Regulierung, das dem deutschen und europäischen Wirtschaftsverwaltungsrecht bis dahin fremd war.[137]

cc. Zwischenergebnis

Im Zuge der sogenannten Verschlankung des Staates in den letzten Jahrzehnten bleiben die traditionellen Staatsaufgaben in der Daseinsvorsorge bestehen, doch die Art und Weise der Erfüllung dieser Aufgaben durch den Staat verändert sich.[138]

---

[131] *M. Schmidt-Preuß*, Verwaltung und Verwaltungsrecht zwischen gesellschaftlicher Selbstregulierung und staatlicher Steuerung, VVDStRL 55 (1996), S. 160 (163 f.).

[132] *J. Masing*, Gutachten D zum 66. DJT 2006, S. 14; *G. Knieps*, Wettbewerbsökonomie, 3. Aufl. 2008, S. 21 ff.; *M. Ruffert*, AöR 124 (1999), S. 237 (247); *G. Hermes*, Staatliche Infrastrukturverantwortung, 1998, S. 336 ff.; *J.-P. Schneider*, Liberalisierung der Stromwirtschaft, 1999, S. 39.

[133] *J. Masing*, DV 2003, S. 1 (31); *M. Ruffert*, AöR 124 (1999), S. 237 (246 ff.); *M. Schmidt-Preuß*, Verwaltung und Verwaltungsrecht zwischen gesellschaftlicher Selbstregulierung und staatlicher Steuerung, VVDStRL 55 (1996), S. 160 (168 f.).

[134] *Angelika Benz/K. König*, Privatisierung und staatliche Regulierung – eine Zwischenbilanz, in: König/Benz (Hrsg.), Privatisierung und staatliche Regulierung, 1997, S. 606 (619).

[135] *C. Möllers*, Der vermisste Leviathan, 2008, S. 82 f.; kritisch hierzu *K. F. Gärditz*, AöR 135 (2010), S. 251 (257).

[136] *E. Grande*, Vom produzierenden zum regulierenden Staat: Möglichkeiten und Grenzen von Regulierung und Privatisierung, in: König/Benz (Hrsg.), Privatisierung und staatliche Regulierung, 1997, S. 576 (580, 584).

[137] *M. Bullinger*, DVBl. 2003, S. 1355 (1356); hierzu gibt es immer noch kontroverse Diskussionen in Europa, *G. Majone* (Hrsg.), Deregulation or Re-regulation? – Regulatory Reform in Europe and the United States, 1990; *T. von Danwitz*, DÖV 2004, S. 977 ff.; rechtsvergleichend zu den verschiedenen wissenschaftlichen Rezeptionen in Europa *J. Masing/G. Marcou* (Hrsg.), Unabhängige Regulierungsbehörden, Tübingen 2010.

[138] Es handelt sich um eine materielle Privatisierung in Form der Aufgabenprivatisierung. Die Aufgabenerfüllung des Staates wandelt sich von der hoheitlichen Leistung zur Bewältigung der Privatisierungsfolgen. Diese Handlungsform bezeichnen *G. Majone*, The regulatory state and its legitimacy problems, West European Politics 22 (1999), S. 1 (1 f.); *M. Ruffert*, AöR 124 (1999), S. 237 (250) als Regulierung, die in die Regulierung von Infrastrukturen und Dienstleistungen unterschieden wird.

Diese Erscheinung wird in der traditionell verfassten Staatsrechtslehre und Verwaltungswissenschaft mit einer Vielzahl dogmatisch aufgeladener Begriffe als „Scharnier des Übergangs von der erfüllenden Leistungsverwaltung zur ermöglichenden Gewährleistungsverwaltung“[139] umschrieben.[140] Dahinter steht ein Wandel von der unmittelbaren und vollständigen Eigenverwaltung des Staates zu einer mittelbaren und regulierenden Verwaltung der Privatisierungsfolgen.[141]

Regulierung erscheint als Königsweg, um der Überforderung des Staates zu entgehen und zugleich die Erfüllung öffentlicher Aufgaben nicht gänzlich der Verantwortung von Privaten zu überlassen. Dieser Wandel der Staatsaufgaben und die Verschiebung der Staatsverantwortung erfordern eine moderne, administrative Steuerung.[142] Grundlage der Steuerung sind Rechtsnormen auf nationaler – und in einigen grenzüberschreitenden Handlungsfeldern auch auf supranationaler – Ebene, die insbesondere neue Formen und Handlungen der Verwaltung begründen.

2. Bedeutung der Regulierungsverwaltung

Die Differenzierung und Europäisierung der Staatsaufgaben spiegelt sich in der Organisation des Staates und seiner Verwaltungsorganisation wider.[143] Die Verwaltung ist weniger und weniger eine monolithische Einheit, sondern entwickelt sich zu einer pluralen Verwaltungsstruktur.[144] Sinnbildlich hierfür steht die

---

[139] *G. F. Schuppert*, Vom produzierenden zum gewährleistenden Staat: Privatisierung als Veränderung staatlicher Handlungsformen, in: König/Benz (Hrsg.), Privatisierung und staatliche Regulierung, 1997, S. 539 (551).

[140] Kritisch zum Verhältnis von Gewährleistungsverantwortung und Regulierungsrecht, *G. Britz*, DV 37 (2004), S. 145 (148 f.).

[141] *W. Hoffmann-Riem*, DÖV 1997, S. 433 (441 f.); *G. Majone*, Paradoxes of privatization and deregulation, Journal of European Public Policy 1 (1994), S. 53 ff.; kritisch zu dieser Terminologie *J. Masing*, DV 2003, S. 1 (31). Die Beschreibung dieses Wandels der Staatsaufgaben hat in der wissenschaftlichen Diskussion vielfältige Bezeichnungen erfahren: *G. Hermes*, Staatliche Infrastrukturverantwortung, 1998, S. 323 ff. spricht von Infrastrukturverantwortung und die BVerfGE 108, 370 (393) erwähnt einen Infrastruktursicherungsauftrag unter Bezug auf die staatliche Gewährleistungsverantwortung zur Erbringung öffentlicher Leistungen.

[142] *G. F. Schuppert*, Vom produzierenden zum gewährleistenden Staat: Privatisierung als Veränderung staatlicher Handlungsformen, in: König/Benz (Hrsg.), Privatisierung und staatliche Steuerung, 1997, S. 539 (575); *ders.*, DV Beiheft 2, 2001, S. 197 (221); *M. Ruffert*, AöR 124 (1999), S. 238 (244); *M. Ruffert*, Grundfragen der Wirtschaftsregulierung, in: Ehlers/Fehling/Pünder (Hrsg.), Besonderes Verwaltungsrecht Bd. 1, 3. Aufl. 2012, § 21 Rn. 21 f.

[143] *W. Hoffmann-Riem*, Eigenständigkeit der Verwaltung, in: ders./Schmidt-Aßmann/Voßkuhle (Hrsg.), GVwR Bd. I, 2. Aufl. 2012, § 10 Rn. 17 ff.; *E. Schmidt-Aßmann*, Verfassungsprinzipien für den Europäischen Verwaltungsverbund, in: Hoffmann-Riem/ders./Voßkuhle (Hrsg.), 2. Aufl. 2012, § 5 Rn. 30 f.; *H.-H. Trute*, Die demokratische Legitimation der Verwaltung, in: Hoffmann-Riem/Schmidt-Aßmann/Voßkuhle (Hrsg.), GVwR Bd. I, 2. Aufl. 2012, § 6 Rn. 60 ff.

[144] *E.-H. Ritter*, Das Recht als Steuerungsmedium im kooperativen Staat, in: Grimm (Hrsg.), Wachsende Staatsaufgaben – sinkende Steuerungsfähigkeit des Rechts, 1990, S. 105; *H.-H. Trute*, Verantwortungsteilung als Schlüsselbegriff eines sich verändernden Verhältnisses von öffentlichem und privatem Sektor, in: Schuppert (Hrsg.), Jenseits von Privatisierung und „schlankem“ Staat, 1999, S. 13 (15 f.).

Regulierungsverwaltung. Sie nimmt eine Sonderrolle[145] zwischen der Gesetzgebung und der allgemeinen Fachverwaltung ein, der vom europäischen Sekundärrecht eine weitgehend unabhängige Stellung gegenüber der Ministerialverwaltung zugeschrieben wird, um eine neutrale Regulierung ohne politische Einflussnahme zu gewährleisten (a.). Diese Rolle der Regulierungsverwaltung erscheint jedoch problematisch aus Sicht der demokratischen Legitimation (b.).

a. Unabhängigkeit der Regulierungsbehörde

Die Unabhängigkeit der Regulierungsverwaltung wird in allen unionalen Richtlinien im Telekommunikations-, Energie- und Eisenbahnrecht formuliert.[146] Für die Regulierung der Energiemärkte für Elektrizität und Gas fordern die Richtlinien des Dritten Energiebinnenmarktpaketes eine verstärkte politische Unabhängigkeit der nationalen Regulierungsbehörden gegenüber den weit verbreiteten Regulierungseinheiten in staatlichen Fachministerien. Ziel ist es, die Regulierungsbehörden aus der hierarchischen Organisationstruktur auszugliedern und von ministeriellen Weisungen auszunehmen, um ihre Einzelfallentscheidungen vor politischen Erwägungen oder wirtschaftlichen Interessen der marktbeherrschenden Unternehmen abzuschirmen und die Effektivität der Regulierung zu erhöhen.[147]

Die unionsrechtlichen Vorgaben wurden in Deutschland nach dem Bundesstaatsprinzip mit der Gründung der Bundesnetzagentur für Elektrizität, Gas, Telekommunikation, Post und Eisenbahnen als unabhängiger Bundesoberbehörde im Geschäftsbereich des Bundesministeriums für Wirtschaft und Energie sowie der Einrichtung von Regulierungsbehörden der Länder in den jeweiligen Landesministerien umgesetzt.

Diese Aufgaben- und Kompetenzaufteilung zwischen Bund und Ländern war in den europäischen Sekundärrechtsakten nicht vorgesehen. Durch sie wird die Unabhängigkeit der Regulierungsbehörde(n) unterschiedlich ausgestaltet. Die Bundesnetzagentur unterliegt rechtlich grundsätzlich den Weisungen des Bundesministeriums, die der Bundesminister veröffentlichen muss,[148] um eine mögliche politische

---

[145] In der angloamerikanischen Literatur wird die Regulierungsverwaltung häufig als „vierte Gewalt" bezeichnet, so statt vieler *R. Cushman*, The Independent Regulatory Commission, 1972, S. 440 ff.; *O. Lepsius*, Verwaltungsrecht unter dem Common Law, 1997, S. 197 ff.

[146] Erwägungsgrund 13 Satz 1 und 2 zur Richtlinie 2009/140/EG des Europäischen Parlaments und des Rates vom 25. November 2009 über einen gemeinsamen Rechtsrahmen für elektronische Kommunikationsnetze und -dienste und über den Zugang zu elektronischen Kommunikationsnetzen und zugehörigen Einrichtungen sowie deren Zusammenschaltung, ABl. L Nr. 337 vom 18.12.2009, S. 37; Erwägungsgrund 34 Satz 1 und Art. 35 Abs. 4 und 5 Elektrizitäts-Richtlinie 2009; Erwägungsgrund 30 Satz 1 und Art. 39 Abs. 4 und 5 Gas-Richtlinie 2009; Erwägungsgrund 23 Satz 1 und Erwägungsgrund 78 Satz 1 zur Richtlinie 2012/34/EU des Europäischen Parlaments und des Rates vom 21. November 2012 zur Schaffung eines einheitlichen europäischen Eisenbahnraums, ABl. L Nr. 343 vom 14.12.2012, S. 32.

[147] Erwägungsgrund 33 und 34 Satz 1 Elektrizitäts-Richtlinie 2009; Erwägungsgrund 29 und 30 Satz 1 Gas- Richtlinie 2009.

[148] Siehe die Regelungen in § 61 EnWG, § 117 TKG.

Einflussnahme transparent zu machen. Dagegen wurden die Regulierungsbehörden der Länder aus der Landesministerialverwaltung ausgegliedert und von politischen Weisungen ausgenommen.

b. Problem demokratischer Legitimation

Die Anforderungen des Dritten Energiebinnenmarktpakets führen in der Bundesrepublik Deutschland zu einem Umsetzungskonflikt:[149] Die unionsrechtlichen Vorgaben zur Unabhängigkeit der nationalen Regulierungsbehörde erfordern eine Freiheit von Weisungen der Regierung, was nur durch eine Ausgliederung aus der ministerialen Fachverwaltung gewährleistet werden kann. Dagegen kollidiert die Verpflichtung zur Schaffung einer nach dem Wortlaut *„völlig unabhängig von anderen öffentlichen oder privaten Interessen"*[150] entscheidenden Regulierungsbehörde mit dem verfassungsrechtlichen Verständnis demokratischer Legitimation aller Staatsgewalt vom Volke aus.[151] Nach dem Demokratieprinzip des Grundgesetzes durchbrechen Verwaltungsorgane, die von ministerieller Weisungsgewalt freigestellt und zu autonomer Entscheidung berufen sind, die demokratische Legitimationskette.[152]

Daher ist fraglich, ob eine unabhängige Regulierungsbehörde nach europäischem Verständnis mit dem Demokratieprinzip im Deutschen Grundgesetz vereinbar ist. Die Maßstäbe demokratischer Legitimation (aa.), die in der Europäischen Union herrschen, sind aus der Zusammenschau aller 28 Mitgliedstaaten entstanden, woraus sich Unterschiede zu den Anforderungen (bb.) nach dem deutschen Grundgesetz ergeben.

---

[149] Dies wurde für die Regulierungsverwaltung früh erkannt von *E. Grande*, Vom produzierenden zum regulierenden Staat: Möglichkeiten und Grenzen von Regulierung und Privatisierung, in: König/Benz (Hrsg.), Privatisierung und staatliche Regulierung, 1997, S. 576 (589) sowie von *M. Döhler*, DV 34 (2001), S. 59 (69 ff.) und von *T. Mayen*, DÖV 2004, S. 45 (46) unterstrichen, der die Möglichkeit der Nichtausübung des Weisungsrechts feststellt.

[150] Erwägungsgrund 34 Satz 1 Elektrizitäts-Richtlinie 2009; Erwägungsgrund 30 Satz 1 Gas-Richtlinie 2009.

[151] *B. Holznagel/P. Schumacher*, Die politische Unabhängigkeit der Bundesnetzagentur, in: Gramlich/Manger-Nestler (Hrsg.), Europäisierte Regulierungsstrukturen und -netzwerke, 2011, S. 37 (39 f.); *H.-H. Trute*, DVBl. 1996, S. 950 (963); *ders.*, Verantwortungsteilung als Schlüsselbegriff eines sich verändernden Verhältnisses von öffentlichem und privatem Sektor, in: Schuppert (Hrsg.), Jenseits von Privatisierung und „schlankem" Staat, 1999, S. 13 (31 ff.); bestätigt für (Regulierungs-) Behörden in den USA und Europa von *M. Shapiro*, The problems of independant agencies in the United States and the European Union, Journal of European Public Policy 4 (1997), S. 276 (283 ff.); kritisch hierzu *G. Majone*, The regulatory state and its legitimacy problem, West European Politics, 22 (1999), S. 1 (9) wonach das Unionsrecht die Grundidee des US Administrative Procedure Act, demzufolge keine vollständige horizontale oder vertikale Unabhängigkeit erforderlich sei, überinterpretiert.

[152] *E.-W. Böckenförde*, Demokratie als Verfassungsprinzip, in: Isensee/Kirchhof (Hrsg.), HStR II, 3. Aufl. 2004, § 24 Rn. 24; kritisch differenzierend hierzu *M. Jestaedt*, Demokratieprinzip und Kondominialverwaltung, 1993, S. 102 ff., 329 ff.; *K. Stern*, Staatsrecht II, 1980, § 41 IV 10 b.

aa. Maßstab demokratischer Legitimation

Das europäische Demokratieprinzip einer doppelten Legitimation über die unmittelbare Vertretung der Unionsbürger im Europäischen Parlament und die mittelbare Vertretung der nationalen Parlamente im Europäischen Rat und Rat gemäß Art. 10 Abs. 2 und 3 EUV ist wegen der verfassungsrechtlichen Vielfalt der Mitgliedstaaten eines supranationalen Staatenverbunds weiter gefasst, sodass vielmehr die nationalstaatlichen Maßstäbe demokratischer Legitimation entscheidend sind.[153] Etwas anderes ergibt sich auch nicht aus dem Vorrang des Unionsrechts gegenüber dem nationalen Vorgaben des deutschen Grundgesetzes, da die Legitimation staatlichen Handelns als Element des Demokratieprinzips in Art. 20 Abs. 1 GG von der Ewigkeitsgarantie des Art. 79 Abs. 3 GG erfasst wird und somit im Rahmen des Art. 23 Abs. 1 Satz 3 GG zum integrationsfesten Kern der Verfassung zählt.[154] Somit ist die Legitimation unabhängiger Regulierungsbehörden für die Bundesrepublik Deutschland einzig nach nationalem Recht zu beurteilen.[155]

Demokratische Legitimation verlangt demnach einen unmittelbaren Zurechnungszusammenhang vom Volk über das gewählte Parlament zur ernannten Exekutive in Person des Amtswalters (Art. 20 Abs. 2 S. 1 GG). Legitimation kann auf unterschiedliche Art – insbesondere organisatorisch-personell und sachlich-inhaltlich – erfolgen.[156]

Die organisatorisch-personelle Legitimation setzt bei dem einzelnen Amtswalter, der mit staatlichen Aufgaben betraut ist, an.[157] Daraus folgt, dass alle Amtswalter und deren Entscheidungen hierarchisch durch den Fachminister, der wiederum durch den/die Bundeskanzler/in (Art. 63 GG), dieser/diese wiederum durch die Abgeordneten des Bundestages (Art. 64 GG) und diese vom deutschen Volk durch Wahlen legitimiert sein müssen.[158] Dies ist das Grundmuster der ununterbrochenen Legitimationskette nach bundesdeutschem Recht.

---

[153] *M. Ruffert*, Grundfragen der Wirtschaftsregulierung, in: Ehlers/Fehling/Pünder (Hrsg.), Besonderes Verwaltungsrecht Bd. 1, 3. Aufl. 2012, § 21 Rn. 30.

[154] BVerfGE 89, 155 (182 ff.); *R. Streinz*, in: Sachs (Hrsg.), Grundgesetz Kommentar, 7. Aufl. 2014, Art. 23 Rn. 92 f.; *F. Wollenschläger*, in: Dreier (Hrsg.), Grundgesetz Kommentar, Bd. II, 3. Aufl. 2015, Art. 23 Rn. 59, 66, 69, 87; deutlicher *I. Pernice*, in: Dreier (Hrsg.), Grundgesetz Kommentar, Bd. II, 2. Aufl. 2008, Art. 23 Rn. 91 f.; *T. Mayen*, DÖV 2004, S. 45 (50 f.); andere Ansicht *B. Holznagel/P. Schumacher*, in: Gramlich/Manger-Nestler (Hrsg.), Europäisierte Regulierungsstrukturen und -netzwerke, 2011, S. 37 (41 ff., 44).

[155] Andere Ansicht *B. Holznagel/P. Schumacher*, Die politische Rolle der Bundesnetzagentur, in: Gramlich/Manger-Nestler (Hrsg.), Europäisierte Regulierungsstrukturen und -netzwerke, 2011, S. 37 (48).

[156] *H.-H. Trute*, Die demokratische Legitimation der Verwaltung, in: Hoffmann-Riem/Schmidt-Aßmann/Voßkuhle (Hrsg.), GVwR Bd. I, 2. Aufl. 2012, § 6 Rn. 7 ff., 42 ff.

[157] BVerfGE 47, 253 (275); 52, 95 (130); 77, 2 (40); 83, 60 (72 f.); 93, 37 (66); 107, 59 (87); 119, 331 (366); 123, 39 (69).

[158] Kritisch, aber differenzierend *M. Ludwigs*, DV 2011, S. 41 (45 ff.); *K. F. Gärditz*, AöR 135 (2010), S. 251 (277, 284 f.) sieht schon die politische Unabhängigkeit einer selbständigen Behörde als legitimationsbedürftigen Ausnahmefall an und hält diese Ausnahme bei der Ausstattung mit weiten Entscheidungsspielräumen zur regulierenden Marktgestaltung als unvereinbar mit dem Demokratieprinzip.

Die sachlich-inhaltliche Legitimation verlangt die Bindung der Verwaltung an das Volk und seine Repräsentanten.[159] Diese Bindung zeigt sich in der Bindung der Verwaltung an das Gesetz und die Verantwortlichkeit der Verwaltung gegenüber dem Parlament als Repräsentant des Volkes.[160] Die Verantwortlichkeit der Verwaltung gegenüber dem jeweiligen Minister als Repräsentant des Volkes wird durch die Weisungs- und Aufsichtsrechte zur Durchsetzung der Verantwortlichkeit deutlich.

bb. Anforderungen an demokratische Legitimation

Die Legitimation einer unabhängigen Regulierungsverwaltung scheint, wie die obigen Ausführungen zeigen, mit dem Erfordernis einer ununterbrochenen Legitimationskette vom Volk zum jeweiligen Verwaltungsorgan und dessen Entscheidung auf den ersten Blick schwer vereinbar.[161]

Doch eine ununterbrochene Legitimationskette ist kein starres Gerüst.[162] Durch die Rückführung der Legitimation der Regulierungsverwaltung und ihrer Entscheidungen auf das Volk werden im Wesentlichen Neutralität und Objektivität der Verwaltung von Partikularinteressen auf den einzelnen Stufen der Legitimationskette gewährleistet. In Art. 20 Abs. 2 Satz 1 GG ist unmissverständlich festgehalten, dass alle Staatsgewalt vom Volke ausgeht. Das heißt, dass die Verwaltungsorganisation und ihre Entscheidungen wirksam auf das Volk zurückgeführt werden müssen. Darüber hinaus schreibt Art. 20 Abs. 2 GG keine bestimmten Legitimationsanforderungen als solche vor. Entscheidend ist nicht die Form, sondern die Effektivität der demokratischen Legitimation.[163] Damit ist anstelle einer unmittelbaren Legitimationskette auch ein angemessenes Legitimationsniveau ausreichend, das sich aus dem Zusammenwirken der verschiedenen Legitimationsformen im Sinne des Demokratieprinzips ergibt.[164]

---

[159] *E.-W. Böckenförde*, Demokratie als Verfassungsprinzip, in: Isensee/Kirchhof (Hrsg.), HStR II, 3. Aufl. 2004, § 24 Rn. 21 f.

[160] *H.-H. Trute*, Die demokratische Legitimation der Verwaltung, in: Hoffmann-Riem/Schmidt-Aßmann/Voßkuhle (Hrsg.), GVwR Bd. I, 2. Aufl. 2012, § 6 Rn. 11 ff.

[161] Andere Ansicht *M. Jestaedt*, Demokratieprinzip und Kondominialverwaltung, 1993, S. 261, der übertragen auf die Regulierungsverwaltung die rein technische Sammlung und Aufbereitung von Informationen, die Beratung entscheidungsbefugter Organe und die Vorbereitung von Entscheidungen aus der Ausübung von Staatsgewalt ausschließt, da diese keine oder nur geringere demokratische Legitimation bedürften als verbindliche Entscheidungen zur Marktregulierung; kritisch hierzu und differenzierend *G. Hermes*, Legitimationsprobleme unabhängiger Behörden, in: Bauer/Huber/Sommermann (Hrsg.), Demokratie in Europa, 2006, S. 457 (474 f.).

[162] *E.-W. Böckenförde*, Demokratie als Verfassungsprinzip, in: Isensee/Kirchhof (Hrsg.), HStR II, 3. Aufl. 2004, § 24 Rn. 23 spitzt seine Kritik an dem seiner Ansicht nach über die Prinzipien des Grundgesetzes hinausgehenden Bedürfnis nach Legitimation in dem Schlagwort des „Legitimationsfetischismus“ zu.

[163] *E.-W. Böckenförde*, Demokratie als Verfassungsprinzip, in: Isensee/Kirchhof (Hrsg.), HStR II, 3. Aufl. 2004, § 24 Rn. 23.

[164] BVerfGE 83, 37 (50 f.), 60 (72); *H.-H. Trute*, Die demokratische Legitimation der Verwaltung, in: Hoffmann-Riem/Schmidt-Aßmann/Voßkuhle (Hrsg.), GVwR Bd. I, 2. Aufl. 2012, § 6 Rn. 14; *M. Herdegen*, in: Maunz/Dürig, Grundgesetz. Kommentar, 72. EGL Juli 2014, Art. 79 Rn. 129 f.; *M. Jestaedt*, Demokratieprinzip und Kondominialverwaltung, 1993, S. 285 ff., 288 ff., 297 ff.; erste Überlegungen zur Legitimation der Energie-Regulierungsverwaltung bereits bei *J.-P. Schneider*, Liberalisierung der Stromwirtschaft, 1999, S. 535.

Das bedeutet für die Regulierungsverwaltung, dass die Errichtung unabhängiger Regulierungsbehörden demokratisch legitimierbar ist. Die Errichtung der Bundesnetzagentur ist mit den Vorgaben des Grundgesetzes vereinbar, da über mehrere „Kontrollorgane" ein anspruchsvolles Legitimationsniveau gewährleistet wird: Zunächst besteht die generelle Möglichkeit von Weisungen des Bundesministers an das Präsidium der Bundesnetzagentur. Darüber hinaus werden über den Länderausschuss die Interessen aller 16 – ihrerseits demokratisch legitimierten – Landesregulierungsbehörden einbezogen. Schließlich repräsentiert der Beirat aus jeweils 16 unmittelbar vom Volk legitimierten Vertretern des Deutschen Bundestages und des Bundesrates die Interessen der Bürger als Quelle demokratischer Legitimation.

3. Funktionen der Regulierungsverwaltung

In Märkten mit einem funktionierenden Wettbewerb besteht eine große Auswahl an konkurrierenden Anbietern, doch in den Netzwirtschaften liegen natürliche Monopole vor, die einen freien und gleichen Wettbewerb unmöglich machen. Infolge dieser Monopolisierung des Marktes bleibt die Bereitstellung der Netze einem Unternehmen vorbehalten. Um das existierende Netz wiederum entsteht ein Wettbewerb der privaten Netznutzer beziehungsweise der Anbieter von Netzdienstleistungen.

Um zu vermeiden, dass ein Netzbetreiber seine privilegierte Stellung ausnutzt, ist Regulierung notwendig. Die Regulierung von Märkten kann drei Funktionen erfüllen: Märkte schaffen, Märkte erhalten und marktunabhängige Bedingungen für das Funktionieren des Marktes sicherstellen.[165] Regulierung kann die Entstehung von Märkten fördern und die Organisation von Märkten erhalten, indem vorhandene Monopole reguliert und Wettbewerb geschaffen wird.[166] Die Regulierung von Monopolen setzt auf die Kontrolle von Preisen beziehungsweise Leistungen und ersetzt auf diese Weise den Wettbewerb auf einem Markt.[167] Ferner können durch Regulierung auch Faktoren wie Arbeitsschutz, Sozialstandards und Umweltschutz berücksichtigt werden, um ein diskriminierungsfreies Marktverhalten zu gewährleisten.[168]

Regulierung wirkt auf das wirtschaftliche Handeln von Marktteilnehmern, die auf einem Markt tätig sind oder tätig werden wollen, indem sie preisliche und nichtpreisliche Diskriminierungen von Marktteilnehmern verhindert.[169] Nichtpreisliche Diskriminierungen können durch Einschränkungen für die Marktteilnahme oder durch die

[165] *T. Prosser*, Law and the Regulator, 1998, S. 5 f.; *J.-P. Schneider*, Liberalisierung der Stromwirtschaft, 1999, S. 40.

[166] *T. Prosser*, Law and the Regulators, 1997, S. 5 f., 30, 304.

[167] *R. Baldwin/M. Cave/M. Lodge*, Understanding Regulation, 2. Aufl. 2012, S. 9.

[168] *A. Ogus*, Regulation: Legal Form and Economic Theory, 1994, S. 4 f., 121 ff., 214 ff., 245 ff., 265 ff.; *T. Prosser*, Law and the Regulators, 1997, S. 10 ff.

[169] *J.-C. Pielow*, Energierecht, in: Ehlers/Fehling/Pünder (Hrsg.), Besonderes Verwaltungsrecht Bd. 1, 3. Aufl. 2012, § 22 Rn. 105 mit einer ausführlichen Darstellung der entsprechenden Normen und Verfahren.

Gestaltung von Marktbedingungen erfolgen. Dagegen konzentrieren sich preisliche Diskriminierungen auf das Marktverhalten bei der Setzung von Preisen auf dem Markt.

Mit verschiedenen Instrumenten kann die Regulierungsverwaltung die Marktteilnahme (a.) oder das Marktverhalten (b.) beeinflussen. Die Marktteilnahmeregulierung bestimmt, *ob* und in welchem Umfang ein Marktteilnehmer auf einem Markt tätig werden darf, indem insbesondere die Zahl der Anbieter oder die Quantität des Angebots beeinflusst werden.[170] Die Marktverhaltensregulierung regelt dagegen, *wie* ein Marktteilnehmer auf einem Markt tätig werden darf, und bestimmt, zu welchen Preisen und zu welchen Konditionen angeboten werden darf beziehungsweise die Nachfrage erfüllt werden soll.[171] Hinzu kommen sektorspezifische Regulierungsinstrumente, um der Komplexität von Regulierungszielen durch die Beeinflussung von Marktbedingungen gerecht zu werden (c.).

a. Regulierung der Marktteilnahme

Durch die Überführung natürlicher oder staatlicher Monopole in einen freien Wettbewerb eröffnet die Regulierungsverwaltung grundsätzlich jedermann einen Zugang zum Netz. Die Regulierung des Netzzugangs verpflichtet die Netzbetreiber, ihre Netze der Nutzung durch Dritte zu öffnen und jedem Antragsteller, der das Netz nutzen möchte, einen diskriminierungsfreien Zugang zum Netz zu gewähren.

Die Regulierung des Netzzugangs erfolgt – unter Berücksichtigung von Fachkunde, Leistungsfähigkeit und Zuverlässigkeit –[172] für die Elektrizitäts- und Gasnetze durch eine gebundene Entscheidung in Form einer Genehmigung nach vorheriger Anzeige oder Meldung durch den jeweiligen Marktteilnehmer gemäß § 4 Abs. 1 und § 5 Satz 1 EnWG. Die Netzbetreiber sind gemäß §§ 17–19 EnWG verpflichtet, diskriminierungsfrei und transparent einen physischen Anschluss an das Netz zu schaffen und damit jedem Antragsteller, der das Netz nutzen möchte, den Zugang zum Netz zu gewähren (§ 20 EnWG).

b. Regulierung des Marktverhaltens

In Märkten wie den Netzwirtschaften ist aufgrund der erläuterten Monopolsituation ein freier Wettbewerb um den Preis für die Bereitstellung eines dominanten Netzes nicht möglich. Der Preis zur Netznutzung ist jedoch entscheidend für die Wettbewerbschancen Dritter auf dem Netz.

---

[170] *C. Berringer*, Regulierung als Erscheinungsform der Wirtschaftsaufsicht, 2004, S. 95 f.

[171] *C. Berringer*, Regulierung als Erscheinungsform der Wirtschaftsaufsicht, 2004, S. 94, 97.

[172] *J. Masing*, DV 2003, S. 1 (8,10); *J. Kühling*, Sektorspezifische Regulierung in den Netzwirtschaften, 2004, S. 168, 180; *M. Fehling*, Instrumente und Verfahren, in: ders./Ruffert (Hrsg.), Regulierungsrecht, 2010, § 20 Rn. 81 f., 86 f.

Die Bestimmung wettbewerbsadäquater Preise rechtfertigt Regulierung. Ohne Regulierung könnte die vorhandene Marktmacht durch unangemessene Preise missbraucht und der Wettbewerb verfälscht oder verhindert werden.[173] Problematisch ist, dass jede normative Vorgabe unvollkommen ist, da sich Preise grundsätzlich in einem „Entdeckungsverfahren“[174] aus Angebot und Nachfrage im Wettbewerb ergeben, was in monopolistischen oder oligopolistischen Märkten nicht oder nur eingeschränkt möglich ist. Das Recht ist mit der Preisregulierung überfordert, da es erheblich in die unternehmerische Freiheit eingreifen muss, die inhaltlichen Kriterien jedoch nur abstrakt vorgeben kann.[175] An dieser Stelle wird die Regulierungsverwaltung aktiv. Sie muss zur Kontrolle der Marktpreise zunächst den Preis finden, der sich in einem funktionierenden Wettbewerb im Gleichgewicht einstellen würde,[176] um dementsprechend die Preissetzung zu regulieren.[177] Zur Ermittlung des dieses Preises gibt es verschiedene ökonomische Modelle mit unterschiedlichen Maßstäben.[178] Es werden systematisch kostenorientierte (§ 21 a EnWG) von anreizorientierten Mechanismen gemäß § 23 a EnWG in Verbindung mit den Bestimmungen der Anreizregulierungsverordnung[179] zur Monopolpreisregulierung unterschieden.[180]

Nach dem zuerst genannten Mechanismus knüpft die Berechnung an die Kosten einer „effizienten Leistungserbringung“[181] an, weil dies der Preis ist, der sich in einem funktionierenden Wettbewerb langfristig einpendeln würde.[182] Die Kosten

[173] *J. Masing,* Gutachten D zum 66. DJT 2006, S. 117.

[174] *F. A. von Hayek*, Der Wettbewerb als Entdeckungsverfahren, 1968.

[175] *J. Masing,* Gutachten D zum 66. DJT 2006, S. 118 f.

[176] *A. Groebel*, Ökonomische Rationalität des europäischen Regulierungsrechts, in: Bien/Ludwigs (Hrsg.), Das europäische Kartell- und Regulierungsrecht der Netzindustrien, 2015, S. 171 (172); *J. Masing,* Gutachten D zum 66. DJT 2006, S. 118 ff.; *M. Ruffert*, AöR 124 (1999), S. 237 (274).

[177] Der Versuch, die Preise durch die sogenannten Verbändevereinbarungen Strom und Gas zwischen der Vereinigung Deutscher Elektrizitätswerke (VDEW), dem Bundesverband der Deutschen Industrie (BDI) und dem Verband der Industriellen Energie- und Kraftwirtschaft (VIK) beziehungsweise dem BDI, dem Verband der Gas- und Wasserwirtschaft (BGW), dem VIK und dem Verband kommunaler Unternehmen (VKU) mit Empfehlungen zum Verfahren bei Preisvereinbarungen im Einzelfall zu regulieren, ist insbesondere mangels Verbindlichkeit und Durchsetzbarkeit gescheitert. Wesentliche Ursachen hierfür lagen in einem intransparenten Verfahren, das unter den beteiligten, mächtigen Interessenträgern stattfand. Mittlerweile haben sich die Verfahren der Anreizregulierung und der Price-Cap-Regulierung etabliert; siehe hierzu als Überblick *C. Theobald*, Grundlagen des deutschen Rechts der Energiewirtschaft, in: Schneider/ders., Recht der Energiewirtschaft, 4. Aufl. 2013, § 1 Rn. 42 ff.; *J. Masing*, DV 2003, S. 1 (12, 14 f., 22).

[178] *J. Kühling*, Sektorspezifische Regulierung in den Netzwirtschaften, 2004, S. 289 ff.

[179] Verordnung über die Anreizregulierung der Energieversorgungsnetze (Anreizregulierungsverordnung-ARegV) vom 29. Oktober 2007 (BGBl. I S. 2529) zuletzt geändert am 17. Juli 2017 (BGBl. I S. 2503).

[180] *G. Brunekreeft/D. Bauknecht*, Regulierung und Innovationstätigkeit: eine ökonomische Perspektive, in: Eifert/Hoffmann-Riem (Hrsg.), Innovationsfördernde Regulierung, 2009, S. 243 (245 ff.).

[181] Vgl. Art. 4 Abs. 1 Stromhandelsverordnung 2009 und Art. 3 Abs. 1 Gas Verordnung 2009.

[182] *A. Groebel*, Ökonomische Rationalität des europäischen Regulierungsrechts, in: Bien/Ludwigs (Hrsg.), Das europäische Kartell- und Regulierungsrecht der Netzindustrien, 2015, S. 171 (172).

einer *effizienten* Leistungserbringung lassen sich beim Fehlen eines Marktes jedoch nur schwer ermitteln. Die diesbezüglichen Angaben der Anbieter orientieren sich häufig an den Höchstpreisen im Markt. Sie spekulieren dabei auf eine komfortable Position, denn nachdem der Regulierer die jeweils deklarierten Kosten überprüft und ein kostenorientiertes Entgelt genehmigt hat, können alle Kosten an die Endverbraucher weitergegeben werden. Dies kann jedoch nicht im Sinne der Regulierungsverwaltung sein, die die Interesssen der Endabnehmer zu wahren hat, denn es bestünden keine Anreize zu einer effizienten Leistungserbringung, einem effektiven Einsatz von Kapital oder zu technischen Innovationen, wenn alle anfallenden Kosten von den Entgelten ausgeglichen werden.[183]

Hier greift nun der zweite oben genannte Mechanismus. Anhand des Maßstabs einer effizienten Leistungserbringung können die Marktakteure durch die Entgeltfestsetzung auch dazu angereizt werden, unverfälschte Entscheidungen zu treffen, wodurch sich der Markt in Richtung auf das Wettbewerbsgleichgewicht bewegt.[184] Zu den anreizorientierten Mechanismen zählen die Price-Cap- und die Revenue-Cap-Regulierung, die auf dem Prinzip der Kosteneffizienz beruhen.[185]

Die Berechnung anreizorientierter Netzentgelte beginnt mit einem empirischen Vergleich der Preise anderer Unternehmen auf dem gleichen Markt, um den Durchschnittspreis festzustellen.[186] Danach wird ein Preishöhenspielraum nach den Regeln der Verbraucherpreisentwicklung und des technischen Fortschritts festgelegt, der in regelmäßigen Zeitabständen überprüft und den Entwicklungen angepasst wird. Mit der Festlegung von Höchstpreisen oder auch von maximalen Erlösen wird durch den Regulierer nur das Niveau, nicht aber die Zusammensetzung der Preise bestimmt.[187] Der mit dieser Festlegung gesetzte Anreiz zu einer effizienten Leistungserbringung besteht darin, dass das Unternehmen gezwungen ist, kostengünstig zu arbeiten, um seine Leistung zu den festgelegten Preisen anbieten und gleichzeitig Gewinn machen zu können.

Der Regulierer setzt also Anreize zu einer effizienten Leistungserbringung, während die Netzbetreiber in ihrer Preisbildung flexibel bleiben, aber von einem effektiven Einsatz ihres Kapitals profitieren, da die erwirtschafteten Effizienzgewinne unter dem maximal zulässigen Durchschnittspreis im Unternehmen verbleiben.[188] Bei der Anreizregulierung liegt das Grundproblem in der ersten Festsetzung der Entgeltobergrenze: Eine zu hohe Obergrenze führt im Sinne des Gemeinwohls

[183] *C. Berringer*, Regulierung als Erscheinungsform der Wirtschaftsaufsicht, 2004, S. 129 f.

[184] *A. Groebel*, Ökonomische Rationalität des europäischen Regulierungsrechts, in: Bien/Ludwigs (Hrsg.), Das europäische Kartell- und Regulierungsrecht der Netzindustrien, 2015, S. 171 (172).

[185] *J.-C. Pielow*, Energierecht, in: Ehlers/Fehling/Pünder (Hrsg.), Besonderes Verwaltungsrecht Bd. 1, 3. Aufl. 2012, § 22 Rn. 109 ff. mit einer ausführlichen Darstellung der entsprechenden Normen und Verfahren; grundlegend hierzu *J. Meinzenbach*, Die Anreizregulierung als Instrument zur Regulierung von Netznutzungsentgelten im neuen EnWG, 2008.

[186] *J. Kühling*, Sektorspezifische Regulierung in den Netzwirtschaften, 2004, S. 318 ff. zum Vergleichsmarktverfahren, welches ökonomisch meist schlicht als Benchmarking bezeichnet wird.

[187] *J. Kühling*, Sektorspezifische Regulierung in den Netzwirtschaften, 2004, S. 330 f.

[188] *J. Kühling*, Sektorspezifische Regulierung in den Netzwirtschaften, 2004, S. 331 f.

zu kaum zu rechtfertigenden Gewinnen für die Netzbetreiber, während eine zu niedrige Obergrenze gerade den Anreiz für Investitionen wieder zunichte macht.[189] Ein weiteres Problem liegt darin, dass diese Art der Regulierung auch bei optimaler Festlegung der Obergrenzen kaum Anreize zu einer höheren Qualität oder zu innovativeren Verfahren der Leistungserbringung schafft.

c. Regulierung der Marktbedingungen

Die Regulierung von Marktteilnahme und Marktverhalten wird durch Maßnahmen zur Regulierung der Marktbedingungen ergänzt. Sie umfasst ausschließlich Instrumente zur Regulierung nichtpreislicher Diskriminierungen und ergänzt die Regulierung des Marktverhaltens durch Ge- und Verbote zu Entflechtung, Umweltschutz und Versorgungssicherheit.[190]

Die Regulierung von Marktbedingungen arbeitet mit einem Mix unterschiedlicher Instrumente, der von der Entflechtung von Energieversorgungsunternehmen entlang der Wertschöpfungskette in der Bundesrepublik Deutschland bis zur Regelung von überwiegend technischen Netzbedingungen für die über die nationalstaatlichen Grenzen sich erstreckenden Elektrizitäts- und Gasleitungsnetze in einem Europäischen Binnenmarkt reicht.

Die Regelungen des Dritten Energiebinnenmarktpaketes verlangen eine weitreichende Entflechtung von vertikal integrierten Energieversorgungsunternehmen.[191] Um vertikal integrierte Energieversorgungsunternehmen zu regulieren, werden verschiedene formelle und materielle Formen der Entflechtung geregelt, von einer buchhalterischen über eine organisatorische und informatorische bis zu einer gesellschaftsrechtlichen Separierung oder Eigentumsaufteilung (§§ 6–10e EnWG). Hierdurch erfolgt eine Entflechtung der Wertschöpfungsstufen von Erzeugung, Netzbetrieb und Vertrieb. Durch die Entflechtung von Netz und Betrieb kann vermieden werden, dass ein Unternehmen sich selbst bei der Nutzung des eigenen Netzes gegenüber Wettbewerbern bevorzugt[192] und dass andere Unternehmensbereiche durch potenziell wettbewerbsverfälschende Quersubventionen gefördert werden.[193] In der Praxis stößt die Entflechtung wieder an Grenzen: Eine objektiv zutreffende Kostenzurechnung zu den verschiedenen Unternehmensbereichen ist schwierig und eine informelle Koordinierung zwischen rechtlich getrennten Unternehmensbereichen kaum zu unterbinden.[194]

---

[189] *M. Fehling*, Instrumente und Verfahren, in: ders./Ruffert (Hrsg.), Regulierungsrecht, 2010, § 20 Rn. 11.

[190] *J. Masing*, DV 2003, S. 1 (25 ff.); *C. Berringer*, Regulierung als Erscheinungsform der Wirtschaftsaufsicht, 2004, S. 133, erkennt, dass solche Zielgrößen nur schwierig angemessen zu quantifizieren sind.

[191] *J.-C. Pielow*, Energierecht, in: Ehlers/Fehling/Pünder (Hrsg.), Besonderes Verwaltungsrecht Bd. 1, 3. Aufl. 2012, § 22 Rn. 79 ff.

[192] *M. Fehling*, Instrumente und Verfahren, in: ders./Ruffert (Hrsg.), Regulierungsrecht, 2010, § 20 Rn. 18 ff.; *J Masing*, Gutachten D zum 66. DJT 2006, S. 132.

[193] *J. Kühling*, Sektorspezifische Regulierung in den Netzwirtschaften, 2004, S. 337 f.

[194] *M. Fehling*, Instrumente und Verfahren, in ders./Ruffert (Hrsg.), Regulierungsrecht, 2010, § 20 Rn. 17.

Infolge des Dritten Energiebinnenmarktpaketes werden Marktbedingungen zunehmend auch durch europäische Interessenverbände sowie Einrichtungen und Organe der Europäischen Union reguliert. Durch die Regulierung von Marktbedingungen wird eine Standardisierung und Interaktivität der Netze sichergestellt, um die Versorgungssicherheit im Europäischen Binnenmarkt zu gewährleisten. Hierzu zählen technische Regelungen zur Kapazitätsvergabe und zum Engpassmanagement in den Netzen sowie zur Interoperabilität und zur Ausgleichsenergie zwischen den Netzen.

Weitere Gründe, die die Regulierung der Marktbedingungen notwendig machen, liegen in der zunehmenden Elektrizitätserzeugung aus erneuerbaren Energien sowie in anhaltenden politischen Spannungen mit den Erzeugern von Gas. Dadurch können regional Schwankungen bei der verfügbaren Menge von Elektrizität und Gas auftreten. Die Erzeugung von Elektrizität und Förderung von Gas erfolgen meist nicht da, wo der Großteil der Energie verbraucht wird, sodass die Regulierung von Marktbedingungen mittlerweile auch den staatlichen oder wettbewerblichen Ausbau von Höchst- und Hochspannungsnetzen zum Transport der Elektrizität aus Norddeutschland nach Süddeutschland beziehungsweise aus Skandinavien ans Mittelmeer umfasst. Hierfür werden Kooperationspflichten zwischen den Netzbetreibern und den Regulierungsbehörden festgelegt.[195]

4. Herausforderungen der Regulierungsverwaltung

Gewachsene Staatsaufgaben und begrenzte finanzielle Ressourcen haben, wie oben bereits dargestellt wurde, zu einem Wandel des Staates vom Leistungserbringer zum Gewährleister geführt. Mit dem Übergang von der Leistungs- zur Gewährleistungsverantwortung verliert der Staat jedoch den Zugang zu wichtigen Informationen, die vormals im Kontext der Leistungserbringung angefallen sind.[196]

Die Verwaltung braucht für die Einlösung ihrer Gewährleistungsverantwortung detaillierte, technische und ökonomische Informationen über den Gegenstand einerseits und über die Ziele der Regulierung andererseits.[197] Diese Informationen sind eine elementare Grundlage für Verwaltungsentscheidungen.[198] Durch den Empfang von Informationen kann die Regulierungsverwaltung erst funktionieren und die Verarbeitung von Informationen ermöglicht es, ihr Handeln angemessen zu steuern.[199]

---

[195] *J. Masing*, Grundstrukturen eines Regulierungsverwaltungsrechts, DV 2003, S. 1 (24).

[196] *K. Herzmann*, Konsultationen, 2010, S. 36 f., bemerkt, dass diese Problematik im Energiesektor weniger bedeutsam sei, da historisch nie eine umfassende Erfüllung vorgelegen habe.

[197] *G. Majone*, The new European agencies: regulation by information, Journal of European Public Policy 1997, S. 262 (264).

[198] *F. Schoch*, Öffentlich-rechtliche Rahmenbedingungen einer Informationsordnung, VVDStRL 57 (1998), S. 158 (179); *T. Siegel*, Entscheidungsfindung im Verwaltungsverbund, 2009, S. 55 f., 261.

[199] *B. Holznagel*, Informationsbeziehungen in und zwischen Behörden, in: Hoffmann-Riem/Schmidt-Aßmann/Voßkuhle (Hrsg.), GVwR Bd. II, 2. Aufl. 2012, § 24 Rn. 1.

Entscheidungen benötigen von der Programmierung über die Durchführung bis zur Kontrolle vielfältige Informationen.[200]

Hierdurch entsteht ein Dilemma für den Staat und die Regulierungsverwaltung. Das Informationsbedürfnis des Staates über die zunehmend komplexen Regulierungsbereiche nimmt zu, während die Ressourcen zur Informationsgewinnung abnehmen.[201] Dem Staat fehlen wesentliche Informationen (a.), die er ursprünglich durch die eigene Erfüllung staatlicher Aufgaben gewonnen hat. Diese Informationen haben die privaten Akteure, die die Leistung der Energieversorgung erfüllen (b.). Der Staat braucht jedoch gerade diese Informationen, um die Erfüllung staatlicher Aufgaben durch Private zu gewährleisten. Insbesondere Informationen über ökonomische und technische Marktbedingungen sind wichtig, um den Marktzugang und das Marktverhalten zu regulieren.

Die Regulierungsverwaltung des Staates steht vor einer Herausforderung: Die ökonomische und technische Ungewissheit (c.) bei der Vornahme von Regulierungsentscheidungen muss so weit wie möglich reduziert werden, um eine effektive Marktregulierung zu gewährleisten. Die Sammlung von Informationen und die Generierung von Wissen (d.) ermöglichen es dagegen, die Ungewissheit der Regulierungsverwaltung zu bewältigen, um sich die Regulierungsmaßstäbe und -maßnahmen nicht von den Marktteilnehmern diktieren zu lassen.

a. Informationsdefizit der Regulierungsverwaltung

Der beschriebene Ausgangspunkt ist also ein „Informationsdefizit“,[202] das nur unter großem Aufwand behoben werden kann.[203] Bei den fehlenden Informationen geht es vor allem um die tatsächlichen ökonomischen Kosten der Netzbereitstellung und -instandhaltung[204] sowie um die technischen Effizienzsteigerungspotenziale der Netze und die Zahlungsbereitschaft der Netznutzungsinteressenten,[205] die die

---

[200] Bereits früh in Ansätzen erkannt von *H.-H. Trute*, Öffentlich-rechtliche Rahmenbedingungen einer Informationsordnung, VVDStRL 57 (1998), S. 216 (219); *B. Holznagel*, Informationsbeziehungen in und zwischen Behörden, in: Hoffmann-Riem/Schmidt-Aßmann/Voßkuhle (Hrsg.), GVwR Bd. II, 2. Aufl. 2012, § 24 Rn. 1; *K. Herzmann*, Konsultationen, 2010, S. 38, stellt auf Wissen im Sinne von verarbeiteten Informationen ab.

[201] *H. Willke*, Supervision des Staates, 1997, S. 10 ff., sieht die zentrale Funktion des Staates in der Beschaffung von Informationen zur Bewältigung der steigenden Unsicherheit der Gesellschaft; *K. Herzmann*, Konsultationen, 2010, S. 35.

[202] *G. Majone*, The new European agencies: regulation by information, Journal of European Public Policy 1997, S. 262 (266).

[203] *M. Fehling*, Instrumente und Verfahren, in: ders./Ruffert (Hrsg.), Regulierungsrecht, 2010, § 20 Rn. 4.

[204] *G. Britz*, Energie, in: Fehling/Ruffert (Hrsg.), Regulierungsrecht, 2010, § 9 Rn. 68.

[205] *P. M. Huber*, Öffentliches Wirtschaftsrecht, in: Schoch (Hrsg.), Besonderes Verwaltungsrecht, 15. Aufl. 2013, Kap. 3 Rn. 186.

Regulierungsverwaltung kennen muss, um die Netzzugangs- und Netznutzungsbedingungen sowie die Netznutzungsentgelte bestimmen zu können. Die Informationen, die der Regulierungsverwaltung fehlen, haben die regulierten Marktteilnehmer.

b. Informationsasymmetrie zwischen Regulierungsverwaltung und Unternehmen

Die Regulierungsbehörde braucht also Informationen über die technische Ausstattung und die ökonomische Effizienz von Netzen, um angemessene Entscheidungen über die Gewährung von Netzzugang und über die Bestimmung von Netzentgelten zu treffen. Diese Kenntnisse sind weder der Verwaltung noch dem Gesetzgeber zugänglich und über eine Vielzahl von Netzbetreibern verteilt, was zu „Informationsasymmetrien" zwischen der Regulierungsverwaltung und den Netzbetreibern führt.[206] Eine Informationsasymmetrie liegt vor, wenn eine Marktseite bestimmte Informationen hat, welche die andere Marktseite gerade nicht hat.[207] Je kleiner die Zahl der Unternehmen in einem regulierten Sektor ist, umso größer sind die Informationsasymmetrien zwischen Regulierern und Regulierten.[208] Effektive Regulierung setzt voraus, dass die regulierten Unternehmen sich gegenüber der Regulierungsbehörde kooperativ verhalten. Ein solches kooperatives Verhalten ist umso unwahrscheinlicher, je effektiver die Regulierung ist, da diese darauf abzielt, die Interessen der Allgemeinheit gegenüber den Interessen der regulierten Unternehmen durchzusetzen.[209] Daher ist es strukturell schwierig, die Informationsungleichheit zwischen der Regulierungsbehörde und den regulierten Netzbetreibern zu beheben. Hinzu kommt, dass der Regulierer rechtlichen Einschränkungen[210] bei der Informationsbeschaffung gegenüber den regulierten Akteuren unterliegt.[211]

---

[206] *K. Herzmann*, Konsultationen, 2010, S. 46 f.; konkret zu Verteilnetzbetreibern *J. Kreusel*, IR 2016, S. 170 ff.

[207] *L. Philips*, The economics of imperfect information, 1988, S. 2 f.; *R. Eichenberger*, Wissen und Information in ökonomischer Perspektive, in: Engel/Halfmann/Schulte (Hrsg.), Wissen – Nichtwissen – Unsicheres Wissen, 2002, S. 76 (79 f.).

[208] *E. Grande*, Vom produzierenden zum regulierenden Staat: Möglichkeiten und Grenzen von Regulierung und Privatisierung, in: König/Benz (Hrsg.), Privatisierung und staatliche Regulierung, 1997, S. 576 (588).

[209] *E. Grande*, Vom produzierenden zum regulierenden Staat: Möglichkeiten und Grenzen von Regulierung und Privatisierung, in: König/Benz (Hrsg.), Privatisierung und staatliche Regulierung, 1997, S. 576 (588).

[210] *M. Albers*, Umgang mit personenbezogenen Informationen und Daten, in: Hoffmann-Riem/Schmidt-Aßmann/Voßkuhle (Hrsg.), GVwR Bd. II, 2. Aufl. 2012, § 22; *B. Holznagel*, Informationsbeziehungen in und zwischen Behörden, in: Hoffmann-Riem/Schmidt-Aßmann/Voßkuhle (Hrsg.), GVwR Bd. II, 2. Aufl. 2012, § 24 Rn. 69 ff., 74 ff.; *B. Fassbender*, Wissen als Grundlage staatlichen Handelns, in: Isensee/Kirchhof (Hrsg.), HStR VI, 3. Aufl. 2006, § 76 Rn. 64 ff., 77 ff.

[211] *B. Holznagel*, Informationsbeziehungen in und zwischen Behörden, in: Hoffmann-Riem/Schmidt-Aßmann/Voßkuhle (Hrsg.), GVwR Bd. II, 2. Aufl. 2012, § 24 Rn. 1, 61 ff.

c. Ungewissheit als Merkmal netzwirtschaftlicher Regulierung

Aufgrund der beschriebenen Informationsdefizite begegnet die Regulierungsverwaltung beim Vollzug von Gesetzen diversen Entscheidungsungewissheiten.[212] Das Recht kommt an die Grenze seiner Steuerungskraft, denn was nicht erkennbar ist, kann auch nicht gesteuert werden.[213] Der Gesetzgeber und die Regulierungsverwaltung befinden sich damit in einem Teufelskreis: Der europäische und der nationale Gesetzgeber versuchen durch unbestimmte Rechtsbegriffe und weite Gestaltungsspielräume der Dynamik der jeweiligen Wirtschaftsbereiche Rechnung zu tragen.[214] Sie ermöglichen der Verwaltung im Einzelfall durch ein sogenanntes Regulierungsermessen[215] oder die Ermächtigung zu Konkretisierungen in Festlegungen[216] zu Methoden und Maßstäben, flexibel auf die Regulierungsmaterien zu reagieren. Regulierung wird dadurch zu einer gestalterischen Aufgabe, die strategisch, flexibel und vorausschauend gelöst werden muss. Die Kehrseite der Gestaltungsspielräume ist eine Ungewissheit über die Rechtsanwendung.[217] Mehr Entscheidungsspielraum ist nicht immer förderlich für die Entscheidung.

Die Informationsasymmetrie zwischen der Regulierungsbehörde und den regulierten Netzbetreibern führt zu einer „faktischen Ungewissheit“[218] der Regulierungsverwaltung bei der Regulierung von Netzzugang und Netzentgelten. Ungewissheit bei der Regulierung besteht insbesondere bei der netzgebundenen Energieversorgung in der

---

[212] *H. C. Röhl*, Ausgewählte Verwaltungsverfahren, in: Hoffmann-Riem/Schmidt-Aßmann/Voßkuhle (Hrsg.), GVwR Bd. II, 2. Aufl. 2012, § 30 Rn. 28.

[213] *A. Scherzberg*, Wissen, Nichtwissen und Ungewissheit im Recht, in: Engel/Halfmann/Schulte (Hrsg.), Wissen – Nichtwissen – Unsicheres Wissen, 2002, S. 114 (142 f.); *I. Appel*, Methodik des Umgangs mit Ungewissheit, in: Schmidt-Aßmann/Hoffmann-Riem (Hrsg.), Methoden der Verwaltungswissenschaft, 2004, S. 327 (328).

[214] *A. Hombergs*, Europäisches Verwaltungskooperationsrecht, 2006, S. 301; kritisch *H. C. Röhl*, Ausgewählte Verwaltungsverfahren, in: Hoffmann-Riem/Schmidt-Aßmann/Voßkuhle (Hrsg.), GVwR Bd. II, 2. Aufl. 2012, § 30 Rn. 38, der das allgemein formulierte Gesetz als Instrument zur inhaltlichen Steuerung für schwierig einsetzbar ansieht; in Ansätzen *T. Vesting*, Zwischen Gewährleistungsstaat und Minimalstaat, in: Hoffmann-Riem/Schmidt-Aßmann (Hrsg.), Verwaltungsrecht in der Informationsgesellschaft, 2000, S. 101 (125 ff.); *K. Herzmann*, Konsultationen, 2010, S. 44, der dieses Urteil auch auf Verordnungen als Steuerungsinstrument ausweitet, da deren grundsätzliche Flexibilität im Vollzug im vorangehenden Entstehungsverfahren von Rechtsverordnungen häufig verloren geht.

[215] BVerwGE 130, 39; zusammenfassend *C. Grüneberg*, RdE 2016, S. 49 ff.; kritisch *M. Ludwigs*, RdE 2013, S. 297 (300, 304 f.); *ders.*, JZ 2009, S. 290 (294 ff.); *K. F. Gärditz*, NVwZ 2009, S. 1005 ff.

[216] *G. Britz*, Energie, in: Fehling/Ruffert (Hrsg.), Regulierungsrecht, 2010, § 9 Rn. 56 ff.; *G. Britz/K. Herzmann* in: Britz/Hellermann/Hermes (Hrsg.), EnWG Kommentar, 3. Aufl. 2015, § 29; ausführlich *T. Attendorn*, Die Regulierungsbehörde als freier Marktgestalter und Normsetzer?, 2008.

[217] *A. Scherzberg*, Wissen, Nichtwissen und Ungewissheit im Recht, in: Engel/Halfmann/Schulte (Hrsg.), Wissen – Nichtwissen – Unsicheres Wissen, 2002, S. 114 (122, 142).

[218] *Hirshleifer/J. Riley*, The analytics of uncertainty and information, 1992, S. 2 f., unterscheiden „market uncertainty“ (marktabhängig von Angebot und Nachfrage) von „event uncertainty“ (marktunabhängig durch externe Ereignisse, die den Markt beeinflussen können); *F. H. Knight*, Risk, Uncertainty and Profit, 1971, S. 259 ff.

Bundesrepublik Deutschland.[219] Die Energieversorgung unterlag nicht der Erfüllung durch ein staatliches Monopol oder Oligopol, sondern ist auch traditionell geprägt von einer vielfältigen Verflechtung von staatlichen und privaten Akteuren. Dadurch, dass die Energieversorgung in Deutschland über rund 1600 Übertragungs- und Verteilnetzbetreiber für Elektrizität und Gas erfolgt, ist die technische und organisatorische Komplexität erhöht, was auch nicht durch Erfahrungen in anderen Netzwirtschaften kompensiert werden kann. Durch den technischen Fortschritt der Energiewirtschaft und die Entwicklung eines Europäischen Binnenmarktes für Energie nehmen die Komplexität der Sachmaterie und die Ungewissheit für die Verwaltung weiter zu. Ohne Informationen zu den Netzstrukturen sind Folgen der Regulierung für die Netze nicht absehbar. Erst mithilfe von Informationen können die Ungewissheiten über die Realität reduziert und der Verwaltung unterschiedliche Entscheidungsmöglichkeiten eröffnet werden.[220]

Im Folgenden werden ökonomische und technische Ungewissheiten[221] aufgezeigt (aa.), deren Verringerung durch Informationsrechte und Kooperationspflichten (bb.) die zentrale Herausforderung der Regulierungsverwaltung darstellt.

aa. Formen der Ungewissheit

Im Bereich der Energienetzregulierung handelt es sich um Ungewissheiten in Bezug auf den Markt, auf dem aufgrund der natürlichen Monopolstruktur kein Wettbewerb herrscht. Besonders schwerwiegende Folgen hat diese Ungewissheit bei der Regulierung der Netzentgelte am Maßstab der „effizienten Leistungserbringung", wenn das aufgrund fehlenden Wissens regulierte Netzentgelt zu niedrig ist, um eine effiziente Leistungserbringung zu ermöglichen, oder wenn es zu hoch ist, um den Wettbewerb zu öffnen.

Die Regulierungsverwaltung besitzt keine Informationen zu tatsächlichen Betriebskosten und Effizienzpotenzialen bei den Netzbetreibern und kann bei der Festsetzung der Preise nur schwer abschätzen, ob beziehungsweise in welchem Maß Nebenwirkungen auf die Marktstrukturen sowie die vor- und nachgelagerten Märkte entstehen können.[222] Ohne Informationen über die Bedingungen und Abläufe der Leistungserbringung ist auch eine Beurteilung, ob eine bestimmte

---

[219] *G. Britz*, Energie, in: Fehling/Ruffert (Hrsg.), Regulierungsrecht, 2010, § 9 Rn. 67.

[220] *R. Pitschas*, Allgemeines Verwaltungsrecht als Teil der öffentlichen Informationsordnung, in: Hoffmann-Riem/Schmidt-Aßmann/Schuppert (Hrsg.), Reform des Allgemeinen Verwaltungsrechts, 1993, S. 219 (231); *W. Hoffmann-Riem*, Einleitende Problemskizze, in: ders./Schmidt-Aßmann (Hrsg.), Verwaltungsrecht in der Informationsgesellschaft, 2000, S. 9 (13).

[221] Die Ungewissheiten der Regulierungsverwaltung werden nach verschiedenen Maßstäben unterschieden: *K. Herzmann*, Konsultationen, 2010, S. 48 ff., unterscheidet eine normative, eine informatorische, eine strategische, eine temporale und eine exekutive (Vollzugs-)Ungewissheit, während *M. Burgi*, DVBl. 2006, S. 269 (272), die Formen der Ungewissheit nach der Dynamik der Sachverhalte, der Komplexität der Regulierungsziele, der Unbestimmtheit der Einzelbegriffe und der Unklarheit der Folgen unterscheidet. Im Ergebnis handelt es sich hierbei um überwiegend terminologische Unterscheidungen, die aber die gleichen Probleme beschreiben.

[222] *H.-H. Trute*, Regulierung – am Beispiel des Telekommunikationsrecht, in: Eberle/Ibler/Lorenz (Hrsg.), FS Winfried Brohm, 2002, S. 169 (175 ff.).

Art der Leistungserbringung effizient ist, kaum angemessen möglich.[223] Das führt dazu, dass die Regulierungsverwaltung die normativen Vorgaben einer „effizienten Leistungserbringung" mithilfe von sachverständiger ökonomischer und technischer Beurteilung bewerten muss. Die Regulierung von Elektrizitäts- und Gasnetzen erfordert technische Kenntnisse in Bezug auf Teil- und Gesamtnetze, Übertragungs- und Verteilnetze, technische Innovationen im Netz[224] oder technische Schranken für den Netzzugang bei ca. 1600 Elektrizitäts- und Gasnetzbetreibern.

bb. Verringerung der Ungewissheit

Eine der Herausforderungen für die Regulierungsverwaltung besteht nun darin, die durch Informationsdefizite und Informationsasymmetrien entstandenen Ungewissheiten zu verringern. Das Energiewirtschaftsrecht schafft Handlungsformen zur Informationsgewinnung:[225] Informationsdefizite und Informationsasymmetrien können durch verschiedene Formen der Informationsgewinnung sowohl von anderen Verwaltungsbehörden im Verwaltungsverbund als auch von der Energiewirtschaft verringert werden.

In einem ersten Schritt kann die Regulierungsverwaltung bereits verwaltungsintern durch arbeitsteiliges Vorgehen Informationen gewinnen und Informationsdefizite durch eine Kooperation mit nationalen und supranationalen Regulierungs- und Wettbewerbsbehörden abbauen.[226] So ist im Energiewirtschaftsgesetz festgehalten, dass sich die Wettbewerbs- und Regulierungsbehörden durch einen Austausch von Informationen zwischen dem Bundeskartellamt und der Bundesnetzagentur gegenseitig unterstützen, soweit dieser Austausch der Erfüllung der jeweiligen Aufgaben dient (§ 58 Abs. 4 EnWG). Erfolgt die Informationsgewinnung und -verarbeitung durch mehrere Akteure auf supranationaler Ebene, werden die Informationen weiter verbreitet. Die rechtlich definierten und praktisch etablierten Strukturen des Informationsaustauschs gehen davon aus, dass mehrere Akteure mehr Informationen sammeln und verarbeiten können.[227] Durch eine Kommunikation zwischen Verwaltungseinheiten können Informationen ausgewertet, übertragen und gespeichert werden, um sie zukünftig in ähnlich gelagerten Sachverhalten nutzen zu können.[228]

---

[223] *G. Britz*, DV 2009, Beiheft 8, S. 71 (87).

[224] Genannt seien hier die Entwicklung von Smart Technologies angefangen bei Smart Meter als Messstellen zur Steuerung der Netzlast für Privat- und Unternehmenskunden bis hin zu Smart-Grid- und Virtual-Power-Plant-Lösungen zur Regelung unterschiedlicher Netzlasten zwischen Privat- und Industrieverbrauchern im Haus, Unternehmen und Elektromobilen zu unterschiedlichen Zeiten.

[225] *G. Britz*, Energie, in: Fehling/Ruffert (Hrsg.), Regulierungsrecht, 2010, § 9 Rn. 70.

[226] *T. Vesting*, Zwischen Gewährleistungsstaat und Minimalstaat, in: Hoffmann-Riem/Schmidt-Aßmann (Hrsg.), Verwaltungsrecht in der Informationsgesellschaft, 2000, S. 101 (128).

[227] *I. Spiecker gen. Döhmann*, Staatliche Informationsgewinnung im Mehrebenensystem, in: Oebbecke (Hrsg.), Nicht-normative Steuerung in dezentralen Systemen, 2005, S. 253 (271).

[228] *B. Holznagel*, Informationsbeziehungen in und zwischen Behörden, in: Hoffmann-Riem/Schmidt-Aßmann/Voßkuhle (Hrsg.), GVwR Bd. II, 2. Aufl. 2012, § 24 Rn. 4; *W. Hoffmann-Riem*, Einleitende Problemskizze, in: ders./Schmidt-Aßmann (Hrsg.), Verwaltungsrecht in der Informationsgesellschaft, 2000, S. 9 (12); *I. Spiecker gen. Döhmann*, Staatliche Informationsgewinnung im Mehrebenensystem, in: Oebbecke (Hrsg.), Nicht-normative Steuerung in dezentralen Systemen, 2005, S. 253 (272).

So können einseitige Informationsdefizite einer Behörde behoben und Informationsasymmetrien innerhalb einer Verwaltungsgesamtheit im Regulierungsverbund abgebaut werden.[229] Eine staatlich organisierte Informationsordnung ist für eine effektive Regulierung der Marktakteure durch die Regulierungsverwaltung unerlässlich.[230]

In einem weiteren Schritt kann die Regulierungsverwaltung auch durch eine Zusammenarbeit mit den regulierten Unternehmen der Energiewirtschaft Informationen gewinnen und die bestehenden Informationsasymmetrien abbauen. Hierfür bietet das Energiewirtschaftsgesetz der Regulierungsbehörde einen Instrumentenmix von Rechten zur Informationsgewinnung an, die teilweise mit Informationspflichten korrespondieren. Grundlegend sind wechselseitige Transparenzpflichten auf nationaler und auf supranationaler Ebene:[231] Die Unternehmen verpflichten sich gegenüber der Regulierungsbehörde zur Offenlegung und Aufbereitung von Informationen, wofür die Regulierungsbehörden im Gegenzug ihre Netzzugangs- und Netzanschlussvereinbarungen sowie Entgeltberechnungsgrundlagen und entgeltbezogene Genehmigungsentscheidungen auf Anfrage von konkret interessierten Unternehmen veröffentlichen. Die regulierten Unternehmen unterliegen anlassbezogenen Auskunftspflichten zur Vorbereitung konkreter Regulierungsmaßnahmen und allgemeinen Informationspflichten unabhängig von konkreten Regulierungsmaßnahmen.[232] Im Einzelnen reichen diese Pflichten von Beobachtungs- über Berichts- bis zu Evaluierungspflichten der Energieversorgungsunternehmen und -netzbetreiber gegenüber der Bundesnetzagentur.[233] Beobachtungspflichten werden im Energiewirtschaftsrecht nach § 35 EnWG als „Monitoring" legaldefiniert und regeln eine systematische, regelmäßige Beobachtung und Auswertung des Zustands sowie der Entwicklung bestimmter Regulierungsgegenstände.[234] Berichtspflichten bestehen über den Netzzustand, über eine Schwachstellenanalyse und zur Netzausbauplanung gemäß §§ 12 ff. EnWG sowie einmal jährlich über Versorgungsunterbrechungen inklusive ergriffener Maßnahmen zur Vermeidung zukünftiger Versorgungsstörungen nach § 52 EnWG.

Darüber hinaus bestehen allgemeine Pflichten, durch die die Bundesnetzagentur anlassunabhängig regelmäßig Informationen von Netzbetreibern und Energieversorgungsunternehmen bekommt.[235] Zur Vorbereitung konkreter Regulierungsmaßnahmen

---

[229] *B. Holznagel*, Informationsbeziehungen in und zwischen Behörden, in: Hoffmann-Riem/Schmidt-Aßmann/Voßkuhle (Hrsg.), GVwR Bd. II, 2. Aufl. 2012, § 24 Rn. 2.

[230] *J.-P. Schneider*, Liberalisierung der Stromwirtschaft, 1999, S. 539; erste Ansätze hierzu gibt es bereits in den Vereinigten Staaten von Amerika und im Vereinigten Königreich siehe hierzu ebenda, S. 143 ff., 291 ff.

[231] *J. Masing*, Gutachten D zum 66. DJT 2006, S. 132 f.

[232] *M. Fehling*, Instrumente und Verfahren, in: ders./Ruffert (Hrsg.), Regulierungsrecht, 2010, § 20 Rn. 117 ff.; ausführlich hierzu *K. Herzmann*, Konsultationen, 2010, S. 49 ff.

[233] *G. Britz*, Energie, in: Fehling/Ruffert (Hrsg.), Regulierungsrecht, 2010, § 9 Rn. 140 ff.

[234] *K. Herzmann*, in: Britz/Hellermann/Hermes (Hrsg.), EnWG Kommentar, 3. Aufl. 2015, § 35 Rn. 3 ff.; *ders.*, Monitoring als Verwaltungsaufgabe, DVBl. 2007, S. 670 ff.

[235] *M. Fehling*, Instrumente und Verfahren, in: ders./Ruffert (Hrsg.), Regulierungsrecht, 2010, § 20 Rn. 126 f.

im Einzelfall sind sowohl ein allgemeines Auskunftsverlangen der Bundesnetzagentur gemäß § 69 Abs. 1 EnWG als auch allgemeine Auskunftspflichten der Netzbetreiber nach § 69 Abs. 2 EnWG festgelegt. Hinzu kommen besondere Vergleichsverfahren nach § 21 a Abs. 3 bis 5 EnWG und Datenerhebungsverfahren gemäß § 21 a Abs. 6 Nr. 10 EnWG in Verbindung mit der Anreizregulierungsverordnung bei der Regulierung der Netzentgelte.[236] Ferner kann sich die Bundesnetzagentur zur Vorbereitung oder zur Begutachtung von Entscheidungen auch durch eine interdisziplinäre wissenschaftliche Kommission beraten lassen,[237] um nicht von den Informationen der Netzbetreiber abhängig zu sein.

d. Wissensbedarf und Wissensgenerierung

Auch ein effektiver Umgang mit Ungewissheit erfordert Wissen.[238] Hat sie entsprechende Informationen, kann die Verwaltung bei regulatorischen Ungewissheiten unter mehreren Handlungsalternativen die „richtige" Maßnahme zur Problembewältigung wählen.[239] Wissen ist eine notwendige Voraussetzung für jedes staatliche und ökonomische Handeln – wobei der Umgang mit Nichtwissen auf der einen Seite besonderes Wissen auf der anderen Seite erfordert.[240] Umso wichtiger ist eine Organisation und Systematisierung von Informationen.[241]

Insbesondere für die Regulierungsverwaltung ist Wissen wichtig. Wissen kann sowohl rückblickend als Erklärungsschatz als auch vorausschauend als Orientierungshilfe

[236] *G. Britz*, Energie, in: Fehling/Ruffert (Hrsg.), Regulierungsrecht, 2010, § 9 Rn. 71 ff.

[237] § 64 Abs. 1 EnWG; ausdrücklich vorgesehen ist eine wissenschaftliche Beratung durch Sachverständige bei der Erstellung eines Berichts zur Einführung der Anreizregulierung gemäß § 112 a Abs. 2 S. 1 EnWG.

[238] Überwiegend wird Wissen als verarbeitete und systematisierte Information verstanden, so *A. Scherzberg*, Die öffentliche Verwaltung als informationelle Organisation, in: Hoffmann-Riem/Schmidt-Aßmann (Hrsg.), Verwaltungsrecht in der Informationsgesellschaft, 2000, S. 195 (200); *A. Voßkuhle*, Der Wandel von Verwaltungsrecht und Verwaltungsprozeßrecht in der Informationsgesellschaft, in: Hoffmann-Riem/Schmidt-Aßmann (Hrsg.), Verwaltungsrecht in der Informationsgesellschaft, 2000, S. 349 (353); *B. Wollenschläger*, Wissensgenerierung durch Verfahren, 2009, S. 30.

[239] *R. Pitschas*, Allgemeines Verwaltungsrecht als Teil der öffentlichen Informationsordnung, in: Hoffmann-Riem/Schmidt-Aßmann/Schuppert (Hrsg.), Reform des allgemeinen Verwaltungsrechts, 1993, S. 219 (231 f.); richtig ist jede aus nachvollziehbaren, rationalen Gründen abgeleitete Entscheidung, deren Maßstäbe, Formen und Verfahren sich aus dem jeweiligen fachspezifischen Recht ergeben, so *A. Voßkuhle*, Sachverständige Beratung des Staates, in: Isensee/Kirchhof (Hrsg.), HStR III, 3. Aufl. 2005, § 43 Rn. 1; gleichwohl bleiben Entscheidungen rational unvollkommen, hierzu differenzierend *ders.*, Expertise und Verwaltung, in: Trute/Groß/Röhl/Möllers (Hrsg.), Allgemeines Verwaltungsrecht – zur Tragfähigkeit eines Konzepts, 2008, S. 637 (640 ff.), konkret zur Energieregulierung, *K. Herzmann*, Konsultationen, 2010, S. 34 f.

[240] *P. Kirchhof*, Mittel staatlichen Handelns, in: Isensee/ders. (Hrsg.), HStR V, 3. Aufl. 2005, § 99, sieht Wissen so bedeutsam wie Personal, Finanzmittel und Organisation für die Verwaltung an.

[241] *W. Hoffmann-Riem*, Einleitende Problemskizze, in: ders./Schmidt-Aßmann (Hrsg.), Verwaltungsrecht in der Informationsgesellschaft, 2000, S. 9 (12).

dienen,[242] um ein Marktversagen zu vermeiden. Je mehr die Wissensbestände des Staates abnehmen, umso mehr muss die Verwaltung auf gesellschaftliche Wissensbestände und privaten Sachverstand zurückgreifen.[243] Für eine wirksame Regulierung sind ökonomischer und technischer Sachverstand notwendig.[244] Der Staat kann diesen Sachverstand nur begrenzt durch Schulungen oder die Einstellung von Personal aus- oder aufbauen, sondern muss mit Akteuren aus Wirtschaft und Wissenschaft kooperieren, um das Informationsdefizit abzubauen und regulatorische Ungewissheiten zu reduzieren.[245]

Doch der intensive Wissensbedarf spiegelt sich auch in der Verwaltungsorganisation wider. Staatliche Regulierungsakteure begegnen dem wachsenden Bedarf an Wissen durch die Anpassung des Verwaltungsapparates an die neuen Herausforderungen. Zunächst trägt die Einrichtung eigener Fachbehörden zur Regulierung der Netzwirtschaften dem erhöhten Wissensbedarf Rechnung.[246] Daneben wird die Rekrutierung von hochqualifizierten Fachkräften für den öffentlichen Dienst und die Bündelung von Sachverstand in spezialisierten Organisationseinheiten relevant.[247]

Gleichwohl ist der Sachverstand in den Behörden regelmäßig nicht ausreichend. Im Mehrebenensystem der Verwaltung wird Wissen zunehmend durch die Beteiligung von staatlichen und nichtstaatlichen Akteuren in Netzwerken erzeugt.[248] Dadurch können mögliche Konflikte zwischen Regulierungs- und Unternehmensakteuren verringert sowie Akzeptanz und Transparenz von Regulierungsmaßnahmen geschaffen werden.

---

[242] *E. Schmidt-Aßmann*, DV 2010, Beiheft 9, S. 39 (40 f.).

[243] *S. Augsberg*, DVBl. 2007, S. 733 (737 ff.); *A. Voßkuhle*, Sachverständige Beratung des Staates, in: Isensee/Kirchhof (Hrsg.), HStR III, 3. Aufl. 2005, § 43 Rn. 53.

[244] In Teilen der Verwaltungsrechtswissenschaft wird eine Öffnung für die deskriptiven, an sozialen und gesellschaftlichen Veränderungen ausgerichteten Nachbarwissenschaften kritisch gesehen, so *O. Lepsius*, Steuerungsdiskussion, Systemtheorie und Parlamentarismuskritik, 1999, S. 8, 30 f.; *C. Möllers*, VerwA 90 (1999), S. 187 (204 f.); *I. Augsberg*, KritV 2007, S. 236 (253 f.); *B. Wollenschläger*, Wissensgenerierung im Verfahren, 2009, S. 39.

[245] *I. Spiecker gen. Döhmann*, DVBl. 2007, S. 1074 (1077); *dies.*, Staatliche Informationsgewinnung im Mehrebenensystem, in: Oebbecke (Hrsg.), Nicht-normative Steuerung in dezentralen Systemen, 2005, S. 253 (257)

[246] *B. Fassbender*, Wissen als Grundlage staatlichen Handelns, in: Isensee/Kirchhof (Hrsg.), HStR VI, 3. Aufl. 2006, § 76 Rn. 51 ff.

[247] *A. Voßkuhle*, Sachverständige Beratung des Staates, in: Isensee/Kirchhof (Hrsg.), HStR III, 3. Aufl. 2005, § 43 Rn. 2.

[248] *T. Vesting*, Die Bedeutung von Information und Kommunikation für die verwaltungsrechtliche Systembildung, in: Hoffmann-Riem/Schmidt-Aßmann/Voßkuhle (Hrsg.), GVwR Bd. II, 2. Aufl. 2012, § 20 Rn. 38.

Kapitel 3 Methodisches Vorgehen der Untersuchung

Die Untersuchung des Einflusses der Organisation der Regulierungsverwaltung auf deren Entscheidungen bedient sich methodisch des ökonomischen Ansatzes (I.), an den die rechtliche Methode der Auslegung (II.) anknüpfen kann. Aufgrund der in der Forschungsfrage angelegten Bezüge sowohl zu den Rechtswissenschaften als auch zu den Wirtschaftswissenschaften ist ein solches interdisziplinäres Vorgehen notwendig, für das bisher kein einheitlicher methodischer Ansatz vorliegt.[1] Die hier verfolgte Vorgehensweise wird darum zunächst ausführlich reflektiert.

I. Ökonomischer Ansatz

Das Ziel der Untersuchung ist es, mithilfe des ökonomischen Ansatzes (1.), vor allem der Neuen Institutionenökonomik (2.), einen Einstieg zur rechtlichen Untersuchung des Einflusses von Organisationformen auf Entscheidungen zu gewinnen. Die Anwendung des ökonomischen Ansatzes eröffnet Einblicke, die den bisher in den Rechtswissenschaften verwendeten Ansätzen nicht zugänglich waren.[2] Der ökonomische Ansatz konzentriert sich auf das Verhalten von Menschen, um zu erklären, wie deren Handlungen und Entscheidungen innerhalb eines Wirtschaftsgeschehens zustande kommen.[3] Auch das Verhalten von Menschen beziehungsweise von Regulierungsbehörden innerhalb des Regulierungsgeschehens im Bereich der

---

[1] Vgl. *R. Richter/E. G. Furubotn*, Neue Institutionenökonomik, 4. Aufl. 2010 und detailliert hierzu *M. Leschke*, Regulierungstheorie aus ökonomischer Sicht, in: Fehling/Ruffert (Hrsg.), Regulierungsrecht, 2010, § 6 Rn. 6 f.; *U. Sacksofsky*, Anreize, in: Hoffmann-Riem/Schmidt-Aßmann/Voßkuhle (Hrsg.), GVwR Bd. II, 2. Aufl. 2012, § 40 Rn. 39 ff.; *M. Ruffert*, Grundfragen der Wirtschaftsregulierung, in: Ehlers/Fehling/Pünder (Hrsg.), Besonderes Verwaltungsrecht Bd. 1, 3. Aufl. 2012, § 21 Rn. 10.

[2] *G. Kirchgässner*, Homo Oeconomicus, 4. Aufl. 2013, S. 320.

[3] *B. S. Frey*, Ökonomie ist Sozialwissenschaft, 1990, S. 2.

A. Wellerdt, *Organisation der Regulierungsverwaltung*,
https://doi.org/10.1007/978-3-662-56451-6_3

Elektrizitäts- und Gasversorgung folgt ökonomischen Prinzipien. Die verwaltungsrechtliche Verfasstheit dieser Behörden bildet den Ausgangspunkt, an dem die juristische Methode der Auslegung ansetzen kann.

I. Methodologischer Individualismus

Der ökonomische Ansatz untersucht das Verhalten des einzelnen Menschen beziehungsweise Individuums („methodologischer Individualismus") in Entscheidungssituationen.[4] Im Zentrum des ökonomischen Ansatzes steht der Mensch.[5]

Die Erkenntnisse über die Entscheidungen von Menschen können auf Gruppen von Menschen übertragen werden.[6] Hier setzt die vorliegende Untersuchung an. Die Verwaltungsorganisationen der Regulierungsverwaltung sind letztlich Gruppen von Menschen, die handeln und entscheiden. Der Einfluss dieser Gruppen auf Handlungen und Entscheidungen steht im Mittelpunkt der Untersuchung.

Die Verhältnisse, unter denen Menschen handeln und entscheiden, werden durch ihre Präferenzen und die ihnen gesetzten Restriktionen bestimmt.[7] Präferenzen werden innerhalb des ökonomischen Ansatzes als Wünsche und Bedürfnisse verstanden, die auf eine Maximierung des Nutzens der jeweiligen Handlung zielen.[8] Die Präferenzen unterliegen jedoch Restriktionen. Restriktionen sind Einschränkungen für das menschliche Handeln.[9] Hier eröffnet der ökonomische Ansatz einen Einstieg für die rechtswissenschaftliche Forschung. Denn Einschränkungen liegen insbesondere in „Institutionen". Unter Institutionen im Sinne des ökonomischen Ansatzes werden Regeln verstanden, mit deren Hilfe Entscheidungen getroffen werden.[10]

Die Verhältnisse, unter denen Menschen handeln, können sich verändern. Erhalten Menschen beispielsweise mehr Spielraum für Entscheidungen oder mehr Informationen über die Folgen der Entscheidung, müssen sie sich in ihrem Handeln zwischen verschiedenen Alternativen entscheiden.[11] Indes verändern sich durch die Entwicklung formeller oder informeller Institutionen meist die Restriktionen, unter denen menschliche Entscheidungen stattfinden.[12] Deshalb handelt der Mensch

---

[4] *J. Schumpeter*, Das Wesen und der Hauptinhalt der theoretischen Nationalökonomie, 1. Aufl. 1908, S. 90 f., 95.

[5] *G. Kirchgässner*, Homo Oeconomicus, 4. Aufl. 2013, S. 12.

[6] *J. Schumpeter*, Das Wesen und der Hauptinhalt der theoretischen Nationalökonomie, 1. Aufl. 1908, S. 96; *G. Kirchgässner*, Homo Oeconomicus, 4. Aufl. 2013, S. 23.

[7] *B. Frey*, Ökonomie ist Sozialwissenschaft, 1990, S. 2; *G. Kirchgässner*, Homo Oeconomicus, 4. Aufl. 2013, S. 23.

[8] *G. Kirchgässner*, Homo Oeconomicus, 4. Aufl. 2013, S. 14 ff.

[9] *G. Kirchgässner*, Homo Oeconomicus, 4. Aufl. 2013, S. 13.

[10] *B. Frey*, Ökonomie ist Sozialwissenschaft, 1990, S. 2 f.

[11] *G. Kirchgässner*, Homo Oeconomicus, 4. Aufl. 2013, S. 12, 14, 33.

[12] *G. Kirchgässner*, Homo Oeconomicus, 4. Aufl. 2013, S. 41.

einerseits egoistisch nach seinen eigenen Interessen, während er sich andererseits an den ihm gesetzten Regeln orientiert.[13]

Dadurch, dass verschiedene Gruppen von Menschen miteinander in Beziehung stehen, lassen sich Regelmäßigkeiten im Verhalten feststellen. Das wird deutlich in der Regulierungsverwaltung im Europäischen Verwaltungsverbund. Auch die Verwaltungsorganisationen in der Regulierungsverwaltung sind Gruppen von Menschen, die nach Präferenzen handeln. Sie wollen ihren Handlungsspielraum und ihren Einfluss auf Entscheidungen maximieren. Eingeschränkt werden sie durch Institutionen im Sinne von rechtlichen Regeln und Arrangements in Form von Rechtsgrundlagen, die den Verwaltungsorganisationen zu Grunde liegen. Diesen Einschränkungen und der Art, wie sie Entscheidungen prägen, wird im Folgenden nachgegangen.

2. Neue Institutionenökonomik

Die Neue Institutionenökonomik verfolgt zwei Ansätze, die die rechtswissenschaftliche Analyse als Anknüpfungspunkt für die weitere Untersuchung nutzen kann.

Zunächst untersucht die Neue Institutionenökonomik die Bedeutung von Institutionen für das wirtschaftliche Verhalten von Unternehmen. Diese Betrachtungsweise kann auf das Verwaltungshandeln von Verwaltungseinheiten übertragen werden.[14] In Unternehmen fallen Kosten zur Information sowie für die Verhandlung und Durchsetzung von Entscheidungen an. Es handelt sich ökonomisch um sogenannte Transaktionskosten.[15] Durch eine genaue Analyse der Kosten, die bei der Vornahme von Entscheidungen für die einzelnen Elemente der Transaktion auftreten, kann die für jede Transaktion beste Unternehmensstruktur zur Steuerung von Entscheidungen bestimmt werden, um die Transaktionskosten zu verringern.[16] Diese Strukturen werden durch ein System von Regeln geschaffen, in dem Entscheidungen entwickelt werden.[17]

Daraus leitet die Neue Institutionenökonomik einen Zusammenhang zwischen den Strukturen einer Organisation und ihren institutionellen Arrangements ab.

---

[13] *G. Kirchgässner*, Homo Oeconomicus, 4. Aufl. 2013, S. 319.

[14] *G. F. Schuppert*, Verwaltungswissenschaften, 2000, S. 575 ff.

[15] *R. Coase*, The Nature of the Firm, Economica 4 (1937), S. 386 ff.; *ders.*, The Problem of Social Cost, Journal of Law and Economics 3 (1960), S. 1 (15 ff.); *O. Williamson*, Transaction-cost Economics, Journal of Law and Economics 3 (1979), S. 233 ff.

[16] *O. Williamson*, The Economic Institutions of Capitalism, 1985, S. 15 ff., 68 ff., 402 ff.; *Arthur Benz*, Einleitung: Governance – Modebegriff oder nützliches sozialwissenschaftliches Konzept?, in: ders. (Hrsg.) Governance – Regieren in komplexen Regelsystemen, 2. Aufl. 2012, S. 11 (15).

[17] *O. Williamson*, Transaction-cost Economics, Journal of Law and Economics 3 (1979), S. 233 (239, 248 ff., 259); *M. Erlei/M. Leschke/D. Sauerland*, Neue Institutionenökonomik, 2. Aufl. 2007, S. 200.

Demnach hängt die Entwicklung der Organisationsstrukturen von den institutionellen Rahmenbedingungen ab, während die Organisationsstrukturen wiederum im Weiteren die Fortentwicklung der institutionellen Rahmenbedingungen beeinflussen.[18] Ziel der Institutionenökonomik ist daher die Analyse unterschiedlicher institutioneller Arrangements und deren Wirkungen auf Handlungen von Organisationen.[19]

Die Begriffe der Organisation und der Institution im Sinne der Institutionenökonomik können an die verwaltungswissenschaftlichen Definitionen anknüpfen. Organisationen sind Gruppen von Individuen, die ein gemeinsames Interesse verfolgen und die Erreichung eines gemeinsamen Zieles anstreben.[20] Übertragen auf die Regulierungsverwaltung im Energiesektor sind Organisationen alle nationalen Regulierungsbehörden, supranationalen Zusammenschlüsse von Regulierungsakteuren sowie unionalen Organe und Einrichtungen, die die Regulierung der Märkte verfolgen.

Zur Koordination der Organisationen sind Institutionen notwendig.[21] Institutionen sind formelle und informelle Regeln (Normen), die in Rechtsnormen oder in anderen Vorschriften schriftlich festgelegt sind.[22] Sie bestimmen die Verwaltungsstrukturen von Organisationen. Miteinander verknüpft bilden die Regeln ein normatives System, durch das das Verhalten von Organisationen zweckgerichtet gesteuert werden kann.[23] Je nach den institutionellen Arrangements ist ein anderes Verhalten von Organisationen zu erwarten. Institutionen können unter anderem regeln, dass bestimmte Organe Informationen ermitteln oder übermitteln, um sich zwischen Handlungsalternativen entscheiden zu können. Wachsende Bedeutung erfahren institutionelle Arrangements bei der Regelung von Informationsbeziehungen zwischen einzelnen Organisationseinheiten oder verschiedenen Organisationen. Institutionen programmieren die Bewirkungsformen der Verwaltungsakteure, die sich im Einfluss auf Entscheidungen und deren Rechtswirkungen unterscheiden.

In der folgenden Untersuchung werden unter Organisationen im Sinne der Neuen Institutionenökonomik die Regulierungsakteure der nationalen und unionalen Energie-Regulierungsverwaltung verstanden. Deren Institutionen sind unterschiedlich verfasste Regelungs- beziehungsweise Rechtsgrundlagen. Zusammenfassend stellt die folgende Übersicht (Abb. 3.1) die Organisation und deren Institutionen gegenüber.

[18] *D. C. North*, Institutions, institutional change and economic performance, 1991, S. 5, 8.

[19] *M. Leschke*, Regulierungstheorie aus ökonomischer Sicht, in: Fehling/Ruffert (Hrsg.), Regulierungsrecht, 2010, § 6 Rn. 15; *G. F. Schuppert*, Verwaltungswissenschaften, 2000, S. 569, 576 f.

[20] *D. C. North*, Institutions, institutional change and economic performance, 1991, S. 5, 74.

[21] *M. Erlei/M. Leschke/D. Sauerland*, Neue Institutionenökonomik, 2. Aufl. 2007, S. 22, 65; *R. Richter/E. G. Furobotn*, Neue Institutionenökonomik, 4. Aufl. 2010, S. 7 ff.

[22] *M. Erlei/M. Leschke/D. Sauerland*, Neue Institutionenökonomik, 2. Aufl. 2007, S. 22; *W. Thieme*, Verwaltungslehre, 4. Aufl. 1984, § 35 Rn. 211.

[23] *D. C. North*, Institutions, institutional change and economic performance 1991, S. 3 f.; *M. Leschke*, Regulierungstheorie aus ökonomischer Sicht, in: Fehling/Ruffert (Hrsg.), Regulierungsrecht, 2010, § 6 Rn. 13; *W. Thieme*, Verwaltungslehre, 4. Aufl. 1984, § 35 Rn. 209; *T. Groß*, Kollegialprinzip, 1999, S. 13.

Organisation (=Regulierungsakteure)	Institution (=Rechtsgrundlagen)
- Elektrizitätsforum Florenz / Gas Forum Madrid	- Keine
- Intern. Confederation of Energy Regulators	- Keine
- Council of European Energy Regulators	- Privatrechtliche Satzung
- European Network of Transmission System Operators for Electricity/Gas (ENTSO-E/G)	- Privatrechtliche Satzung - Verordnung der Europäischen Union
- Europäische Kommission	- Europäische Verträge (EUV, AEUV)
- Agency for the Cooperation of Energy Regulators (ACER)	- Verordnung der Europäischen Union
- Landesregulierungsbehörden	- Landesgesetz / Landesverordnung
- Bundesnetzagentur	- Bundesgesetz

Abb. 3.1 Konkretisierung von Organisation und Institution für die folgende Untersuchung der Akteure der deutschen und unionalen Energie-Regulierungsverwaltung

Die Neue Institutionenökonomik untersucht die Wirkung von Institutionen auf die Organisationen. Unter Institutionen werden in der folgenden Untersuchung die geschriebenen und ungeschriebenen Regeln der Verwaltungsorganisationen der Regulierungsverwaltung verstanden. Diese Regeln finden sich in den Rechtsgrundlagen der Regulierungsakteure. Hier setzt die juristische Methode der Auslegung an, um gemeinsame Elemente der Verwaltungsorganisation zu bestimmen. Verändern sich die Regeln, verändern sich auch die Entscheidungen der Handelnden.[24]

II. Rechtliche Auslegung

Im Zentrum der Untersuchung stehen die rechtlichen Grundlagen der verschiedenen Regulierungsakteure. Die Rechtsgrundlagen sind nach ökonomischem Verständnis Institutionen, die Restriktionen für die Entscheidungen von Organisationen darstellen.

Der methodische Schwerpunkt liegt auf der „juristischen Methode"[25] der Auslegung, um zu ermitteln, welche Organisationsregeln in den Rechtsgrundlagen enthalten sind. Zum Verständnis der normativen Texte der Rechtsgrundlagen dient die

---

[24] *G. Kirchgässner*, Homo Oeconomicus, 4. Aufl. 2013, S. 27.

[25] Die Verwendung des Begriffs „juristische Methode" wird jedoch teilweise kritisch betrachtet: Siehe *A. Voßkuhle*, Neue Verwaltungswissenschaft, in: Hoffman-Riem/Schmidt-Aßmann/ders. (Hrsg.), GVwR Bd. I, 2. Aufl. 2012, § 1 Rn. 2; *W. Krebs*, Die Juristische Methode, in: Schmidt-Aßmann/Hoffmann-Riem (Hrsg.), Methoden der Verwaltungsrechtswissenschaft, 2004, S. 209 (213), der den Begriff eher nur als eine Chiffre für einen Methodenkanon, den einige Gemeinsamkeiten auszeichnen, ansieht.

juristische Auslegungsmethode.[26] Der Wortlaut der Rechtsgrundlagen bestimmt die Rechtsform, legt Prinzipien der Organisation fest, programmiert Aufgaben und Kompetenzen und schafft Organisationszusammenhänge zwischen den Regulierungsakteuren. Besonders die Organisationszusammenhänge lassen sich aus der historischen Entwicklung des Energiebinnenmarktes ableiten, woraus sich ein komplexes System der Regulierungsverwaltung in der Europäischen Union entwickelt hat. So ergeben sich aus Sinn und Zweck dieser Mehrebenenarchitektur im europäischen Verwaltungsrecht Rückschlüsse auf den Einfluss der Verwaltungsorganisationen auf Entscheidungen in der Regulierungsverwaltung. Mithilfe der Auslegung können gemeinsame Elemente herausgearbeitet werden, die Verwaltungseinheiten prägen und ihr Verwaltungshandeln beeinflussen. Diese gemeinsamen Elemente bilden die Grundlage für die Untersuchung der Regulierungsverwaltung im Energiesektor.

1. Rechtsgrundlage der Organisation

Die Rechtsgrundlagen der Akteure der Regulierungsverwaltung im Energiesektor unterscheiden sich in ihrer Rechtsnatur – von losen Vereinbarungen bis zu kodifizierten Rechtsakten –, was sich auf die Verbindlichkeit der Vorgaben im Hinblick auf die Struktur und die Handlungsweise der Regulierungsakteure auswirkt.

Die Rechtsgrundlagen multipolarer Regulierungsakteure liegen in rechtlich unverbindlichen Statuten und Vereinbarungen oder in privatrechtlichen Satzungen. Dagegen sind sowohl nationale Behörden als auch unionale Organe oder Einrichtungen auf kodifizierten Rechtsakten gegründet. Die nationalen Regulierungsbehörden werden durch Bundes- und Landesgesetze errichtet, unionale Organe gehen auf die primärrechtlichen Vorgaben der Unionsverträge zurück und unionale Einrichtungen werden durch Verordnungen des europäischen Sekundärrechts gegründet. All diese Rechtsgrundlagen bilden die Menge von Funktionsregeln, die unter anderem bestimmen, wer für Entscheidungen in einem bestimmten Bereich zuständig ist und welche Verfahren eingehalten werden müssen.[27]

[26] *K. Larenz*, Methodenlehre der Rechtswissenschaft, 6. Aufl. 1991, S. 204; zu den Vorzügen der juristischen Methode der Auslegung zählt die Strukturierung und Systembildung eines Normengefüges oder institutionellen Arrangements, siehe *W. Krebs*, Die Juristische Methode, in: Schmidt-Aßmann/Hoffmann-Riem (Hrsg.), Methoden der Verwaltungsrechtswissenschaft, 2004, S. 209 (217); *A. Voßkuhle*, Neue Verwaltungswissenschaft, in: Hoffmann-Riem/Schmidt-Aßmann/ders. (Hrsg.), GVwR Bd. I, 2. Aufl. 2012, § 1 Rn. 7; zu den Nachteilen der juristischen Methode siehe *T. Siegel*, Entscheidungsfindung im Verwaltungsverbund, 2013, S. 16.

[27] *K. J. Arrow*, Essays in the theory of risk-bearing, 1971, S. 224 f.

2. Rechtsform der Organisation

Aus dem Wortlaut der Rechtsgrundlagen ergibt sich zumeist ausdrücklich die Rechtsform der jeweiligen Organisation. Die Rechtsform ist ein konstitutives Element der Verwaltungsorganisation.[28] Sie gibt den äußeren Rahmen der Organisation vor und beeinflusst deren Handlungsmöglichkeiten zur Erledigung von Verwaltungsaufgaben.

Aus der Rechtsform der Organisation lassen sich die Bedeutung und die Funktion der Verwaltungsorganisation im Verwaltungsverbund ableiten. Die Bedeutung der Rechtsform spiegelt sich in Handlungsformen und Rechtswirkungen der Organisation wider. Schließlich bestimmt die Rechtsform die Rechtsstellung der Organisation in der Mehrebenenverwaltung sowie ihre Rechts- und Handlungsfähigkeit nach außen. Die Rechtsfähigkeit wirkt sich auf das Verhältnis der Verwaltungseinheit zu anderen Verwaltungsorganisationen aus, die Handlungsfähigkeit beeinflusst die Rechtswirkungen des Organisationshandelns. Hieraus lassen sich unterschiedliche Rollen der beteiligten Organisationen bei der Entstehung von Regulierungsentscheidungen ableiten.

In der Regulierungsverwaltung im europäischen Energiebinnenmarkt gibt es acht repräsentative Verwaltungseinheiten, die durch eine Vielfalt unterschiedlicher Rechtsformen strukturiert sind. In Deutschland wurde auf Bundesebene eine übergeordnete Behörde gegründet, während auf Landesebene sowohl behördenunabhängige Kammern als auch unselbständige Referate oder Dezernate in übergeordneten Behörden geschaffen wurden. Indes wurden auf Unionsebene Organe und Agenturen der Europäischen Union gegründet. Darüber hinaus bestehen auf supranationaler Ebene rechtsformal uneinheitlich verfasste Erscheinungen wie Foren, Vereine und Verbände von Regulierungsakteuren.

Die unterschiedlichen Rechtsformen haben auch Einfluss auf die Handlungsfähigkeit der jeweiligen Verwaltungseinheit. Während formal rechtlich konstituierte nationale Behörden oder unionale Einrichtungen mit bestimmten Kompetenzen und Instrumenten ausgestattet werden, besitzen Foren, Vereine und Netzwerke – mangels konkreter rechtlicher Grundlage – nur vage bestimmbare Handlungsfähigkeiten.

[28] Unter den Organisationsrechtsformen lassen sich Amt, Behörde, Agentur, Ausschuss, Körperschaft, Anstalt oder Stiftung des öffentlichen Rechts, privatrechtliche GmbH oder AG in öffentlicher Trägerschaft bis hin zu Vereinen, Verbänden oder Netzwerken unterscheiden, siehe hierzu eine nicht abschließende Auflistung und Beschreibung der Organisationsrechtsformen bei *D. Ehlers*, Staatliche Verwaltung, in: ders./Pünder (Hrsg.), Allgemeines Verwaltungsrecht, 15. Aufl. 2015, § 1 Rn. 14 ff.; *ders.*, Europäisches Recht und Verwaltungsrecht, in: ders./Pünder (Hrsg.), Allgemeines Verwaltungsrecht, 15. Aufl. 2015, § 5 Rn. 35 ff.

3. Aufgaben und Kompetenzen der Organisation

Die Aufgaben der Organisation ergeben sich aus dem Wortlaut der Rechtsgrundlagen. Verwaltungsorganisationen erfüllen jeweils bestimmte Aufgaben. Die Aufgaben von Verwaltungsorganisationen reichen von der Programmierung über die Durchführung bis zur Kontrolle von Verwaltungsentscheidungen.[29]

Durchführungsaufgaben konzentrieren sich entsprechend dem dezentralen Vollzug von Unionsrecht auf die nationalen Verwaltungsorganisationen. Gleichwohl kommen – wenn auch bisher nur vereinzelt – zunehmend auch europäischen Organen und Einrichtungen punktuelle Durchführungsaufgaben zu. Programmierungsaufgaben werden von den unionalen Organen und Einrichtungen übernommen. Besondere Bedeutung kommt dabei dem Europäischen Parlament und dem Rat sowie der Kommission – in der Regel in Verbindung untereinander – zu, die wesentlich zur Definition von Entscheidungsrahmen beitragen. Unterstützt werden diese Akteure durch den fachlichen Sachverstand der beteiligten Regulierungsbehörden und betroffenen Netzbetreiber auf nationaler Ebene. Kontrollaufgaben werden sowohl von nationalen und supranationalen Verwaltungsorganisationen als auch von nationalen und unionalen Gerichten wahrgenommen. Gleichwohl kommt den Kontrollaufgaben nur eine untergeordnete Bedeutung zu, da sie nicht mit Kompetenzen zur Sanktionierung oder Korrektur verknüpft sind.

Aus der Systematik der Aufgaben ergeben sich sowohl deren Wahrnehmung unter den jeweiligen Organen als auch die zur Ausführung bestimmten Kompetenzen. Durch die Verteilung der Aufgaben wird jeweils organisationsintern ein System geschaffen, um zu bestimmen, wer welche Handlungskompetenz hat.[30] Die Kompetenzen von Verwaltungsorganisationen erstrecken sich von Grundsatzentscheidungen über Einzelfallentscheidungen bis hin zur Beratung ohne unmittelbare Entscheidungswirkung.[31]

In der Regulierungsverwaltung des Energiesektors nehmen die Kompetenzen von den nationalen über die unionalen bis zu den supranationalen Organisationen ab. Supranationale Regulierungsakteure sind neben selbstkonstitutiven Grundsatzentscheidungen zumeist nur für Beratung oder Mitwirkung zuständig, während die Europäische Kommission deren Beiträge in Grundsatzentscheidungen über Ziele und Zwecke nationaler Entscheidungen oder durch Einzelfallentscheidungen in Angelegenheiten und Fällen mit grenzüberschreitender Bedeutung kanalisiert. Gleichwohl liegen die wesentlichen Entscheidungskompetenzen durch sachverständige oder justizähnliche Beschlussgremien noch bei den nationalen Verwaltungsorganisationen des Bundes und der Länder.

---

[29] *T. Ellwein*, Einführung in die Regierungs- und Verwaltungslehre, 1966, S. 95 ff.; *W. Thieme*, Verwaltungslehre, 4. Aufl. 1984, § 72 Rn. 404.

[30] Hierzu allgemein *T. Ellwein*, Einführung in die Regierungs- und Verwaltungslehre, 1966, S. 101 ff.

[31] *T. Groß*, Das Kollegialprinzip in der Verwaltungsorganisation, 1999, S. 106 ff.

4. Prinzipien der Organisation

Die Rechtsgrundlagen bestimmen, vereinzelt bereits ausdrücklich über den Wortlaut sowie regelmäßig über die Systematik, mit der das Verwaltungshandeln durch verschiedene Organe geregelt wird, die Ausgestaltung der Organisation. Sie regeln die Zusammensetzung der Entscheidungsorgane und das Entscheidungsverfahren innerhalb einer Verwaltungseinheit. Die Einrichtung von Organen beeinflusst den Ablauf des internen Verfahrens und die Produktion von Entscheidungen.[32] Dabei folgen die Regulierungsakteure unterschiedlichen Organisationsprinzipien.

a. Hierarchische Organisationsstruktur

Historisch waren Verwaltungsorganisationen hierarchisch-monokratisch gegliedert. Hierarchische Entscheidungsstrukturen finden sich noch vereinzelt auf nationaler Ebene in Referaten der Landeswirtschaftsministerien und auf unionaler Ebene in der Generaldirektion Energie der Europäischen Kommission. Hierarchische Organisationen unterstehen einer einzigen Spitze, von der aus sich die Organisation mit unterschiedlichen Stufen und Rangverhältnissen von oben nach unten aufgliedert und – verbunden mit Rechten und Pflichten, insbesondere Informationsrechten und Berichtspflichten – gesteuert wird.[33] So lässt sich schnell eine Übersicht über alle Vorgänge gewinnen, was die Koordination der Verwaltungsorganisation erleichtert, doch konzentrieren sich die Informationen auf die hierarchisch privilegierte Stelle.[34] Hingegen kann dadurch die Kommunikation in der Verwaltungsorganisation eingeschränkt und das intellektuelle Potenzial der Organisation geschwächt werden.

b. Kollegiale Organisationsstruktur

Zunehmend werden die Spitzen von Organisationen nach dem „Kollegialprinzip"[35] in Kammern oder Ausschüssen organisiert. Die Erscheinungen von kollegialen Organisationsformen sind vielfältig: Sie reichen von einer Generalversammlung oder einem Verwaltungsrat, die die Summe der Mitglieder repräsentieren, über einen Ausschuss oder Regulierungsrat, die als exklusives Teilgremium die finalen Entscheidungen der Verwaltungseinheit treffen, bis zu justizähnlichen Beschluss- oder

---

[32] *H.-H. Trute*, Methodik der Herstellung und Darstellung verwaltungsrechtlicher Entscheidungen, in: Schmidt-Aßmann/Hoffmann-Riem (Hrsg.) Methoden der Verwaltungsrechtswissenschaft, 2004, S. 293 (307).

[33] *W. Thieme*, Verwaltungslehre, 4. Aufl. 1984, § 41 Rn. 243; *T. Ellwein*, Regieren und Verwalten, 1976, S. 101 f.; grundlegend, abstrahierend hierzu *R. Mayntz*, Soziologie der öffentlichen Verwaltung, 1978, S. 110.

[34] *N. Luhmann*, Funktionen und Folgen formaler Organisation, 2. Aufl. 1976, S. 198 ff.

[35] *T. Groß*, Das Kollegialprinzip in der Verwaltungsorganisation, 1999.

Regulierungskammern. Dadurch werden die Entscheidungen teilweise oder stets durch das Zusammenwirken mehrerer Akteure mittels Mehrheitsbeschluss getroffen. Im Detail lassen sich Informations-, Beratungs-, Vorbereitungs-, Entscheidungs- und Kontrollkollegien finden.[36]

Kollegiale werden hierarchischen Organisationsformen als Prinzipien der Organisation zunehmend vorgezogen.[37] Durch die Kooperation kollegial Gleichgestellter können individuelle und fachliche Spezialisierungen sowie praktische Erfahrungen in die Entscheidungsfindung eingebracht werden. Im Kollegium werden Informationswege kürzer als in gewachsenen Hierarchien und die jeweiligen Beiträge können horizontal koordiniert werden. Dadurch wird eine plurale Willensbildung ermöglicht, was sich wiederum auf das gegenseitige Verständnis und das Vertrauen in die gemeinsam getroffenen Entscheidungen auswirkt.

Dabei lässt sich in der Verwaltungspraxis ein zweistufiges Entscheidungsverfahren beobachten, das wiederum das kollegiale mit dem hierarchischen Organisationsprinzip verbindet. Zunächst erfolgen die fachlichen Auseinandersetzungen in der Mehrebenenverwaltung auf horizontaler Ebene durch Austausch in unterschiedlichen bilateralen Konstellationen. Dass aus diesem Austausch produktiv Entscheidungen abgeleitet werden können, setzt voraus, dass Größe, Aufgaben und Verfahren des Kollegiums sachangemessen geregelt sind.[38] Sonst laufen kollegiale gegenüber hierarchischen Organisationen Gefahr, sich zu destabilisieren oder zu blockieren. Indes kommt es in der Verwaltungspraxis teilweise zu ausführlichen und zeitaufwendigen Auseinandersetzungen, die häufig eine finale Entscheidung behindern. In solchen Fällen haben hierarchische Organisationsprinzipien ihre Vorzüge. Offene Punkte werden auf die vertikal höher gestellte Ebene gebracht und hierarchisch entschieden.[39]

c. Offene Organisationsstrukturen

Zwischen den traditionellen Organisationsformen der Hierarchie und des Kollegiums existieren auch Erscheinungsformen eines weniger scharf gezeichneten Organisationsprinzips. Dieses lässt sich als Forum beschreiben.[40] Unter diesem

---

[36] Allgemein zum Kollegium als Form der Zusammenarbeit mit unterschiedlichen Ausprägungen aus betriebswirtschaftlicher Perspektive *E. Kosiol*, Organisation der Unternehmung, 2. Aufl. 1976, S. 159 ff.

[37] *W. Thieme*, Verwaltungslehre, 4. Aufl. 1984, § 41 Rn. 245 f.; *R. Mayntz*, Governance im modernen Staat, in: Arthur Benz (Hrsg.), Governance – Regieren in komplexen Regelsystemen, 2. Aufl. 2012, S. 65 (72).

[38] *W. Thieme*, Verwaltungslehre, 4. Aufl. 1984, § 42 Rn. 248.

[39] *N. Luhmann*, Funktionen und Folgen formaler Organisation, 2. Aufl. 1976, S. 202 f.; *E. Kosiol*, Organisation der Unternehmung, 2. Aufl. 1976, S. 165 f.

[40] *W. Thieme*, Verwaltungslehre, 4. Aufl. 1984, § 42 Rn. 249 beschreibt eine ähnliche Form als Teamprinzip. Weitere Anstöße zum Verständnis der Bildung dieses eigenen Organisationsprinzips gehen auf *N. Luhmann*, Funktionen und Folgen formaler Organisation, 2. Aufl. 1976, S. 324 ff. zurück.

Organisationsprinzip ist eine Sammlung verschiedener Interessen von Regulierungsbehörden über Energienetzbetreiber bis hin zu Energieversorgungsunternehmen möglich. Foren stellen zunehmend eine Alternative zu den herrschenden Organisationsformen mit hierarchischen oder kollegialen Organisationsprinzipien dar. Als Ursachen für ihre Entstehung an der Stelle der traditionellen Organisationsformen sind deren nicht mehr zeitgemäße Strukturen in Verbindung mit überformalisierten Verfahren denkbar. Foren bilden sich als Modi informeller Zusammenarbeit und besitzen keine Über- und Unterordnungsverhältnisse. Die Akteure kooperieren, insbesondere bei komplexen Aufgaben, bei denen mehrere Beteiligte mit unterschiedlichen Informationen und Ressourcen zusammenkommen, und teilen die Verantwortung untereinander auf.[41]

5. *„Organisationszusammenhänge"*

Die Rechtsgrundlagen bestimmen durch ihren Wortlaut und die Systematik ihrer Regelungen die Rechtsform, die Organisationsprinzipien sowie die Aufgaben und Kompetenzen der jeweiligen Verwaltungsorganisation. Mithilfe einer Auslegung von Sinn und Zweck der Regelungen in den Rechtsgrundlagen ergeben sich ungeschriebene „Organisationszusammenhänge" zwischen Verwaltungseinheiten.

Organisationszusammenhänge ergeben sich auf nationaler Ebene zwischen den Ländern und dem Bund in der Bundesrepublik Deutschland, auf europäischer Ebene zwischen den Europäischen Organen und den Mitgliedstaaten sowie auf supranationaler Ebene unter hoheitlichen und privaten Regulierungsakteuren (a.). Unter Organisationszusammenhängen versteht diese Untersuchung vertikale und horizontale Informations- (a.) und Kommunikationsbeziehungen (b.) zwischen Regulierungsakteuren.[42]

a. Erscheinungen von Organisationszusammenhängen

Aus den Rechtsgrundlagen ergeben sich sowohl horizontale als auch vertikale Organisationszusammenhänge zwischen den Regulierungsakteuren im Energiesektor. Es gibt in diesem Sektor eine Vielzahl von Regulierungsakteuren, die Informationen und Wissen benötigen, um die Ungewissheit von Regulierungsentscheidungen zu

[41] *G. F. Schuppert*, Verwaltungswissenschaften, 2000, S. 596 f.; *H.-H. Trute*, DVBl. 1996, S. 950 (962 ff.).

[42] Hierzu allgemein unter dem Stichwort der Informationsbeziehungen in der europäischen Verwaltung, *E. Schmidt-Aßmann*, EuR 1996, S. 270 ff.; *ders.*, Perspektiven der Systembildung, in: Hoffmann-Riem/ders. (Hrsg.), Verwaltungsrecht in der Informationsgesellschaft, 2000, S. 405 (417); *C. Nowak*, Europäisches Kooperationsverwaltungsrecht, in: Terhechte/Leible (Hrsg.), EnzEuR Bd. 3, 2014, § 34 Rn. 23.

bewältigen. Aufgrund von Informationsasymmetrien zwischen den Regulierungsakteuren und einer Vielzahl von regulierten Netzbetreibern bilden sich durch Verflechtungen von Verwaltungseinheiten kooperative Organisationszusammenhänge aus,[43] um die zur Regulierung notwendigen Informationen aufzunehmen und zu verarbeiten.

Organisationszusammenhänge bilden also unter anderem Informationsbeziehungen ab.[44] Im Energiesektor gibt es eine Vielzahl von Regulierungsakteuren, die mangels Informationen regulatorischen Ungewissheiten bei Entscheidungen begegnen, welche sich besser im Zusammenwirken bewältigen lassen. Durch die Verflechtungen von verschiedenen Verwaltungseinheiten in der Mehrebenenverwaltung sind diese einseitig oder zweiseitig in Informationsbeziehungen eingebunden.[45] Regulierungsakteure mit schwachen Rechtsgrundlagen wie privaten Satzungen und Vereinbarungen, die sich wiederum in Rechtsform und Kompetenzen widerspiegeln, sind meist einseitig auf Informationsweitergabe oder Informationsverarbeitung reduziert. Indes werden Regulierungsakteure mit stärkeren Rechtsgrundlagen wie Gesetzen und Verordnungen mit konkreten Kompetenzen in zweiseitige Informationsbeziehungen eingebunden.

In der Bundesrepublik Deutschland bestehen zwischen dem Bund und den Ländern meist zweiseitige, horizontale Informationsbeziehungen, in denen die Auskunftspflicht einer Ebene mit der Informationspflicht der anderen Ebene korrespondiert. Im Gegensatz dazu bestehen auf supranationaler Ebene in der Regel einseitige, horizontale Organisationszusammenhänge in der Form von Konsultations- und Abstimmungspflichten, um vorhandene Informationen zusammenzuführen, Erfahrungswerte effizient zu nutzen und Maßnahmen gemeinsam zu koordinieren.[46] Die endgültigen Programme und Entscheidungen werden jedoch auf den hierarchisch übergeordneten Ebenen getroffen, die dann vertikal einseitig die supranationalen Akteure binden.

Auf nationaler Ebene gibt es vereinzelt einseitige, vertikale Organisationszusammenhänge, in denen der Bund im Sinne einer einheitlichen Regelung von den Ländern die Bereitstellung bestimmter Informationen oder die Umsetzung von Leitfäden fordert. Auf europäischer Ebene finden sich meist zweiseitige, vertikale Organisationsbeziehungen, die von einmaligen Auskunfts- und Unterrichtungspflichten bis hin zu dauerhaften Berichts- und Informationsbeschaffungspflichten

[43] *G. Britz*, DV 2009, Beiheft 8, S. 71 (88); *T. Groß*, Verantwortung und Effizienz in der Mehrebenenverwaltung, VVDStRL 66 (2007), S. 152 (162).

[44] *T. Siegel*, Entscheidungsfindung im Verwaltungsverbund, 2009, S. 56 f.

[45] *G. Britz*, DV 2009, Beiheft 8, S. 71 (88); *T. Groß*, Verantwortung und Effizienz in der Mehrebenenverwaltung, VVDStRL 66 (2007), S. 152 (162); *W. Schaller*, in: Müller-Graff/Schmahl/Skouris (Hrsg.), FS Dieter Scheuing, 2012, S. 415 (415 f.); allgemein und ausführlich hierzu *C. Nowak*, Europäisches Kooperationsverwaltungsrecht, in: Terhechte/Leible (Hrsg.), EnzEuR Bd. 3, 2014, § 34; *A. Hombergs*, Europäisches Verwaltungskooperationsrecht, 2006, S. 60.

[46] *B. Holznagel*, Informationsbeziehungen in und zwischen Behörden, in: Hoffmann-Riem/Schmidt-Aßmann/Voßkuhle (Hrsg.), GVwR Bd. II, 2. Aufl. 2012, § 24 Rn. 37, 46, 48 b, 49.

reichen können.[47] Im Einzelnen sind die Mitgliedstaaten zur Information über und zur Anzeige von Vorgängen verpflichtet sowie zugleich zur Anhörung beziehungsweise Beratung berechtigt. Im Gegenzug sind die europäischen Organe berechtigt, Informationen anzufordern, und verpflichtet, über ihre Maßnahmen Mitteilung zu erstatten und dabei die Möglichkeit der Stellungnahme zu geben.

b. Informationsbeziehungen

Informationsbeziehungen sind durch Informationssammlung und Informationsaustausch geprägt. Informationen dienen der Vorbereitung und der Koordination von Entscheidungen.[48]

Für den Aufbau einer differenzierten Informationsarchitektur gibt es zwei Gründe: Zunächst wachsen die nationalen Verwaltungseinheiten im Rahmen eines europäischen Verwaltungsverbunds weiter zusammen. Daneben wird die Verwaltung technischer oder ökonomischer Wirtschaftsbereiche zunehmend komplexer, zumal eine angemessene Verwaltung von grenzüberschreitenden Sachverhalten einen erhöhten Informations- und Austauschbedarf erfordert. Der Aufbau von Informationsbeziehungen folgt dabei nicht einem vorgegebenen Plan. Vielmehr lernen Verwaltungen und erneuern sich, sie ändern ihre Strukturen und passen ihre Beziehungen dem Wandel der Umgebung an,[49] um Wissen zu generieren und rational zu entscheiden.

In einer zunehmend multipolaren und supranationalen Verwaltungswelt lassen sich Verwaltungsorganisationen weniger denn je nur einzeln für sich betrachten. Auch in Bezug auf Informationen treten Verwaltungsorganisationen mit anderen Verwaltungsorganisationen in Kontakt. Durch Organisationszusammenhänge erfolgen arbeitsteilige Spezialisierungen. So muss nicht jede Verwaltungseinheit alle Informationen empfangen, verarbeiten und speichern. Stattdessen konzentrieren

---

[47] *C. Nowak*, Europäisches Kooperationsverwaltungsrecht, in: Terhechte/Leible (Hrsg.), EnzEuR Bd. 3, 2014, § 34 Rn. 27; Auskunftspflichten bestehen nur reaktiv auf die konkrete Anfrage einer auskunftsberechtigten Stelle hin, während im Rahmen von Unterrichtungspflichten unabhängig von einer konkreten Anfrage bestimmte bei einer Behörde vorhandene Informationen übermittelt werden müssen. Berichts- und Informationsbeschaffungspflichten bestehen darin, dass eine Behörde zu einem bestimmten Thema dauerhaft Informationen zu sammeln und zu übermitteln hat, so *B. Holznagel*, Informationsbeziehungen in und zwischen Behörden, in: Hoffmann-Riem/Schmidt-Aßmann/Voßkuhle (Hrsg.), GVwR Bd. II, 2. Aufl. 2012, § 24 Rn. 34 ff., 38.

[48] *T. Siegel*, Entscheidungsfindung im Verwaltungsverbund, 2009, S. 57, 260; *R. Pitschas*, Allgemeines Verwaltungsrecht als Teil der öffentlichen Informationsordnung, in Hoffmann-Riem/Schmidt-Aßmann/Schuppert (Hrsg.), Reform des Allgemeinen Verwaltungsrechts, 1993, S. 219 (261); allgemein zu Verwaltungskooperation im Allgemeinen und zu Informationsnetzwerken im Besonderen: *E. Schmidt-Aßmann*, Einleitung: Der Europäische Verwaltungsverbund und die Rolle des europäischen Verwaltungsrechts in: ders./Schöndorf-Haubold (Hrsg.), Der Europäische Verwaltungsverbund, 2005, S. 1 (5 f.,15 f.).

[49] *R. Mayntz*, Soziologie der Organisation, 1. Aufl. 1963, S. 45 f.; *H. P. Bang*, Governance as political communication, in: ders. (Hrsg.), Governance as social and political communication, 2003, S. 12.

sich die unterschiedlichen Rollen von der Informationssammlung über die -verarbeitung und -weitergabe bis zur -speicherung auf einzelne spezialisierte Verwaltungseinheiten,[50] die sich je nach Bedarf im Einzelfall austauschen. Dadurch entwickeln sich insbesondere in Sektoren mit einer Vielzahl von Akteuren funktionsbezogene Kommunikationsbeziehungen.

Diese Entwicklung vollzieht sich in der und durch die Verwaltungsorganisation – gesteuert durch das Verwaltungsorganisationsrecht. Die Rechtsgrundlagen begründen teilweise ausdrücklich durch den Wortlaut sowie ergänzend durch die Systematik der Aufgaben und Kompetenzen die Entwicklung von „Kommunikationsbeziehungen".[51]

c. Kommunikationsbeziehungen

Kommunikationsbeziehungen entstehen im Einzelnen aus in der Praxis auftretenden Bedürfnissen heraus sowie geprägt durch die Rechtsformen beziehungsweise Organisationsprinzipien der einzelnen Einheiten: Dadurch, dass manche Akteure die Kommunikation initiieren können, während andere nur die Kommunikation empfangen, bilden sich unterschiedliche Kommunikationswege aus. Auf Kommunikationswegen werden Informationen transportiert.[52] Sie können Erfahrungen (z. B. Best Practices, Benchmarks), Methoden (z. B. zur Entgeltberechnung) oder Daten (z. B. Preise, Zeiträume) enthalten. Aufgrund unterschiedlicher Informationsbeziehungen im Verwaltungsverbund haben alle Verwaltungsorganisationen ein besonderes Interesse, an der Gewinnung von Informationen teilzuhaben, um die komplexen Ungewissheiten der Verwaltung bei der Regulierung zu verringern.

Diese Kommunikationsstrukturen entwickeln sich weiter[53]: Durch die Kommunikation von Informationen können sich Verwaltungsorganisationen erhalten und weiterentwickeln. Daraus ergeben sich Kommunikationsstrukturen sowohl zwischen gleichgestellten Organisationen als auch zwischen hierarchisch unter- oder

---

[50] Kritisch hierzu *N. Luhmann*, Funktionen und Folgen formaler Organisation, 2. Aufl. 1976, S. 195 ff.

[51] *J. Masing*, Transparente Verwaltung: Konturen eines Informationsverwaltungsrechts, VVDStRL 63 (2004), S. 377 (422 ff.).

[52] Grundlegend hierzu *N. Luhmann*, Funktionen und Folgen formaler Organisation, 2. Aufl. 1976, S. 190 ff.

[53] Verbreitet wird diese Entwicklung als Governance bezeichnet, *H. P. Bang*, Governance as political communication, in: ders. (Hrsg.), Governance as social and political communication, 2003, S. 7 (7, 9); *R. Mayntz*, New challenges to governance theory, in: Bang (Hrsg.), Governance as social and political communication, 2003, S. 27 (27 f. 35); *Arthur Benz*, Einleitung: Governance – Modebegriff oder nützliches sozialwissenschaftliches Konzept?, in: ders. (Hrsg.) Governance – Regieren in komplexen Regelsystemen, 2. Aufl. 2012, S. 11 (12 ff.).

übergeordneten Einheiten in Bund und Land oder auf nationaler und europäischer Ebene.[54] Die Informations- und Kommunikationsstrukturen können zusammenfassend als *Netzwerk*[55] bezeichnet werden.

d. Zwischenergebnis

Informations- und Kommunikationsbeziehungen stellen Kooperationsformen dar,[56] die interdisziplinär unter dem Begriff des Netzwerks gefasst werden können. Es handelt sich um Mehrebenensysteme von Verwaltungen, Regierungen und Marktteilnehmern, die ihre Kompetenzen territorial oder funktional auf einzelne Organisationen aufteilen und ihre Entscheidungen durch Verhandlungen koordinieren.[57] Mit dem Konzept des Netzwerks können die in diesem Kapitel zusammengetragenen Beobachtungen strukturiert zusammengefasst werden: Netzwerke sind lernfähige, hybride Organisationsformen – im gegebenen Kontext mit grenzüberschreitendem Charakter.[58] Sie entstehen zwischen staatlicher Hierarchie auf der einen Seite und den Entwicklungen des Marktes auf der anderen Seite aus staatlichen und nichtstaatlichen Akteuren.[59] Netzwerke leisten, was Hierarchie und Markt fehlt oder was diese nicht leisten können. Durch eine kooperative Arbeits- und Informationsbewältigung sichern Netzwerke Flexibilität, reduzieren Unsicherheit

---

[54] Begrifflich ebenso *A. Hombergs*, Europäisches Verwaltungskooperationsrecht, 2006, S. 58.

[55] *G. F. Schuppert*, Verwaltungswissenschaften, 2000, S. 384; *ders.*, Verwaltungsorganisation und Verwaltungsorganisationsrecht als Steuerungsfaktoren, in: Hoffmann-Riem/Schmidt-Aßmann/Voßkuhle (Hrsg.), GVwR Bd. I, 2. Aufl. 2012, § 16 Rn. 134 ff.; *D. Jansen*, Einführung in die Netzwerkanalyse, 3. Aufl. 2006; *D. Jansen/K. Schubert* (Hrsg.), Netzwerke und Politikproduktion. Konzepte, Methoden, Perspektiven, 1995, S. 10 ff.; *C. Möllers*, ZaöRV 2005, S. 351 (364 f., 371); *ders.*, Netzwerk als Kategorie des Organisationsrechts. Zur juristischen Beschreibung dezentraler Steuerung, in: Oebbecke (Hrsg.), Nicht-normative Steuerung in dezentralen Systemen, 2005, S. 285 ff.; siehe hierzu vertiefend die Beiträge von *R. Mayntz, Fritz W. Scharpf* und *Franz Urban Pappi*, in: Héritier (Hrsg.), Policy-Analyse. Kritik und Erneuerung, PVS-Sonderheft 24, 1993, S. 39 ff.; 57 ff.; 84 ff.

[56] Ausführlich zu Kooperationsformen *A. Hombergs*, Europäisches Verwaltungskooperationsrecht, 2006, S. 57 ff.

[57] *Arthur Benz*, Multilevel Governance – Governance im Mehrebenensystem, in: ders. (Hrsg.), Governance – Regieren in komplexen Regelsystemen, 2. Aufl. 2012, S. 125 (126 f., 133 f.).

[58] *T. Groß*, Die Verwaltungsorganisation als Teil organisierter Staatlichkeit, in: Hoffmann-Riem/Schmidt-Aßmann/Voßkuhle (Hrsg.), GVwR Bd. I, 2. Aufl. 2012, § 13 Rn. 12; *G. F. Schuppert*, Verwaltungsorganisation und Verwaltungsorganisationsrecht als Steuerungsfaktoren, in: Hoffmann-Riem/Schmidt-Aßmann/Voßkuhle (Hrsg.), GVwR Bd. I, 2. Aufl. 2012, § 16 Rn. 155.

[59] *C. Möllers*, Netzwerk als Kategorie des Organisationsrechts. Zur juristischen Beschreibung dezentraler Steuerung, in: Oebbecke (Hrsg.), Nicht-normative Steuerung in dezentralen Systemen, 2005, S. 285 (295 ff.); *R. Mayntz*, Governance im modernen Staat, in: Benz (Hrsg.), Governance – Regieren in komplexen Regelsystemen, 2. Aufl. 2012, S. 65 (69).

mittels wechselseitiger Informationen und schaffen Wissen durch Lernprozesse.[60] Netzwerke nutzen die bereitstehende Verwaltungskraft und das vorhandene Verwaltungswissen organisierter Akteure, indem sie diese in die Politikgestaltung und -umsetzung einbeziehen.[61] Nur dadurch sind flexible Anpassungen an die Verwaltungswirklichkeit möglich.[62]

III. Ergebnis der Auslegung: Elemente der Verwaltungsorganisation

Aus den Rechtsgrundlagen der Regulierungsakteure im Energiesektor lassen sich anhand der juristischen Auslegung wichtige Merkmale von Verwaltungsorganisationen bestimmen. Die Rechtsform, Strukturen, Aufgaben, Kompetenzen sowie Organisationszusammenhänge sind Elemente, die alle Verwaltungseinheiten in der Mehrebenenverwaltung gemeinsam kennzeichnen.

Hieraus lassen sich für die weitere Arbeit rechtliche Maßstäbe gewinnen, um Verwaltungsorganisationsformen zu untersuchen. Zunächst lassen sich Wechselwirkungen in der Erscheinung bestimmter Elemente *innerhalb einer* Verwaltungsorganisation entdecken. Die Elemente der Verwaltungsorganisation beeinflussen sich gegenseitig. Dann ermöglicht ein Vergleich bestimmter Elemente *in verschiedenen* Verwaltungseinheiten eine modellhafte Systematisierung unterschiedlicher Organisationstypen in der Regulierungsverwaltung.

Auch wenn die Elemente der Verwaltungsorganisation in unterschiedlicher Ausprägung bei den Regulierungsakteuren im Energiesektor vorkommen, lassen sich für die einzelnen Elemente bereits grundlegende Erkenntnisse festhalten. Je schwächer die Rechtsform ist, desto geringer ist der Einfluss auf Regulierungsmaßnahmen beziehungsweise je stärker die Rechtsform, desto größer ist der Einfluss auf Entscheidungen. Die Rechtsform bestimmt die „Handlungsformen"[63] einer Verwaltungseinheit. Das wird sowohl materiell im Einfluss einer Handlungsform auf

---

[60] *M. Eifert*, Innovation in und durch Netzwerkorganisation: Relevanz, Regulierung und staatliche Einbindung, in: ders./Hoffmann-Riem (Hrsg.), Innovation und rechtliche Regulierung, 2002, S. 88 (94); *S. Augsberg*, Europäisches Verwaltungsorganisationsrecht und Vollzugsformen, in: Terhechte (Hrsg.), Verwaltungsrecht der EU, 2011, § 6 Rn. 51 ff.; *B. Holznagel*, Informationsbeziehungen in und zwischen Behörden, in: Hoffmann-Riem/Schmidt-Aßmann/Voßkuhle (Hrsg.), GVwR Bd. II, 2. Aufl. 2012, § 24 Rn. 19; *D. Jansen/K. Schubert* (Hrsg.), Netzwerke und Politikproduktion. Konzepte, Methoden, Perspektiven, 1995, S. 12.

[61] *G. F. Schuppert*, Verwaltungswissenschaften, 2000, S. 391.

[62] *B. Holznagel*, Informationsbeziehungen in und zwischen Behörden, in: Hoffmann-Riem/Schmidt-Aßmann/Voßkuhle (Hrsg.), GVwR Bd. II, 2. Aufl. 2012, § 24 Rn. 86 f.

[63] *G. F. Schuppert*, Verwaltungswissenschaften, 2000, S. 585 f.; *E. Schmidt-Aßmann*, Einführung, in: ders./Hoffmann-Riem (Hrsg.), Verwaltungsorganisationsrecht als Steuerungsressource, 1997, S. 9 (22).

das Entscheidungs*ergebnis* als auch formell im Einfluss einer Organisationsform auf mehrstufige Entscheidungs*verfahren* mit anderen Verwaltungsorganisationen deutlich.

In den Strukturen der Verwaltungsorganisationen ist eine Abkehr von streng hierarchischen Organisationsprinzipien hin zu offeneren Kollegial- oder Forenprinzipien zu beobachten.[64] Es besteht ein hoher Wissens- und Informationsbedarf, der sich leichter durch einen diskursiven Austausch mehrerer Akteure befriedigen lässt.

Die Kompetenzen der Verwaltungsorganisationen unterscheiden sich hinsichtlich ihrer Fähigkeiten zur Wissensgenerierung und Mitwirkung bei Regulierungsentscheidungen, was sich in ihrem unterschiedlichen inhaltlichen und prozessualen Einfluss auf Entscheidungen niederschlägt. Die Regulierungsakteure vollziehen mit ihren jeweils zuständigen Organen entsprechend ihren Informationen und Kompetenzen die Willensbildung der Verwaltungsorganisationen.

Organisationszusammenhänge sind von besonderer Bedeutung in einem in herausragendem Maße informations- und wissensbedürftigen Bereich wie der Regulierungsverwaltung. Sie können Informationsasymmetrien zwischen den Regulierungsakteuren und den regulierten Marktteilnehmern abbauen und Unsicherheiten bei Regulierungsentscheidungen reduzieren. Deshalb werden verschiedene Regulierungsakteure im Rahmen von mehrstufigen Verwaltungsverfahren in Entscheidungsprozesse und -zusammenhänge integriert.[65]

[64] *M. Eifert*, DV 2001, Beiheft 4, S. 137 (149 ff.); *B. Wollenschläger*, Wissensgenerierung im Verfahren, 2009, S. 46.

[65] *W. Schaller*, in: Müller-Graff/Schmahl/Skouris (Hrsg.), FS Dieter Scheuing, 2012, S. 415 (415 f.); ausführlich *C. Nowak*, Europäisches Kooperationsverwaltungsrecht, in: Terhechte/Leible (Hrsg.), EnzEuR Bd. 3, 2014, § 34.

Kapitel 4 Akteure und Bewirkungsformen der Energieregulierung

Die Regulierung des Energiesektors erfolgt auf nationaler Ebene der Bundesrepublik Deutschland und auf supranationaler Ebene im Europäischen Binnenmarkt durch acht verschiedene Verwaltungseinheiten. Im Folgenden wird die Verwaltungsorganisation der Regulierungsakteure herausgearbeitet (I.), ehe die unterschiedlichen Bewirkungsformen (II.) der Verwaltungsorganisationen in der Praxis untersucht werden.

I. Akteure der Energieregulierung

Die Verwaltungsorganisation der Regulierungsakteure wird im Folgenden nach den jeweils zu Grunde liegenden Rechtsgrundlagen unterschieden. Die Regulierungsakteure haben teilweise keine (1.) oder privatrechtlich vereinbarte (2.) bis hin zu kodifizierten Rechtsgrundlagen im unionalen Rechtsetzungsverfahren (3.) oder im nationalen Gesetzgebungsverfahren (4.), die in Bezug auf die gemeinsamen Organisationselemente ausgelegt werden können. So lassen sich die Erscheinungen der Regulierungsakteure anhand ihrer Rechtsform, ihrer Aufgaben und Kompetenzen, ihrer Prinzipien der Organisation sowie ihrer Organisationszusammenhänge herausarbeiten.

1. Regulierungsakteure ohne formelle Rechtsgrundlagen

Die Regulierungsverwaltung im Europäischen Binnenmarkt geht auf informelle Zusammenkünfte zurück, bei denen es zunächst darum ging, eine möglichst große Anzahl verschiedener Akteure zu versammeln (a.). Dies hat sich auch auf internationaler Ebene (b.) fortgesetzt. Gemeinsam ist diesen Regulierungsakteuren das Fehlen formeller Rechtsgrundlagen.

A. Wellerdt, *Organisation der Regulierungsverwaltung*,
https://doi.org/10.1007/978-3-662-56451-6_4

a. Europäisches Forum für Elektrizitätsregulierung in Florenz und Europäisches Forum für Gasregulierung in Madrid

Das Europäische Forum für Elektrizitätsregulierung in Florenz, gegründet 1998, und das Europäische Forum für Gasregulierung in Madrid, gegründet 1999, waren die ersten Akteure in der Regulierungsverwaltung im europäischen Energiebinnenmarkt. Inzwischen werden sie ergänzt durch das Bürgerforum Energie für Verbraucherschutz in London,[1] das 2007 gegründet wurde, und das Forum für Infrastrukturvorhaben in Kopenhagen,[2] gegründet 2015.

Es handelt sich bei allen genannten Einheiten um eine freiwillige Koordination und Kooperation von Regulierungsakteuren im Energiesektor, die im Energiesektor eine grenzüberschreitende Zusammenarbeit zur Umsetzung der Richtlinien für einen europäischen Energiebinnenmarkt initiiert haben.[3] Unter dem Vorsitz der Europäischen Kommission kommen zwei Mal jährlich Vertreter von nationalen Ministerien und Regulierungsbehörden, Energieversorgungsunternehmen und -netzbetreibern, Händlern, Strom- und Gasbörsen und Verbraucherverbänden in Florenz und Madrid zusammen.[4] Es handelt sich damit um ein Treffen zahlreicher Akteure entlang der Wertschöpfungskette im Energiesektor, die die Branche mit ihren privaten und staatlichen Interessen umfassend repräsentieren.[5]

aa. Rechtsgrundlagen und Rechtsform

Die Gründung aller genannten Foren erfolgte durch eine Mitteilung der Kommission.[6] Dies reicht jedoch für eine formelle Rechtsgrundlage zur Einsetzung einer Organisation nicht aus.[7] Daneben gibt es auch keine erläuternden Gründungsdokumente oder Verfahrensregeln zur Festlegung von Aufgaben und Kompetenzen, Strukturen und Organisationszusammenhängen. Daraus folgt für die Foren auch keine bestimmte Rechtsform.

---

[1] Citizen's Energy Forum in London unter https://ec.europa.eu/energy/en/events/citizens-energy-forum-london.

[2] Energy Infrastructure Forum in Kopenhagen unter http://www.energy-infrastructure-forum.com/index.html.

[3] *S. de Moel/F. Melchior*, in: Roggenkamp/Hammer (Hrsg.), European Energy Law Report VIII (2011), S. 21 (24).

[4] *Europäische Kommission*, Mitteilung zur Vollendung des Energiebinnenmarktes, 13.03.2001, KOM (2001) 125 endg., S. 12.

[5] *C. Held/J. Prat*, IR 2004, S. 194 (196).

[6] *Europäische Kommission*, Mitteilung zur Vollendung des Energiebinnenmarktes, 13.03.2001, KOM (2001) 125 endg., S. 12; Conclusions of the 1st European Electricity Regulation Forum vom 05./06. Februar 1998, Introduction, S. 1.

[7] *C. Held/J. Prat*, IR 2004, S. 194 (194); *F. Arndt*, DV 39 (2006), S. 100 (105); *J. Haller*, Der Verwaltungsverbund in der Energieregulierung, 2013, S. 153.

bb. Aufgaben und Kompetenzen

Ihre Aufgaben haben die Foren von der Kommission zugewiesen bekommen. Zentrale Aufgabe der Foren sind informelle Diskussionen über den Entwicklungsstand des europäischen Elektrizitäts- und Gasbinnenmarktes sowie ein offener Erfahrungsaustausch zur Umsetzung der Elektrizitäts- und Gasrichtlinien, der REMIT-Verordnung und der TEN-E-Verordnung zur Förderung eines europäischen Energiebinnenmarktes. Ziel ist die Umsetzung eines effektiven und effizienten Regulierungsrahmens zur Schaffung von Wettbewerb in diversen nationalen Märkten und zum Abbau von nationalen Hemmnissen bei der Errichtung eines europäischen Energiebinnenmarktes.[8]

Den Ausgang der Diskussionen formulieren die Foren in unverbindlichen Berichten, die die Ergebnisse der Arbeitsaufträge der Kommission wiedergeben. Dabei werden vereinzelt Empfehlungen oder Leitlinien veröffentlicht, die einen Branchenkonsens darstellen. Die Foren besitzen jedoch keine Kompetenzen zur selbständigen Durchsetzung der Berichte, für Empfehlungen oder Leitlinien oder gar zu Entscheidungen.

cc. Strukturen und Prinzipien der Organisation

Innerhalb des Forums gibt es keine beständigen Strukturen durch Untereinrichtungen.[9] Es gibt kein Über- oder Unterordnungsverhältnis, sodass überwiegend einvernehmliche Berichte zu den Diskussionsaufträgen der Kommission gegeben werden. Empfehlungen zur regulatorischen Weiterentwicklung des europäischen Elektrizitäts- oder Gasbinnenmarktes können nur einstimmig beschlossen werden.

dd. Organisationszusammenhänge

Die Europäischen Foren konstituieren sich durch zweiseitige Organisationszusammenhänge unter ihren Teilnehmern entlang der energiewirtschaftlichen Wertschöpfungskette. Darüber hinaus sind die Foren in zweiseitige, vertikale Informationsbeziehungen zur Kommission und zum CEER eingebunden. Zunächst gibt die Kommission durch ihre Mitteilungen oder Rechtsetzungsvorschläge die Themen vor, die die Foren mit allen Marktteilnehmern diskutieren. Das ist die Grundlage für weitere Ausarbeitungen durch die nationalen Regulierungsbehörden im Rahmen des CEER. Zudem geben die Foren umfangreiche Informationen von allen Teilnehmern der energiewirtschaftlichen Wertschöpfungskette weiter, die die Europäische Kommission und das CEER nutzen.

Die Kommission erhält aus den Foren Informationen über aktuelle energiewirtschaftliche Trends und Berichte über Defizite bei technischen und ökonomischen Umsetzungsvorhaben, die ihr wiederum Impulse zum Entwurf von Regulierungsprogrammen

---

[8] Conclusions of the 1st European Electricity Regulation Forum vom 05./06. Februar 1998, Introduction, S. 1.

[9] *W. Weiß*, Der Europäische Regulierungsverbund im Energierecht, in: Baur/Salje/Schmidt-Preuß (Hrsg.), Regulierung in der Energiewirtschaft, 2. Aufl. 2016, § 32 Rn. 5.

liefern. Zugleich ermöglichen diese Berichte auch eine Kontrolle, welche Auswirkungen die Regulierungsprogramme und -maßnahmen haben. Das CEER greift auf die Informationen der Berichte bei der Überwachung der Einhaltung von Leitlinien zurück.

Dadurch kommt den Europäischen Foren für Elektrizitäts- und Gasregulierung als Plattform beteiligter Marktteilnehmer auf allen Ebenen der operativen Wertschöpfungskette und der ökonomischen Marktregulierung praktisch eine zentrale Rolle als Entwickler und Katalysator der Regulierung des Energiebinnenmarktes zu.

b. Internationale Vereinigung der Energieregulierer

Die Internationale Vereinigung der Energieregulierer (International Confederation of Energy Regulators – ICER) stellt seit 2009 eine freiwillige Kooperation elf regionaler Verbände von über 200 nationalen Regulierungsbehörden weltweit dar.[10]

aa. Rechtsgrundlagen und Rechtsform

Die ICER wurde durch eine privatrechtliche Vereinbarung gegründet. Dabei handelt es sich um eine rechtlich unverbindliche Kooperationserklärung.[11] Eine verbindliche Rechtsgrundlage existiert nicht. Es gibt lediglich allgemeine Verfahrensregeln, die von den Lenkungsausschüssen der Verbände verfasst werden.[12] Hierdurch wird der Zweck der ICER festgelegt.[13] Eine Rechtspersönlichkeit ist der ICER nicht gegeben.[14]

bb. Aufgaben und Kompetenzen

Die einzige Aufgabe der ICER ist der horizontale Informations- und Erfahrungsaustausch über Methoden und Best Practices zur Kooperation und Unterstützung unter regionalen Regulierungsakteuren (insbesondere des CEER und der ACER).[15] Dafür wurden vier virtuelle Arbeitsgruppen zur besseren Koordinierung der Arbeit in den Bereichen Versorgungssicherheit, Klimawandel, Wettbewerbsfähigkeit sowie zu Kompetenzen und Verpflichtungen von Energieregulierern gegründet.[16] Zu diesen

---

[10] International Confederation of Energy Regulators, About (zuletzt abgerufen am 01.12.2017 unter http://www.icer-regulators.net/portal/page/portal/ICER_HOME/about.html).

[11] ICER Inaugural Announcement vom 19. Oktober 2009 (online verfügbar, zuletzt abgerufen am 01.12.2017 unter http://www.icer-regulators.net/portal/page/portal/ICER_HOME/publications_press/Founding_Documents/ConfederationAnnouncement_100311.pdf).

[12] International Confederation of Energy Regulators (ICER) – Practical Arrangements/Rules of Procedure vom 24. November 2010 (online verfügbar, bis 31.12.2016 unter http://www.icer-regulators.net/portal/page/portal/ICER_HOME/ICER_HOME/ABOUT_ICER/Publications/Confederation%20Practical%20Arrangements_FINAL_v2.pdf)

[13] ICER Inaugural Announcement vom 19. Oktober 2009, Vision, Mission, Strategy.

[14] ICER – Practical Arrangements/Rules of Procedure vom 24. November 2010, Core Principles.

[15] ICER Inaugural Announcement vom 19. Oktober 2009, Introduction of ICER.

[16] ICER – Practical Arrangements/Rules of Procedure vom 24. November 2010, ICER Working Groups.

Themen veröffentlichen die Arbeitsgruppen zumeist innerhalb der jeweils drei Jahre zwischen den Weltforen zur Energieregulierung globale Berichte in Form von Studien, Untersuchungen, Positionspapieren und Benchmarkings. Darüber hinaus kommen der ICER keine eigenständigen Kompetenzen zu.[17]

cc. Strukturen und Prinzipien der Organisation

Die ICER ist ein Zusammenschluss regionaler Regulierungsakteure, der keinen internen Prinzipien folgt, da die Akteure gleichberechtigt teilnehmen und einheitlich auftreten. Die ICER besteht aus einem Lenkungsausschuss, in dem alle Mitglieder vertreten sind, die die Beschlüsse treffen.[18] Der Lenkungsausschuss wählt einen Vorsitzenden, der die ICER leitet und vertritt.[19] Die Arbeit erfolgt in Arbeitsgruppen.[20]

dd. Organisationszusammenhänge

Die ICER eröffnet bereits intern zweiseitige, horizontale Organisationszusammenhänge zwischen den regionalen Akteuren von nationalen Regulierungsbehörden. Hierzu zählen aus europäischer Sicht das CEER und die ACER, die Mitglieder der ICER sind. Daraus entstehen einseitige, vertikale Organisationszusammenhänge durch die nationalen Regulierungsbehörden, die Informationen und Erfahrungen zur Regulierung einbringen. Der Sachverstand, der aus den Informationen der nationalen Regulierungsbehörden gewonnen und in regionalen Gruppen von Regulierungsbehörden gesammelt wird, wird zu Wissen über Regulierungsmodelle verarbeitet.

Dadurch erscheint die ICER als ergänzendes Gegenstück zu den Europäischen Foren für Elektrizitäts- und Gasregulierung. Die Foren stellen Informationen über die Breite der gesamten Wertschöpfungskette im Energiesektor von Marktteilnehmern und Regulierungsbehörden bereit, während die ICER einen exklusiven Erfahrungsaustausch unter Regulierungsbehörden aus verschiedenen Regionen der Welt ermöglicht. Dadurch können Regulierungsmaßnahmen gegenüber der Energiewirtschaft zum Schutz der Verbraucher mit denjenigen in anderen Regionen verglichen werden, um eine Best Practice zu gewinnen und Impulse für Regulierungsprogramme zu setzen.

---

[17] International Confederation of Energy Regulators, Reports (zuletzt abgerufen am 01.12.2017 unter http://www.icer-regulators.net/portal/page/portal/ICER_HOME/publications_press/ICER_Reports.html).

[18] ICER – Practical Arrangements/Rules of Procedure vom 24. November 2010, ICER Steering Committee.

[19] ICER – Practical Arrangements/Rules of Procedure vom 24. November 2010, Chairmanship of ICER.

[20] ICER – Practical Arrangements/Rules of Procedure vom 24. November 2010, ICER Working Groups.

2. Regulierungsakteure mit privatrechtlichen Rechtsgrundlagen

Die Entwicklung der Regulierungsverwaltung im Europäischen Binnenmarkt setzte sich mit der Gründung formeller Zusammenschlüsse von Regulierungsbehörden (a. und b.) und Netzbetreibern (c.) fort, um eine einheitliche Regulierungspraxis durch die nationalen Regulierungsbehörden zu erreichen und einen einheitlichen Ansprechpartner auf Seiten der regulierten Netzbetreiber zu erhalten. Diese Regulierungsakteure besitzen bereits formelle Rechtsgrundlagen, die jedoch privatrechtlich vereinbart und nicht hoheitlich im Rahmen eines formalisierten Verfahrens kodifiziert wurden.

a. Council of European Energy Regulators (CEER)

Das Council of European Energy Regulators (CEER) ist ein Zusammenschluss von nationalen Regulierungsbehörden. Es wurde im Jahre 2000 im Rahmen des Europäischen Forums für Elektrizitätsregulierung auf Eigeninitiative einiger nationaler Regulierungsbehörden gegründet.

Das CEER nimmt eine Schlüsselrolle ein, indem es an der Schnittstelle zwischen den nationalen Regulierungsbehörden und der Europäischen Kommission mit ihren fachlich zuständigen Generaldirektionen tätig wird. Es repräsentiert keine privaten Interessen der Elektrizitäts- und Gaswirtschaft oder der Verbraucher, sondern ergänzt die multipolaren Europäischen Foren um eine rein hoheitliche Regulierungsperspektive. Die nationalen Regulierungsbehörden nehmen als Mitglieder der Europäischen Foren für Elektrizitäts- und Gasregulierung deren Ergebnisse auf, die im CEER kanalisiert und zur Nutzung im Rechtsetzungsprozess der Kommission weiterverarbeitet werden.

aa. Rechtsgrundlagen und Rechtsform

Die Rechtsgrundlagen werden in der französischsprachigen Convention pour la constitution de l'association sans but lucratif und den englischsprachigen Statuten des Council of European Energy Regulators[21] sowie den internen Organisations- und Arbeitsregeln[22] festgeschrieben. Dabei handelt es sich um eine privatrechtliche Satzung, die dem CEER die Rechtsform eines Vereins belgischen Rechts zuweist.[23]

[21] Council of European Energy Regulators – Statut de l'association vom 15. September 2015, Articles of Association of the Council of European Energy Regulators vom 15. September 2015 (konsolidierte Fassung).

[22] Council of European Energy Regulators, Internal Rules for the functioning of CEER Working Groups and Task Forces vom 20. November 2015.

[23] Articles of Association of the Council of European Energy Regulators mit dem Zusatz „ASBL", was für L'association sans but lucratif im Sinne eines gemeinnützigen Vereins nach belgischem Recht steht.

bb. Aufgaben und Kompetenzen

Die Aufgaben des CEER sind sehr weit gefasst, um die Entwicklung eines effizienten und wettbewerbsfähigen Energiebinnenmarktes für Elektrizität und Gas zu fördern. Hierfür unterstützt das CEER sowohl Kooperationen und den Informationsaustausch mit anderen Regulierungsbehörden als auch Diskussionen und Erfahrungsaustausch, um Wissen zur Regulierung aufzubauen.[24] Zentrale Aufgabe ist die Beratung und Unterstützung der Europäischen Einrichtungen auf Anfrage und auf eigene Initiative.[25]

Das CEER besitzt vier wesentliche originäre Aufgaben: Zuerst fördert es eine Zusammenarbeit der Energieregulierungsbehörden sowohl bilateral[26] als auch multilateral im Rahmen der Agentur für die Zusammenarbeit der Regulierungsbehörden[27] und unterstützt zugleich einen regelmäßigen Informationsaustausch durch die ICER.[28] Zweitens überwacht und bewertet das CEER eine gemeinsame und einheitliche Umsetzung und Anwendung der Unionsrechtsetzung in den Mitgliedstaaten.[29] Drittens konzentriert sich das CEER auf eine ökonomische Beobachtung der Elektrizitäts- und Gasmärkte in der Europäischen Union und im Europäischen Wirtschaftsraum sowie eine Bewertung der globalen Tendenzen der Regulierung des Energiesektors für die Europäische Union.[30] Viertens stößt das CEER über seine jährlichen Arbeitsprogramme detaillierte Vorhaben zur Regelung und zur Regulierung des europäischen Energiebinnenmarktes mit einer differenzierten Strategie, praktischen Leitlinien und klar definierten Zielen an.[31]

Das CEER kann Empfehlungen und Leitlinien zur Anpassung der Regulierungspraxis erlassen, um zur Vollendung des europäischen Energiebinnenmarktes beizutragen,[32] doch weitergehende Kompetenzen zur Ersatzvornahme der Umsetzung oder zur Sanktionierung bei Nichtumsetzung oder zur verbindlichen Entscheidung sind nicht gegeben.

cc. Strukturen und Prinzipien der Organisation

Das CEER besteht aus leitenden Repräsentanten der 28 Regulierungsbehörden der Europäischen Union sowie Norwegens, Islands und Liechtensteins.[33]

---

[24] Art. 3.1 CEER Articles of Association vom 15. September 2015.

[25] Artt. 3.2.1 und 3.2.2 CEER Articles of Association vom 15. September 2015.

[26] Art. 3.2.3 CEER Articles of Association vom 15. September 2015.

[27] Art. 3.2.8 CEER Articles of Association vom 15. September 2015.

[28] Art. 3.2.9 CEER Articles of Association vom 15. September 2015.

[29] Artt. 3.2.4 CEER Articles of Association vom 15. September 2015.

[30] Artt. 3.2.6 CEER Articles of Association vom 15. September 2015.

[31] CEER 2016 Work Programme (Ref: C15-WPDC-27-06) vom 06. Januar 2016; CEER Draft 2017 Work Programme (Ref: C16-WPDC-28-05) vom 14. Juni 2016.

[32] Artt. 3.2.3, 3.2.4 und 3.2.5 CEER Articles of Association vom 15. September 2015.

[33] Artt. 5 und 6 CEER und Annex 1 CEER Articles of Association vom 15. September 2015.

Organisatorisch gliedert sich das CEER in eine Generalversammlung und einen Verwaltungsrat, die von Arbeits- (Working Groups) und Aufgabengruppen (Task Forces) unterstützt werden. Diese Gruppen repräsentieren die verschiedenen Standpunkte aller nationalen Regulierungsbehörden. Sie bereiten Maßnahmen vor, die einer Vorabstimmung im Verwaltungsrat unterzogen werden, ehe die Generalversammlung die endgültige Entscheidung über Empfehlungen und Leitlinien trifft. Die Zusammensetzung und Entscheidungsfindung der einzelnen Organe erfolgt im Einzelnen wie folgt:

Die Generalversammlung repräsentiert alle Mitglieder und trifft alle Beschlüsse der Organisation.[34] Ein Repräsentant der Kommission kann als nichtstimmberechtigtes Mitglied an Diskussionen über den Beitrag des CEER zum europäischen Rechtsetzungsverfahren teilnehmen.[35] Weitere Mitglieder oder Beobachter können nur durch Beschluss der Generalversammlung aufgenommen oder ausgeschlossen werden.[36] Entscheidungen der Generalversammlung sollten so weit wie möglich einvernehmlich, aber jedenfalls mit qualifizierter Mehrheit – gewichtet nach den Vorgaben für Abstimmungen des Rates der Europäischen Union gemäß Art. 16 Abs. 4 und 5 EUV – erfolgen. Mehrheitsentscheidungen zu Standpunkten des CEER im europäischen Rechtsetzungsverfahren sind jedoch für die überstimmten Mitglieder nicht bindend.[37]

Der Verwaltungsrat ist ein Lenkungsgremium aus drei bis sechs Direktoren, die aus den Vorsitzenden der nationalen Regulierungsbehörden gewählt werden, um das CEER zu leiten.[38] Die Direktoren vertreten das CEER nach außen.[39] Sie koordinieren intern die Facharbeitsgruppen,[40] deren Organisation sie durch die Ernennung des Vorsitzenden beeinflussen,[41] da die Vorsitzenden der Facharbeitsgruppen ohne Stimmrecht an den Sitzungen des Verwaltungsrates teilnehmen können. Entscheidungen des Verwaltungsrates erfolgen mit einfacher Mehrheit. Im Falle, dass keine einfache Mehrheit erzielt wird, entscheidet der Präsident oder ein Vizepräsident.[42]

---

[34] Artt. 14.1 und 15 CEER Articles of Association vom 15. September 2015; CEER Art. 10.1 Internal Rules for the functioning of CEER Working Groups and Task Forces vom 20. November 2015, Rn. 7 ff.

[35] Art. 14.2 CEER Articles of Association vom 15. September 2015.

[36] Art. 5 oder Art. 6 in Verbindung mit Art. 8, Art. 17 CEER Articles of Association vom 15. September 2015.

[37] Art. 14.1 CEER Articles of Association vom 15. September 2015.

[38] Art. 22.1 CEER Articles of Association vom 15. September 2015.

[39] Art. 22.1 CEER Articles of Association vom 15. September 2015.

[40] Art. 17.7 CEER Articles of Association vom 15. September 2015.

[41] CEER Internal Rules for the functioning of CEER Working Groups and Task Forces vom 20. November 2015, Rn. 23, 25, 28, 31.

[42] Art. 22.1 in Verbindung mit Artt. 20 und 21 CEER Articles of Association vom 15. September 2015.

Arbeitsgruppen (working groups) sollten sich repräsentativ aus Vertretern aller beteiligten nationalen Regulierungsbehörden zusammensetzen,[43] um die Gesetzgebungsentwürfe der Kommission zu bewerten und zu kommentieren.[44] Spezial- und Detailfragen können an Aufgabengruppen (taks forces) unter der Aufsicht der jeweiligen Arbeitsgruppe weitergegeben werden: kleinere Gruppen mit ausgewählter technischer Expertise, durch die sich flexiblere Arbeitsvorgänge gewährleisten lassen sollen.[45] Entscheidungen sollten so weit wie möglich nach dem Kollegialprinzip erfolgen.[46]

dd. Organisationszusammenhänge

Das Council of European Energy Regulators ist überwiegend einseitig in die horizontalen Organisationszusammenhänge eingebunden, indem es auf Anfrage oder auf eigene Initiative gemeinsame Standpunkte der Regulierungsbehörden in Bezug auf Rechtsetzungsverfahren und Umsetzungsmaßnahmen der Kommission sowie der ACER in Form von Empfehlungen und Berichten formuliert und weitergibt. Dadurch werden sowohl Arbeitsprogramme (Annual Work Programmes) als auch Kontrollergebnisse (Monitoring Reports) in die europäischen Einrichtungen und Organe transportiert, die diese Informationen in ihre Regelsetzung und Kontrollprogramme einfließen lassen. Zweiseitige Organisationszusammenhänge bestanden zur Gruppe der Europäischen Regulierungsbehörden, die jedoch zum 1. Juli 2011 aufgelöst wurde.

b. European Regulators Group for Energy and Gas (ERGEG)

Die European Regulators Group for Energy and Gas (ERGEG) war von 2004 bis 2011 ein hoheitlicher Zusammenschluss von nationalen Regulierungsbehörden als Gegenstück zum privatrechtlichen Verein der nationalen Regulierungsbehörden im CEER.[47] Diese Netzwerke waren der Wegbereiter für eine europäische Agentur der

---

[43] CEER Internal Rules for the functioning of CEER Working Groups and Task Forces vom 20. November 2015, Rn. 18 ff., 21 ff.

[44] Council of European Energy Regulators Art. 13.1 und Art. 13.4 bis Art. 13.6 Internal Rules for the functioning of CEER Working Groups and Task Forces vom 20. November 2015, Rn. 108 ff.

[45] CEER Internal Rules for the functioning of CEER Working Groups and Task Forces vom 20. November 2015, Rn. 21.

[46] CEER Internal Rules for the functioning of CEER Working Groups and Task Forces vom 20. November 2015, Rn. 67.

[47] *W. Weiß*, Der Europäische Regulierungsverbund im Energierecht, in: Baur/Salje/Schmidt-Preuß (Hrsg.), Regulierung in der Energiewirtschaft, 2. Aufl. 2016, § 32 Rn. 7.

Energieregulierungsbehörden.[48] Durch die Gründung der Agentur für die Zusammenarbeit der Energieregulierungsbehörden (ACER) wurde die ERGEG aufgelöst. Wegen ihres materiellen Einflusses auf das Regulierungsregime wird sie hier dennoch hinsichtlich der Ausprägung formaler Organisationselemente kurz dargestellt.

aa. Rechtsgrundlagen und Rechtsform

Die ERGEG wurde durch einen Beschluss der Europäischen Kommission errichtet.[49] Zunächst gibt ein Beschluss als verbindliche Handlungsform der Kommission (ex-Art. 249 Abs. 4 EUV, Art. 288 Abs. 4 AEUV) mehr als eine Mitteilung der Kommission der Einsetzung eine gewisse Rechtsqualität, die den Europäischen Foren für Elektrizitäts- und Gasregulierung fehlt. Dagegen können rechtsfähige Einrichtungen wie Agenturen der Kommission nur im Wege des Rechtsetzungsverfahrens durch Sekundärrechtsakte im Zusammenspiel der Kommission, des Parlamentes und des Rates geschaffen werden.

Der Beschluss der Kommission zur Einsetzung der ERGEG und deren Verfahrensregeln bildeten die Rechtsgrundlagen, die keine bestimmte Rechtsform begründet haben. Die ERGEG war kein eigenständiger Akteur, sondern nur ein Vehikel der Kommission zur Koordinierung der nationalen Regulierungsbehörden und zur Unterstützung ihrer Kooperation.[50]

bb. Aufgaben und Kompetenzen

Zentrale Aufgaben der ERGEG waren die Unterstützung und Beratung der Kommission bei der Ausarbeitung von Entwürfen für Rechtsakte zum Elektrizitäts- und Gasbinnenmarkt.[51] Daneben förderte sie die Konsultation, Koordination und Kooperation

[48] *C. Nowak*, Europäisches Kooperationsverwaltungsrecht, in: Terhechte/Leible (Hrsg.), EnzEuR Bd. 3, 2014, § 34 Rn. 31; *J. Haller*, Der Verwaltungsverbund in der Energieregulierung, 2013, S. 137 ff.; so weiterführend auch die *Europäische Kommission*, Mitteilung zur Einleitung des Prozesses der öffentlichen Konsultation zur Umgestaltung des Energiemarktes vom 15.07.2015, KOM (2015), 340 endg., S. 12, 16. Nach der Entschließung des Europäischen Parlaments zu dem Thema „Auf dem Weg zur Umgestaltung des Energiemarktes" (2015/2322(INI)), Nr. 4, 31, 33, dürfte die ACER als europäische Regulierungsagentur kompetenziell gestärkt werden, was im Entwurf der Kommission für ein Viertes Binnenmarktpaket deutlich konkretisiert wird: *Europäische Kommission*, Proposal for a Directive of the European Parliament and of the Council on common rules for the internal market in electricity, 30.11.2016, COM(2016) 864 final, S. 17, Artt. 7–9 Proposal for a Regulation of the European Parliament and of the Council establishing a European Union Agency for the Cooperation of Energy Regulators, 30.11.2016, COM(2016) 863 final, S. 7 f., 11 f., 16 ff., 22.

[49] Beschluss 2003/796/EG der Kommission zur Einsetzung der Gruppe der europäischen Regulierungsbehörden für Elektrizität und Gas vom 11. November 2003, ABl. L Nr. 296 vom 14.11.2003, S. 34; fraglich ist, ob der Beschluss rechtmäßig war, siehe hierzu ausführlich *F. Arndt*, DV 39 (2006), S. 100 (114).

[50] *P. Cameron*, ELR 2005, S. 631 (646); *G. Britz*, DV 2009, Beiheft 8, S. 71 (78).

[51] Art. 1 Abs. 2 Satz 1 Beschluss 2003/796/EG; Art. 1.1 ERGEG Rules of Procedure vom 5. Oktober 2005.

zwischen den nationalen Regulierungsbehörden der einzelnen Mitgliedstaaten untereinander und gegenüber der Kommission.[52] Zur Erfüllung ihrer Aufgaben konnte die ERGEG mit der Zustimmung aller Beteiligten gemeinsame Standpunkte beschließen.[53] Kompetenzen zu verbindlichen Sachentscheidungen existierten nicht.

cc. Strukturen und Prinzipien der Organisation

Organisatorisch setzte sich die ERGEG aus den Leitern der nationalen Regulierungsbehörden oder deren Vertretern sowie einem hochrangigen Vertreter der Kommission zusammen.[54] Intern gliederte sie sich in einen Verwaltungsrat, Arbeitsgruppen und ein Sekretariat. Der Verwaltungsrat bestand aus einem Vorsitzenden und einer Gruppe von zwei bis fünf Beisitzern, die sich aus Leitern der nationalen Regulierungsbehörden zusammensetzte.[55] Fachlich unterstützt wurde der Verwaltungsrat von zwei Hauptarbeitsgruppen zu Strom und Gas, an denen jeweils ein Mitglied der Europäischen Kommission und gegebenenfalls sachverständige Beobachter teilnahmen.[56] Die Arbeitsgruppen waren verpflichtet, Marktteilnehmer zu konsultieren, wodurch auch eine inhaltliche Einbindung der Europäischen Foren für Elektrizitäts- und Gasregulierung geschaffen wurde.[57] Ferner wurden alle administrativen Aufgaben der ERGEG durch ein Sekretariat übernommen, das von der Kommission gestellt wurde.[58] Im Gegenzug musste die ERGEG der Kommission jährlich einen Tätigkeitsbericht „zur Rechenschaft" abgeben, den diese an das Europäische Parlament und den Rat weiterleitete.[59]

dd. Organisationszusammenhänge

Die ERGEG war in einseitige, vertikale Organisationszusammenhänge mit den Europäischen Organen sowie in zweiseitige, horizontale Organisationszusammenhänge mit dem CEER und den nationalen Regulierungsbehörden eingebunden.[60]

---

[52] Art. 1 Abs. 2 Satz 2 Beschluss 2003/796/EG; Art. 1.2 ERGEG Rules of Procedure vom 5. Oktober 2005.

[53] Art. 3 Abs. 5 Beschluss 2003/796/EG.

[54] Art. 2 Abs. 1 und 4 Beschluss 2003/796/EG; Art. 2.1, 2.4 ERGEG Rules of Procedure vom 5. Oktober 2005.

[55] Art. 3.1 European Regulators Group for Electricity and Gas – Rules of Procedure vom 5. Oktober 2005.

[56] Art. 3 Abs. 3 und Abs. 4 Beschluss 2003/796/EG.

[57] Art. 4 Beschluss 2003/796/EG.

[58] Art. 3 Abs. 6 Beschluss 2003/796/EG.

[59] Art. 3 Abs. 8 Beschluss 2003/796/EG.

[60] Art. 1 Abs. 2 Beschluss 2003/796/EG; Art. 1.2 und Art. 1.3 European Regulators Group for Electricity and Gas – Rules of Procedure vom 5. Oktober 2005.

In vertikalen Organisationszusammenhängen wurde der Sachverstand der Europäischen Regulierungsforen einbezogen und mit den Erfahrungen der nationalen Regulierungsbehörden in das Rechtsetzungsverfahren bei Kommission, Europäischem Parlament und Rat eingebracht.[61] Durch horizontale Organisationszusammenhänge wurde die Zusammenarbeit der nationalen Regulierungsbehörden untereinander gefördert.[62]

c. European Network of Transmission System Operators (ENTSO)

Die Europäischen Vereinigungen der Netzbetreiber für Elektrizität und Gas (European Network of Transmission System Operators for Electricity and Gas (ENTSO-E und ENTSO-G)) entstand im Jahre 2005 auf Initiative der Kommission. Das ENTSO bildet einen förmlichen Zusammenschluss der auf freiwilliger Basis agierenden Verbände der European Transmission System Operators und der Union for the Co-ordination of Transmission of Electricity im Elektrizitätsbereich und der Gas Transmission Europe im Gasbereich in zwei gleich strukturierten Akteuren.[63] Es handelt sich um private Verbände von 41 europäischen Übertragungsnetzbetreibern für Elektrizität und 44 Fernleitungsnetzbetreibern für Gas aus 26 Ländern der Europäischen Union sowie acht Mitgliedern bei den Übertragungsnetzbetreibern beziehungsweise vier Beobachtern bei den Fernleitungsnetzbetreibern aus europäischen Staaten, die nicht der Europäischen Union angehören, aber zur Verwirklichung eines einheitlichen europäischen Energiemarktes beitragen.[64] Ziel dieses Zusammenschlusses sind die optimale Verwaltung, der koordinierte Betrieb und die sachgerechte technische Weiterentwicklung der europäischen Übertragungs- und Fernleitungsnetze von Elektrizität und Gas.[65]

---

[61] Art. 1 Abs. 2 Satz 1 Beschluss 2003/796/EG; Art. 1.1 European Regulators Group for Electricity and Gas – Rules of Procedure vom 5. Oktober 2005.

[62] Art. 1 Abs. 2 Satz 2 Beschluss 2003/796/EG; Art. 1.2 European Regulators Group for Electricity and Gas – Rules of Procedure vom 5. Oktober 2005.

[63] *Europäische Kommission*, Mitteilung zu den Aussichten für den Erdgas- und Elektrizitätsbinnenmarkt vom 10.01.2007, KOM (2006), 841 endg., S. 19; was auch in Erwägungsgrund 7 Stromhandelsverordnung 2009 und Erwägungsgrund 16 Gaszugangsverordnung 2009 aufgegriffen wurde.

[64] *S. de Moel/F. Melchior*, in: Roggenkamp/Hammer (Hrsg.), European Energy Law Report VIII (2011), S. 21 (25 ff.).

[65] Artt. 4 Stromhandelsverordnung 2009 und Gaszugangsverordnung 2009; Art. 4.1 ENTSO-E Articles of Association vom 30.9.2014; so weiterführend auch die *Europäische Kommission*, Mitteilung zur Einleitung des Prozesses der öffentlichen Konsultation zur Umgestaltung des Energiemarktes vom 15.07.2015, KOM (2015), 340 endg., S. 11, 16., was sich im Entwurf der Kommission für einen Europäischen Übertragungsnetzbetreiber parallel zu den ENTSOs („EU-TSO“) im Vierten Energiebinnenmarktpaket niederschlagen dürfte.

aa. Rechtsgrundlagen und Rechtsform

Die Rechtsgrundlagen der ENTSOs enthalten die Articles of Association und die Rules of Procedure.[66] Sie bestimmen die Rechtsform des Europäischen Netzwerks der Übertragungsnetzbetreiber für Elektrizität und Gas als eine internationale Vereinigung ohne Gewinnerzielungsabsicht in der belgischen Form einer AISBL. Dabei handelte es sich um eine *Association international sans but lucratif*, was in Deutschland mit einer Internationalen Vereinigung ohne Gewinnerzielungsabsicht gleichzusetzen ist.

bb. Aufgaben und Kompetenzen

Die Aufgaben der ENTSOs wurden durch das Dritte Energiebinnenmarktpaket verrechtlicht. Demnach kommen ihnen vier zentrale Aufgaben zu: Zuerst vertreten die ENTSOs die Interessen der Netzbetreiber bei den Europäischen Regulierungsforen, bei der ACER und der Kommission.[67] Zweitens können die ENTSOs Netzkodizes zu den Rahmenleitlinien der ACER entwerfen und einen nichtbindenden unionsweiten zehnjährigen Netzentwicklungsplan entwickeln.[68] Drittens kontrollieren die ENTSOs die Vereinbarkeit der Umsetzungsmaßnahmen mit den Netzkodizes und überwachen die Netzentwicklung in den Mitgliedstaaten der Europäischen Union.[69] Hier ist im Einzelfall eine Kompetenz zur Durchsetzung angelegt, doch wie die Organe der ENTSOs die Vereinbarkeit der Umsetzungsmaßnahmen mit den Netzkodizes herstellen, wird nicht weiter geregelt.[70] Viertens geben sie Empfehlungen zur Koordinierung der technischen Zusammenarbeit mit Drittstaaten.[71]

---

[66] European Network of Transmission System Operators for Electricity – Articles of Association vom 30.09.2014 (online verfügbar, zuletzt abgerufen am 01.12.2017 unter https://www.entsoe.eu/Documents/General%20ENTSO-E%20documents/General%20ENTSO-E%20documents/140930_Articles_of_Association.pdf) ergänzt durch die European Network of Transmission System Operators Electricity– Internal Regulations vom 30.09.2015; European Network of Transmission System Operators for Gas – Articles of Association vom 22.10.2014 (online verfügbar, zuletzt abgerufen am 01.12.2017 unter https://www.entsog.eu/public/uploads/files/publications/Balancing/2010/LGT0207_1410207_Amendments%20to%20ENTSOG's%20AoA_EN_GA221014_clean.pdf) ergänzt durch die Rules of Procedure of the European Network of Transmission System Operators for Gas (online verfügbar, zuletzt abgerufen am 01.12.2017 unter http://www.entsog.eu/public/uploads/files/publications/Statutes/2012/LGT0105-12_Rev_1_23%2011%202012_ENTSOG_RoP_Amendment_GA%28131212%29clean.pdf).

[67] Art. 4 Abs. 2 lit. b), d) ENTSO-E Articles of Association vom 30.09.2014; Art. 4 Abs. 3, 4, 5 lit. b) ENTSO-G Articles of Association vom 22.10.2014.

[68] Art. 4 Abs. 1 ENTSO-E Articles of Association vom 30.09.2014; Art. 4 Abs. 1 ENTSO-G Articles of Association vom 22.10.2014.

[69] Artt. 4 Abs. 2 lit. d), e) ENTSO-E Articles of Association vom 30.09.2014; Art. 4 Abs. 6 ENTSO-G Articles of Association vom 22.10.2014.

[70] Ergibt sich aus Monitoring Report of Regulation No. 984/2013 (online verfügbar, zuletzt abgerufen am 01.12.2017 unter https://www.entsog.eu/public/uploads/files/publications/Implementation%20Monitoring/2017/l_entsog_IMR_cam_2016_03.pdf); Monitoring Report of Congestion Management Procedures (online verfügbar, zuletzt abgerufen am 01.12.2017 unter https://www.entsog.eu/public/uploads/files/publications/Implementation%20Monitoring/2017/ENTSOG_IMR_CMP_2016_web.pdf).

[71] Artt. 8 Stromhandelsverordnung 2009 und Gaszugangsverordnung 2009.

cc. Strukturen und Prinzipien der Organisation

Organisationsintern gliedert sich ENTSO-G in eine Versammlung und einen Rat.[72] Dagegen gliedert sich ENTSO-E in eine Versammlung, einen Rat, Komitees, eine Rechts- und Regulierungsgruppe sowie in Regionale Gruppen.[73]

Die Versammlung umfasst alle Mitglieder, assoziierten Mitglieder und beobachtenden Mitglieder, die insbesondere über die Einrichtung und Auflösung von Komitees und Gruppen sowie über die Besetzung und Absetzung von Vorsitzenden dieser Einheiten entscheiden.[74] Darüber hinaus trifft die Versammlung alle Beschlüsse von ENTSO, soweit die Kompetenz nicht ausdrücklich anderen Einrichtungen zugewiesen wurde.[75]

Dagegen setzt sich der Rat bei ENTSO-E aus elf Mitgliedern und einem Vorsitzenden, aus drei bis zwölf Mitgliedern und einem Vorsitzenden bei ENTSO-G zusammen, die jeweils von der Versammlung gewählt werden, um unter anderem die Arbeit der Komitees und Gruppen zu koordinieren, eventuell differierende Standpunkte zu schlichten, Arbeitsprogramme zu entwerfen und Positionspapiere zu beschließen.[76]

Komitees werden für die Netzentwicklung, den Netzbetrieb, den Markt sowie für Forschung und Entwicklung eingesetzt,[77] um insbesondere Netzkodizes und Zehn-Jahres-Netzentwicklungspläne zu verabschieden, um die Arbeit des Rates durch Positionspapiere zu unterstützen und die Arbeit der Regionalen Gruppen zu koordinieren.[78] Sie erfüllen die inhaltliche Arbeit für die Versammlung und den Rat.

Regionale Gruppen werden unterstützend gegründet, um Detailregeln und Verfahren sowie regionale Netzkodizes für die Kooperation von Übertragungsnetzbetreibern zu entwickeln.[79] Die Gründung regionaler Initiativen im Elektrizitätsbereich wurde durch das Dritte Energiebinnenmarktpaket unter dem Dach von ENTSO-E verrechtlicht.[80]

---

[72] Art. 10, 11, 22 ENTSO-G Articles of Association vom 22.10.2014.

[73] Art. 14 ENTSO-E Articles of Association vom 30.09.2014.

[74] Artt. 15.1 und 15.2 ENTSO-E Articles of Association vom 30.09.2014; Artt. 11.1, 11.2, 11.3 ENTSO-G Articles of Association vom 22.10.2014.

[75] *S. de Moel/F. Melchior*, in: Roggenkamp/Hammer (Hrsg.), European Energy Law Report VIII (2011), S. 21 (30).

[76] Art. 16.6 lit. a), b), e), q) ENTSO-E Articles of Association vom 30.09.2014; Art. 22.1 ENTSO-G Articles of Association vom 22.10.2014.

[77] Art. 18 ENTSO-E Articles of Association vom 30.09.2014; detailliert in Art. 33 ENTSO-E Internal Regulations vom 30.09.2014; Art. 35 ENTSO-G Articles of Association vom 22.10.2014; detailliert in Artt. 19, 20 ENTSO-G Internal Regulations vom 13.12.2012.

[78] Art. 18.5 lit. b), c), d), h) j) ENTSO-E Articles of Association vom 30.09.2014.

[79] Art. 20.1 und Art. 20.2 lit. c), d) ENTSO-E Articles of Association vom 30.09.2014; hierzu wurden unter den Einzelnen Komitees regionale Gruppen gegründet, siehe Art. 36.2 lit. a), b), c) ENTSO-E Internal Regulations vom 30.09.2014.

[80] Artt. 6 Elektrizitäts-Richtlinie 2009 und Art. 7 Gas-Richtlinie 2009.

Die Rechts- und Regulierungsgruppe berät die Versammlung, den Rat und die Komitees von ENTSO-E auf Anfrage und auf eigene Initiative in rechtlichen und ökonomischen Fragen zur Positionierung bei der Entwicklung des Regulierungsrahmens.[81]

Die Entscheidungen in den Organen erfolgen nach dem Kollegialprinzip: In der Versammlung sollten Beschlüsse einvernehmlich erfolgen.[82] Wenn das nicht möglich ist, grundsätzlich mit einfacher Mehrheit,[83] außer wenn ausnahmsweise eine qualifizierte Mehrheit (wie bei Netzkodizes oder Zehn-Jahres-Netzentwicklungsplänen) erforderlich ist.[84] Eine qualifizierte Mehrheit wird doppelt proportional berechnet,[85] wonach jeder Netzbetreiber eine Stimme hat, die wieder nach der Bevölkerung des jeweiligen Mitgliedstaates gewichtet wird. Daraus folgt, dass für Entscheidungen mit qualifizierter Mehrheit 60 Prozent der kombinierten Stimmen der anwesenden Mitglieder der ENTSOs erforderlich sind.[86] In diesem Verfahren erhält die Bundesrepublik Deutschland über die ENTSOs einen großen Einfluss, da vier Netzbetreiber jeweils eine Stimme haben, die mit der Bevölkerungssumme ihrer Netzgebiete gewichtet wird.

Beschlüsse des Rates sollten einvernehmlich erfolgen. Wenn das nicht möglich ist, ist bei ENTSO-E eine einfache Mehrheit ausreichend,[87] während ENTSO-G eine Zweidrittelmehrheit fordert.[88] Die Gründe für diesen Unterschied liegen in den Netzbesonderheiten. Beschlüsse der Komitees sollten einvernehmlich gefasst werden, doch wenn das nicht möglich ist, ist eine Zweidrittelmehrheit der anwesenden Mitglieder erforderlich.[89] Das Kollegialprinzip wird in den Organen der ENTSOs unterschiedlich ausgestaltet, was sich auf die jeweiligen Besonderheiten bei den Übertragungs- und Fernleitungsnetzbetreibern zurückführen lässt.

dd. Organisationszusammenhänge

Die ENTSOs als Vereinigung der Netzbetreiber sind in Organisationszusammenhänge mit den Regulierungsbehörden auf nationaler und unionaler Ebene eingebunden. Die Kommission und die Agentur für die Zusammenarbeit der Energieregulierungsbehörden haben einen Mangel an Experten und leiden unter einem Informationsdefizit in Bezug auf den technischen Netzzustand und die ökonomischen Anforderungen an das Netz. Dieses Informationsdefizit soll von den ENTSOs ausglichen werden.

---

[81] Art. 19.4 ENTSO-E Articles of Association vom 30.09.2014.

[82] Art. 15. 7 ENTSO-E Articles of Association vom 30.09.2014.

[83] Art. 15.7 lit. a) ENTSO-E Articles of Association vom 30.09.2014.

[84] Art. 15.7 lit. b) ENTSO-E Articles of Association vom 30.09.2014.

[85] Art. 15.6 ENTSO-E Articles of Association vom 30.09.2014; Artt. 17.1, 17.2, 17.3, 17.4 ENTSO-G Articles of Association vom 22.10.2014.

[86] *S. de Moel/F. Melchior*, in: Roggenkamp/Hammer (Hrsg.), European Energy Law Report VIII (2011), S. 21 (31, 35).

[87] Art. 16.9 ENTSO-E Articles of Association vom 30.09.2014.

[88] Art. 29.1 ENTSO-G Articles of Association vom 22.10.2014.

[89] Art. 18.8 ENTSO-E Articles of Association vom 30.09.2014.

Die ENTSOs nehmen Aufgaben im Bereich der Netzregulierung mit Kompetenzen im horizontalen Organisationszusammenhang wahr. Zunächst verkörpert das ENTSO einen zweiseitigen, horizontalen Organisationszusammenhang mit anderen, nationalen Übertragungsnetzbetreibern. Das ist die Grundlage für die Einbindung der ENTSOs in einen weiteren horizontalen, zweiseitigen Organisationszusammenhang mit der ACER, die Rahmenleitlinien vorschlägt, aus denen die ENTSOs wiederum Netzkodizes entwerfen. Eine Einbindung der ENTSOs in einseitige, vertikale Organisationszusammenhänge ist nicht vorgesehen, da die Annahme von Netzkodizes allein durch die Kommission erfolgt, wo die ENTSOs rechtlich nicht mitentscheiden können.

3. Regulierungsakteure mit formal kodifizierten Rechtsgrundlagen im unionalen Rechtsetzungsverfahren

Im Zentrum der Regulierung des Europäischen Binnenmarktes stehen die primärrechtlich geschaffenen Organe (a.) und die sekundärrechtlich gegründeten Einrichtungen (b.) der Europäischen Union, deren Rechtsgrundlagen in den Europäischen Verträgen sowie fachspezifischen Richtlinien und Verordnungen liegen.

a. Europäische Kommission

Die Europäische Kommission tritt als Organ der Europäischen Union im europäischen Energiebinnenmarkt sowohl im Rechtsetzungsverfahren im Zusammenspiel mit dem Europäischen Parlament und dem Rat als auch als Verwaltungsbehörde auf.

aa. Rechtsgrundlagen und Rechtsform

Die Rechtsgrundlagen für das Handeln der Kommission finden sich in den Europäischen Verträgen in Art. 17 EUV, die durch allgemeine Regeln in der Geschäftsordnung der Kommission[90] sowie sachspezifische Regeln in den Richtlinien und Verordnungen zur Regulierung des Binnenmarktes für Energie ergänzt werden. Demnach ist die Kommission gemäß Art. 13 EUV ein Organ der Europäischen Union, dessen Rechtspersönlichkeit sowohl Rechts- als auch Handlungsfähigkeit zukommt.

bb. Aufgaben und Kompetenzen

Die Aufgaben der Kommission als „Hüterin der Verträge“[91] reichen von der Normierung (i.) über die Durchführung (ii.) bis zur Aufsicht über die Wahrung (iii.) des Unionsrechts.

---

[90] Die Geschäftsordnung der Europäischen Kommission ABl. L Nr. 308 vom 08.12.2000, S. 26.

[91] *A. Hatje*, in: Schwarze (Hrsg.), EU-Kommentar, 3. Aufl. 2012, Art. 13 EUV Rn. 15.

i) Normierungsaufgaben und -kompetenzen

Die Kommission wird als Exekutive der Europäischen Union an der Rechtsetzung durch das Europäische Parlament und den Rat beteiligt und zur Entlastung der rechtsetzenden Organe zum Erlass von Durchführungsrechtsakten ermächtigt.

Besondere Bedeutung kommt der Kommission im Rechtsetzungsverfahren zu.[92] Zentrale Aufgaben der Kommission sind gemäß Art. 289 AEUV die Vorbereitung und Einbringung von Gesetzgebungsvorschlägen. Dabei kann die Kommission mithilfe des Unterbaus der Generaldirektionen und Dienststellen über die Ausarbeitung von Gesetzgebungsvorschlägen großen Einfluss auf die Programmierung von Rechtsakten nehmen.[93] In den Generaldirektionen werden Gesetzesinitiativen als Entwürfe für Richtlinien oder Verordnungen vorbereitet. Dann beschließt die Kommission über einen Entwurf im Kollegium und leitet den Gesetzgebungsvorschlag an das Europäische Parlament und den Rat sowie, soweit vertraglich vorgesehen, den Europäischen Wirtschafts- und Sozialausschuss und den Ausschuss der Regionen weiter.[94] Im europäischen Rechtsetzungsverfahren nach Art. 294 AEUV werden auch Richtlinien und Verordnungen zur Regulierung des europäischen Energiebinnenmarktes erlassen. So kann die Kommission insbesondere die Arbeit der ACER beeinflussen und deren Aufgaben ausweiten, sofern keine neuen Entscheidungsbefugnisse übertragen werden.[95]

Mit dem Dritten Energiebinnenmarktpaket werden die Normierungskompetenzen der Kommission mit der Ermächtigung zum Erlass abstrakt-genereller Regelungen für alle „Einzelheiten der Regulierung"[96] ausgeweitet.[97] Die Kommission selbst kann damit aufgrund der Delegation von Aufgaben durch das Europäische Parlament und den Rat durch Leitlinien zur Konkretisierung des Sekundärrechts rechtsetzend tätig werden.[98]

Mit der Elektrizitäts- und Gas-Richtlinie von 2009 erhält die Kommission insgesamt zwölf[99] Kompetenzen zum Erlass von Leitlinien insbesondere für die regionale Kooperation auf dem Erdgasmarkt zur Gewährleistung der Versorgungssicherheit,[100]

---

[92] Art. 17 Abs. 2 Satz 1 EUV; Art. 17 Abs. 8 Satz 2 EUV in Verbindung mit Art. 234 AEUV.

[93] *A. Hatje/S. von Förster*, Organordnung der Europäischen Union, in: Hatje/Müller-Graff (Hrsg.), EnzEuR Bd. 1, 2014, § 10 Rn. 144.

[94] Art. 294 Abs. 2 AEUV; Artt. 300 ff., Art. 305 ff. AEUV; ausführlich hierzu *A. Hatje/S. von Förster*, Organordnung der Europäischen Union, in: Hatje/Müller-Graff (Hrsg.), EnzEuR Bd. 1, 2014, § 10 Rn. 191 ff., 194 ff.

[95] Art. 9 Abs. 2 Ua.2 ACER-Verordnung.

[96] Art. 18 Abs. 5 Stromhandelsverordnung 2009, Art. 23 Abs. 2 Gaszugangsverordnung 2009.

[97] *M. Ludwigs*, Regulative Teilkompetenzen der EU-Kommission, in: Baur/Salje/Schmidt-Preuß (Hrsg.), Regulierung in der Energiewirtschaft, 2. Aufl. 2016, § 31 Rn. 6 ff.; *J. Gundel*, Europäisches Energieverwaltungsrecht, in: Terhechte (Hrsg.), Verwaltungsrecht der EU, 2011, § 23 Rn. 26; *K. F. Gärditz*, AöR 135 (2010), S. 251 (267).

[98] Art. 42 Elektrizitäts-Richtlinie 2009, Art. 7 Abs. 5 Stromhandelsverordnung 2009; Art. 36 (§ 28 a EnWG), Art. 46 Abs. 1 Gas-Richtlinie 2009.

[99] Artt. 11 Abs. 10; 14 Abs. 3; 38 Abs. 5; 39 Abs. 9; 40 Abs. 4 Elektrizitäts-Richtlinie 2009; Artt. 6 Abs. 4; 11 Abs. 10; 15 Abs. 3; 36 Abs. 10; 42 Abs. 5; 43 Abs. 9; 44 Abs. 4 Gas-Richtlinie 2009.

[100] Art. 6 Abs. 4 Gas-Richtlinie 2009.

für die Zertifizierung von Elektrizitätsübertragungs- und Gasfernleitungsnetzbetreibern aus Drittländern,[101] zur Entflechtung der Übertragungsnetzbetreiber sowie der Fernleitungsnetzeigentümer und Speicheranlagenbetreiber,[102] zur Ausnahme von Bestimmungen des Netzzugangs für neue Gasinfrastrukturen[103] sowie zur Zusammenarbeit der nationalen Regulierungsbehörden untereinander und mit der ACER.[104]

In den Verordnungen wird die Kommission in 17 Fällen zum Erlass von Leitlinien für den Elektrizitäts- und Gassektor insbesondere zur Zertifizierung von Elektrizitätsübertragungsnetzbetreibern und Gasfernleitungsnetzbetreibern,[105] zu Netzkodizes,[106] zum Ausgleichsmechanismus zwischen Übertragungsnetzbetreibern,[107] zu den Bedingungen für die Erteilung von Ausnahmegenehmigungen für neue Verbindungsleitungen,[108] zur Harmonisierung der nationalen Preissysteme,[109] zu Regeln für den Stromhandel,[110] zu Investitionsanreizen im Strombereich,[111] zu den Tarifberechnungsmethoden beim grenzüberschreitenden Gashandel[112] sowie zu Kapazitätszuweisungsmechanismen und Engpassmanagementverfahren[113] bei vertraglich bedingten Engpässen ermächtigt.

Außerdem wird die Kommission zum Erlass von Leitlinien zur Regelung der Integrität und Transparenz des Energiegroßhandelsmarktes[114] nach dem Komitologiebeschluss von 2011[115] und zum Erlass von Leitlinien für die transeuropäische Energieinfrastruktur[116] nach den Regelungen des Art. 291 AEUV ermächtigt. Ferner kann die Kommission in Leitlinien festlegen, unter welchen Voraussetzungen die ACER über die Modalitäten für den Zugang zu grenzüberschreitenden Strukturen entscheidet.[117]

---

[101] Artt. 11 Abs. 10 Elektrizitäts-Richtlinie 2009 und Gas-Richtlinie 2009.

[102] Art. 14 Abs. 3 Elektrizitäts-Richtlinie 2009; Art. 15 Abs. 3 Gas-Richtlinie 2009.

[103] Art. 36 Abs. 10 Gas-Richtlinie 2009.

[104] Art. 38 Abs. 5 Elektrizitäts-Richtlinie 2009; Art. 42 Abs. 5 Gas-Richtlinie 2009.

[105] Artt. 3 Abs. 5 Stromhandelsverordnung 2009 und Gaszugangsverordnung 2009.

[106] Art. 6 Abs. 5 Stromhandelsverordnung 2009; Art. 6 Abs. 12 Gaszugangsverordnung.

[107] Art. 13 Abs. 3 Stromhandelsverordnung 2009.

[108] Art. 17 Abs. 9 Stromhandelsverordnung 2009.

[109] Art. 18 Abs. 2 Stromhandelsverordnung 2009.

[110] Art. 18 Abs. 3 lit. b) Stromhandelsverordnung 2009.

[111] Art. 18 Abs. 3 lit. c) Stromhandelsverordnung 2009.

[112] Art. 23 Abs. 1 lit. d) Gaszugangsverordnung 2009.

[113] Art. 18 Abs. 5 Stromhandelsverordnung 2009; Art. 23 Abs. 1 lit. b) Gaszugangsverordnung 2009.

[114] Art. 20 Abs. 1 REMIT Verordnung.

[115] Art. 21 REMIT Verordnung.

[116] Erwägungsgrund 18 und Art. 3 Abs. 4 in Verbindung mit Art. 16 TEN-E Verordnung (EU) Nr. 347/2013; ausführend hierzu *M. Appel*, ER 2017, S. 98 ff.

[117] Erwägungsgrund 27 und Art. 8 Abs. 4 ACER-Verordnung.

Die Bestimmungen des AEUV ermöglichen die Ausarbeitung und Änderung von Leitlinien ohne ein Komitologieverfahren. Hierdurch wird der Kommission die Möglichkeit eröffnet, im Wege normativer Steuerung unmittelbar auf die Vollzugstätigkeit nationaler Behörden einzuwirken und nationale Sachverhalte zu beeinflussen.[118]

ii) Durchführungsaufgaben und -kompetenzen

Die Aufgaben der Kommission reichen über die Programmierung von Richtlinien und Verordnungen und die Normierung von Leitlinien hinaus. Ausnahmsweise kann die Kommission in bestimmten Bereichen selbst Unionsrecht vollziehen. Die Kommission nimmt damit die Rolle der Exekutive in der Gewaltenteilung der Europäischen Union wahr. Daraus folgen für die Kommission drei Kompetenzen zur Regulierung des Energiebinnenmarktes: Vetorechte, Gestaltungs- und Entscheidungskompetenzen.

Die Kommission besitzt Vetorechte gegen Entscheidungen nationaler Regulierungsbehörden.[119] Durch diese Vetorechte kann die Kommission auf die Vollzugstätigkeit der nationalen Regulierungsbehörden und der ACER bezüglich des Erlasses bestimmter Einzelmaßnahmen einwirken. Hierzu gehören insbesondere Verfahren zur Einhaltung der Leitlinien, in denen die Kommission gegenüber kollidierenden Entscheidungen der nationalen Regulierungsbehörden ein Veto einlegen kann.[120] Im Einzelnen wird die Kommission – korrespondierend mit der Möglichkeit eines Vetos – zur Zustimmung zur mitgliedstaatlichen Benennung eines unabhängigen Netzbetreibers (ISO) ermächtigt.[121] Daneben werden existierende Vetorechte der Kommission durch das Dritte Legislativpaket für den Binnenmarkt bei der Gewährung von Ausnahmen für große Gasinfrastrukturen beziehungsweise für neue Stromverbindungsleitungen verschärft,[122] wodurch die Mitgliedstaaten keine Überprüfung der Entscheidung der Kommission mehr im Komitologieverfahren herbeiführen können.

Zweitens erhält die Kommission außerbehördliche Gestaltungskompetenzen. Sie nimmt auf die Zusammensetzung der Organe der ACER Einfluss, womit deutlich wird, dass diese eindeutig einen Verwaltungsunterbau der Kommission und keine unabhängige Regulierungsinstanz darstellt. Die Kommission ernennt zwei von neun

118 *M. Ludwigs*, Regulative Teilkompetenzen der EU-Kommission, in: Baur/Salje/Schmidt-Preuß (Hrsg.), Regulierung in der Energiewirtschaft, 2. Aufl. 2016, § 31 Rn. 42; *G. Britz*, EuR 2006, S. 46 (47 f.).

119 *M. Ludwigs*, Regulative Teilkompetenzen der EU-Kommission, in: Baur/Salje/Schmidt-Preuß (Hrsg.), Regulierung in der Energiewirtschaft, 2. Aufl. 2016, § 31 Rn. 15 ff.

120 Art. 39 Elektrizitäts-Richtlinie 2009 beziehungsweise Art. 43 Gas-Richtlinie 2009.

121 Art. 13 Abs. 1 Satz 2 Elektrizitäts-Richtlinie 2009 beziehungsweise Art. 14 Abs. 1 Satz 2 Gas-Richtlinie 2009.

122 Art. 42 Satz 3 Elektrizitäts-Richtlinie 2009 beziehungsweise Art. 46 Abs. 3 Gas-Richtlinie 2009; Art. 36 Abs. 9 Gas-Richtlinie 2009; Art. 48 Abs. 2 Gas-Richtlinie 2009; Art. 17 Abs. 8 Stromhandelsverordnung 2009.

Mitgliedern des Verwaltungsrates,[123] stellt ein nichtstimmberechtigtes Mitglied des Regulierungsrates[124] und nimmt Einfluss auf die Ernennung des Direktors, indem sie dem Regulierungsrat mindestens drei Kandidaten zur Wahl vorschlägt.[125] Hinzu kommen Einzelfallkompetenzen vor allem in Bezug auf die Aufstellung und Ausführung des Haushaltsplans der ACER.[126]

Drittens kommen der Kommission noch eher periphere Entscheidungskompetenzen zu: Im Bereich des Engpassmanagements kann die Kommission über die Höhe der zu leistenden Ausgleichszahlungen entscheiden,[127] die die Übertragungsnetzbetreiber wegen der Kosten erhalten, die durch grenzüberschreitende Stromflüsse über ihre Netze entstehen. Über Ausnahmen von den Marktöffnungsvorschriften für kleine, isolierte Netze im Strombereich beziehungsweise für entstehende isolierte Märkte im Gasbereich kann die Kommission auf Antrag der Mitgliedstaaten entscheiden.[128]

iii) Kontrollaufgaben und -kompetenzen

Zu den Aufgaben der Europäischen Kommission gehört auch eine weitreichende Aufsicht. Das bedeutet zunächst, dass die Kommission die ACER als Einrichtung der Europäischen Union und als ihren eigenen Verwaltungsunterbau in der Energieregulierung beaufsichtigt. Sie kann die Agentur auffordern, gewährte Ausnahmen im Rahmen der wenigen Einzelfallentscheidungen der ACER zu widerrufen oder zu ändern.[129]

Darüber hinaus rückt die Kommission zusammen mit der ACER in eine Aufsichtsstellung ein, die sich auf jede nationale Entscheidung erstrecken kann, auch wenn diese nicht den grenzüberschreitenden Energiehandel betrifft.[130] Die Kommission erhält die Kompetenz, die Vollziehung der von ihr erlassenen Leitlinien durch die nationalen Regulierungsbehörden unter Einbeziehung von ACER zu beaufsichtigen und bei Nichtkonformität der Entscheidung ein Beanstandungsverfahren einzuleiten, um eine Änderung oder einen Widerruf der nationalen Entscheidung zu fordern.[131] Außerdem kann die Kommission unrechtmäßige Handlungen oder

[123] Art. 12 Abs. 1 Satz 2 ACER-Verordnung.

[124] Art. 14 Abs. 1 UAbs. 1 lit. b) ACER-Verordnung.

[125] Art. 18 Abs. 2 ACER-Verordnung.

[126] Artt. 13 Abs. 8; Art. 16 Abs. 3, 4; Art. 22 Abs. 2; Artt. 23, 24, 25; Art. 28 Abs. 2 ACER-Verordnung 2009.

[127] Art. 13 Abs. 1 Stromhandelsverordnung 2009.

[128] Art. 44 Abs. 1 Elektrizitäts-Richtlinie 2009 und Art. 49 Abs. 5 Gas-Richtlinie 2009.

[129] Art. 36 Abs. 9 Gas-Richtlinie 2009.

[130] *W. Weiß*, Der Europäische Regulierungsverbund im Energierecht, in: Baur/Salje/Schmidt-Preuß (Hrsg.), Regulierung in der Energiewirtschaft, 2. Aufl. 2016, § 32 Rn. 24, 29 f.; kritisch: *J. Kühling/G. Hermeier*, IR 2008, S. 98 (100).

[131] Art. 39 Elektrizitäts-Richtlinie 2009 beziehungsweise Art. 43 Gas-Richtlinie 2009.

Unterlassungen über die Beantragung eines Vertragsverletzungsverfahrens gemäß Art. 258 AEUV durch das Europäische Gericht und den Europäischen Gerichtshof sanktionieren.

cc. Strukturen und Prinzipien der Organisation

Organisatorisch setzt sich die Kommission aus je einem Vertreter der 28 Mitgliedstaaten auf Ministerebene zusammen, der befugt ist, für die Regierung des von ihm vertretenen Mitgliedstaates verbindlich zu handeln und das Stimmrecht auszuüben.[132] Es handelt sich um Kommissare, die von den Regierungen der Mitgliedstaaten nominiert und vom Europäischen Parlament bestätigt werden. Hierdurch wird eine organisatorisch-personelle demokratische Legitimation der Kommission hergestellt.

Unterstützt wird die Kommission durch aktuell 33 Generaldirektionen und elf Dienststellen. Relevant für die Regulierung des Energiebinnenmarktes ist die Generaldirektion Energie, die durch einen Europäischen Kommissar für Energie vertreten wird. Dahinter steht ein Behördenapparat, der fünf Direktorate mit aktuell 17 Referaten umfasst.[133] Besonderer Einfluss auf den Vollzug durch die Kommission kommt dem Direktorat für den Energiebinnenmarkt mit vier Arbeitsgruppen zu, deren Arbeit sich auf Netze, Großhandelsmärkte für Elektrizität und Gas, Endkundenmärkte für Kohle und Öl sowie die Versorgungssicherheit konzentriert.

Entscheidungen der Kommission werden kollegial getroffen.[134] Das Kollegialprinzip beruht auf der Gleichheit der Mitglieder der Kommission bei der Mitwirkung an den Entscheidungen und Beschlüssen.[135] Die Mitglieder treffen die Entscheidungen und Beschlüsse aufgrund mündlicher Beratung oder schriftlichem Umlauf wenn möglich im Einvernehmen.[136] Sofern kein Einvernehmen möglich ist, entscheidet die Kommission mit der Mehrheit ihrer Mitglieder.[137] Entscheidungsprozesse in den Generaldirektionen folgen den Regelungen der Geschäftsordnung der Kommission. Das heißt, dass auch die Generaldirektionen mit ihren Direktoraten und Arbeitsgruppen als Kollegialgremien organisiert sind, die wenn möglich einstimmig oder sofern kein Einvernehmen gefunden werden kann, mit der Mehrheit ihrer Mitglieder entscheiden.[138]

---

[132] Art. 16 Abs. 2 EUV.

[133] Direktorat A: Energiepolitik; Direktorat B: Energiebinnenmarkt; Direktorat C: Erneuerbare Energien, Forschung, Innovation, Energieeffizienz; Direktorat D: Atomenergie; Direktorat E: EURATOM Schutzmaßnahmen sowie ein geteiltes Direktorat mit Querschnittaufgaben der Generaldirektionen Energie/Mobilität und Transport.

[134] Art. 17 Abs. 6 EUV.

[135] Das Verfahren wird in Art. 250 AEUV geregelt. Die Einzelheiten zur Abstimmung bestimmt die Geschäftsordnung der Europäischen Kommission, ABl. L Nr. 308 vom 08.12.2000, S. 26.

[136] Die Geschäftsordnung der Europäischen Kommission ABl. L Nr. 308 vom 08.12.2000, S. 26.

[137] Die Geschäftsordnung der Europäischen Kommission ABl. L Nr. 308 vom 08.12.2000, S. 26.

[138] *A. Hatje/S. von Förster*, Organordnung der Europäischen Union, in: Hatje/Müller-Graff (Hrsg.), EnzEuR Bd. 1, 2014, § 10 Rn. 156.

dd. Organisationszusammenhänge

Die Kommission steht in verschiedenen Organisationszusammenhängen. Intern steht sie in zweiseitigen, horizontalen Organisationszusammenhängen unter den Generaldirektionen und in einseitigen, vertikalen Organisationszusammenhängen zu den jeweiligen Direktoraten und Arbeitsgruppen, die Informationen austauschen und Einfluss auf die Beschlüsse der Kommission nehmen.

Zur Erfüllung der Normierungsaufgaben bestehen einseitige, vertikale Organisationszusammenhänge zwischen der Kommission und dem Europäischen Parlament und dem Rat im Rahmen des Rechtsetzungsverfahrens, das durch Vorschläge der Kommission initiiert wird. Beim Erlass von Leitlinien steht die Kommission in einseitigen, vertikalen Organisationszusammenhängen zu den Europäischen Foren für Elektrizitäts- und Gasregulierung, zum CEER, zur ACER und zu den ENTSOs sowie zu den nationalen Regulierungsbehörden, deren Empfehlungen und Stellungnahmen sie einfordern und anhören kann, ehe sie zunehmend ohne Komitologie Leitlinien erlässt.

Im Rahmen der Durchführungsaufgaben bestehen einseitige, vertikale Organisationszusammenhänge zwischen der Kommission und der ACER, indem die Kommission ihre Zustimmung zu Einzelfallentscheidungen der ACER erteilen kann und die ACER der Kommission abgestimmte Netzkodizes zur Annahme vorlegen muss. Ferner kann die Kommission maßgeblichen Einfluss auf die Zusammensetzung und die Entscheidungen der ACER nehmen, was deren Stellung als Verwaltungsunterbau bestätigt.

b. Agency for the Cooperation of Energy Regulators (ACER)

Im Zuge des Dritten Energiebinnenmarktpaketes wurde im Jahre 2009 die Gründung der Agentur für die Zusammenarbeit der Energieregulierungsbehörden (ACER) beschlossen. Die Kommission hatte bemerkt, dass die Zusammenarbeit der nationalen Regulierungsbehörden im Rahmen des selbständigen und von der Kommission unabhängigen CEER gut funktionierte, weshalb mit der ACER eine Agentur zur Unterstützung und Beratung der Kommission sowie der Mitgliedstaaten gegründet wurde. Sie sollte einen Einfluss der Kommission auf die nationalen Regulierungsbehörden eröffnen. Zugleich wurde die bestehende ERGEG aufgelöst.[139]

Mit der Gründung von ACER wurde keine europäische Energieregulierungsbehörde, sondern nur ein formeller Rahmen zur Koordination der nationalen Energieregulierungsbehörden im Verwaltungsverbund geschaffen. In diesen werden Teile der Arbeit der Kommission ausgelagert, was zu einer Vernetzung europäischer und nationaler Behörden führt, die gemeinsam mit der Kommission durch Beratung und Koordinierung vor allem Hemmnisse der nationalen Regulierungsbehörden im grenzüberschreitenden Energiehandel beseitigen und zur Harmonisierung des Energiebinnenmarktes beitragen sollen.[140]

---

[139] Erwägungsgrund 2, 3, 4 und 5 ACER-Verordnung.

[140] Erwägungsgrund 6, 7, 8 und 11; Art. 1 Abs. 2, Art. 7 Abs. 3, Art. 8 Abs. 1 ACER-Verordnung.

aa. Rechtsgrundlagen und Rechtsform

Die Verordnung (EG) Nr. 713/2009 zur Gründung einer Agentur für die Zusammenarbeit der Energieregulierungsbehörden[141] ist die Rechtsgrundlage der ACER. Ergänzende Rechtsgrundlagen finden sich in den Verfahrensregeln der einzelnen Organe.[142]

Die Verordnung bestimmt die Rechtsform der ACER als Agentur. Die Rechtsform der Agentur ist eine von den Organen der Europäischen Union getrennte Einrichtung des europäischen öffentlichen Rechts mit eigener Rechtspersönlichkeit.[143] Unter europäischen Agenturen lassen sich *Exekutivagenturen*, die von der Kommission im Komitologieverfahren eingesetzt werden,[144] und *Regulierungsagenturen*, die durch einen besonderen Rechtsakt des Europäischen Parlaments und des Rates eingesetzt werden,[145] unterscheiden.[146] Exekutivagenturen verwalten Unionsprogramme am Arbeitsort der Kommission, während Regulierungsagenturen die Kommission vom operativen Verwalten bestimmter Sachbereiche entlasten, indem sie selbständig und dezentral Exekutivaufgaben nach außen vollziehen.[147] Die mit der Verordnung (EG) Nr. 713/2009 errichtete[148] ACER stellt eine Regulierungsagentur dar.[149]

bb. Aufgaben und Kompetenzen

Zentrale Aufgaben der ACER ergeben sich aus der ACER-Verordnung. Hieraus lassen sich fünf zentrale Aufgabenbereiche ableiten: Erstens die Gewährleistung der Zusammenarbeit der nationalen Regulierungsbehörden,[150] zweitens die

---

[141] Verordnung (EG) Nr. 713/2009 des Europäischen Parlaments und des Rates vom 13.07.2009 zur Gründung einer Agentur für die Zusammenarbeit der Energieregulierungsbehörden, ABl. L Nr. 211 vom 14.08.2009, S. 1.

[142] The Rules of Procedure of the Board of Regulators of the Agency (Ref: A10-BoR-01-03) vom 04.05.2010 zuletzt geändert durch Ref: A15-BoR-46-03 vom 25.03.2015.

[143] Art. 2 Abs. 1 ACER-Verordnung; *M. Fehling*, EuR 2005 Beiheft 2, S. 41 (43 ff.); *R. Priebe*, EuZW 2015, S. 268 (269).

[144] Verordnung (EG) Nr. 58/2003 des Rates vom 19. Dezember 2002 zur Festlegung des Statuts der Exekutivagenturen, die mit bestimmten Aufgaben bei der Verwaltung von Gemeinschaftsprogrammen beauftragt wurden, ABl. L Nr. 11 vom 16.01.2003, S. 1.

[145] *Europäische Kommission*, Mitteilung der Kommission zu Rahmenbedingungen für die europäischen Regulierungsagenturen vom 11.12.2002, KOM (2002) 718 endg.

[146] Ausführlich zur Unterscheidung von Agenturen *D. Fischer-Appelt*, Agenturen der Europäischen Gemeinschaft, 1999, S. 38 ff., 63 ff.

[147] *D. Fischer-Appelt*, Agenturen der Europäischen Gemeinschaft, 1999, S. 38 ff., 63 ff.

[148] *N. Horstmann*, in: Roggenkamp/Hammer (Hrsg.), European Energy Law Report VIII (2011), S. 43 (45 f.).

[149] *J. Haller*, Der Verwaltungsverbund in der Energieregulierung, 2013, S. 100 ff.; *R. Priebe*, EuZW 2015, S. 268 (270).

[150] Art. 7 Abs. 3 ACER-Verordnung.

Zusammenarbeit mit den Verbänden der Transportnetzbetreiber sowie deren Überwachung,[151] drittens die Beratung des Europäischen Parlamentes, des Rates und der Kommission[152] sowie viertens die Formulierung von Regeln in technischen Fragen zu grenzüberschreitenden Infrastrukturen.[153] Fünftens beobachtet die ACER die regionale Zusammenarbeit zwischen den Übertragungs- und Fernleitungsnetzbetreibern im Elektrizitäts- und Gassektor, die Ausführung der Aufgaben der ENTSOs sowie die Entscheidungen nationaler Regulierungsbehörden mit grenzüberschreitendem Charakter.[154] Die Beteiligung der Netzbetreiber in den ENTSOs soll durch die Schaffung der ACER ausgeglichen werden. Im Einzelnen beobachtet die ACER insbesondere den Entwurf von Netzkodizes und Zehn-Jahres-Netzentwicklungsplänen sowie die Umsetzung der Netzkodizes, der von der Kommission erlassenen Leitlinien und der unionsweiten Netzentwicklungspläne.[155]

Schließlich beobachtet die ACER zusammen mit den nationalen Regulierungsbehörden und mit der Kommission den Elektrizitäts- und Gassektor über die gesamte Wertschöpfungskette vom Zugang zu den Netzen, insbesondere dem Zugang für Elektrizität aus erneuerbaren Energiequellen, über die Endkundenpreise für Elektrizität und Gas bis zu den europäischen Verbraucherrechten.[156] Daraus werden jährliche Market Monitoring Reports erstellt, die die ACER zusammen mit dem CEER veröffentlicht.[157]

Darüber hinaus wurden die Aufgaben der ACER durch weitere Verordnungen insbesondere zur Festlegung von Leitlinien für den Ausgleichsmechanismus zwischen Übertragungsnetzbetreibern und für einen gemeinsamen Regelungsrahmen im Bereich der Netzentgelte,[158] für Maßnahmen zur Gewährleistung der sicheren Gasversorgung,[159] für die Sicherung von Integrität und Transparenz des Energiegroßhandelsmarktes[160] sowie für die transeuropäische Energieinfrastruktur[161] zur Beschleunigung des Netzausbaus ausgeweitet. Insgesamt sind alle Aufgaben der ACER gemäß Art. 8 ACER-Verordnung auf grenzüberschreitende Sachverhalte beschränkt.

---

[151] Art. 6 Abs. 1 und Abs. 3 sowie Abs. 2 ACER-Verordnung.

[152] Art. 5 ACER-Verordnung.

[153] Art. 7 Abs. 1 und Abs. 7 ACER-Verordnung; Art. 17 Abs. 5 Stromhandelsverordnung 2009.

[154] Erwägungsgrund 5, 6, 7 und 10 ACER-Verordnung.

[155] Art. 6 Abs. 2, Abs. 6 und Abs. 8 ACER-Verordnung; Artt. 4, 5 und 6 Stromhandelsverordnung 2009 beziehungsweise Gaszugangsverordnung 2009.

[156] Erwägungsgrund 8 und Art. 11 Abs. 1 ACER-Verordnung.

[157] Art. 11 ACER-Verordnung; bisherige Market Monitoring Reports online verfügbar, zuletzt abgerufen am 01.12.2017 unter http://www.acer.europa.eu/en/electricity/market%20monitoring/Pages/default.aspx.

[158] „ITC" Verordnung (EU) Nr. 883/2010 vom 23. September 2010, ABl. L Nr. 250 vom 24.9.2010, S. 5.

[159] „SoS" Verordnung (EU) Nr. 994/2010 vom 20. Oktober 2010, ABl. L Nr. 295 vom 12.11.2010, S. 1.

[160] „REMIT" Verordnung (EU) Nr. 1227/2011 vom 25. Oktober 2011, ABl. L Nr. 326 vom 8.12.2011, S. 1.

[161] „TEN-E" Verordnung (EU) Nr. 347/2013 vom 17. April 2013, ABl. L Nr. 115 vom 25.4.2013, S. 39.

Eine Ausdehnung der Aufgaben auf rein nationale Sachverhalte wird durch das unionsrechtliche Subsidiaritätsprinzip gemäß Art. 3 EUV eingeschränkt, wodurch europäische Handlungsbefugnisse durch nationale Kompetenzen begrenzt werden.[162] Eine inhaltliche Ausdehnung der Aufgaben auf nationale Sachverhalte wird auch durch die Meroni-Entscheidung des Europäischen Gerichtshofs eingeschränkt. Durch diese Entscheidung wurde die Übertragung von Befugnissen der Europäischen Union auf Behörden begrenzt.[163] Eine Übertragung von Befugnissen hat häufig funktionelle Gründe, um die Arbeitsbelastung der Kommission abzufedern, doch gemäß der Meroni-Entscheidung dürfen grundsätzlich nur Befugnisse zur Vorbereitung und Unterstützung, solche zur Entscheidung jedoch nur ausnahmsweise auf Europäische Agenturen übertragen werden.[164] Das heißt, die Europäische Union darf nur klar umgrenzte Entscheidungs- beziehungsweise Ausführungsbefugnisse übertragen.[165] Befugnisse, die nach freiem Ermessen auszuüben sind und einen weiten Ermessensspielraum voraussetzen, können nicht übertragen werden.[166] Insbesondere können weiterreichende Befugnisse, als sie der Europäischen Union nach dem Vertrag zustehen, in der Regel nicht durch Sekundärrechtsakt auf eine europäische Behörde übertragen werden.[167] Diese Rechtsprechung wird von der Kommission in einer Mitteilung zu Rahmenbedingungen für europäische Regulierungsagenturen bestätigt, wonach Regulierungsagenturen unter bestimmten Voraussetzungen eigene Entscheidungsbefugnisse zugewiesen werden können, die jedoch nicht zur Festlegung allgemein geltender Maßnahmen mit normativer Wirkung ermächtigen.[168]

Durch die ACER-Verordnung werden der ACER überwiegend Mitwirkungskompetenzen im Sinne der Vorbereitung und Unterstützung der Verwaltungsaufgaben der Kommission übertragen, während Einzelfallkompetenzen doppelt eingeschränkt werden.[169] Grundsätzlich werden Einzelfallkompetenzen nur in grenzüberschreitenden Sachverhalten eingeräumt und von der Zustimmung der Kommission abhängig gemacht. Insofern hält sich die Übertragung von Kompetenzen der Kommission

---

[162] *A. Hatje/S. von Förster*, Organordnung der Europäischen Union, in: Hatje/Müller-Graff (Hrsg.), EnzEuR Bd. 1, 2014, § 10 Rn. 8, 29.

[163] EuGH 9/56, Slg. 1958, S. 9 (11); EuGH 10/56, Slg. 1958, 53 (81) – Meroni/Hohe Behörde.

[164] *D. Fischer-Appelt*, Agenturen der Europäischen Gemeinschaft, 1999, S. 99 ff.; *N. Horstmann*, in: Roggenkamp/Hammer (Hrsg.), European Energy Law Report VIII (2011), S. 43 (52 ff).

[165] EuGH 9/56, Slg. 1958, S. 9 (44); EuGH 10/56, Slg. 1958, 53 (81) – Meroni/Hohe Behörde.

[166] *D. Fischer-Appelt*, Agenturen der Europäischen Gemeinschaft, 1999, S. 106 ff.

[167] EuGH 9/56, Slg. 1958, S. 9 (40); EuGH 10/56, Slg. 1958, 53 (79) – Meroni/Hohe Behörde.

[168] *Europäische Kommission*, Mitteilung über Rahmenbedingungen für die europäischen Regulierungsagenturen, KOM (2002), 718 endg., S. 9 f. ausführend hierzu: „*So kann speziell für Bereiche, in denen ein bestimmtes, eindeutiges öffentliches Anliegen prioritär ansteht, wie auch in Angelegenheiten, in denen es nicht Sache der Agentur wäre, zwischen kollidierenden öffentlichen Interessen zu vermitteln oder politische Ermessensbefugnis wahrzunehmen oder komplexe ökonomische Bewertungen durchzuführen, auf Agenturen zurückgegriffen werden. Im Übrigen dürfen den Agenturen auch keine Zuständigkeiten übertragen werden, für die die Kommission kraft EG-Vertrags unmittelbare Entscheidungsbefugnis besitzt.*“

[169] *U. Ehricke*, IR 2008, S. 146 (148 f.).

auf die ACER im „institutionellen Gleichgewicht der Gewalten“[170] in der Europäischen Union. Eine Ausübung von Einzelfallkompetenzen wird konkret an verschiedene inhaltliche Bedingungen und formelle Kooperationen mit nationalen Behörden geknüpft, wodurch der Handlungsspielraum entsprechend den Vorgaben der Meroni-Doktrin begrenzt bleibt.[171]

Nach der ACER-Verordnung besitzt die ACER überwiegend weiche Kompetenzen zur Koordination der nationalen Regulierungsbehörden, zur Beratung der Kommission, zum Entwurf von Rahmenleitlinien (Framework Guidelines), zur Stellungnahme zu Netzkodizes der ENTSOs sowie zu jeglichen fachlichen Stellungnahmen und Empfehlungen an die Übertragungs- und Fernleitungsnetzbetreiber, an die Regulierungsbehörden sowie an das Europäische Parlament, den Rat und die Kommission.[172]

cc. Strukturen und Prinzipien der Organisation

Die ACER besteht aus vier Organen: einem Verwaltungsrat, einem Regulierungsrat, einem Direktor und einem Beschwerdeausschuss.

Der Verwaltungsrat besteht aus neun Mitgliedern: Zwei Mitglieder werden als Vertreter von der Kommission, zwei als Vertreter vom Europäischen Parlament und fünf als Vertreter der nationalen Regulierungsbehörden vom Rat ernannt.[173] Der Verwaltungsrat gewährleistet, dass die Agentur die ihr zugewiesenen Aufgaben erfüllt.[174] Hierzu zählen insbesondere die Ernennung des Direktors,[175] der Mitglieder des Regulierungsrates[176] und des Beschwerdeausschusses[177] sowie die Durchführung der Haushaltsplanung[178] und der Erlass jährlicher Arbeitsprogramme.[179]

Der Regulierungsrat setzt sich aus jeweils einem Vertreter der 28 nationalen Regulierungsbehörden plus einem nicht stimmberechtigten Beobachter aus der Kommission zusammen.[180] Der Regulierungsrat ist für die Entscheidungen der ACER zu den entworfenen Bewirkungsformen nach Art. 5, 6, 7, 8 und 9 ACER-Verordnung

---

[170] *A. Hatje/S. von Förster*, Organordnung der Europäischen Union, in: Hatje/Müller-Graff (Hrsg.), EnzEuR Bd. 1, 2014, § 10 Rn. 27.

[171] EuGH, Urteil vom 22.01.2014, Rs. C-270/12 (Vereinigtes Königreich/Rat und Parlament), Rn. 45–53, ausführend hierzu *N. Kohtamäki*, EuR 2014, S. 321 (328); *A. Orator*, EuZW 2013, S. 852 (854).

[172] Art. 4 ACER-Verordnung.

[173] Art. 12 Abs. 1 ACER-Verordnung.

[174] Art. 13 Abs. 4 ACER-Verordnung.

[175] Art. 13 Abs. 1 in Verbindung mit Art. 15 Abs. 2 und Art. 16 Abs. 2 ACER-Verordnung.

[176] Art. 13 Abs. 2 in Verbindung mit Art. 14 Abs. 1 ACER-Verordnung.

[177] Art. 13 Abs. 3 in Verbindung mit Art. 18 Abs. 1 und 2 ACER-Verordnung.

[178] Art. 13 Abs. 7 in Verbindung mit Art. 21 bis Art. 24 ACER-Verordnung.

[179] Art. 13 Abs. 5 ACER-Verordnung.

[180] Art. 14 Abs. 1 lit. a) und b) ACER-Verordnung; Artt. 2.1, 2.3 und 2.4 The Rules of Procedure of the Board of Regulators of the Agency (Ref: A10-BoR-01-03) vom 4.5.2010 zuletzt geändert durch Ref: A15-BoR-46-03 vom 25.03.2015.

zuständig und leitet innerhalb seines Zuständigkeitsbereichs den Direktor bei der Wahrnehmung seiner Aufgaben.[181] Der Regulierungsrat handelt unabhängig bei der Wahrnehmung seiner Aufgaben, also ohne Weisungen von nationalen Regierungen oder der Kommission zu folgen.[182] Damit wird der Regulierungsrat als zentrales Entscheidungsorgan der nationalen Regulierungsbehörden ausgestaltet und dazu ermächtigt, intern befürwortende Stellungnahmen zu Stellungnahmen, Empfehlungen oder Entscheidungen der ACER abzugeben.[183] Unterstützend wird der Direktor tätig, der die Stellungnahmen annimmt und die Entscheidungen, Stellungnahmen und Empfehlungen veröffentlicht.[184]

Der Direktor handelt im Sinne eines Geschäftsführers und ist gesetzlicher Vertreter der Einrichtung, bereitet die Arbeit des Verwaltungsrates vor und verabschiedet die vom Regulierungsrat vorgeschlagenen Stellungnahmen, Empfehlungen und Entscheidungen.[185] Ferner erstellt der Direktor einen Entwurf des Jahresarbeitsprogramms, für dessen Durchführung er, gelenkt durch den Regulierungsrat und kontrolliert durch den Verwaltungsrat, zuständig ist.[186] Der Direktor entscheidet nach dem Wortlaut der ACER-Verordnung ebenfalls frei von Weisungen nationaler Regierungen und unabhängig von der Kommission.[187] Doch kann der Direktor nur dann Entscheidungen veröffentlichen, wenn der Regulierungsrat eine befürwortende Stellungnahme abgegeben hat.[188]

Der Beschwerdeausschuss besteht aus sechs Mitgliedern, die vom Verwaltungsrat auf Vorschlag der Kommission aus dem Kreis der derzeitigen oder früheren leitenden Mitarbeiter der nationalen Regulierungsbehörden, Wettbewerbsbehörden oder anderer nationaler oder unionaler Einrichtungen, welche einschlägige Erfahrung im Energiesektor mitbringen, auf Vorschlag der Kommission ausgewählt werden.[189] Die Einrichtung eines Beschwerdeausschusses ermöglicht es, eine begründete Beschwerde gegen von der Agentur nach Art. 7, 8 oder 9 ACER-Verordnung getroffene Entscheidungen zu erheben.[190] Lediglich gegen Maßnahmen der Agentur nach Art. 6 ACER-Verordnung kann keine Beschwerde erhoben werden.

Darüber hinaus werden sogenannte Arbeitsgruppen eingerichtet, um durch einen Informations- und Meinungsaustausch zu Elektrizitäts- und Gasthemen sowohl

---

[181] Art. 15 Abs. 1 S. 1, Abs. 2 ACER-Verordnung; ausführend hierzu *N. Horstmann*, in: Roggenkamp/Hammer (Hrsg.), European Energy Law Report VIII (2011), S. 43 (47).

[182] Art. 14 Abs. 5 ACER-Verordnung.

[183] *N. Horstmann*, in: Roggenkamp/Hammer (Hrsg.), European Energy Law Report VIII (2011), S. 43 (58).

[184] Art. 15 Abs. 1 Satz 1 und Satz 2 ACER-Verordnung.

[185] Art. 2 Abs. 3 und Art. 17 Abs. 1, Abs. 2 und Abs. 3 ACER-Verordnung.

[186] Art. 17 Abs. 4 und Abs. 6 ACER-Verordnung.

[187] Kritisch hierzu *U. Ehricke*, IR 2008, S. 122 (123).

[188] *N. Horstmann*, in: Roggenkamp/Hammer (Hrsg.), European Energy Law Report VIII (2011), S. 43 (48).

[189] Art. 18 Abs. 1 und Abs. 2 ACER-Verordnung.

[190] Art. 19 Abs. 1 S. 1 und Abs. 2 ACER-Verordnung.

den Direktor als auch den Regulierungsrat bei ihren Aufgaben zu unterstützen.[191] Die Arbeitsgruppen werden vom Direktor gegründet, der deren Ziele, Inhalte und Zeitrahmen bestimmt.[192] Sie setzen sich aus Vertretern von ACER, der nationalen Regulierungsbehörden und der Kommission zusammen.[193] Hierdurch können auf Arbeitsebene Themen koordiniert und Einigungen erzielt werden, um potenzielle Differenzen zwischen dem Regulierungsrat und dem Direktor zu vermeiden.[194] Die Arbeitsgruppen der ERGEG werden sowohl vom CEER als auch von der ACER weitergeführt.[195]

Entscheidungen der Arbeitsgruppen erfolgen wenn möglich einvernehmlich, andernfalls mit einfacher Mehrheit. Dagegen entscheiden die nationalen Regulierungsbehörden als Vertreter der Mitgliedstaaten im Verwaltungsrat[196] und im Regulierungsrat,[197] wenn kein Einvernehmen erzielt werden kann, mit Zweidrittelmehrheit und paritätischer Stimmverteilung, sodass keine Stimmgewichtung wie bei Abstimmungen der ERGEG gemäß den Regeln des AEUV zur Abstimmung im Rat stattfindet.

dd. Organisationszusammenhänge

Die ACER ist in enge Organisationszusammenhänge eingebunden. Im Folgenden werden die horizontalen und die vertikalen Beziehungen der ACER unterschieden.

Die ACER steht in zweiseitigen, horizontalen Organisationszusammenhängen sowohl mit dem privat organisierten CEER als auch mit den ENTSOs, die von

[191] Art. 1 Director Decision 2012-06 on Rules for the Functioning of the Working Groups of the Agency for the Cooperation of Energy Regulators vom 06.02.2012; ACER Regulierungsrat, Minutes of the 3rd ACER BoR Meeting 08.09.2010 (Ref: A10-BoR-03-02a), S. 2.

[192] Artt. 2.1, 2.2 und 2.5 Director Decision 2012-06 on Rules for the Functioning of the Working Groups of the Agency for the Cooperation of Energy Regulators vom 06.02.2012; Europäische Kommission, Art. 30 Proposal for a Regulation of the European Parliament and of the Council establishing a European Union Agency for the Cooperation of Energy Regulators, 30.11.2016, COM (2016) 863 final.

[193] Artt. 3.1 und 3.2 Director Decision 2012-06 on Rules for the Functioning of the Working Groups of the Agency for the Cooperation of Energy Regulators vom 06.02.2012.

[194] Art. 4, Art. 5.1 und Art. 5.2, Art. 6.1 Director Decision 2012-06 on Rules for the Functioning of the Working Groups of the Agency for the Cooperation of Energy Regulators vom 06.02.2012.

[195] Die Electricity Working Group und die Gas Working Group werden sowohl vom CEER als auch von der ACER fortgeführt, während die übrigen Arbeitsgruppen wie die Implementation, Benchmarking und Policy Working Group, die Retail Markets and Customer Working Group, die Financial Services Working Group und die International Strategy Working Group allein vom CEER übernommen werden, vgl. CEER, European Energy Regulators' 2011 Working Programme (Ref: C10-WPDC-20-07), S. 17.

[196] Art. 12 Abs. 4 ACER-Verordnung.

[197] Art. 14 Abs. 3 ACER-Verordnung; Artt. 6.1, 6.2, 6.3 und 6.4 The Rules of Procedure of the Board of Regulators of the Agency vom 4.5.2010 (Ref: A10-BoR-01-03), zuletzt geändert durch Ref: A15-BoR-46-03 am 25.3.2015.

der ACER einen Entwurf der Rahmenleitlinien erhalten, auf deren Grundlage die ENTSOs detaillierte Netzkodizes erarbeiten, die sie wiederum der ACER zur Stellungnahme vorlegen. Außerdem repräsentiert die ACER die europäischen Energieregulierungsbehörden auf globaler Ebene unter anderen regionalen Vereinigungen in einem zweiseitig, horizontalen Organisationszusammenhang in der ICER.

Die ACER steht auch in vertikalen Organisationszusammenhängen. Einerseits leistet sie in einem Beratungs- und Berichtsverhältnis einseitig und vertikal vorbereitende Arbeiten für den Erlass von Leitlinien oder Netzkodizes durch die Kommission. Andererseits kann die Kommission umgekehrt einseitig und vertikal über die Ausübung von Leitlinienbefugnissen oder durch die Zustimmung in Einzelfällen auf die Entscheidungen der ACER Einfluss nehmen. Daneben entsteht eine weitere, einseitige und vertikale Bindung der ACER an die Kommission dadurch, dass sie überwiegend von der Kommission finanziert wird, auch wenn eine Finanzierung aus Gebühren und freiwilligen Beiträgen vorgesehen ist.

c. Komitologieausschüsse

Die Rechtsetzung durch die Kommission erfolgt noch vereinzelt im Zusammenwirken mit Komitologieausschüssen. Nach den Regelungen des Vertrags über die Arbeitsweise der Europäischen Union werden Komitologieausschüsse jedoch nicht mehr errichtet. Die Kommission erhält entsprechende eigenständige Kompetenzen zum Erlass von Durchführungsbestimmungen (Art. 290 AEUV). Die Komitologieausschüsse werden daher nur kurz dargestellt.

Komitologieausschüsse unterstützen die Kommission beim Erlass von Durchführungsbestimmungen zur Konkretisierung von Richtlinien und Verordnungen der Europäischen Union, ohne ein langwieriges Rechtsetzungsverfahren im Europäischen Parlament und Rat zu durchlaufen.[198] In diesen Ausschüssen erfolgen ein institutionalisierter Informationsaustausch und eine intergouvernementale Abstimmung der Mitgliedstaaten mit der Kommission.[199] Dadurch können unterschiedliche nationale Interessen angeglichen und mit dem Standpunkt der Kommission abgestimmt werden, um einen einheitlichen Energiebinnenmarkt zu verwirklichen. Aktuell bestehen 14 Ausschüsse insbesondere über den Stromgrenzüberschritt, über gemeinsame Vorschriften für den Gasbinnenmarkt sowie für die Durchführungsbestimmungen der REMIT-Verordnung über die Integrität und Transparenz des Energiegroßhandelsmarktes.[200]

---

[198] *W. Weiß*, Komitologieverfahren, in: Baur/Salje/Schmidt-Preuß (Hrsg.), Regulierung in der Energiewirtschaft, 2. Aufl. 2016, § 12 Rn. 1, 3; *D. Scharf*, Das Komitologieverfahren nach dem Vertrag von Lissabon, 2010, S. 6.

[199] *B. Scheel*, DÖV 2007, S. 683 (683); *W. Weiß*, Komitologieverfahren, in: Baur/Salje/Schmidt-Preuß (Hrsg.), Regulierung in der Energiewirtschaft, 2. Aufl. 2016, § 12 Rn. 12.

[200] Ein aktueller Überblick über die Ausschüsse der Generaldirektion Energie, findet sich im Register zum Ausschussverfahren (online verfügbar, zuletzt abgerufen am 01.12.2017 unter http://ec.europa.eu/transparency/regcomitology/index.cfm?do=List.list).

aa. Rechtsgrundlagen und Rechtsform

Die Rechtsgrundlagen der Komitologieausschüsse wurden grundlegend im Komitologiebeschluss[201] von 2006 und der Komitologieverordnung[202] von 2011 gelegt und durch spezifische Ermächtigungen zur Unterstützung der Kommission in Richtlinien[203] und Verordnungen[204] ergänzt. Die Richtlinien und Verordnungen des Dritten Energiebinnenmarktpaketes von 2009 beziehen sich jeweils auf das Regelungsverfahren mit Kontrolle im Sinne des Komitologiebeschlusses von 2006, welches nach Art. 12 der Komitologieverordnung von 2011 weiterhin seine Wirkung behält.

Für die Anwendung der Rechtsgrundlagen bedeutet das, dass sich der Erlass von Durchführungsrechtsakten noch so lange nach dem „alten" Komitologieverfahren richtet, bis die Kommission eine Grundsatzentscheidung trifft. So lange kann die Kommission delegierte Durchführungsrechtsakte nur zusammen mit Vertretern der Mitgliedstaaten in eigens dafür eingerichteten Ausschüssen beschließen.

Nach den „neuen" Regelungen des Vertrags über die Arbeitsweise der Europäischen Union in Art. 289, 290 AEUV wird die Kommission nur noch verpflichtet, das Europäische Parlament und den Rat zu befassen, wodurch der Einfluss der Mitgliedstaaten auf den Erlass von delegierten Durchführungsrechtsakten deutlich reduziert wird. Hier setzt jüngst der Beschluss der Kommission zur Einsetzung von Expertengruppen an, um den Sachverstand der Mitgliedstaaten in den Rechtsetzungsprozess einzubeziehen, jedoch ohne dass diese wie im bisherigen Komitologieverfahren ihre Interessen in die Rechtsetzung miteinbringen können.[205]

bb. Aufgaben und Kompetenzen

Die Aufgaben der Komitologieausschüsse ergeben sich aus zahlreichen Ermächtigungen zur Errichtung von Komitologieausschüssen in den Richtlinien und Verordnungen des Dritten Energiebinnenmarktpaketes. Hierzu gehört insbesondere der Erlass von

---

[201] Beschluss des Rates vom 17. Juli 2006 zur Änderung des Beschlusses 1999/468/EG zur Festlegung der Modalitäten für die Ausübung der der Kommission übertragenen Durchführungsbefugnisse, ABl. L Nr. 200 vom 22.7.2006, S. 11.

[202] Verordnung (EU) Nr. 182/2011 des Europäischen Parlamentes und des Rates vom 16. Februar 2011 zur Festlegung der allgemeinen Regeln und Grundsätze, nach denen die Mitgliedstaaten die Wahrnehmung der Durchführungsbefugnisse durch die Kommission kontrollieren, ABl. L Nr. 55 vom 28.2.2011, S. 13.

[203] Art. 46 Richtlinie 2009/72/EG des Europäischen Parlaments und des Rates vom 13. Juli 2009 über gemeinsame Vorschriften für den Elektrizitätsbinnenmarkt und Art. 51 Richtlinie 2009/73/EG des Europäischen Parlaments und des Rates vom 13. Juli 2009 über gemeinsame Vorschriften für den Erdgasbinnenmarkt.

[204] Art. 23 Stromhandelsverordnung 2009 und Art. 28 Verordnung (EG) Gaszugangsverordnung 2009.

[205] *Europäische Kommission*, Beschluss zur Festlegung horizontaler Bestimmungen über die Einsetzung und Arbeitsweise von Expertengruppen der Kommission vom 30.05.2016, KOM (2016) 3301 endg., Artt. 1 und 3.

Leitlinien für Netzkodizes,[206] für die Zertifizierung von Elektrizitätsübertragungs- und Gasfernleitungsnetzbetreibern aus Drittländern,[207] zur Entflechtung der Übertragungsnetzbetreiber sowie der Fernleitungsnetzeigentümer,[208] zu Kapazitätszuweisungsmechanismen und Engpassmanagementverfahren[209] bei vertraglich bedingten Engpässsen sowie zur Zusammenarbeit der nationalen Regulierungsbehörden.[210] Die Kompetenzen der Komitologieausschüsse liegen im Erlass von Durchführungsrecht zu den Richtlinien und Verordnungen im Elektrizitäts- und Gasbereich. Durchführungsrecht können abstrakt-generelle Regeln sowie individuelle Rechtsakte sein.[211]

cc. Strukturen und Prinzipien der Organisation

Organisatorisch setzen sich die Komitologieausschüsse unter dem Vorsitz der Kommission aus Vertretern der Mitgliedstaaten zusammen.[212] Unter den Vertretern der Mitgliedstaaten sind regelmäßig höhere (Ministerial-)Beamte, die aufgrund ihrer Stellung in nationalen Fachministerien weniger sachnah sowie technisch oder ökonomisch weniger vertraut sind als Vertreter der nationalen Regulierungsbehörden. Eine förmliche Teilnahme der nationalen Regulierungsbehörden ist jedoch gerade nicht vorgesehen.[213]

dd. Organisationszusammenhänge

Die Komitologieausschüsse sind nur eingeschränkt in Organisationszusammenhänge im europäischen Verwaltungsverbund eingebunden. Sowohl die Kommission als auch die Mitgliedstaaten wirken zunächst jeweils einseitig auf die Verfahren der delegierten Rechtsetzung in den Komitologieausschüssen ein, doch im Ergebnis kommt es wieder zu einem ausgleichenden Zusammenwirken bei den Abstimmungen.

---

[206] Art. 6 Abs. 5 Stromhandelsverordnung 2009; Art. 6 Abs. 12 Gaszugangsverordnung 2009.

[207] Artt. 11 Abs. 10 Elektrizitäts-Richtlinie 2009 und Gas-Richtlinie 2009.

[208] Art. 14 Abs. 3 Elektrizitäts-Richtlinie 2009; Art. 15 Abs. 3 Gas-Richtlinie 2009; Artt. 3 Abs. 5 Stromhandelsverordnung 2009 und Gaszugangsverordnung 2009.

[209] Art. 18 Abs. 5 Stromhandelsverordnung 2009; Art. 23 Abs. 1 lit. b) Gaszugangsverordnung 2009.

[210] Art. 38 Abs. 5 Elektrizitäts-Richtlinie 2009; Art. 42 Abs. 5 Gas-Richtlinie 2009.

[211] *W. Weiß*, Komitologieverfahren, in: Baur/Salje/Schmidt-Preuß (Hrsg.), Regulierung in der Energiewirtschaft, 2. Aufl. 2016, § 12 Rn. 9; *D. Scharf*, Das Komitologieverfahren nach dem Vertrag von Lissabon, 2010, S. 6.

[212] *W. Weiß*, Komitologieverfahren, in: Baur/Salje/Schmidt-Preuß (Hrsg.), Regulierung in der Energiewirtschaft, 2. Aufl. 2016, § 12 Rn. 1; *M. Fehling*, Europäisches Verwaltungsverfahren und Verwaltungsprozessrecht, in: Terhechte (Hrsg.), Verwaltungsrecht der EU, 2011, § 12 Rn. 67; *D. Scharf*, Das Komitologieverfahren nach dem Vertrag von Lissabon, 2010, S. 6.

[213] *B. Scheel*, DÖV 2007, S. 683 (683).

4. Regulierungsakteure mit formal kodifizierten Rechtsgrundlagen im nationalen Gesetzgebungsverfahren

Die Regulierung des Energiesektors erfolgt überwiegend in den Mitgliedstaaten durch nationale Regulierungsbehörden, die in der Bundesrepublik Deutschland auf Bundes- (a.) und Landesebene (b.) ausgestaltet sind. Die entsprechenden Rechtsgrundlagen dieser Behörden liegen in formellen Bundes- und Landesgesetzen.

a. Bundesnetzagentur

Die Bundesnetzagentur für Elektrizität, Gas, Telekommunikation, Post und Eisenbahnen (BNetzA) ist der zentrale Vollzieher von Regulierungsentscheidungen zu Netzanschluss, Netzzugang und Netzentgelten in der Bundesrepublik Deutschland.

aa. Rechtsgrundlagen und Rechtsform

Die Rechtsgrundlagen der Bundesnetzagentur werden in den Richtlinien und Verordnungen des Dritten Energiebinnenmarktpakets vorgegeben und wurden durch die letzte Novelle des Energiewirtschaftsgesetzes in nationales Recht umgesetzt. Daneben wird die interne Organisation der Bundesnetzagentur im Gesetz über die Bundesnetzagentur für Elektrizität, Gas, Telekommunikation, Post und Eisenbahnen[214] geregelt. Demnach wird die Bundesnetzagentur gemäß § 1 Satz 2 BNetzAG in der Rechtsform als selbständige Bundesoberbehörde im Geschäftsbereich des Bundesministeriums für Wirtschaft und Energie gegründet.

bb. Aufgaben und Kompetenzen

Die Bundesnetzagentur übernimmt als Regulierungsinstanz auf Bundesebene unter dem Druck der zunehmenden europäischen Anforderungen an die Regulierung im Energiesektor ein breites Spektrum von Aufgaben.

Grundsätzlich ist die Bundesnetzagentur für alle Übertragungs- und Fernleitungsnetze sowie für Verteilnetze zuständig, an die mindestens 100.000 Kunden unmittelbar angeschlossen sind. Das ergibt sich im Umkehrschluss aus § 54 Abs. 2 Satz 1 EnWG. Daneben ergeben sich aus der Systematik des § 54 EnWG weitere Zuständigkeiten. Unabhängig von der Zahl der angeschlossenen Kunden ist die Bundesnetzagentur zuständig, wenn ein Elektrizitäts- oder Gasverteilernetz über das Gebiet eines Bundeslandes hinausreicht.[215] Zudem übernimmt die Bundesnetzagentur auch bei Netzen mit weniger als 100.000 Nutzern die Aufgaben, wenn sie

---

[214] Gesetz über die Bundesnetzagentur für Elektrizität, Gas, Telekommunikation, Post und Eisenbahnen (BNetzAG) vom 7. Juli 2005 (BGBl. I S. 2009) zuletzt geändert am 17. Juli 2017 (BGBl. I S. 2503).

[215] § 54 Abs. 2 Satz 2 EnWG.

nicht ausdrücklich den Landesregulierungsbehörden zugewiesen werden.[216] Ferner hat die Bundesnetzagentur die alleinige Festlegungskompetenz, wenn zur Wahrnehmung gleichwertiger wirtschaftlicher Verhältnisse im Bundesgebiet eine bundeseinheitliche Festlegung erforderlich ist.[217]

Im Einzelnen übernimmt die Bundesnetzagentur insbesondere die Regulierung und Überwachung des Zugangs zu den Elektrizitäts- und Gasversorgungsnetzen, die Genehmigung und Überwachung der Entgelte für den Netzzugang, vor allem im Wege der Anreizregulierung, die Genehmigung und Überwachung individueller Netzentgelte nach den Netzentgeltverordnungen, die Überwachung der Vorschriften zur Entflechtung, die Überwachung der Regelungen zum Netzanschluss sowie die Aufsicht und Missbrauchsaufsicht.[218] Darüber hinaus kann die Bundesnetzagentur auch eigene Regulierungsvorgaben gegenüber den privaten Marktbeteiligten machen,[219] wenn sie nur bundeseinheitlich erfolgen können: Dazu gehören vor allem Vorgaben zu Form und Inhalt von Verträgen zwischen Marktbeteiligten beim Netzanschluss und bei der Ausgestaltung des Netzzugangs[220] und Vorgaben zur Erhebung von Vergleichsparametern zur Ermittlung der Effizienzwerte bei der Netzentgeltregulierung.[221] Ferner kann die Bundesnetzagentur den bestehenden Regulierungsrahmen des EnWG aufgrund neuer technischer oder ökonomischer Erkenntnisse durch die Ermächtigung zum Verordnungserlass[222] und zu Festlegungen[223] aktualisieren, wodurch sie ihre Regulierungsentscheidungen[224] wiederum an neuere Erkenntnisse anpassen kann.[225]

Im Ergebnis nimmt die Bundesnetzagentur alle Aufgaben nach dem Energiewirtschaftsgesetz wahr, die nach der Abgrenzung der Netzbereiche nicht von den Landesregulierungsbehörden übernommen werden können. Hierzu kommen weitere Aufgaben, die durch die Stromhandelsverordnung 2009, die Gaszugangsverordnung 2009, die Verordnung (EU) Nr. 994/2010 und die Verordnung (EU) Nr. 1227/2011 übertragen[226] und in den jeweiligen nationalen Fachgesetzen umgesetzt worden sind.

---

[216] § 54 Abs. 3 Satz 1 EnWG; *C. Koenig/J. Kühling/W. Rasbach*, Energierecht, 3. Aufl. 2013, Kap. 10 Rn. 5, 18.

[217] Es handelt sich um eine Festlegung im Sinne von § 29 Abs. 1 EnWG gemäß § 54 Abs. 3 Satz 2 EnWG.

[218] Vollständige Auflistung und ausführliche Einzelerläuterungen von *K. U. Pritzsche/A. Reimers*, in: BerlKommEnR, Bd. 1 Halbbd. 2, 3. Aufl. 2013, § 56 EnWG Rn. 19 ff.

[219] *P. Franke*, Energieregulierungsbehörden und behördliche Verfahren, in: Schneider/Theobald (Hrsg.), Recht der Energiewirtschaft, 4. Aufl. 2013, § 19 Rn. 9.

[220] §§ 17 Abs. 3 Satz 2; 24 Satz 2 Nr. 3 EnWG.

[221] § 54 Abs. 3 Satz 3 Nr. 1 und 3 EnWG.

[222] § 24 EnWG.

[223] § 29 Abs. 1 EnWG.

[224] § 29 Abs. 2 Satz 1 und 2 EnWG.

[225] *G. Britz/K. Herzmann*, in: Britz/Hellermann/Hermes (Hrsg.), EnWG Kommentar, 3. Aufl. 2015, § 29 Rn. 10 ff.; 20 ff.

[226] § 56 Satz 1 EnWG.

cc. Strukturen und Prinzipien der Organisation

Organisatorisch wird die Bundesnetzagentur von einem Präsidium geleitet, während die Arbeit in insgesamt zehn Abteilungen stattfindet, die wiederum in über 78 Referate für spezifische Sachbereiche gegliedert sind (i.). Die Entscheidungen der Bundesnetzagentur werden in neun fachlich spezialisierten Beschlusskammern getroffen (ii.). Unterstützt wird die Bundesnetzagentur von einem Beirat und einem Länderausschuss (iii.). Diese Organe werden im Folgenden genauer dargestellt.

Das Präsidium wird von einem Präsidenten geleitet, der die Bundesnetzagentur nach außen vertritt und von zwei hauptamtlichen Vizepräsidenten unterstützt wird.[227]

i) Abteilungen und Referate

Relevant für die Regulierung des Energiesektors sind die Abteilung 6 „Energie" mit 13 Referaten, die Abteilung 3 „Internationales/Regulierung Post" mit einem Referat zur Koordinierung „Internationales Energie" sowie die im Aufbau befindliche Abteilung „Netzausbau" mit geplanten neun Referaten. Die Referate stehen in Kontakt mit der Branche und leisten konzeptionelle Vorarbeiten für die Entscheidungen der Beschlusskammern.[228] Die Regulierungsentscheidungen werden in den Beschlusskammern 4, 6, 7, 8 und 9 zur Regulierung der Elektrizitäts- und Gasnetze, zur Regulierung der Netzentgelte für Elektrizität und Gas sowie zur Regulierung individueller Netzentgelte für Elektrizität, Leistungswettbewerbsverfahren für Gas, Investitionsbudgets für Elektrizität und Gas, Eigenkapitalverzinsung und Energienetze getroffen.[229]

ii) Beschlusskammern

Die Beschlusskammern setzen sich jeweils aus einem Vorsitzenden und zwei Beisitzern zusammen, die fachlich durch die Befähigung zum Richteramt oder für eine Laufbahn des höheren Dienstes qualifiziert sein müssen.[230] Eine besondere Qualifikation in regulierungsrechtlichen beziehungsweise regulierungsökonomischen Sachverhalten oder praktische Verwaltungserfahrungen in einschlägigen Bereichen werden – im Gegensatz zu manchen Landesgesetzen zur Einrichtung von Landesregulierungsbehörden – nicht ausdrücklich vom Energiewirtschaftsgesetz gefordert.

Entsprechend den unionalen Vorgaben in den Elektrizitäts- und Gas-Richtlinien 2009 müssen die nationalen Regulierungsbehörden unabhängig und frei von Weisungen

---

[227] § 3 Abs. 1 und 2 BNetzAG.

[228] *A. C. Zeidler*, Die Bundesnetzagentur, in: Baur/Salje/Schmidt-Preuß (Hrsg.), Recht der Energiewirtschaft, 2. Aufl. 2016, Kap. 39 Rn. 12; deutlicher *S. Neveling*, ZNER 2005, S. 263 (264 f.).

[229] § 59 Abs. 1 Satz 1 EnWG.

[230] Die Organisation der Beschlusskammern der Bundesnetzagentur ist in Anlehnung an die Organisation der Beschlussabteilungen des Bundeskartellamtes gemäß § 51 Gesetz gegen Wettbewerbsbeschränkungen geregelt.

entscheiden. Diese Aufgabe kommt in der Bundesnetzagentur den Beschlusskammern zu. Die Beschlusskammern sind justizähnlich ausgestaltet, was heißt, dass sie aufgrund mündliche und öffentlich durch ein Kollegialorgan entscheiden.[231] Sie entscheiden unabhängig und frei von externen, ministeriellen Weisungen.[232] Ob sie auch intern weisungsfrei sind, wird nicht einheitlich beurteilt.[233] Durch die Zuordnung der Bundesnetzagentur zum Geschäftsbereich des Bundesministeriums für Wirtschaft und Energie ist die Bundesnetzagentur gegenüber dem Ministerium als untergeordnete Behörde grundsätzlich weisungsgebunden.[234] Dadurch ist es möglich, dass das Bundesministerium für Wirtschaft und Energie an die Bundesnetzagentur eine Weisung richtet, die, vertreten durch ihren Präsidenten, verpflichtet wird, dafür zu sorgen, dass die Entscheidungsträger in der Beschlusskammer der ministeriellen Weisung nachkommen.[235] So kann die Entscheidungskompetenz der Beschlusskammer durch eine behördeninterne Weisung im Einzelfall eingeschränkt werden.

iii) Beirat und Länderausschuss

Zur Herstellung demokratischer Legitimation der Entscheidungen der Bundesnetzagentur wurden der Beirat und der Länderausschuss errichtet, denen über eine legitimierende auch eine ausgleichende Rolle in der Bundesnetzagentur zukommt.

Der Beirat setzt sich aus jeweils 16 Mitgliedern des Deutschen Bundestages als Vertreter des Volkes und des Bundesrates als Vertreter der Landesregierungen zusammen,[236] die mit einfacher Mehrheit entscheiden.[237] Der Beirat dient der Wahrung der Länderinteressen an der Netzregulierung und ist Weisungen des Bundesministeriums und des Präsidenten der Bundesnetzagentur entzogen.[238] Hingegen hat der Beirat reine Beratungsfunktion und keine außenwirksamen Entscheidungskompetenzen.[239]

---

[231] *C. Theobald/A. Werk*, in: Danner/Theobald (Hrsg.), Energierecht, 92. EGL März 2017, § 59 EnWG Rn. 29.

[232] *G. Hermes*, in: Britz/Hellermann/Hermes (Hrsg.), EnWG Kommentar, 3. Aufl. 2015, § 59 Rn. 22; *T. von Danwitz*, DÖV 2004, S. 977 (983 f.).

[233] Offen gelassen bei *S. Neveling*, ZNER 2005, S. 263 (263); *P. Franke*, Energieregulierungsbehörden und behördliche Verfahren, in: Schneider/Theobald (Hrsg.), Recht der Energiewirtschaft, 4. Aufl. 2013, § 19 Rn. 19; ablehnend *C. Theobald/A. Werk*, in: Danner/Theobald (Hrsg.), Energierecht, 92. EGL März 2017, § 59 EnWG, Rn. 34; befürwortend *G. Hermes*, in: Britz/Hellermann/Hermes (Hrsg.), EnWG Kommentar, 3. Aufl. 2015, § 59 Rn. 23.

[234] *S. Neveling*, ZNER 2005, S. 263 (263).

[235] *G. Hermes*, in: Britz/Hellermann/Hermes (Hrsg.), EnWG Kommentar, 3. Aufl. 2015, § 59 Rn. 22, § 61 Rn. 9; andere Ansicht *A. C. Zeidler*, Die Bundesnetzagentur, in: Baur/Salje/Schmidt-Preuß (Hrsg.), Recht der Energiewirtschaft, 2. Aufl. 2016, Kap. 39 Rn. 18 f.

[236] § 5 Abs. 1 BNetzAG.

[237] § 6 Abs. 3 Satz 2 BNetzAG.

[238] *C. Schmidt*, NVwZ 2006, S. 907 (909); *A. C. Zeidler*, Die Bundesnetzagentur, in: Baur/Salje/Schmidt-Preuß (Hrsg.), Recht der Energiewirtschaft, 2. Aufl. 2016, Kap. 39 Rn. 35.

[239] *A. C. Zeidler*, Die Bundesnetzagentur, in: Baur/Salje/Schmidt-Preuß (Hrsg.), Recht der Energiewirtschaft, 2. Aufl. 2016, Kap. 39 Rn. 34.

Der Länderausschuss setzt sich aus jeweils einem Vertreter der für die Wahrnehmung der Aufgaben nach § 54 EnWG zuständigen Landesregulierungsbehörden zusammen,[240] die mit einfacher Mehrheit entscheiden.[241] Besonders relevant wird die Zusammenarbeit im Länderausschuss, wenn es aufgrund geteilter Zuständigkeiten in verschiedenen Netzbereichen zu einer parallelen Wahrnehmung von Aufgaben durch die Landesregulierungsbehörden und die Bundesnetzagentur kommt.[242] Dann wird eine Koordination zur Gewährleistung eines bundeseinheitlichen Vollzugs erforderlich.

dd. Organisationszusammenhänge

Die Bundesnetzagentur hat eine zentrale Stellung in den Organisationszusammenhängen. Bei der Durchführung der Aufgaben und bei der Wahrnehmung der entsprechenden Kompetenzen erhält die Bundesnetzagentur regelmäßig Informationen von den Netzbetreibern, mit denen das Informationsdefizit zwischen den Regulierern und den Regulierten reduziert werden kann. Die Bundesnetzagentur verarbeitet die Informationen und gibt sie weiter an andere Regulierungsbehörden in mehrseitigen Organisationszusammenhängen. Sowohl auf nationaler als auch auf supranationaler Ebene gibt es horizontale (i.) und vertikale (ii.) Kooperationsbeziehungen zur Sammlung von Informationen, um die Ungewissheiten bei der Regulierung zu bewältigen.

i) Horizontale Organisationszusammenhänge

Zunächst bestehen horizontale, zweiseitige Beziehungen zu den Landesregulierungsbehörden, den Landeskartellämtern und dem Bundeskartellamt, der Bundesanstalt für Finanzdienstleistungsaufsicht sowie zu nationalen Regulierungsbehörden in anderen Mitgliedstaaten der Europäischen Union in supranationalen Gremien.

Die Organisationsbeziehungen zwischen der Bundesnetzagentur und den Landesregulierungsbehörden gründen auf einen gegenseitigen Informationsaustausch zur Erfüllung der jeweils übertragenen Aufgaben im jeweiligen Netzbereich gemäß § 64 a Abs. 1 EnWG. Hinzu kommt die Abstimmung der Landesregulierungsbehörden mit der Bundesnetzagentur zur Sicherstellung eines bundeseinheitlichen Vollzugs über den Länderausschuss nach § 60 a Abs. 1 EnWG.

Daneben befindet sich die Bundesnetzagentur in einer horizontalen, zweiseitigen Informationsbeziehung mit den Landeskartellbehörden und dem Bundeskartellamt, die sich in der Aufsicht über die Energiewirtschaft ergänzen und durch gegenseitige Informationen vor allem bei Energiepreisen und Zusammenschlussvorhaben unterstützen.[243] Die Bundesnetzagentur ist zuständig für den Netzbereich, während die

[240] § 8 BNetzAG.

[241] § 9 Abs. 3 Satz 2 BNetzAG.

[242] *P. Franke*, Energieregulierungsbehörden und behördliche Verfahren, in: Schneider/Theobald (Hrsg.), Recht der Energiewirtschaft, 4. Aufl. 2013, § 19 Rn. 10.

[243] *S. Neveling*, ZNER 2005, S. 263 (265, 268).

Kartellbehörden für die Aufsicht über die wettbewerbsoffenen energiewirtschaftlichen Wertschöpfungsstufen von Erzeugung, Handel und Vertrieb zuständig sind.[244] Diese Kompetenzaufteilung ist abschließend geregelt.[245] Die Rücknahme der kartellbehördlichen Aufsicht im Netzbereich zugunsten der Bundesnetzagentur wird kompensiert durch eine weitgehende Beteiligung der Kartellbehörden durch Konsultation im Regulierungsverfahren[246] und durch die Pflicht zur Anhörung, die eine Gelegenheit zur Stellungnahme geben.[247]

Jüngst wurde auch eine horizontale, zweiseitige Organisationsbeziehung zwischen der Bundesnetzagentur mit der Bundesanstalt für Finanzdienstleistungsaufsicht zur Durchführung der REMIT-Verordnung geschaffen (§ 58 a EnWG).

Auf unionaler Ebene befindet sich die Bundesnetzagentur in horizontalen, zweiseitigen Organisationszusammenhängen mit anderen mitgliedstaatlichen Regulierungsbehörden, besonders in den Gremien des CEER und der ACER sowie mit der Kommission.[248] In diesen Organisationszusammenhängen stellt die Bundesnetzagentur sämtliche Informationen zur Verfügung, die erforderlich sind, damit andere Behörden ihre Aufgaben aus dem europäischen Sekundärrecht erfüllen können.[249] Bei der Regulierung des Netzzugangs zu grenzüberschreitenden Verbindungsleitungen bedürfen die nationalen Regulierungsbehörden der Mitwirkung der Kommission.[250]

ii) Vertikale Organisationszusammenhänge

Die Bundesnetzagentur steht auch in vertikalen Organisationszusammenhängen. Zunächst gibt es vertikale, einseitige Organisationsbeziehungen zwischen den Landesregulierungsbehörden und der Bundesnetzagentur, die einerseits die Landesregulierungsbehörden zur umfassenden Information gegenüber der höherstehenden Bundesnetzagentur verpflichten, andererseits obliegt es der Bundesnetzagentur, die Landesregulierungsbehörden vor Entscheidungen anzuhören.[251] Außerdem können die Landesregulierungsbehörden über den Länderausschuss die Bundesnetzagentur beraten und kontrollieren, wenn auch ohne die Möglichkeit, Weisungen zu erteilen.[252]

---

[244] §§ 58 Abs. 1 und 3 EnWG.

[245] § 111 Abs. 1 und 2 EnWG.

[246] §§ 65 in Verbindung mit §§ 6–10 EnWG; § 25 Satz 2; § 28 Abs. 3 Satz 1; § 56 EnWG i.V.m. § 7 Abs. 1 lit. a Stromhandelsverordnung 2009; § 24 Abs. 1 Nr. 2 EnWG.

[247] § 58 Abs. 1 Satz 2 EnWG.

[248] Art. 23 Abs. 12 Elektrizitäts-Richtlinie 2009, Art. 23 Abs. 12 Gas-Richtlinie 2009, Art. 9 Stromhandelsverordnung 2009, Art. 10 Gaszugangsverordnung 2009; § 57 Abs. 1 und Abs. 4 Satz 1 EnWG.

[249] §§ 57 Abs. 1 und 4 EnWG.

[250] Artt. 7–9 Stromhandelsverordnung 2003; Art. 10 Gaszugangsverordnung 2005.

[251] § 64 a Abs. 2 EnWG.

[252] *S. Neveling*, ZNER 2005, S. 263 (265).

Hinzu kommen vertikale, zweiseitige Organisationszusammenhänge zwischen der Bundesnetzagentur und der ACER sowie der Kommission. Zwischen der Bundesnetzagentur und der ACER gibt es einseitige, vertikale Organisationsbeziehungen einerseits durch die Beteiligung der Bundesnetzagentur an der Arbeit der ACER in den Arbeits- und Aufgabengruppen sowie andererseits durch die Vorgaben der ACER an die Bundesnetzagentur indirekt über den Entwurf der Netzkodizes und direkt über die Entscheidungen im Einzelfall. Ferner bestehen vertikale, einseitige Organisationsbeziehungen zwischen der Bundesnetzagentur und der Kommission durch umfassende Berichts-, Informations- und Mitwirkungspflichten nach der Elektrizitäts-[253] und Gas-Richtlinie[254] von 2009 sowie durch den Erlass von Leitlinien zur Harmonisierung des Energiebinnenmarktes.

b. Landesregulierungsbehörden

In den Ländern der Bundesrepublik Deutschland werden grundsätzlich die Landesregulierungsbehörden als Vollzieher von Regulierungsentscheidungen tätig, soweit das Energiewirtschaftsgesetz keine anderweitigen Regelungen trifft. Ausnahmsweise kann der Bund einem Land die Bundesnetzagentur zur Wahrnehmung von dessen Regulierungsaufgaben zur Verfügung stellen, wenn das aus verwaltungspraktischen oder verwaltungsökonomischen Gründen zur Entlastung der Landesbehörden erforderlich ist.[255] Dann wird die Bundesnetzagentur als Organ des Bundes auf vertraglicher Grundlage zur Erfüllung von Landesaufgaben entliehen.[256]

aa. Rechtsgrundlagen und Rechtsform

Die Rechtsgrundlagen liegen im Energiewirtschaftsgesetz sowie in den Gesetzes- und Verordnungsblättern der Länder. Das Energiewirtschaftsgesetz bestimmt Aufgaben und Kompetenzen der Landesregulierungsbehörden sowie deren Einbindung in Organisationszusammenhänge. Die Prinzipien der Organisation werden in den Ländern, die eigenständige Landesregulierungsbehörden eingerichtet haben, in den jeweiligen Gesetzes- und Verordnungsblättern bestimmt. Landesregulierungsbehörden sind regelmäßig oberste Landesbehörden, die für Wirtschaft und Energie zuständig sind.[257]

---

[253] Artt. 3 Abs. 9, 4 Satz 4, 5 Satz 3, 23 Abs. 1 und 8, 25 Elektrizitäts-Richtlinie 2009; Art. 10 Abs. 1 Stromhandelsverordnung 2009.

[254] Artt. 3 Abs. 6, 5 Satz 4, 6 Satz 3, 25 Abs. 1, 28 Abs. 1 Gas-Richtlinie 2009.

[255] *P. Franke*, Energieregulierungsbehörden und behördliche Verfahren, in: Schneider/Theobald (Hrsg.), Recht der Energiewirtschaft, 4. Aufl. 2013, § 19 Rn. 4; *S. Neveling*, ZNER 2005, S. 263 (267).

[256] *P. Franke*, Energieregulierungsbehörden und behördliche Verfahren, in: Schneider/Theobald (Hrsg.), Recht der Energiewirtschaft, 4. Aufl. 2013, § 19 Rn. 4; *S. Neveling*, ZNER 2005, S. 263 (267).

[257] *P. Franke*, Die Landesregulierungsbehörden, in: Baur/Salje/Schmidt-Preuß (Hrsg.), Recht der Energiewirtschaft, 2. Aufl. 2016, Kap. 40 Rn. 10.

bb. Aufgaben und Kompetenzen

Die Aufgaben der Landesregulierungsbehörden werden durch § 54 Abs. 2 EnWG bestimmt, die bestimmte Aufgaben der Landesregulierung zuweisen. Zunächst werden die Bereiche von Bundes- und Landesregulierung nach Netzbereichen abgegrenzt. Elektrizitäts- und Gasverteilernetze, an die weniger als 100.000 Kunden angeschlossen sind, unterliegen der Aufsicht durch die Landesregulierungsbehörden oder die jeweiligen Landesministerien.[258] Innerhalb des grundsätzlich der Landesregulierung zugewiesenen Netzbereichs werden die Aufgaben der Landesregulierungsbehörden enumerativ weiter eingegrenzt.[259] Hieraus folgt, dass bei den Landesregulierungsbehörden nur wenige Kompetenzen zur Regulierung der netzbezogenen Energieversorgung liegen. Hierzu zählen für die den Landesregulierungsbehörden zugewiesenen Netzbereiche insbesondere die Kompetenz zur Genehmigung der Entgelte für den Netzzugang nach § 23 a EnWG, die Kompetenz zu Genehmigungen oder Festlegungen im Rahmen der Bestimmung der Entgelte für den Netzzugang im Wege einer Anreizregulierung nach § 21 a EnWG, die Kompetenz zur Überwachung der Vorschriften zum Netzanschluss nach den §§ 17 und 18 EnWG mit Ausnahme der Vorschriften zur Festlegung oder Genehmigung der technischen und wirtschaftlichen Bedingungen für einen Netzanschluss oder der Methoden für die Bestimmung dieser Bedingungen durch die Regulierungsbehörde sowie die Kompetenz zur Überwachung der technischen Vorschriften und die Kompetenz zur Missbrauchsaufsicht.[260]

cc. Strukturen und Prinzipien der Organisation

Das Energiewirtschaftsgesetz enthält weder Vorgaben zur formalen Stellung (i.) der Landesregulierungsbehörden noch solche zu den Strukturen und Prinzipien (ii.) der internen Organisation.[261]

i) Stellung der Landesregulierungsbehörden

Die Einführung in die rechtlichen Grundlagen der Untersuchung hat die Bedeutung der Regulierungsverwaltung herausgearbeitet. Die Besonderheit der Regulierungsverwaltung liegt in ihrer Unabhängigkeit von politischen Erwägungen oder wirtschaftlichen Interessen, was besondere Anforderungen an die demokratische Legitimation stellt. In den Ländern wird die Regulierung häufig nur von wenigen Beamten geleistet, die in einer Teileinheit der übergeordneten Landesbehörde tätig werden, was eine besondere Herausforderung für die Unabhängigkeit einer Landesregulierungsbehörde darstellt.

---

[258] § 54 Abs. 2 Satz 1 a EnWG.

[259] § 54 Abs. 2 Satz 1 Nr. 1–9 EnWG.

[260] § 54 Abs. 2 Satz 1 Nr. 1, 2, 6, 7, 8 EnWG.

[261] *J.-C. Pielow*, Energierecht, in: Ehlers/Fehling/Pünder (Hrsg.), Besonderes Verwaltungsrecht Bd. 1, 3. Aufl. 2012, § 22 Rn. 135; *P. Franke*, Die Landesregulierungsbehörden, in: Baur/Salje/Schmidt-Preuß (Hrsg.), Recht der Energiewirtschaft, 2. Aufl. 2016, Kap. 40 Rn. 7.

Zur formalen Stellung fordern die europäischen Richtlinienvorgaben, dass die Mitgliedstaaten eine oder auch mehrere zuständige Stellen mit den Aufgaben der Regulierung betrauen.[262] Damit ist grundsätzlich die Einrichtung von Landesregulierungsbehörden möglich, wenn eine rechtliche Trennung und funktionale Unabhängigkeit der Landesregulierungsbehörden von den jeweiligen Fachministerien sowie von politischem und wirtschaftlichem Einfluss gewährleistet ist. Zunächst wurden in der Umsetzung des Zweiten Energiebinnenmarktpaketes in vielen Ländern hoheitliche Einrichtungen zur Energienetzregulierung geschaffen, die sich in ihrer Organisationsform und in ihrer Stellung gegenüber den jeweiligen Landesfachministerien unterschieden.

Auch wenn die Bildung eigener Landesregulierungsbehörden je nach Bundesland aufgrund einer geringen Personalstärke nicht praktikabel erscheint, muss der Landesgesetzgeber Vorkehrungen treffen, um durch Verselbständigung der entsprechenden Einheit innerhalb einer Behördenstruktur die Anforderungen an die Unabhängigkeit der Landesregulierungsbehörden zu erfüllen.[263] Infolge des Dritten Energiebinnenmarktpakets haben einzelne Länder die Organleihevereinbarung mit der Bundesnetzagentur gekündigt, sodass sich mittlerweile elf Länder zur Energienetzregulierung entschieden haben, jedoch teilweise ohne die formalen Strukturen zu schaffen.

Deshalb hat die Europäische Kommission 2014 ein Pilotverfahren als Mahnung und als Vorstufe eines Vertragsverletzungsverfahrens bezüglich der Umsetzung der Elektrizitäts- und Gas-Richtlinien von 2009 mit Fragen an die Bundesrepublik Deutschland eingeleitet.[264] Im Einzelnen fragte die Kommission, ob alle Länder über Landesregulierungsbehörden verfügen, wie die Organstruktur der einzelnen Landesregulierungsbehörden ausgestaltet und wie die erforderliche Unabhängigkeit der Landesregulierungsbehörden nach deutschem Recht sichergestellt ist.[265] Als Reaktion auf dieses Pilotverfahren zur Vertragsverletzung haben zahlreiche Länder entsprechende Gesetzesentwürfe in die Landesparlamente eingebracht, die bis Anfang 2016 verabschiedet wurden. Infolgedessen hat die Kommission diesen Vorwurf einer Vertragsverletzung in der mit Gründen versehenen Stellungnahme vom 29. April 2016 gegenüber der Bundesrepublik Deutschland wegen mangelhafter Umsetzung des Dritten Energiebinnenmarktpakets nicht weiter verfolgt.

---

[262] Art. 23 Abs. 1 Elektrizitäts- Richtlinie 2009, Art. 25 Abs. 1 Gas- Richtlinie 2009.

[263] *P. Franke*, Energieregulierungsbehörden und behördliche Verfahren, in: Schneider/Theobald (Hrsg.), Recht der Energiewirtschaft, 4. Aufl. 2013, § 19 Rn. 21; *C. Koenig/J. Kühling/W. Rasbach*, Energierecht, 3. Aufl. 2013, Kap. 10 Rn. 15.

[264] *Europäische Kommission*, Pilotverfahren zur Umsetzung der Richtlinien 2009/72/EG und der Richtlinien 2009/73/EG in deutsches Recht, 2014; ausgehend von Mitteilung der Kommission vom 05.09.2007, KOM (2007) 502 endg., S. 8, allgemein hierzu *N. Wunderlich*, in: von der Groeben/Schwarze/Hatje (Hrsg.), Europäisches Unionsrecht, 7. Aufl. 2015, Art. 258 AEUV Rn. 4, 15.

[265] *Europäische Kommission*, Pilotverfahren zur Umsetzung der Richtlinien 2009/72/EG und 2009/73/EG in deutsches Recht, 2014; S. 10; ausgehend von *dies.*, Mitteilung vom 05.09.2007, KOM (2007) 502 endg., S. 8.

ii) Struktur der Landesregulierungsbehörden

Die Organisation der Landesregulierungsbehörden erfolgt aktuell in drei Modellen: Es gibt Regulierungskammern, die den Beschlusskammern der Bundesnetzagentur entsprechend gestaltet sind, es gibt Landesregulierungsbehörden, denen in der Landesverwaltung eine vergleichbare Stellung wie der Bundesnetzagentur in der Bundesverwaltung zukommt, und es gibt Länder, die keine eigenen Regulierungseinheiten errichtet haben, sondern die Aufgabe der Regulierung weiterhin durch eine Organleihe an die Bundesnetzagentur übertragen haben.

Im Freistaat Bayern,[266] in Hessen,[267] in Niedersachsen,[268] in Nordrhein-Westfalen,[269] in Mecklenburg-Vorpommern,[270] in Rheinland-Pfalz[271] und im Saarland[272] wurden für den Vollzug von Aufgaben des § 54 Abs 2 EnWG sogenannte Regulierungskammern eingerichtet. Diese Regulierungskammern sollen ihre Aufgaben explizit unabhängig, insbesondere von Marktinteressen und allen politischen Stellen, unparteiisch und weisungsfrei von Regierungsstellen und anderen öffentlichen oder privaten Einrichtungen in eigener Verantwortung ausüben. Hierfür erhält die Regulierungskammer gesonderte Haushaltsmittel für eine personelle, sächliche und finanzielle Ausstattung, die sie eigenständig verwaltet und über deren Verwendung regelmäßig der Vorsitzende eigenverantwortlich entscheidet.[273]

---

[266] §§ 1 a Abs. 1, 1 b Abs. 1 und 2 Gesetz zur Änderung des Gesetzes über die Zuständigkeit zum Vollzug wirtschaftsrechtlicher Vorschriften vom 11.12.2012, Bay. GVBl. 2012, S. 653.

[267] § 1 Abs. 1 und 2 Gesetz zur Errichtung der Regulierungskammer Hessen vom 27.05.2013, GVBl. Hessen 2013, S. 202.

[268] §§ 1 Satz 1; 2 Abs. 5 Gesetz über die Regulierungskammer Niedersachsen vom 31.10.2013, Nds. GVBl. 2013, S. 256.

[269] §§ 1, 2 Abs. 1–3 Gesetz über die Regulierungskammer Nordrhein-Westfalen vom 08.03.2016, GV. NRW 2016, S. 156.

[270] Verwaltungsvorschrift des Ministeriums für Energie, Infrastruktur und Landesentwicklung Mecklenburg-Vorpommern (Energieministerium Mecklenburg-Vorpommern) über die Einrichtung einer Regulierungskammer beim Energieministerium Mecklenburg Vorpommern vom 13.01.2016 (ABl. M-V 2016, S .40; Geschäftsordnung der Regulierungskammer Mecklenburg-Vorpommern vom 14.07.2016, ABl. M-V 2016, S. 857.

[271] §§ 1; 2 Abs. 1–3 Landesgesetz zur Einrichtung einer Regulierungskammer Rheinland-Pfalz vom 08.10.2013, RP GVBl. 2013, S. 355.

[272] §§ 1, 4 Abs. 1–3 Gesetz Nr. 1854 zur Errichtung einer Regulierungskammer für das Saarland vom 11.02.2015, Amtsblatt Saarland 2015, S. 230.

[273] § 1 i Gesetz zur Änderung des Gesetzes über die Zuständigkeit zum Vollzug wirtschaftsrechtlicher Vorschriften vom 11.12.2012, Bay. GVBl. 2012, S. 653; § 5 Gesetz zur Errichtung der Regulierungskammer Hessen vom 27.05.2013, GVBl. Hessen 2013, S. 202; § 4 Abs. 1 und 2 Gesetz über die Regulierungskammer Niedersachsen vom 31.10.2013, Nds. GVBl. 2013, S. 256; §§ 5 Gesetz über die Regulierungskammer Nordrhein-Westfalen vom 08.03.2016, GV. NRW 2016, S. 156; § 5 Landesgesetz zur Einrichtung einer Regulierungskammer Rheinland-Pfalz vom 08.10.2013, RP GVBl. 2013, S. 355; § 5 Gesetz Nr. 1854 zur Errichtung einer Regulierungskammer für das Saarland vom 11.02.2015, Amtsblatt Saarland 2015, S. 230.

In Baden-Württemberg,[274] Sachsen[275] und Sachsen-Anhalt[276] wurde für den Vollzug der Aufgaben nach § 54 Abs. 2 EnWG eine Landesregulierungsbehörde eingerichtet, deren Beschäftigte bei der Wahrnehmung ihrer Aufgaben nicht an Weisungen außerhalb der Behörde gebunden sind. Sie handeln unabhängig von Unternehmen und Marktinteressen. Dafür werden Personal- und Sachmittel, über deren Verwendung eigenverantwortlich entschieden werden kann, gesondert ausgewiesen.[277]

In den Ländern Berlin und Bremen übernimmt die Bundesnetzagentur kraft Organleihe die Aufgaben der Landesregulierungsbehörden, da die Netzregulierung aufgrund von mehr als 100.000 Kunden pro Netz bereits originär in die Zuständigkeit der Bundesnetzagentur fällt. Hinzu kommen Brandenburg,[278] Schleswig-Holstein[279] und der Freistaat Thüringen,[280] dessen Landesregulierungsaufgaben aufgrund einer Organleihevereinbarung durch die Bundesnetzagentur übernommen werden.

iii) Prinzipien der Landesregulierungsbehörden

Entsprechend dem Verfahren in den Beschlusskammern der Bundesnetzagentur entscheiden die Regulierungskammern in den Ländern kollegial. Entscheidungen der Regulierungskammern werden in der Regel mit absoluter Mehrheit getroffen.[281] Dagegen werden Entscheidungen in den Landesregulierungsbehörden entsprechend der Behördenstruktur grundsätzlich hierarchisch durch den Leiter getroffen. Vereinzelt wird, wenn möglich, kollegial mit den Referenten entschieden.

---

[274] §§ 1, 2 Abs. 1 Gesetz über die Unabhängigkeit der Landesregulierungsbehörde vom 23.02.2016, GBl. Baden-Württemberg 2016, S. 161.

[275] §§ 1, 2 Abs. 1 Gesetz über die Landesregulierungsbehörde Sachsen vom 18.10.2012, Sächs. GVBl. 2012, S. 567.

[276] §§ 1, 2 Abs. 1 Gesetz über die Landesregulierungsbehörde Sachsen-Anhalt vom 13.05.2015, GVBl. Sachsen-Anhalt 2015, S. 184.

[277] § 4 Gesetz über die Landesregulierungsbehörde Sachsen vom 18.10.2012, Sächs. GVBl. 2012, S. 567; § 4 Gesetz über die Landesregulierungsbehörde Sachsen-Anhalt vom 13.05.2015, GVBl. Sachsen-Anhalt 2015, S. 184.

[278] Gesetz zum Verwaltungsabkommen zwischen der Bundesrepublik Deutschland und dem Land Brandenburg über die Wahrnehmung bestimmter Aufgaben nach dem Energiewirtschaftsgesetz vom 09.06.2011, GVBl. Brandenburg Teil 1, Nummer 8, 2011, S. 1.

[279] § 1 Abs. 3 Schleswig-Holsteiner Landesverordnung zur Bestimmung der zuständigen Behörden nach dem Energiewirtschaftsrecht vom 04.12.2012.

[280] § 3 Thüringer Verordnung über die Zuständigkeit für den Vollzug wirtschaftsrechtlicher Vorschriften auf den Gebieten der Preisbildung und Preisprüfung bei öffentlichen Aufträgen, des Gesetzes gegen Wettbewerbsbeschränkungen sowie des Energiewirtschaftsgesetzes vom 02. März 2002.

[281] § 1 d Abs. 1 Gesetz zur Änderung des Gesetzes über die Zuständigkeit zum Vollzug wirtschaftsrechtlicher Vorschriften vom 11.12.2012, Bay. GVBl. 2012, S. 653; § 1 Abs. 3 Gesetz zur Errichtung der Regulierungskammer Hessen vom 27.05.2013, GVBl. Hessen 2013, S. 202; § 6 Abs. 1 S. 1 Geschäftsordnung der Regulierungskammer Mecklenburg-Vorpommern vom 14.07.2016, ABl. M-V 2016, S. 857; § 3 Abs. 1 Satz 1 Gesetz über die Regulierungskammer Niedersachsen vom 31.10.2013, Nds. GVBl. 2013, S. 256.

dd. Organisationszusammenhänge

Die Landesregulierungsbehörden sind sowohl in horizontale als auch in vertikale Organisationszusammenhänge eingebunden. Zunächst bestehen zweiseitige und vertikale Organisationszusammenhänge zwischen den Landesregulierungsbehörden und der Bundesnetzagentur, die sich bei der Wahrnehmung der ihnen obliegenden Aufgaben – insbesondere wenn die Aufsicht über einen Netzbetreiber bei verschiedenen Netzsparten auseinanderfällt – grundsätzlich gegenseitig durch den Austausch von Informationen unterstützen (§ 64 a Abs. 1 EnWG). Die Landesregulierungsbehörden unterstützen die Bundesnetzagentur bei Beobachtungs-, Berichts- und Beratungsaufgaben gemäß § 64 Abs. 2 EnWG.

Besonders formalisiert werden horizontale, zweiseitige Organisationszusammenhänge im Länderausschuss in der Bundesnetzagentur, in dem alle Landesregulierungsbehörden oder die Landesministerien, die durch Organleihe die Wahrnehmung der Aufgaben der Landesregulierungsbehörden auf die Bundesnetzagentur übertragen haben, vertreten sind.[282] Zentrale Aufgabe des Länderausschusses ist die Koordinierung des parallelen Gesetzesvollzugs. Ziel dieses Organisationszusammenhangs ist die Abstimmung einheitlicher Maßstäbe bei der Anwendung der gemeinsamen Regulierungsinstrumente, um einen bundeseinheitlichen Vollzug sicherzustellen.[283]

Besteht eine alleinige Zuständigkeit der Bundesnetzagentur, werden die Landesregulierungsbehörden über die Möglichkeit einer Stellungnahme eingebunden.[284] Durch diese einseitige, vertikale Organisationsbeziehung zur Bundesnetzagentur werden die Standpunkte der Landesregulierungsbehörden gehört und mitberücksichtigt.

II. Zwischenergebnis: Systematisierung der Regulierungsakteure im Energiesektor

Die Elemente der Verwaltungsorganisation kommen in unterschiedlichen Organisationsformen in der Regulierungsverwaltung vor. Die Rechtsgrundlagen der Organisationen unterscheiden sich in Bezug auf die verfahrensmäßige Entstehung sowie die Detailliertheit der Regelungen zu ihrer Rechtsform, zu Aufgaben und Kompetenzen, zu Strukturen und Prinzipien sowie zu den Verflechtungen der Verwaltungseinheiten (Abb. 4.1).

---

[282] § 60 a Abs. 1 EnWG, § 8 BNetzAG.

[283] *P. Franke*, Energieregulierungsbehörden und behördliche Verfahren, in: Schneider/Theobald (Hrsg.), Recht der Energiewirtschaft, 4. Aufl. 2013, § 19 Rn. 10.

[284] § 60 a Abs. 2 EnWG.

Rechtsgrundlagen	Keine	Privatrechtlich kodifiziert	Hoheitlich kodifiziert im Unionsrecht	Hoheitlich kodifiziert im nationalen Recht
Rechtsform	–	Verein	Organ Einrichtung	Organ
Form der Rechtsgrundlagen	–	private Satzung	europäisches Primär- und Sekundärrecht	Gesetz Verordnung
Prinzipien	Forum	Kollegium	Kollegium	Kollegium
Aufgaben / Kompetenzen	Berichte	Empfehlungen Leitlinien/Entwürfe	Mitwirkung	Entscheidung
Organisationszusammenhänge	zweiseitig horizontal	einseitig vertikal	zweiseitig vertikal	zweiseitig horizontal
	Erscheinungsformen der Regulierungsakteure im Energiesektor			
	Florenz Forum zur Elektrizitätsregulierung	CEER	Kommission	BNetzA
	Madrid Forum zur Gasregulierung	ENTSO	ACER	Landesregulierungsbehörden
	ICER	ERGEG (bis 01.07.2011)	Komitologie-Ausschüsse	

Abb. 4.1 Auslegung der Rechtsgrundlagen anhand der Elemente der Verwaltungsorganisation zur Systematisierung der Regulierungsakteure im Energiesektor

Die Organisationsformen der Regulierungsakteure im Energiesektor korrespondieren mit verschiedenen Funktionen in der Regulierung nichtpreislicher und preislicher Diskriminierungen von Marktteilnehmern. Hierfür besitzen die Verwaltungsorganisationen unterschiedliche Instrumente, um Einfluss auf Regulierungsentscheidungen zu nehmen.

III. Bewirkungsformen der Energieregulierungsakteure

Die Rechtsgrundlagen bestimmen grundlegende Elemente der Regulierungsakteure, von denen einzelne die Bewirkungsformen der Regulierungsakteure in der Praxis steuern. Ausgehend von der Einordnung der Regulierungsakteure nach ihren Rechtsgrundlagen lassen sich deren Bewirkungsformen anhand ihrer Aufgaben und Kompetenzen, ihrer Organisationsprinzipien sowie ihrer Organisationszusammenhänge herausarbeiten.

1. Regulierungsakteure ohne formelle Rechtsgrundlagen

Die Europäischen Foren für Elektrizitäts- und Gasregulierung (a.) sowie die ICER (b.) erhalten aus ihren Rechtsgrundlagen keine Kompetenzen. Sie können nur unverbindliche Handlungen vornehmen, die jedoch praktisch bedeutend sind. Durch die Beteiligung sowohl supranationaler Organisationen als auch privater und öffentlicher Akteure aus den Nationalstaaten nehmen die Handlungen indirekt Einfluss auf den weiteren Rechtsetzungs- und Entscheidungsprozess der Regulierungsakteure.

a. Europäisches Forum für Elektrizitätsregulierung in Florenz und Europäisches Forum für Gasregulierung in Madrid

Zentrale Handlungsform der Europäischen Regulierungsforen für Elektrizität und Gas ist das Ergebnisprotokoll, das einen Bericht über den Branchenaustausch darstellt. Durch den Austausch von Erfahrungen zwischen regulierten Unternehmen und nationalen Regulierungsbehörden werden Informationsdefizite abgebaut und gegenseitiges Verständnis für einvernehmliche Vereinbarungen geschaffen.[285] Die Ergebnisprotokolle enthalten regelmäßig Empfehlungen und Leitlinien, die Einfluss auf die weiteren Regulierungsentscheidungen in der Mehrebenenverwaltung nehmen.

aa. Empfehlungen zur Entflechtung des Netzbetriebs

Im Europäischen Regulierungsforum für Elektrizität wurde bereits 1998 eine vollständige Entflechtung von Erzeugung und Transport für die Übertragungs- und die Verteilungsnetzebene mit der Möglichkeit einer eigentumsrechtlichen Trennung diskutiert.[286] Erste Ansätze wurden in den Beschleunigungsrichtlinien von 2003 aufgenommen,[287] ehe das Dritte Energiebinnenmarktpaket die Vorgaben zur Entflechtung in der Elektrizitäts- und Gas-Richtlinie von 2009 ausdifferenzierte.[288]

---

[285] *J. Haller*, Der Verwaltungsverbund in der Energieregulierung, 2013, S. 154.

[286] Conclusions of the 1st European Electricity Forum vom 05./06. Februar 1998, S. 16.

[287] *J. Herrmann*, Europäische Vorgaben zur Regulierung der Energienetze, 2005, S. 57 ff., 100 ff.

[288] Artt. 9, 14, 26, 31 Elektrizitäts-Richtlinie 2009; Artt. 9, 15, 26, 31 Gas-Richtlinie 2009.

bb. Leitlinien zum Engpassmanagement bei Elektrizität und zum Zugang zum Erdgasfernleitungsnetz

In den Europäischen Regulierungsforen für Elektrizität und Gas wurden im Jahre 2000 Leitlinien zum Engpassmanagement im Elektrizitätsbereich[289] und zum Gasnetzzugang[290] für Netzbetreiber entwickelt. Diese Leitlinien haben durch die Beteiligung von Regulierungsbehörden und Netzbetreibern an der Erarbeitung eine breite Akzeptanz erfahren und wurden freiwillig von den Marktteilnehmern befolgt.[291] Zugleich dienten diese Leitlinien als Maßstab für die Umsetzung der Beschleunigungsrichtlinien 2003 durch die nationalen Regulierungsbehörden.[292] Dadurch wurden spätere Entscheidungen der Kommission in gewisser Weise legitimiert,[293] die diese Leitlinien in den Anhang der Verordnung über die Netzzugangsbedingungen für den grenzüberschreitenden Stromhandel[294] und in den Anhang der Verordnung über die Bedingungen für den Zugang zu den Erdgasfernleitungsnetzen[295] aufgenommen hat.

cc. Empfehlungen für „Netzkodex Ausgleichsenergie“

Die Europäischen Regulierungsforen für Gas und Elektrizität fordern seit 2010 beziehungsweise 2012, sowohl zum Ausgleich von Versorgungsengpässen in Osteuropa (insbesondere in Russland) als auch zur Integration von Elektrizität aus erneuerbaren Energien verbindliche Regelungen in Netzkodizes zur Ausgleichsenergie anzunehmen, um eine Versorgungssicherheit zu gewährleisten.[296]

---

[289] Conclusions of the 6th European Electricity Regulatory Forum vom 09./10. November 2000 – Guidelines on congestion management.

[290] Conclusions of the 5th European Gas Regulatory Forum vom 07./08. Februar 2002, Guidelines for Good Practice for Third Party Access, überarbeitet durch Conclusions of the 7th European Gas Regulatory Forum 25. September 2003.

[291] *P. Cameron*, ELR 2005, S. 631 (641).

[292] *W. Weiß*, Der Europäische Regulierungsverbund im Energierecht, in: Baur/Salje/Schmidt-Preuß (Hrsg.), Regulierung in der Energiewirtschaft, 2. Aufl. 2016, § 32 Rn. 5; *J. Herrmann*, Europäische Vorgaben zur Regulierung der Energienetze, 2005, S. 317.

[293] *P. Cameron*, ELR 2005, S. 631 (641 f.); *F. Arndt*, DV 39 (2006), S. 100 (106).

[294] Anhang I Leitlinien für das Management und die Vergabe verfügbarer Übertragungskapazitäten auf Verbindungsleitungen zwischen nationalen Netzen, insbesondere „2. Engpassmanagementmethoden“ und „3. Koordinierung“ Stromhandelsverordnung 2009.

[295] Erwägungsgrund 2, 3, 18, 19, 27 Gaszugangsverordnung 2005; Erwägungsgrund 4 und Anhang I Leitlinien für „2. Fernleitungsnetzbetreiber betreffende Grundsätze der Kapazitätszuweisungsmechanismen und Engpassmanagementverfahren und ihre Anwendung bei vertraglich bedingten Engpässen“ Gaszugangsverordnung 2009.

[296] Conclusions of the 18th European Gas Regulatory Forum vom 27./28. September 2010, Rn. 22 ff.; Conclusions of the 22nd European Gas Regulatory Forum vom 02./03. Oktober 2012, Rn. 9 f.; Conclusions of the 24th European Gas Regulatory Forum vom 15./16. Oktober 2013, Nr. 5; Conclusions of the 26th European Gas Regulatory Forum vom 15./16. Oktober 2014, Nr. 3; Conclusions of the 22th European Electricity Regulatory Forum vom 22./23. Mai 2012, S. 1 f.; Conclusions of the 23th European Electricity Regulatory Forum vom 21./22. November 2012, S. 3.

Im Einzelnen seien ein transparenter Informationsaustausch, eine Kooperation zwischen den Übertragungs- und Fernleitungsnetzbetreibern sowie mögliche Anreize für den Elektrizitätsmarkt zum Angebot ausreichender Kapazitäten erforderlich.

Verzögerungen im Verfahren zwischen der ACER und den ENTSOs wurden nachdrücklich gerügt. In den Ergebnisprotokollen wurde in der Wortwahl deutlich politischer Druck – insbesondere auf die Elektrizitätsübertragungsnetzbetreiber beim Entwurf eines Netzkodex und auf die Kommission zur Einsetzung eines Komitologieausschusses zum Beschluss eines Netzkodex im Gassektor – aufgebaut.[297]

Darüber hinaus fordert das Europäische Regulierungsforum für Elektrizität über die Einrichtung einzelner Pilotprojekte die Zusammenarbeit der ACER, von ENTSO-E und der Kommission zur Annahme des Netzkodex zur Ausgleichsenergie von der Kommission im Rahmen des Komitologieverfahrens.[298] Im Gassektor ist inzwischen ein Netzkodex[299] zur Regelung des Ausgleichs zwischen den Fernleitungsnetzen und zur Bestimmung eines Ausgleichsenergieentgelts veröffentlicht, während im Elektrizitätssektor im Juli 2015 eine Empfehlung[300] der ACER veröffentlicht wurde, die im März 2017 im Rahmen eines Komitologieverfahrens angenommen wurde.

dd. Empfehlungen für Regelungen in einem Netzkodex zur Kapazitätsvergabe und zum Engpassmanagement

Das Europäische Regulierungsforum für Elektrizität hat sich im Jahre 2013 in den Rechtsetzungsprozess seitens der ACER in Zusammenarbeit mit dem ENTSO-E eingeleiteten Rechtsetzungsprozess zur Annahme eines Netzkodex zur Kapazitätsvergabe und zum Engpassmanagement eingeschaltet. Es hat eine Verbindung der Märkte als wesentlichen Bestandteil zur Schaffung eines europäischen Energiebinnenmarktes[301] und die Entwicklung gemeinsamer Entscheidungsverfahren von Netzbetreibern zur Umsetzung der Ziele der Netzkodizes gefordert.[302] Nach Abschluss des Verfahrens der ACER mit ENTSO-E hat das Europäische Regulierungsforum für Elektrizität die Kommission zur zügigen Eröffnung eines Komitologieverfahrens

[297] Conclusions of the 24th European Electricity Regulatory Forum vom 15./16. Mai 2013, Rn. 6; Conclusions of the 25th European Electricity Regulatory Forum vom 12./13. November 2013, Rn. 10; Conclusions of the 26th European Electricity Regulatory Forum vom 20./21. Mai 2014, Rn. 5 f.; Conclusions of the 27th European Electricity Regulatory Forum vom 27./28. November 2014, Rn. 11 ff.; Conclusions of the 23rd European Gas Regulatory Forum vom 17./18. April 2013, Rn. 6; Conclusions of the 27th European Gas Regulatory Forum vom 20./21. April 2015, Nr. 4.

[298] Conclusions of the 28th European Electricity Regulatory Forum vom 04./05. Juni 2015, Rn. 9.

[299] Verordnung (EU) Nr. 312/2014 vom 26.03.2014 zur Festlegung eines Netzkodex für die Gasbilanzierung in Fernleitungsnetzen, ABl. L Nr. 91 vom 27.03.2014, S. 15.

[300] ACER, Recommendation of the Agency for the cooperation of energy regulators No 03/2015 vom 20.07.2015 on the network code on electricity balancing.

[301] Conclusions of the 23rd European Gas Regulatory Forum vom 17./18. April 2013, Rn. 2; Conclusions of the 24th European Electricity Regulatory Forum vom 15./16 Mai 2013, Rn. 7.

[302] Conclusions of the 25th Electricity Regulatory Forum vom 12./13. November 2013, Rn. 8.

zur Annahme des Netzkodex aufgefordert.[303] Im Juli 2015 wurde der Netzkodex in einer Verordnung zur Festlegung einer Leitlinie veröffentlicht.[304]

b. International Confederation of Energy Regulators (ICER)

Die ICER nimmt jeweils innerhalb der drei Jahre zwischen den Weltforen für Energieregulierung Studien, Untersuchungen und Marktvergleiche (Benchmarking) vor, die sie als Berichte veröffentlicht. Die Berichte zur erfolgreichen Integration regionaler Elektrizitäts- und Gasmärkte,[305] über Regulierungsansätze bei Investitionsunsicherheit,[306] zur Gewährleistung von Versorgungssicherheit durch Regulierungsbehörden[307] oder zur Wettbewerbsfähigkeit und Bezahlbarkeit von neuen Technologien zur Elektrizitätserzeugung aus erneuerbaren Energien[308] dienen zur Informationen und zum Erfahrungsaustausch von nationalen Regulierungsbehörden beziehungsweise regionalen Vereinigungen von Regulierungsbehörden.

c. Zwischenergebnis

Die Bewirkungsformen der Europäischen Regulierungsforen für Elektrizität und Gas sowie der ICER sind Berichte, die Regulierungsimpulse enthalten und die Regulierung nichtpreislicher Diskriminierungen durch Sekundärrechtsakte vorbereiten.

2. Regulierungsakteure mit privatrechtlichen Rechtsgrundlagen

Das CEER (a.) und die ENTSOs (b.) erhalten aus den privatrechtlich vereinbarten Rechtsgrundlagen nur schwache Kompetenzen. Darüber hinaus wurde die Gründung des CEER von der Kommission misstrauisch betrachtet und durch die Gründung der ERGEG und später durch die Einrichtung der ACER kompetenziell eingeschränkt. Indes sind die privatrechtlich organisierten ENTSOs durch das Dritte Energiebinnenmarktpaket wesentlich aufgewertet und in das Sekundärrechtsetzungsverfahren eingebunden worden.

---

[303] Conclusions of the 26th Electricity Regulatory Forum vom 20./21. Mai 2014, Rn. 15.

[304] Verordnung (EU) Nr. 2015/1222 vom 24. Juli 2015 zur Festlegung einer Leitlinie für die Kapazitätsvergabe und das Engpassmanagement, ABl. L Nr. 197 vom 25.07.2015, S. 24.

[305] ICER, Benefits of successful market integration, April 2015.

[306] ICER, Regulatory approaches to managing investment uncertainty, April 2015.

[307] ICER, Report on role of energy regulators in guaranteeing reliability and security of supply – The national, regional and global dimensions vom 08.03.2012 (Ref I12-SoS-08-03).

[308] ICER, Examples of methodologies utilized to manage competitiveness and affordability issues related to the introduction of renewable forms of electricity generation and new technologies. An overview report of compilation of four case studies vom 11.04.2012 (Ref I12-C&A-11-04).

a. Council of European Energy Regulators (CEER)

Das CEER wird als privates Gremium der mitgliedstaatlichen Regulierungsbehörden nur beratend tätig. Durch die Auflösung der ERGEG wurden deren Aufgaben übernommen und die Regulierungsimpulse weitergeführt. Das CEER berät die ACER und die Kommission bei der Erarbeitung von Netzkodizes sowie bei der Vorbereitung von Verordnungen und Richtlinien im europäischen Rechtsetzungsverfahren. Im Einzelfall vermittelt das CEER auch unter den nationalen Regulierungsbehörden, um eine Gegenstimme zu den Vereinigungen der Netzbetreiber im Elektrizitäts- und Gassektor bei der ACER einzubringen und um einen gemeinsamen Standpunkt der staatlichen Regulierer in den politisch beeinflussten Gremien der Kommission zu formulieren.

aa. Informeller Informationsaustausch

Das CEER schafft einen regelmäßigen informellen Informationsaustausch unter den nationalen Regulierungsbehörden, der ACER, der Kommission und der ICER. Einheitliche Bewirkungsformen werden hierbei nicht verwendet. Vielmehr gibt es eine Vielfalt informellen Verwaltungshandels durch elektronische Konversationen, fernmündliche Kommunikation sowie vereinzelte Treffen in den Arbeits- und Aufgabengruppen in Brüssel. Diese informell institutionalisierten Konsultationen ermöglichen inhaltlich sowohl eine Koordination der Standpunkte als auch eine Kooperation in Regulierungsangelegenheiten zwischen den Vertretern der nationalen Regulierungsbehörden der einzelnen Mitgliedstaaten, um einen möglichst einheitlichen Standpunkt in die Gremien der ACER einzubringen und gegenüber der Kommission zu vertreten.

Der interne Informationsaustausch wird unterstützt durch ökonomische Betrachtungen der Elektrizitäts- und Gasmärkte in der Europäischen Union und die rechtliche Bewertung der Umsetzung der regulatorischen Vorgaben in den Mitgliedstaaten durch die Übertragungs- und Fernleitungsnetzbetreiber. Das CEER konsolidiert die technischen und rechtlichen Standpunkte der nationalen Regulierungsbehörden. Sie erhalten dadurch eine starke Stimme bei der Beratung der Kommission und der ACER beim Entwurf von Rechtsakten für den Energiebinnenmarkt.

bb. Empfehlungen und Leitlinie für Lieferantenwechsel

Zentrale Handlungsform des CEER sind Empfehlungen und Leitlinien. Eine besondere Bedeutung für Energieversorgungsunternehmen und Verbraucher hatten die Empfehlungen[309] und Leitlinien[310] der ERGEG, die vom CEER fortgeführt werden.

---

[309] ERGEG, Supplier Switching Process – Best Practice Proposition vom 21.06.2006 (Ref: E05-CFG-03-05); ERGEG, Transparency of Prices vom 21.06.2006 (Ref: E05-CFG-03-04); ERGEG, Customer Protection – Best Practice Proposition vom 21.06.2006 (Ref: E05-CFG-0306).

[310] ERGEG, Obstacles to Switching in the Gas Retail Market – Guidelines of Good Practice and Status Review vom 10.04.2008 (E06-CSW-05-03).

Sie regeln Voraussetzungen und Verfahren beim Wechsel des Elektrizitäts- und Gaslieferanten. Das Ziel war, allen Kunden ein Recht zum Wechsel des Lieferanten in einem freien Wettbewerb von Geschäftsbedingungen zu geben. Hierfür sollten Netzbetreiber vom aktiven Marktteilnehmer zum Marktförderer reguliert werden.

Zunächst muss der Verbraucher ein gesetzliches Recht zum Wechsel des Lieferanten erhalten. Der Lieferantenwechsel vollzieht sich in drei Schritten:[311] Der Kunde informiert sich über alternative Lieferanten, durchläuft ein standardisiertes Verfahren zum Lieferantenwechsel und erhält eine Bestätigung über den erfolgreichen Wechsel. Dafür muss der Verbraucher einen einfachen Zugang zu relevanten und unverfälschten Informationen wie Preise, Produkte und Vertragsbedingungen über alternative Lieferanten erhalten. Der Lieferantenwechsel muss für den Verbraucher einfach, verständlich und ohne Kosten gegenüber den Lieferanten umsetzbar sein. Der Wechsel muss in einem bestimmten Zeitrahmen ohne technische oder organisatorische Hindernisse möglich sein. Hierfür muss der Verbraucher wenn möglich *einen* Ansprechpartner, in der Regel den neuen Lieferanten haben, der mit Name, Adresse, Messstellennummer und Vertragsnummer des Verbrauchers den Lieferantenwechsel einleitet und sich mit dem bisherigen Lieferanten auseinandersetzt. Die Lieferanten müssen ihren Informationsaustausch über einheitliche Systeme und Formate vereinheitlichen.

Die Regulierungsbehörden sollten die Bedingungen und Verfahren zum Lieferantenwechsel zwischen Märkten und Ländern in Europa harmonisieren. Die Empfehlungen und Leitlinien der ERGEG, fortgeführt durch das CEER, wurden von der Kommission bei den Entwürfen für das Dritte Energiebinnenmarktpaket aufgenommen und im Rechtsetzungsverfahren vom Europäischen Parlament und dem Rat in der Elektrizitäts-Richtlinie 2009[312] und der Gas-Richtlinie 2009[313] umgesetzt. Diese Richtlinienvorgaben wurden wiederum im deutschen Energiewirtschaftsgesetz umgesetzt.[314]

cc. Empfehlung zu Verbraucherinformationen

Ergänzt wurden die Initiativen des CEER zum Verbraucherschutz um Empfehlungen, die sowohl die Kommission als Initiativorgan des europäischen Rechtsetzungsverfahrens als auch die nationalen Regulierungsbehörden als Umsetzer adressieren, um die Kunden über den Lieferantenwechsel hinaus auch bei den jährlichen Abrechnungen der Lieferanten über die Quellen und die Zusammensetzung der gelieferten (häufig erneuerbaren) Energie zu informieren.[315] Ziel dieser Empfehlung

---

[311] ERGEG, Obstacles to Switching in the Gas Retail Market – Guidelines of Good Practice and Status Review vom 10.04.2008 (E06-CSW-05-03), S. 8–13.

[312] Erwägungsgrund 3 und Art. 3 Abs. 4, 5, 7 sowie Anhang I Abs. 1 lit. d), e), h) Elektrizitäts-Richtlinie 2009.

[313] Erwägungsgrund 3 und Art. 3 Abs. 5, 6 sowie Anhang I Rn. 1 lit. d), e), h) Gas-Richtlinie 2009.

[314] § 20 a EnWG.

[315] CEER, Advice on customer information on sources of electricity vom 04.03.2015 (Ref: C14-CEM-70-08); CEER, White Paper on the European Commission's Clean Energy Proposals vom 30.05.2017, Consumer Empowerment, S. 1 ff.

ist es, durch eine transparente und verlässliche Information der Verbraucher den Wettbewerb auf der Wertschöpfungsstufe des Elektrizitätsvertriebs zu fördern. Damit können die Kunden ihre Auswahl unter den Wettbewerbern nicht nur unter preislichen, sondern auch unter nichtpreislichen Kriterien wie Qualität vornehmen, was wiederum die Grundlage für einen Lieferantenwechsel sein kann. Diese Empfehlungen des CEER beziehen sich auf die Erwägungen der Kommission sowie des Europäischen Parlaments und des Rates zur Stärkung der Kunden im Wettbewerb für Elektrizität,[316] die die Kommission in ihren Mitteilungen zur Energieunion aufgenommen und fortgeführt hat.[317]

dd. Empfehlungen zu Ausgleichsenergieleistungen

Daneben wurden die Leitlinien der ERGEG, fortgeführt durch das CEER, zur Regelung von Ausgleichsenergieleistungen von Elektrizitätsübertragungs- und Gasfernleitungsnetzbetreibern[318] in Bezug auf Ausgleichsperioden, Ausgleichszahlungen, Ausgleichskosten, Marktinformationen sowie die Verpflichtungen von nationalen Regulierungsbehörden und Übertragungs- beziehungsweise Fernleitungsnetzbetreibern in den Ausarbeitungen der ENTSOs und der ACER beim Netzkodex für die Gasbilanzierung in Fernleitungsnetzen inhaltlich wieder aufgenommen.[319]

ee. Bericht über Marktbeobachtung

Das CEER unternimmt mit der ACER eine jährliche Marktbeobachtung zum Netzzugang auf Elektrizitäts- und Gasgroßhandelsmärkten, zu den Hindernissen auf Elektrizitäts- und Gasendkundenmärkten sowie zum Verbraucherschutz.[320] Die Berichte stellen den gegenwärtigen Zustand fest, benennen konkrete Defizite und geben Empfehlungen zur Förderung des Wettbewerbs im Energiebinnenmarkt.

Hinzu kommen konkrete Untersuchungen, die die Regulierungsimpulse aus Leitlinien und Empfehlungen aufgreifen. So wurden die umfassenden und

[316] Erwägungsgrund 50, 51, 52 Elektrizitäts-Richtlinie 2009.

[317] *Europäische Kommission*, Mitteilung zu Verbesserte Möglichkeiten für die Energieverbraucher vom 15.07.2015, KOM (2015), 339 endg., S. 11 f.; dies., Mitteilung zur Rahmenstrategie für eine krisenfeste Energieunion mit einer zukunftsorientierten Klimaschutzstrategie vom 25.02.2015, KOM (2015), 80 endg., S. 13 f.

[318] ERGEG, Guidelines of Good Practice for Electricity Balancing Markets Integration vom 06.12.2006 (Ref: E05-ESO-06-08); ERGEG, Guidelines of Good Practice for Gas Balancing vom 06.12.2006 (Ref: E06-GFG-17-04).

[319] Verordnung (EU) Nr. 312/2014 vom 26. März 2014 zur Festlegung eines Netzkodex für die Gasbilanzierung in Fernleitungsnetzen, ABl. L Nr. 91 vom 27.03.2014, S. 15.

[320] ACER/CEER, Annual Report on the Results of Monitoring the Internal Electricity and Gas Markets in 2016 (zuletzt abgerufen am 01.12.2017, online verfügbar unter http://www.acer.europa.eu/Official_documents/Acts_of_the_Agency/Publication/Market%20Monitoring%20Report.%20CONSUMER%20PROTECTION%20AND%20EMPOWERMENT.pdf).

weitreichenden Empfehlungen[321] und Leitlinien[322] zur Umsetzung eines einheitlichen und transparenten Verfahrens beim Wechsel des Elektrizitäts- und Gaslieferanten durch einen Vergleich von Markthemmnissen beim Lieferantenwechsel im Elektrizitätssektor kontrolliert.[323] So konnten weiterbestehende Informationsmängel über die komplexe Zusammensetzung von Endkundenpreisen[324] sowie über die Zusammensetzung der Erzeugungsquellen von Elektrizität[325] festgestellt werden, was wieder in neue Regulierungsimpulse durch Empfehlungen und Leitlinien einfließt. Jüngst veröffentlichte das CEER ein zusammenfassendes Positionspapier mit Rahmenvorgaben zur Untersuchung der Leistungsfähigkeit von Endkundenmärkten,[326] auf dessen Grundlage ein Handbuch zur Definition einheitlicher Merkmale von Endkundenmärkten entworfen wurde.

Ergänzend zu den Regulierungsprogrammen der ACER und der ENTSOs zur Kapazitätszuweisung und zum Engpassmanagement überprüft das CEER die Harmonisierung der Verfahren an Verbindungspunkten zwischen nationalen Regulierungsbehörden, Elektrizitätsübertragungsnetzbetreibern und Marktteilnehmern[327] sowie die Umsetzung eines fairen und transparenten Zugangs zu Gasspeichern, die in Teilen des Energiebinnenmarktes relevant für den Marktzutritt von Wettbewerbern sind.[328]

Ferner werden auch aktuelle Themen wie die Versorgungssicherheit im Gassektor angesichts der geopolitischen Spannungen zwischen Russland und der Ukraine sowie in Fortsetzung der Regulierung gegenüber den Übertragungsnetzbetreibern auch eine sektorübergreifend einheitliche Regulierung von Verteilnetzbetreibern

---

[321] ERGEG, Supplier Switching Process – Best Practice Proposition vom 21.06.2006 (Ref: E05-CFG-03-05); ERGEG, Transparency of Prices vom 21.06.2006 (Ref: E05-CFG-03-04); ERGEG, Customer Protection – Best Practice Proposition vom 21.06.2006 (Ref: E05-CFG-0306).

[322] ERGEG, Obstacles to Switching in the Gas Retail Market – Guidelines of Good Practice and Status Review vom 10.04.2008 (E06-CSW-05-03); CEER, Electricity and Gas Retail market design, with a focus on supplier switching and billing – Guidelines of Good Practice vom 24.01.2012 (Ref: C11-RMF-39-03).

[323] CEER, Report on commercial barriers to supplier switching in EU retail energy markets vom 07.06.2016 (Ref: C15-CEM-80-04); CEER, Benchmarking report on removing barriers to entry for energy suppliers in the EU retail energy market vom 01.04.2016 (Ref: C15-RMF-70-03); ERGEG, Obstacles to supplier switching in the electricity retail market: Guidelines of Good Practice and Status Review vom 10.04.2008 (Ref: E08-RMF-06-03); ERGEG, Status Review – Supplier Switching Process: Electricity and Gas markets, Five case studies vom 19.09.2008 (Ref: E08-RMF-10-04).

[324] CEER, Status review supplier switching process electricity and gas markets vom 19.09.2008 (Ref: E08-RMF-10-04).

[325] CEER, Status Review on customer access to information on energy costs, sources and energy efficiency schemes vom 16.12.2013 (Ref: C13-CEM-65-04), S. 6, 7, 9, 41 f.

[326] CEER, Position paper on well-functioning retail energy markets vom 14.10.2015 (Ref: C15-SC-36-03); CEER, Draft Handbook on harmonised definitions of retail market metrics – A Public Consultation Paper vom 18.07.2016 (Ref: C16-SC-46-04).

[327] CEER, Monitoring Report on capacity allocation mechanisms and congestion management procedures at selected interconnection points vom 02.02.2011 (Ref: E10-GMM-11-05), S. 5 f., 46 f.

[328] Status Review on Capacity Allocation Management and Congestion Management Procedures for Storage vom 16.04.2010, (Ref: E10-GST-09-03), S. 4, 34.

untersucht.[329] In diesen Fällen dient die Überwachung des Status quo als Grundlage für zukünftige Regulierungsimpulse,[330] um die weitere Energiebinnenmarktregulierung infolge der Liberalisierung der Endkundenmärkte, der Volatilität der erneuerbaren Energieerzeugung und der Nachfragesteuerung aus Sicht der Regulierungsbehörden zu steuern.[331]

b. European Network of Transmission System Operators (ENTSO)

ENTSO-E und ENTSO-G beobachten die Umsetzung der Netzkodizes und veröffentlichen die Ergebnisse in einem Bericht. Im Elektrizitätsbereich sind 2013 die ersten Netzkodizes zur Kapazitätszuweisung und zum Engpassmanagement veröffentlicht worden. Weitere Netzkodizes zur Interoperabilität und zum Datenaustausch sowie zur Bilanzierung in Gasfernleitungsnetzen sind noch nicht umgesetzt. Bisher veröffentlicht sind vier Berichte zur Umsetzung des Netzkodex zur Kapazitätszuweisung, zum Engpassmanagement im Gasfernleitungsnetz 2014 und 2015[332] sowie zur Umsetzung des Netzkodex zur Ausgleichsenergie im Gasfernleitungsnetz im Jahr 2015.[333]

c. Zwischenergebnis

Die Bewirkungsformen des CEER reichen von Empfehlungen über Leitlinien bis zu Berichten, hinzukommen Berichte der ENTSOs über die Umsetzung von Netzkodizes.

Die Empfehlungen und Leitlinien des CEER konkretisieren Regulierungsimpulse der Europäischen Regulierungsforen für Elektrizität und Gas, während die Berichte wiederum die Umsetzung dieser Regulierungsimpulse beobachten und bewerten.

---

[329] CEER, Work Programme 2016 vom 06.01.2016 (Ref: C15-WPDC-27-06), S. 6 f., 11 f.; CEER Final Work Programme 2015 vom 09.01.2015 (Ref: C14-WPDC-26-05), S. 6 f., 10 ff.; hierzu *K. U. Pritzsche,* RdE 2017, S. 10 ff.

[330] CEER, Priorities for the Revision of Regulation 994/2010 concerning measures to safeguard security of gas supply vom 23.05.2016, (Ref: C16-SoS-09-03), S. 2 ff.

[331] CEER, Position Paper on the Future DSO and TSO Relationship vom 21.09.2016 (Ref: C16-DS-26-04); CEER, Status Review on the Implementation of DSO Unbundling Provisions of the 3rd Energy Package vom 01.04.2016 (Ref: C15-LTF-43-03), S. 7 ff., 10 ff., 25 ff.; CEER, Status Review on the Implementation of TSO Unbundling Provisions of the 3rd Energy Package vom 01.04.2016 (Ref: C15-LTF-43-04), S. 7 ff., 10 ff., 25 ff.; CEER, The future role of DSOs (Conclusion Paper) vom 13.07.2015 (Ref: C15-DSO-16-03), S. 8 ff., 26 ff.

[332] ENTSO-G Congestion Management Procedure Network Code Implementation Monitoring Report 2016 (online verfügbar, zuletzt abgerufen am 01.12.2017 unter https://www.entsog.eu/public/uploads/files/publications/Implementation%20Monitoring/2017/ENTSOG_IMR_CMP_2016_web.pdf), ENTSO-G Capacity Allocation Mechanisms Network Code Implementation Monitoring Report 2016 (online verfügbar, zuletzt abgerufen 01.12.2017 unter https://www.entsog.eu/public/uploads/files/publications/Implementation%20Monitoring/2017/l_entsog_IMR_cam_2016_03.pdf).

[333] ENTSO-G Balancing Network Code Implementation Monitoring Report 2016 (online verfügbar, zuletzt abgerufen am 01.12.2017 unter https://www.entsog.eu/public/uploads/files/publications/Implementation%20Monitoring/2017/ENTSOG_IMR_BAL_NC_2016.pdf).

Auch wenn durch die Berichte keine Umsetzung erzwungen werden kann, so erzeugen sie doch politischen Druck, der sich häufig in späteren Kodifizierungen niederschlägt. Die Handlungen des CEER enthalten Regulierungsimpulse, die die Regulierung nichtpreislicher Diskriminierungen durch Sekundärrechtsakte vorbereiten.

Die Berichte der ENTSOs beobachten und bewerten die Umsetzung der Netzkodizes durch die Übertragungs- und Fernleitungsnetzbetreiber. Die Berichte bescheinigen den Netzbetreibern bisher regelmäßig eine gute Umsetzung der Netzkodizes. Fraglich ist, ob die Netzbetreiber mögliche Mängel bei der Umsetzung der Netzkodizes berichten würden.

3. Regulierungsakteure mit formal kodifizierten Rechtsgrundlagen im unionalen Rechtsetzungsverfahren

Die Europäische Kommission und die ACER erhalten aus den Rechtsgrundlagen des europäischen Primär- und Sekundärrechts einander bedingende Kompetenzen, deren Ausübung teilweise nur in Organisationszusammenhängen durch ein Zusammenwirken mit den ENTSOs möglich ist (a.). Daneben kommen der Kommission weitere zunehmend weitreichende Kompetenzen zu (a.), während die ACER im Rahmen der Meroni-Doktrin nur eingeschränkte Entscheidungs- und Aufsichtskompetenzen besitzt (c.).

a. Zusammenwirken der Kommission mit der ACER und den ENTSOs

Die Europäische Kommission wirkt mit der ACER und den ENTSOs in einem mehrstufigen und komplexen Verfahren zur Entwicklung von Netzkodizes zusammen. Die Kommission erstellt eine Prioritätenliste, auf deren Grundlage die ACER eine Rahmenleitlinie erarbeitet, die den ENTSOs zum Entwurf eines Netzkodex dient, von der Kommission angenommen und im Rahmen eines Komitologieverfahrens erlassen wird.

aa. Prioritätenliste

Die Kommission stellt jährlich eine Prioritätenliste auf, in der zwölf sekundärrechtlich bestimmte Bereiche für Netzkodizes[334] definiert und priorisiert werden.[335] Nach

[334] Artt. 8 Abs. 6 Stromhandelsverordnung 2009 und Gaszugangsverordnung 2009; hierzu zählen Netzsicherheit, Netzanschluss, Netzzugang Dritter, Datenaustausch und Abrechnung, Interoperabilität, Verfahren bei Notfällen, Kapazitätszuweisung und Engpassmanagement, Regeln für den Handel, Transparenzregeln, Ausgleichsentgelte, Regeln für harmonisierte Übertragungs- und Fernleitungsentgelte und Energieeffizienz.

[335] *Europäische Kommission*, Durchführungsbeschluss (EU) 2017/89 der Kommission vom 17. Januar 2017 zur Erstellung der jährlichen Prioritätenliste für die Ausarbeitung von Netzkodizes und Leitlinien für 2017, ABl. L Nr. 14 vom 18.01.2017, S. 14.

dem Wortlaut wird die Prioritätenliste nach Konsultation der ACER und der ENTSOs aufgestellt. In der Praxis kommt die Konsultation der ACER und der ENTSOs einer Stellungnahme gleich, die keinen wesentlichen Einfluss auf die finale Prioritätenliste mehr nehmen kann. Die Ausarbeitung eines Netzkodex erfolgt in der Regel auf Aufforderung der Kommission entsprechend der jährlichen Prioritätenliste.[336]

bb. Rahmenleitlinie und Netzkodex

Die Stromhandelsverordnung 2009 und die Gaszugangsverordnung 2009 delegieren bestimmte Rechtsetzungsbefugnisse an die ACER und die ENTSOs.

i) Rahmenleitlinie der ACER

Das weitere Verfahren erfolgt in mehreren Schritten: Zunächst beantragt die Kommission bei der ACER die Ausarbeitung einer Rahmenleitlinie für in der Prioritätenliste bestimmte Bereiche innerhalb einer Frist von höchstens sechs Monaten.[337]

Diese Arbeit wird intern von den Arbeits- und Aufgabengruppen der ACER vorgenommen, die auf die Informationen und das Wissen der nationalen Regulierungsbehörden zurückgreifen. Die Rahmenleitlinie muss zur Nichtdiskriminierung, zu echtem Wettbewerb und zum effizienten Funktionieren des Marktes beitragen.[338]

Sofern die ACER eine Rahmenleitlinie nicht innerhalb der Frist ausarbeitet, wird diese in den Direktoraten der Generaldirektion Energie der Kommission selbst ausgearbeitet.[339] Bisher hat die ACER die Rahmenleitlinien immer innerhalb der Frist erarbeitet, sodass eine Selbstvornahme durch die Kommission noch nicht vorgekommen ist.

Bislang liegen vier Rahmenleitlinien im Elektrizitäts-[340] und drei im Gasbereich[341] vor, die im Einzelfall für die Erarbeitung mehrerer Netzkodizes gelten.[342]

---

[336] *H. Weyer*, Europäische Netzkodizes Strom und Gas, in: Bien/Ludwigs (Hrsg.), Das europäische Kartell- und Regulierungsrecht der Netzindustrien, 2015, S. 123 (126).

[337] Artt. 6 Abs. 2 Satz 1 Stromhandelsverordnung 2009 und Gaszugangsverordnung 2009.

[338] Artt. 6 Abs. 5 Stromhandelsverordnung 2009 und Gaszugangsverordnung 2009.

[339] Artt. 6 Abs. 2 Satz 1 Stromhandelsverordnung 2009 und Gaszugangsverordnung 2009.

[340] Framework Guidelines on Electricity Grid Connection vom 20.07.2011 (FG-2011-E-001); Framework Guidelines on Capacity Allocation and Congestion Management for Electricity vom 29.11.2011 (FG-2011-E-002); Framework Guidelines on Electricity System Operation vom 02.12.2011 (FG-2011-E-003); Framework Guidelines on Electricity Balancing vom 18.09.2012 (FG-2012-E-009).

[341] Framework Guidelines on Capacity Allocation Mechanisms for the European Gas Transmission Network vom 03.08.2011 (FG-2011-G-001); Framework Guidelines on Interoperability and Data Exchange Rules for European Gas Transmission Networks vom 26.07.2012 (FG-2012-G-007); Framework Guidelines on rules regarding harmonized transmission tariff structures for gas vom 29.11.2013 (FG-2013-G-01).

[342] *S. de Moel/F. Melchior*, in: Roggenkamp/Hammer (Hrsg.), European Energy Law Report VIII (2011), S. 21 (38).

ii) Netzkodex der ENTSOs

Die Rahmenleitlinie der ACER bildet die Grundlage für einen Entwurf eines Netzkodex durch das betreffende ENTSO. Das betreffende ENTSO entwirft auf Aufforderung der Kommission innerhalb von drei Monaten einen Netzkodex, welcher der entsprechenden Rahmenleitlinie der ACER entspricht.[343] Daneben können die ENTSOs in Eigeninitiative Netzkodizes in den sekundärrechtlich bestimmten Regelungsbereichen ausarbeiten, die von der Prioritätenliste der Kommission abweichen.[344]

Organisatorisch erfolgt der Entwurf eines Netzkodex bei ENTSO-E in den Komitees für Netzentwicklung und Netzbetrieb, während bei ENTSO-G hierfür spezielle Arbeitsgruppen von der Versammlung eingesetzt werden.

Im normalen Verfahren nimmt die ACER nach Prüfung in den fachlichen Arbeits- und Aufgabengruppen zu dem Entwurf des Netzkodex durch ENTSO innerhalb von drei Monaten, in denen die ACER betroffene Akteure anhören kann, Stellung.[345] Darauf kann ENTSO den Netzkodex unter Berücksichtigung der Stellungnahme und Empfehlung der ACER anpassen und der ACER erneut vorlegen.[346] Nach einem Beschluss des Regulierungsrates legt die ACER, vertreten durch den Direktor, einen von ENTSO ausgearbeiteten Netzkodex der Kommission mit einer befürwortenden Stellungnahme vor, wenn der Netzkodex nach der Auffassung der ACER der zugrunde liegenden Rahmenleitlinie entspricht.[347]

In einigen Fällen haben die ENTSOs eine von ACER gewünschte Überarbeitung mit entsprechender Begründung nur teilweise umgesetzt[348] oder auch abgelehnt.[349] Dann gibt es drei Möglichkeiten: Eine Variante ist, dass die ACER den Entwurf wieder an die ENTSOs zurückgibt, woraus sich ein „Pingpongspiel" zwischen den nationalen Regulierungsbehörden im Rahmen der ACER und den Übertragungs- beziehungsweise Fernleitungsnetzbetreibern der ENTSOs ergeben kann. Das ist in der Praxis beim Verfahren für die Erstellung eines Netzkodex zur Kapazitätszuweisung und zum Engpassmanagement geschehen.[350] Zwei weitere Varianten werden in der Stromhandelsverordnung und der Gaszugangsverordnung 2009 eröffnet: Die Kommission kann die ACER auch zur Ausarbeitung eines Netzkodex auffordern[351]

---

[343] Artt. 6 Abs. 6 Stromhandelsverordnung 2009 und Gaszugangsverordnung 2009.

[344] Artt. 8 Abs. 2 Stromhandelsverordnung 2009 und Gaszugangsverordnung 2009.

[345] Artt. 6 Abs. 7 Stromhandelsverordnung 2009 und Gaszugangsverordnung 2009.

[346] Artt. 6 Abs. 8 Stromhandelsverordnung 2009 und Gaszugangsverordnung 2009.

[347] Artt. 6 Abs. 9 Satz 1 Stromhandelsverordnung 2009 und Gaszugangsverordnung 2009.

[348] Schreiben vom 17.09.2012 an ACER und die Kommission zum Netzkodex „Capacity Allocation Mechanisms"; Schreiben an ACER vom 16.09.2014 zum Netzkodex „Electricity Balancing".

[349] Schreiben vom 08.02.2013 an ACER und Schreiben vom 18.03.2013 an die Kommission zum Netzkodex „Capacity Allocation and Congestion Management".

[350] Siehe Verlauf des Verfahrens zwischen ACER und ENTSO-E unter http://www.acer.europa.eu/en/electricity/FG_and_network_codes/Pages/Capacity-allocation-and-congestion-management.aspx.

[351] Artt. 6 Abs. 10 Stromhandelsverordnung 2009 und Gaszugangsverordnung 2009.

oder von sich aus einen Netzkodex ausarbeiten.[352] In letzterem Fall unterliegt die Annahme des Netzkodex einem Komitologieverfahren in Form des Regelungsverfahrens mit Kontrolle.[353]

iii) Annahme durch die Kommission

Im Falle der Übereinstimmung des entworfenen Netzkodex kann die ACER der Kommission die Annahme empfehlen. Stimmt der Netzkodex nicht mit der entsprechenden Rahmenleitlinie überein, kann die ACER der Kommission eine modifizierte Annahme empfehlen.[354] Die Kommission entscheidet, ob sie den Netzkodex annimmt.[355] Dabei gibt es keine Verfahrensregeln, nach welchen Maßstäben oder mit welchen internen Quoren eine Annahme bei der Kommission erfolgt.[356]

Ob ein Netzkodex bereits nach informeller Annahme durch die Kommission rechtsverbindlich wird oder ob die Durchführung eines förmlichen Komitologieverfahrens mit der Möglichkeit der Mitbestimmung der Mitgliedstaaten erforderlich ist, wurde in der Elektrizitäts- und Gasverordnung nicht festgelegt. Es bedarf der Auslegung.

Nach dem Wortlaut der Artt. 6 Abs. 11 UAbs. 2 Satz 2 und der Systematik der Artt. 6 der Stromhandels- und der Gaszugangsverordnung 2009 könnte ein Komitologieverfahren nur in dem Fall vorgesehen sein, dass weder die ENTSOs noch ersatzweise die ACER einen Netzkodex entworfen haben, sodass die Kommission selbst einen Netzkodex entwirft, der im Rahmen eines Komitologieverfahrens durch die Mitgliedstaaten erst überprüft und dann beschlossen werden kann.[357] Unterstützt wird dieses Verständnis des Wortlauts und der Systematik durch die historische Auslegung der Entwürfe der Stromhandels- und der Gaszugangsverordnung im Dritten Energiebinnenmarktpaket. Ursprünglich war vorgesehen, dass die Mitglieder der ENTSOs die von diesen selbst entworfenen Netzkodizes durch deren Umsetzung und Anwendung annehmen.[358]

---

[352] Artt. 6 Abs. 11 Stromhandelsverordnung 2009 und Gaszugangsverordnung 2009.

[353] Artt. 6 Abs. 11 UAbs. 2 Satz 2 Stromhandelsverordnung 2009 und Gaszugangsverordnung 2009 in Verbindung mit Art. 23 Abs. 2 Stromhandelsverordnung 2009 beziehungsweise Art. 28 Abs. 2 Gaszugangsverordnung 2009.

[354] ACER, Recommendation No 02/2012 vom 04.10.2012 und Recommendation No 04/2012 vom 09.11.2012 zum Netzkodex „Capacity Allocation Mechanism".

[355] Artt. 6 Abs. 9 Satz 2 Stromhandelsverordnung 2009 und Gaszugangsverordnung 2009.

[356] *H. Weyer*, Europäische Netzkodizes Strom und Gas, in: Bien/Ludwigs (Hrsg.), Das europäische Kartell- und Regulierungsrecht der Netzindustrien, 2015, S. 123 (127).

[357] *H. Weyer*, Europäische Netzkodizes Strom und Gas, in: Bien/Ludwigs (Hrsg.), Das europäische Kartell- und Regulierungsrecht der Netzindustrien, 2015, S. 123 (137); differenzierend *J. Haller*, Der Verwaltungsverbund in der Energieregulierung, 2013, S. 94.

[358] Art. 2e Abs. 2 lit. a) und lit. c) der Vorschläge der Kommission für eine Verordnung des Europäischen Parlaments und des Rates zur Änderung der Verordnung (EG) Nr. 1228/2003 über die Netzzugangbedingungen für den grenzüberschreitenden Stromhandel vom 19.09.2007 zur Verordnung 714/2009 (KOM(2007) 531 endg.) sowie zur Änderung der Verordnung (EG) Nr. 1775/2005 über die Bedingungen für den Zugang zu den Erdgasfernleitungsnetzen vom 19.09.2007 zur Verordnung 715/2009 (KOM (2007) 532 endg.).

In den weiteren Beratungen wurde berücksichtigt, dass sich eine freiwillige Umsetzung durch die Übertragungs- und Fernleitungsnetzbetreiber als unzureichend oder als nicht angemessen erweisen könnte. So wurde die Regelung modifiziert, indem die ACER der Kommission empfiehlt, dem Netzkodex – bei einer Vereinbarkeit mit den Vorgaben der Rahmenleitlinie – durch eine Annahme Rechtsverbindlichkeit zu verleihen.[359] Auch wenn Wortlaut, Entstehungsgeschichte und Systematik eine Einschränkung des Komitologieverfahrens auf bestimmte Fälle nahelegen, spricht nach Sinn und Zweck der Regelung des Verfahrens zur Verrechtlichung von Netzkodizes nichts für eine solche Unterscheidung. Das Verfahren zur Erstellung von Netzkodizes wird auch auf die Änderung von Netzkodizes angewandt,[360] für die die Durchführung eines Komitologieverfahrens zur Annahme ausdrücklich vorgesehen ist.[361] Daraus lässt sich folgern, dass der Wortlaut des Art. 6 Abs. 11 UAbs. 2 Satz 2 der Stromhandels- und der Gaszugangsverordnung 2009, der ein Komitologieverfahren allein für von der Kommission erlassene Netzkodizes vorsieht, ein redaktionelles Versehen darstellt.[362]

iv) Erlass durch Komitologieverfahren

Nach der „Annahme" eines Netzkodex durch die Kommission erfolgte bisher eine Verrechtlichung des Netzkodex durch einen Beschluss im Komitologieverfahren in Form des Regelungsverfahrens mit Kontrolle.[363] Demnach musste die Kommission einen Entwurf des Netzkodex, den sie erlassen wollte, einem Ausschuss vorlegen, der sich aus Vertretern der Mitgliedstaaten zusammensetzte und von einem nicht stimmberechtigten Vertreter der Kommission geleitet wurde. Damit kam den Vertretern der Mitgliedstaaten sowohl ein demokratisch legitimierender als auch ein rechtsstaatlich kontrollierender Einfluss auf das Verfahren zu. Im Anschluss daran wurde im Elektrizitätsbereich noch eine Stellungnahme des Ausschusses für den grenzüberschreitenden Stromhandel eingeholt. Dann wurden die Netzkodizes zur Prüfung beim Europäischen Parlament und dem Rat eingereicht. Dieses Verfahren

---

[359] Ziffer 3.2. der Vorschläge der Kommission für eine Verordnung des Europäischen Parlaments und des Rates zur Änderung der Verordnung (EG) Nr. 1228/2003 über die Netzzugangbedingungen für den grenzüberschreitenden Stromhandel vom 19.09.2007 zur Verordnung 714/2009 (KOM (2007) 531 endg.) sowie zur Änderung der Verordnung (EG) Nr. 1775/2005 über die Bedingungen für den Zugang zu den Erdgasfernleitungsnetzen vom 19.09.2007 zur Verordnung 715/2009 (KOM (2007) 532 endg.), S. 13 zweiter Spiegelstrich.

[360] Artt. 7 Abs. 1 Stromhandelsverordnung 2009 und Gaszugangsverordnung 2009.

[361] Artt. 7 Abs. 3 Stromhandelsverordnung 2009 und Gaszugangsverordnung 2009.

[362] *H. Weyer*, Europäische Netzkodizes Strom und Gas, in: Bien/Ludwigs (Hrsg.), Das europäische Kartell- und Regulierungsrecht der Netzindustrien, 2015, S. 123 (140).

[363] *J. Gundel*, in: Danner/Theobald (Hrsg.), Energierecht, 79. EGL Dezember 2013, Europäisches Energierecht, Rn. 60; *M. Ludwigs*, Regulative Teilkompetenzen der EU-Kommission, in: Baur/Salje/Schmidt-Preuß (Hrsg.), Regulierung in der Energiewirtschaft, 2. Aufl. 2016, § 31 Rn. 39.

findet jedoch nur noch übergangsweise statt,[364] da durch den Vertrag über die Arbeitsweise der Europäischen Union die Kommission gemäß Art. 290 AEUV zum Erlass delegierter Rechtsakte ermächtigt wird.

v) Zwischenergebnis

Insgesamt wurden bisher fünf Netzkodizes im Elektrizitätsbereich[365] und drei Netzkodizes im Gasbereich[366] erlassen. Daneben sind drei weitere Netzkodizes im Elektrizitätsbereich[367] und keine weiteren Netzkodizes im Gasbereich in Arbeit.

Die Regelungen zur Annahme von Netzkodizes gelten auch für die Änderung von Netzkodizes. Indes hat die Kommission in der Praxis zahlreiche Änderungen gegenüber dem von ENTSO-G entworfenen Netzkodex zur Kapazitätszuweisung[368] vorgenommen, die von der Stellungnahme der ACER – die diese auf Hinweis der Kommission aufgegeben hat – abwichen[369] und von ENTSO-G ausdrücklich abgelehnt[370] wurden. Dieses Vorgehen der Kommission ist vom Wortlaut der Stromhandels- und der Gaszugangsverordnung 2009 nicht gedeckt, da die gesetzlichen Regelungen eine

---

[364] Art. 12 Verordnung (EU) Nr. 182/2011 des Europäischen Parlamentes und des Rates vom 16. Februar 2011 zur Festlegung der allgemeinen Regeln und Grundsätze, nach denen die Mitgliedstaaten die Wahrnehmung der Durchführungsbefugnisse durch die Kommission kontrollieren, ABl. L Nr. 55 vom 28.02.2011, S. 13.

[365] Verordnung (EU) Nr. 2016/1719 der Kommission vom 26. September 2016 zur Festlegung einer Leitlinie für die Vergabe langfristiger Kapazität, ABl. L Nr. 259 vom 27.09.2016, S. 42; Verordnung (EU) Nr. 2016/1447 der Kommission vom 26. August 2016 zur Festlegung eines Netzkodex mit Netzanschlussbestimmungen für Hochspannungs-Gleichstrom-Übertragungssysteme und nichtsynchrone Stromerzeugungsanlagen mit Gleichstromanbindung, ABl. L Nr. 241 vom 08.09.2016, S. 1; Verordnung (EU) Nr. 2016/1388 der Kommission vom 17. August 2016 zur Festlegung eines Netzkodex für den Lastanschluss, ABl. L Nr. 223 vom 18.08.2016, S. 10; Verordnung (EU) Nr. 2016/631 der Kommission vom 14. April 2016 zur Festlegung eines Netzkodex mit Netzanschlussbestimmungen für Stromerzeuger, ABl. L Nr. 112 vom 27.04.2016, S. 1; Verordnung (EU) Nr. 2015/1222 vom 24. Juli 2015 zur Festlegung einer Leitlinie für die Kapazitätsvergabe und das Engpassmanagement, ABl. L Nr. 197 vom 25.07.2015, S. 24.

[366] Verordnung (EG) Nr. 984/2013 vom 14. Oktober 2013 zur Festlegung eines Netzkodex über Mechanismen für die Kapazitätszuweisung in Fernleitungsnetzen und zur Ergänzung der Verordnung (EG) Nr. 715/2009 des Europäischen Parlaments und des Rates, ABl. L Nr. 273 vom 15.10.2013, S. 5; Verordnung (EU) Nr. 312/2014 vom 26. März 2014 zur Festlegung eines Netzkodex für die Gasbilanzierung in Fernleitungsnetzen, ABl. L Nr. 91 vom 27.03.2014, S. 15; Verordnung (EU) Nr. 2015/703 vom 30. April 2015 zur Festlegung eines Netzkodex mit Vorschriften zur Interoperabilität und den Datenaustausch, ABl. L Nr. 113 vom 01.05.2015, S. 13.

[367] ENTSO-G Status der Netzkodizes vom Juli 2017 (online verfügbar unter: https://www.entsoe.eu/major-projects/network-code-development/updates-milestones/Pages/default.aspx).

[368] Verordnung (EU) Nr. 984/2013 vom 14. Oktober 2013 zur Festlegung eines Netzkodex über Mechanismen für die Kapazitätszuweisung in Fernleitungsnetzen und zur Ergänzung der Verordnung (EG) Nr. 715/2009 des Europäischen Parlaments und des Rates, ABl. L Nr. 273 vom 14.10.2013, S. 5.

[369] ACER, Recommendation No 04/2012 vom 09.11.2012, Erwägungsgrund 18.

[370] ENTSO-G, Netzkodex Capacity Allocation Mechanism vom 17.09.2012, Ziffer 2 Nr. 3 und Ziffer 4.1; ENTSO-G, Summary of positions on the Capacity Allocation Mechanism Network Code vom 15.01.2013.

Annahme unter Abänderung nicht vorsehen.[371] In diesen Fällen kann die Kommission zur Durchsetzung eines Mindestmaßes an Harmonisierung das Instrument der Leitlinie verwenden, um Regelungen nach ihren eigenen Vorstellungen zu entwickeln, wenn sie mit den von den ENTSOs vorgelegten Netzkodizes nicht einverstanden ist.[372] Hingegen ist es nicht möglich, durch die Anwendung des Netzkodexverfahrens die Vorstellungen der ENTSOs durch die Vorstellungen der Kommission zu ersetzen.[373]

b. Europäische Kommission

Die Rechtsgrundlagen der Stromhandels- und der Gaszugangsverordnung 2009 ermöglichen der Kommission weitreichenden Einfluss auf Entscheidungen. Die Kommission kann Einzelheiten zu den Netzbereichen, für die Netzkodizes vorgesehen sind, auch durch Leitlinien beschließen (aa.) sowie einzelne Entscheidungen gegenüber den Netzbetreibern und nationalen Regulierungsbehörden treffen (bb.).

aa. Leitlinien

Die Erstellung von Netzkodizes auf Aufforderung der Kommission durch die ENTSOs im Zusammenspiel mit den Empfehlungen der ACER schließt nicht aus, dass die Kommission Regeln zu den sekundärrechtlich bestimmten Netzbereichen[374] auch in Leitlinien treffen kann.[375] Es bestehen zwei Wege zum Erlass von Leitlinien: Grundsätzlich kann die Kommission auf eigene Initiative Leitlinien erlassen.[376] Darüber hinaus kann die Kommission Leitlinien erlassen, wenn weder die ENTSOs noch hilfsweise die ACER einen Netzkodex ausgearbeitet haben oder wenn die ACER der Kommission empfiehlt, einen Netzkodex auszuarbeiten.[377]

i) Abgrenzung der Leitlinie

Dabei bestehen zwei wesentliche Unterschiede zwischen Netzkodizes und Leitlinien: Einerseits können Netzkodizes weitreichende Details bestimmen, während

[371] *H. Weyer*, Europäische Netzkodizes Strom und Gas, in: Bien/Ludwigs (Hrsg.), Das europäische Kartell- und Regulierungsrecht der Netzindustrien, 2015, S. 123 (146).

[372] Erwägungsgrund 29, Art. 6 Abs. 12 in Verbindung mit Art. 18 Stromhandelsverordnung 2009 beziehungsweise Erwägungsgrund 36, Art. 6 Abs. 12 in Verbindung mit Art. 23 Gaszugangsverordnung 2009.

[373] *H. Weyer*, Europäische Netzkodizes Strom und Gas, in: Bien/Ludwigs (Hrsg.), Das europäische Kartell- und Regulierungsrecht der Netzindustrien, 2015, S. 123 (146).

[374] Art. 8 Abs. 6 Stromhandelsverordnung 2009 und Gaszugangsverordnung 2009.

[375] Erwägungsgrund 29 und Art. 18 Abs. 3 Satz 1 lit. d) Stromhandelsverordnung 2009 sowie Erwägungsgrund 36 und Art. 23 Abs. 1 Satz 1 lit. e) Gaszugangsverordnung 2009.

[376] Art. 18 Stromhandelsverordnung 2009 und Art. 23 Gaszugangsverordnung 2009.

[377] Artt. 6 Abs. 10, Abs. 11 i.V.m. Abs. 9 Stromhandelsverordnung 2009 und Gaszugangsverordnung 2009.

Leitlinien nur Einzelheiten für ein „erforderliches Mindestmaß an Harmonisierung“[378] regeln können. Daneben verbleibt den Mitgliedstaaten unter Wahrung der nationalstaatlichen Souveränität das Recht, detailliertere Regelungen zu treffen, als in den europaweit geltenden Leitlinien formuliert sind.[379]

Andererseits sind Netzkodizes auf Regelungen grenzüberschreitender Sachverhalte beschränkt. Dagegen können die in Leitlinien formulierten Regelungen über die Netzbereiche[380] hinausgehen, ohne auf grenzüberschreitende Netze und die Marktintegration beschränkt zu sein. Damit können insbesondere Einzelheiten des Ausgleichsmechanismus der Übertragungsnetzbetreiber[381] durch Leitlinien geregelt werden, obwohl sie nicht im Katalog der Regelungen für Netzbereiche aufgeführt werden. Bisher hat die Kommission im Elektrizitäts- und Gasbereich jeweils zwei Leitlinien erlassen.[382] Außerdem werden beim Erlass von Leitlinien die ACER und die ENTSOs nur konsultiert und unterbreiten keine Rahmenleitlinien oder Netzkodexentwürfe. In diesem Verfahren ist die Kommission von Anfang an federführend.

ii) Anwendungsbereich der Leitlinie

So eindeutig die Unterschiede in Bezug auf Tiefe und Reichweite von Regelungen in Netzkodizes und Leitlinien bestimmt werden können, so unklar sind die Voraussetzungen, wann die Kommission zur Regelung durch Netzkodizes auffordern muss und wann sie eigenständig eine Regelung durch Leitlinien vornehmen kann. Die Stromhandels- und Gaszugangsverordnung enthalten keine ausdrücklichen Vorgaben für die Wahl zwischen den Instrumenten des Netzkodex und der Leitlinie.[383]

Im Einzelfall wurde in der Praxis die Erstellung von Regeln in Form eines Netzkodex begonnen und diese im Verlauf des Verfahrens in eine Leitlinie überführt, da die Kommission der Auffassung war, dass ein Netzkodex nicht spezifisch genug wäre. Das Verfahren zum Erlass von Netzkodizes wird nach Auffassung der Kommission nur durchgeführt, wenn dadurrch die zu regelnden Bereiche hinreichend weit harmonisiert werden.[384]

---

[378] Art. 18 Abs. 3, Abs. 5 UAbs. 1 lit. a) Stromhandelsverordnung 2009 und Art. 23 Abs. 3 Gaszugangsverordnung 2009.

[379] Art. 21 Stromhandelsverordnung 2009 und Art. 26 Gaszugangsverordnung 2009.

[380] Art. 8 Abs. 6 ACER-Verordnung.

[381] Art. 13 in Verbindung mit 18 Abs. 1 lit. a) – f) Stromhandelsverordnung 2009.

[382] Verordnung (EU) Nr. 838/2010 vom 23. September 2010 zur Festlegung von Leitlinien für den Ausgleichsmechanismus zwischen Übertragungsnetzbetreibern und einen gemeinsamen Regelungsrahmen im Bereich der Übertragungsentgelte, ABl. L Nr. 250 vom 24.09.2010, S. 5; Verordnung (EU) Nr. 543/2013 vom 14. Juni 2013 über die Vermittlung und die Veröffentlichung von Daten in Strommärkten und zur Änderung des Anhangs I der Verordnung (EG) Nr. 714/2009, ABl. L Nr. 163 vom 15.06.2013, S. 1; Beschluss 2010/685/EU vom 10. November 2010 zur Änderung von Kapitel 3 des Anhangs I der Verordnung (EG) Nr. 715/2009, ABl. L Nr. 293 vom 11.11.2010, S. 67; Beschluss 2012/490/EU vom 24. August 2012 zur Änderung des Anhangs I der Verordnung (EG) Nr. 715/2009, ABl. L Nr. 231 vom 28.08.2012, S. 16.

[383] *H. Weyer*, Europäische Netzkodizes Strom und Gas, in: Bien/Ludwigs (Hrsg.), Das europäische Kartell- und Regulierungsrecht der Netzindustrien, 2015, S. 123 (130).

[384] Conclusions of the 24th European Electricity Regulatory Forum vom 20./21.05.2014, Ziffer 15.

Im Fall des Netzkodex zur Kapazitätsvergabe und zum Engpassmanagement von ENTSO-E wurde das von der Kommission wohl bezweifelt. Der Entwurf des Netzkodex von ENTSO-E wurde abgeändert und mit „Governance Guidelines“ für alle Übertragungsnetzbetreiber und nominierten Strommarktbetreiber kombiniert.[385] Im Ergebnis wurde die Verordnung der Kommission zur Festlegung einer Leitlinie für die Kapazitätsvergabe und das Engpassmanagement[386] veröffentlicht.

bb. Entscheidungen

Die Rechtsgrundlagen der Elektrizitäts- und Gas-Richtlinie 2009 sowie der Stromhandels- und Gaszugangsverordnung 2009 ermöglichen der Kommission konkret-individuelle Entscheidungen gegenüber nationalen Regulierungsbehörden, die bis zur Einleitung eines Vertragsverletzungsverfahrens reichen können. Die Kommission entscheidet über die Zertifizierung von Übertragungs- und Fernleitungsnetzbetreibern. Im Einzelnen finden sich zwei Beispiele für Entscheidungen der Kommission.

Die Kommission gibt gemäß Art. 10 Elektrizitäts- und Gas-Richtlinie 2009 sowie Art. 3 Stromhandels- und Gaszugangsverordnung 2009 gegenüber der nationalen Regulierungsbehörde auf Antrag eine Entscheidung ab, ob ein Übertragungsnetzbetreiber mit Sitz in der Europäischen Union zertifiziert werden kann.

Bei der Zertifizierung des niederländischen Übertragungsnetzbetreibers TenneT TSO GmbH hat die Kommission gegenüber der Bundesnetzagentur am 10. September 2012 entschieden, die Zertifizierung vorzunehmen, da die Bestimmungen zur eigentumsrechtlichen Entflechtung der TenneT von der E.ON Netzgesellschaft nicht gegen die Vorgaben des Energiewirtschaftsgesetz verstießen.[387] Die Bundesnetzagentur ist dieser Stellungnahme der Kommission nicht gefolgt und hat die Zertifizierung abgelehnt.[388] Im Jahr 2014 hat TenneT einen erneuten Antrag auf Zertifizierung gestellt. Die Kommission hat wiederum entschieden, die Zertifizierung vorzunehmen.[389] Die Bundesnetzagentur hat entsprechend TenneT als Übertragungsnetzbetreiber zertifiziert.[390]

Die Kommission gibt nach Art. 11 Elektrizitäts- und Gas-Richtlinie 2009 gegenüber der nationalen Regulierungsbehörde auch Stellungnahmen zur Zertifizierung von Netzbetreibern in Drittstaaten außerhalb der Europäischen Union ab. Hierbei handelt es sich um eine vom Europäischen Parlament so bezeichnete

---

[385] Art. 9 Verordnung (EU) Nr. 2015/1222 zur Festlegung einer Leitlinie für die Kapazitätsvergabe und das Engpassmanagement.

[386] Verordnung (EU) Nr. 2015/1222 der Kommission vom 24. Juli 2015 zur Festlegung einer Leitlinie für die Kapazitätsvergabe und das Engpassmanagement, ABl. L Nr. 197 vom 25.07.2015, S. 24.

[387] *Europäische Kommission*, Stellungnahme zum Entscheidungsentwurf der Bundesnetzagentur zur TenneT TSO GmbH vom 06.09.2012, C (2012) 6258 endg.

[388] BNetzA Beschluss vom 09.11.2012 (BNetzA ABl. 23/2012, S. 4028).

[389] *Europäische Kommission*, Stellungnahme zum Entscheidungsentwurf der Bundesnetzagentur zur TenneT TSO GmbH vom 24.06.2015, C (2015) 4448 endg.

[390] BNetzA Beschluss vom 03.08.2015 (BNetzA ABl. 18/2015, S. 2554).

„Gazprom-Klausel",[391] da die Zertifizierung von Erdgasfernleitungsnetzbetreibern, deren Muttergesellschaft die russische Gazprom ist, durch die Entscheidung der Kommission erfolgt sind. So hat die Kommission einige Stellungnahmen gegenüber der Bundesnetzagentur abgegeben.

Die Kommission kann gemäß Art. 263 Abs. 2 AEUV eine Klage insbesondere wegen einer Unzuständigkeit einer nationalen Regulierungsbehörde oder wegen einer Verletzung von energiewirtschaftsrechtlichen Bestimmungen in den Richtlinien, Verordnungen und Leitlinien der Europäischen Union beim Gerichtshof der Europäischen Union erheben. Das setzt voraus, dass ein Mitgliedstaat durch seine Organe und Einrichtungen gegen eine primär- oder sekundärrechtliche Verpflichtung verstoßen hat.

Bisher ist es zur Einleitung eines einzigen Vertragsverletzungsverfahrens wegen mangelhafter Umsetzung der Entflechtungsvorgaben und der kompetenziellen Ausstattung der nationalen Regulierungsbehörden in Deutschland gekommen.[392]

c. Agency for the Cooperation of Energy Regulators (ACER)

Die Rechtsgrundlagen der ACER-Verordnung sowie der Stromhandels- und der Gaszugangsverordnung 2009 räumen der ACER neben der Beteiligung am Verfahren zur Entwicklung eines Netzkodex weitere Bewirkungsformen durch vereinzelte Ermächtigungen zur Einzelfallentscheidung (aa.) und Berichte (bb.) über die Aufsicht von Regulierungsbehörden beziehungsweise Übertragungs- und Fernleitungsnetzbetreibern ein.

aa. Einzelfallentscheidungen

Die ACER kann Einzelfallentscheidungen und Entscheidungen über Ausnahmen von den Bestimmungen der Stromhandels- und Gaszugangsverordnung 2009 vornehmen.

Bisher hat die ACER erst zwei Einzelfallentscheidungen in Bezug auf eine grenzüberschreitende Kostenaufteilung bei einer Elektrizitäts- und Gasverbindungsleitung zwischen Polen und Litauen im Rahmen von durch die Kommission initiierten europäischen Projekten von gemeinsamem Interesse mit positiven Auswirkungen auf Litauen sowie Lettland und Estland getroffen.[393] Hierbei hat die ACER die Voraussetzungen eines Investitionsantrags für transeuropäische Energieinfrastrukturen nach

---

[391] European Parliament, Press Release „3rd Energy Package gets final approval from MEPs" vom 29.04.2009 (online verfügbar, zuletzt abgerufen am 01.12.2017 unter http://www.europarl.europa.eu/sides/getDoc.do?pubRef=-//EP//TEXT+IM-PRESS+20080616FCS31737+0+DOC+XML+V0//EN).

[392] *Europäische Kommission*, Stellungnahme – Vertragsverletzung Nr. 2014/2285 vom 29.04.2016.

[393] Decision of the Agency for the cooperation of energy regulators No. 01/2014 vom 11.08.2014 on the investment request including cross-border cost allocation for the gas interconnection Poland Lithuania – Project of Common Interest No. 8.5, Rn. 1 und 18; Decision of the Agency for the cooperation of energy regulators No. 02/2015 vom 16.04.2015 on the investment request including cross-border cost allocation for the Lithuanien part of the interconnection between Alytus (LT) and the Lithuania/Poland border – Project of Common Interest No. 4.5.1, Rn. 1, 186 ff., 191 ff.

Art. 12 Abs. 3 UAbs. 2 TEN-E Verordnung (EU) Nr. 347/2013 geprüft und gegenüber den betreffenden nationalen Netzbetreibern entschieden, dass Polen jeweils mit einem Nettonegativeffekt von dem Investitionsprojekt einen Ausgleich von Litauen, Lettland und Estland mit einem Nettopositiveffekt auf die Gasnetzentgelte[394] beziehungsweise von Litauen, dessen Energietransportverluste reduziert und dessen Versorgungssicherheit erhöht werden,[395] zusteht. Infolge der Entscheidungen sind Ausgleichszahlungen zu leisten. Zuletzt hat die ACER eine Entscheidung zur Zusammenlegung der Kapazitätszonen von Zentralwesteuropa und Zentralosteuropa der Elektrizitätsübertragungsnetzbetreiber getroffen, was auch zur Bildung einer einheitlichen Gebotszone zwischen der Bundesrepublik Deutschland und Österreich geführt hat.[396]

bb. Stellungnahmen und Empfehlungen

Die ACER kann auch Stellungnahmen und Empfehlungen an die Übertragungs- und Fernleitungsnetzbetreiber sowie an die nationalen Regulierungsbehörden abgeben.[397] Im Jahr 2015 hat die ACER eine Stellungnahme gegenüber der österreichischen Regulierungsbehörde in Bezug auf die Einhaltung der Leitlinie der Kommission zum Engpassmanagement und zur Kapazitätsvergabe von Ausgleichsenergie an Grenzkuppelstellen abgegeben, verbunden mit der Empfehlung an die österreichische Regulierungsbehörde E-Control, die gemeinsame deutsch-österreichische Preiszone zu trennen.[398]

cc. Aufsichtsberichte

Die ACER kann auf Grundlage der ACER-Verordnung die Umsetzung ihrer Entscheidungen überwachen, aber nicht durchsetzen. Die nationalen Regulierungsbehörden als Adressaten der Entscheidungen der ACER sollten die Entscheidungen einhalten und umsetzen, doch wenn sie sich den Entscheidungen der ACER nicht fügen, kann die ACER die nationalen Regulierungsbehörden nicht zur Einhaltung oder Umsetzung verpflichten, sondern nur die Kommission über das Verhalten

---

[394] Decision of the Agency for the cooperation of energy regulators No. 01/2014 vom 11.08.2014 on the investment request including cross-border cost allocation for the gas interconnection Poland Lithuania – Project of Common Interest No. 8.5, Artt. 1 und 5.

[395] Decision of the Agency for the cooperation of energy regulators No. 02/2015 vom 16.04.2015 on the investment request including cross-border cost allocation for the Lithuanian part of the interconnection between Alytus (LT) and the Lithuania/Poland border – Project of Common Interest No. 4.5.1, Artt. 1 und 3.

[396] Decision of the Agency for the Cooperation of Energy Regulators No 06/2016 vom 17.11.2016 on the Electricity Transmission System Operators' Proposal for the Determination of Capacity Calculation Regions.

[397] Art. 4 lit. a, b ACER-Verordnung.

[398] ACER Opinion No. 09/2015 on the compliance of NRAs' decisions approving methods of cross-border capacity allocation methods in the Central-East-Europe region, S. 42 ff.

informieren.[399] Eine besondere Rolle als Kontrolleur kommt der ACER bei der Überwachung der Integrität und Transparenz des Energiegroßhandelsmarktes zu.[400] Demnach müssen Transaktionsdaten zu Energiegroßhandelsprodukten, die nicht an Endkunden innerhalb der Europäischen Union geliefert werden,[401] sowie die Transportverträge zur physischen und finanziellen Kapazitätsnutzung[402] und Fundamentaldaten zur Kapazität und Nutzung von Anlagen zur Erzeugung und Speicherung, zum Verbrauch und zur Übertragung beziehungsweise Fernleitung von Elektrizität und Gas[403] von den ENTSOs an die ACER gemeldet werden.[404]

d. Zwischenergebnis

Die Bewirkungsformen der Kommission sind Prioritätenlisten, Leitlinien und Entscheidungen. Prioritätenlisten ermöglichen eine unionsweite Schwerpunktsetzung in Bezug auf die Regulierung nichtpreislicher Diskriminierungen im und auf dem Netz.

Die Handlungsform der Prioritätenliste programmiert die Rahmenleitlinien, auf deren Grundlage technische Netzkodizes entworfen werden, die durch einen Komitologieausschuss als verbindliche Rechtsnorm erlassen werden.

Der Erlass von Leitlinien ermöglicht einen direkten Einfluss der Kommission auf den Verwaltungsvollzug in den Mitgliedstaaten unter der Kontrolle mitgliedstaatlicher Vertreter im Komitologieausschuss. Der Einfluss dürfte durch die Regelung des Art. 290 AEUV noch zunehmen, die der Kommission inhaltlich weitergehende, aber weniger kontrollierte Regelungen des mitgliedstaatlichen Verwaltungsvollzugs ermöglicht.

Die Bewirkungsformen der ACER sind Rahmenleitlinien, Einzelfallentscheidungen und Berichte. Die Rahmenleitlinien haben keinen großen Einfluss auf den finalen Netzkodex, da die Grundlagen durch die Prioritätenliste der Kommission bereits vorgegeben werden und die ENTSOs beim Entwurf eines Netzkodex von den Vorgaben der Rahmenleitlinie abweichen können, wenn es von der Kommission angenommen wird. Die Einzelfallentscheidungen gewinnen an Bedeutung und dürften Modell stehen für eine kompetenzielle Aufwertung der ACER im Vierten Energiebinnenmarktpaket.

Die zentrale Handlungsform der ENTSOs sind Netzkodizes, bei denen die Netzbetreiber unter Vorgaben der Kommission und der ACER ihre eigenen Bedingungen zur Regulierung nichtpreislicher Diskriminierungen entwickeln können.

---

[399] *N. Horstmann*, in: Roggenkamp/Hammer (Hrsg.) European Energy Law Report VIII (2011), S. 43 (55).

[400] Artt. 1 und 7 Abs. 1 REMIT Verordnung (EU) Nr. 1227/2011.

[401] Art. 3 lit. a) REMIT-DVO (EU) Nr. 1348/2014.

[402] Art. 3 lit. b) REMIT-DVO (EU) Nr. 1348/2014.

[403] Artt. 8, 9 REMIT-DVO (EU) Nr. 1348/2014.

[404] Art. 8 Abs. 1 und 5 REMIT Verordnung (EU) Nr. 1227/2011; Art. 10 REMIT-DVO (EU) Nr. 1348/2014.

4. Regulierungsakteure mit formal kodifizierten Rechtsgrundlagen im nationalen Gesetzgebungsverfahren

Die Bundesnetzagentur und die Landesregulierungsbehörden erhalten aus den Rechtsgrundlagen der Stromhandels- und Gaszugangsverordnung 2009 sowie aus dem Energiewirtschaftsgesetz bestimmte Kompetenzen zu Regulierungsentscheidungen gegenüber Energieversorgungsunternehmen und -netzbetreibern.

Die Bundesnetzagentur nimmt im Energiebereich einerseits Festlegungen zur Umsetzung der Vorgaben aus den Netzkodizes vor und trifft andererseits Entscheidungen in Form von Genehmigungen und Ablehnungen von individuellen Netzentgelten nach § 19 Abs. 2 Satz 1 StromNEV oder von Investitionsmaßnahmen gemäß § 23 ARegV. Hierzu sind in den letzten Jahren insbesondere Festlegungen zur Umsetzung der Netzkodizes im Gasbereich,[405] Entscheidungen zur Zertifizierung und Benennung von Übertragungsnetzbetreibern[406] sowie unzählige Genehmigungen und Ablehnungen von individuellen Netzentgelten und Investitionsmaßnahmen ergangen. Daneben haben die Landesregulierungsbehörden in ihren betreffenden Regulierungsbereichen auch Genehmigungen oder Ablehnungen von Anträgen vorgenommen, die jedoch auf Landesebene nicht regelmäßig, sondern nur ausnahmsweise veröffentlicht werden.

Die Bundesnetzagentur hat vereinzelt Entscheidungen im besonderen Missbrauchsverfahren wegen Verstößen gegen die Vorschriften des Energiewirtschaftsgesetzes oder dieses konkretisierender Verordnungen getroffen,[407] wie beim Verstoß gegen die Netzausbauverpflichtung eines Gasfernleitungsnetzbetreibers geschehen.[408]

Die Entscheidungen der nationalen Regulierungsbehörden regulieren sowohl preisliche Diskriminierungen durch die Genehmigung von Netzentgelten oder Investitionsmaßnahmen als auch nichtpreisliche Diskriminierungen durch die Festlegung von technischen Regeln zum Netzanschluss und Netzzugang.

IV. Veränderung der Bewirkungsformen in der Verwaltungspraxis

Die Bewirkungsformen der Verwaltungsorganisationen ergeben sich aus den Handlungen der Regulierungsakteure,[409] doch auch wenn die Handlungen einheitliche Formen aufweisen, werden sie von der Verwaltungspraxis in der

---

[405] BNetzA ABl. 16/2015, S. 2210; ABl. 14/2015, S. 1857; ABl. 7/2015, S. 1429; ABl. 5/2015, S. 1182; ABl. 1/2015 S. 2; ABl. 7/2014 S. 798; ABl. 2014 S. 1752; ABl. 2012, S. 2451.

[406] BNetzA ABl. 18/2015, S. 2554; ABl. 2/2014, S. 237; ABl. 22/2013, S. 3405; ABl. 8/2013, S. 1183; ABl. 6/2013 S. 734; ABl. 2012 23/201, S. 4028.

[407] BNetzA Beschluss vom 28.04.2014 (BK6-13-251), S. 9 ff.; Beschluss vom 27.10.2015 (BK6-12-152), S. 7.

[408] BNetzA Beschluss vom 30.04.2008 (BK7-08-005), S. 7 ff.

[409] Siehe oben unter Kapitel 4 III.

Mehrebenenverwaltung beeinflusst. Die Bedingungen, unter denen Verwaltungseinheiten im europäischen Verwaltungsverbund handeln, unterliegen, so die These, die sich aus dem hier gewählten ökonomischen Untersuchungsansatz ergibt, machtpolitischen Einflüssen, da jeder Akteur für sich einen möglichst großen Einfluss auf Entscheidungen gewinnen möchte.

Nach der Darstellung des Status quo der Bewirkungsformen werden deren jüngere Veränderungen dargestellt, um ein aktuelles Bild der Erscheinung und des Einflusses der Regulierungsakteure im Verwaltungsalltag zu ermitteln, das im Einzelfall von den konstitutiven Rechtsgrundlagen abweichen kann.

Um die Veränderungen der Bewirkungsformen der einzelnen Verwaltungsorganisationen systematisch zu bewerten, werden die Regulierungsakteure wieder nach der Form ihrer Rechtsgrundlagen unterschieden. Neben Regulierungsakteuren ohne Rechtsgrundlagen (1.) und Regulierungsakteuren mit privatrechtlich vereinbarten Rechtsgrundlagen (2.) werden Regulierungsakteure mit hoheitlich kodifizierten Rechtsgrundlagen (3.) zusammengefasst, da sie sich in der Regelungsdichte ähneln.

1. Regulierungsakteure ohne formelle Rechtsgrundlagen

Die Europäischen Regulierungsforen für Elektrizität und Gas sowie die ICER können mit ihren Protokollen, Empfehlungen, Leitlinien oder Berichten keinen unmittelbaren oder direkten Einfluss auf Regulierungsentscheidungen nehmen. Sie repräsentieren einen Querschnitt der Energiebranche beziehungsweise der Energieregulierungsbehörden, deren Diskussionen regelmäßig gemeinsame Standpunkte hervorbringen. In den Foren entsteht ein Branchenkonsens, der sowohl als Impuls für Rahmenleitlinien, Netzkodizes, Leitlinien, Richtlinien und Verordnungen dient als auch den Grad der Umsetzung auf unionaler Ebene und in den Mitgliedstaaten erhöht.

Die Verständigung auf gemeinsame Standpunkte wird jedoch durch eine zunehmende Anzahl von Teilnehmern schwieriger. Inzwischen haben die Foren einen „Verwaltungsunterbau“ ausgebildet, indem „Mini-Foren“[410] für die Elektrizitätsregulierung eingerichtet wurden. Dadurch haben sich die Foren von ihrer Einsetzung durch die Kommission emanzipiert: Zunächst wurden unter dem Vorsitz der Kommission die Themen, die das Forum diskutiert hat, vorgegeben. Inzwischen ergeben sich die Themen, die „unter den Augen“ der Kommission diskutiert werden, auf regionaler Ebene. Der Einfluss auf die zentralen Regelungen wie Leitlinien und Netzkodizes ist jedoch überschaubar.

Doch schon vor der Entstehung von Mini-Foren war der Einfluss der Foren auf die Entwicklung von Leitlinien durch die Gründung der ACER und das Zusammenspiel mit den ENTSOs zurückgegangen. Das Dritte Energiebinnenmarktpaket

[410] „Mini-Foren“ sind Arbeitsgruppen des Europäischen Elektrizitätsforums, die in Brüssel, Helsinki, Madrid, Mailand, Wien, Riga und London zusammenkommen.

sieht ausdrücklich vor, dass die ACER und die ENTSOs gemeinsam vor dem Erlass von Leitlinien durch die Kommission konsultiert werden. Dadurch werden die wenigen Aufgaben der Foren durch das Dritte Energiebinnenmarktpaket weiter erodiert. Gleichwohl bleiben die Foren eine wichtige Diskussionsplattform für die Branche. Sie versammeln alle Teilnehmer des Energiesektors, verkörpern umfassendes Fachwissen und haben durch den jahrelangen informellen Austausch Vertrauen und Verständnis unter den Marktteilnehmern aufgebaut, wodurch erst die Akzeptanz für eine stärkere Institutionalisierung geschaffen und gestärkt wurde.[411] So konnten gerade durch die Gründung der Mini-Foren die Prozesse unterstützt werden: Ein Konsens in den Mini-Foren schafft bereits vor Beginn des Rechtsetzungsverfahrens durch die Kommission im Zusammenspiel mit der ACER und den ENTSOs die Grundlage für eine Verständigung und vermeidet größere Verzögerungen beim Erlass von Leitlinien, Netzkodizes und Netzentwicklungsplänen.[412]

Den Foren bleibt damit ein wesentlicher politischer Einfluss, der besonders im mehrstufigen Verfahren zur Entwicklung von Netzkodizes relevant wird. Die Foren unterstützen die ACER und die ENTSOs bei der Ausarbeitung von Netzkodizes, indem sie politischen Druck abfedern und durch einen fachlichen Austausch und kontroverse Diskussionen in weniger formalisierten Verfahren gemeinsame Standpunkte erzielen, die anschließend in einen formalisierten Entscheidungsprozess in den Arbeitsgruppen der ACER und der ENTSOs zurückgeführt werden. Damit nehmen die Regulierungsforen für Elektrizität und Gas eine Art Auffangfunktion für die gesamte Energiebranche wahr, indem insbesondere sachlich schwierige Findungsprozesse dort ausgetragen werden können. Unterstützt und ergänzt werden die etablierten Foren durch das Bürgerforum Energie als Rahmen für Verbraucherthemen in London und das Infrastukturforum in Kopenhagen, deren Gründung nicht zuletzt durch die Akzeptanz und Effizienz der bisherigen Foren motiviert wurde.

2. Regulierungsakteure mit privatrechtlichen Rechtsgrundlagen

Die Rollen der privatrechtlich organisierten Regulierungsakteure des CEER (a.) und der ENTSOs für Elektrizität und Gas (b.) könnten nicht unterschiedlicher sein. Das CEER als Gremium der nationalen Regulierungsbehörden kämpft um eine eigenständige Rolle neben der ACER und der Europäischen Kommission, während die ENTSOs als Regulierungsobjekte um ein Gegengewicht zur ACER kämpfen.

---

[411] *F. Arndt*, DV 39 (2006), S. 100 (109), *J. Haller*, Der Verwaltungsverbund in der Energieregulierung, 2013, S. 156 f.

[412] *J. Haller*, Der Verwaltungsverbund in der Energieregulierung, 2013, S. 156.

a. Council of European Energy Regulators (CEER)

Die Empfehlungen, Leitlinien und Berichte des CEER sind rechtlich nicht verbindlich, doch aufgrund der Entstehungsgeschichte und der Zusammensetzung des CEER nimmt es eine Sonderrolle im Europäischen Energieregulierungsverbund ein. Das CEER stellt eine gemeinsame Stimme der mitgliedstaatlichen Regulierungsbehörden dar, die eine gewisse Unabhängigkeit hat, weil sie weder von anderen Teilnehmern der Energiewirtschaft wie in den Europäischen Foren „übertönt“ noch von der Kommission in der ACER „bevormundet“ wird. Ergänzend zu den regionalen Mini-Foren des Europäischen Regulierungsforums für Elektrizität und Gas wurden im Jahre 2006 sogenannte „Regionale Initiativen“[413] für die Elektrizitäts- (zum 31. Dezember 2015 eingestellt) und Gas-Regulierung gegründet, um mittels eines Informations- und Erfahrungsaustauschs sowie Pilotprojekten die Umsetzung eines europäischen Energiebinnenmarktes durch Rahmenleitlinien, Netzkodizes oder Leitlinien auf regionaler Ebene zu fördern und zu beobachten.[414] Damit wird die inhaltliche Arbeit nicht mehr nur „top down“ von der Kommission initiiert, sondern „bottom up“ auf regionaler Ebene vorgenommen, was die Dynamik und Effektivität sowie die Sichtbarkeit und die Integration der regionalen Märkte erhöht.[415]

Besonders deutlich wurde der Einfluss des CEER gegenüber den europäischen Organen bei der Programmierung des Dritten Energiebinnenmarktpaketes, indem weitgehend unpolitische und wirtschaftsunabhängige Kommentare und Vorschläge zu einer ökonomisch und rechtlich effektiven Regulierung zur Verwirklichung eines Energiebinnenmarktes sowie insbesondere zur Einrichtung einer Europäischen Agentur der Energieregulierungsbehörden eingebracht wurden.[416] Infolgedessen kam es zu einer Aufgabenteilung zwischen dem CEER als privater Plattform zur Kooperation der Energieregulierungsbehörden und der ACER als hoheitlich geschaffener Einrichtung zur Zusammenarbeit der Energieregulierungsbehörden in den Mitgliedstaaten.

Dahinter steht aus Sicht der Mitgliedstaaten die machtpolitisch nicht uninteressante Abwägung, inwieweit sich die nationalen Regulierungsbehörden unabhängig und ohne Beobachtung durch die Kommission im CEER oder im Rahmen der ACER

---

[413] „Regionale Initiativen“ repräsentieren Teilmärkte innerhalb des europäischen Energiebinnenmarktes: Es gibt sieben regionale Elektrizitätsmärkte (Baltikum, Zentral-Ost, Zentral-West, Zentral-Süd, Zentral-Nord, Süd-West, Frankreich-UK-Irland) und drei regionale Gasmärkte (Süd/Süd-Ost, Süd; Nord-West seit 2015 inaktiv).

[414] Hierzu werden jährliche Statusberichte der Regionalen Initiativen im Elektrizitäts- und Gassektor von der ACER herausgegeben, ACER Regional Initiatives Status Review 2016 (online verfügbar, zuletzt abgerufen am 01.12.2017 unter http://www.acer.europa.eu/Official_documents/Acts_of_the_Agency/Publication/ACER%20Gas%20Regional%20Initiative%20Status%20Review%20Report%202016.pdf), S. 6 ff.

[415] Conclusions of the 26th European Gas Regulatory Forum vom 15./16. Oktober 2014, Nr. 3.

[416] CEER, Key Comments on the Commission's Third Package vom 20.12.2007, (Ref: C07-GA-36-08), Nr. 41, 44.

unter den Augen der Kommission einbringen können. Nachdem sich die nationalen Regulierungsbehörden im CEER gegenüber der ERGEG, bei der die Europäische Kommission an allen Sitzungen teilnehmen und auf die Willensbildung Einfluss nehmen konnte,[417] emanziert haben, versucht die Kommission diese Entwicklung wieder zurückzudrehen. Es deutet sich zunehmend eine Aufgabenverschiebung vom CEER auf die ACER an, wodurch die Kommission sowohl die Arbeitsprogramme als auch deren Umsetzung besser kontrollieren kann. Diese Entwicklung setzt sich auch in den Komitologieausschüssen fort, in denen das CEER – anders als die ERGEG –[418] bei den Diskussionen zur Annahme der den nationalen Vollzug materiell steuernden Vorgaben in Leitlinien nicht mehr beteiligt wird.

b. European Network of Transmission System Operators (ENTSO)

Eine einheitliche Regulierung des europäischen Energiebinnenmarktes setzt bei den Übertragungs- und Fernleitungsnetzen an. Die Gründung der ENTSOs ermöglichte es, durch die Abstimmung von Netzbetreibern in benachbarten Mitgliedstaaten grenzüberschreitende rechtliche Regeln und technische Definitionen festzulegen. Dennoch bleibt fraglich, ob es überhaupt sinnvoll ist, dass die Netzbetreiber allgemeine Regeln zum Netzanschluss und zum Netzzugang aufstellen können. Als Interessenvertreter der Netzwirtschaft können die ENTSOs kaum neutral handeln,[419] was beim Entwurf und bei der Abstimmung der Netzkodizes zur Kapazitätsvergabe und zum Engpassmanagement deutlich geworden ist.[420] Hinzu kommt, dass die ENTSOs die Umsetzung der Netzkodizes selbst beobachten, sodass die Berichte regelmäßig gerade solche Regeln, die vorher mit der ACER umstritten waren, als besonders erfolgreich in der Umsetzung bewerten.

Doch hier drückt sich erneut das Grunddilemma aus: Einerseits brauchen die Regulierungsbehörden zu einer effektiven Setzung von Netzkodizes die technischen Informationen und operativen Erfahrungen der Netzbetreiber. Andererseits können diese durch die Beteiligung am Rechtsetzungsverfahren auf den Regulierungsrahmen wesentlich Einfluss nehmen. Im Einzelnen erhalten die ENTSOs als Gegenleistung für die Informationen, die den Regulierungsbehörden fehlen, einen „ausgleichenden" Einfluss auf die Setzung von Regelungen, die das Geschäftsverhalten der Netzbetreiber regeln sollen.

---

[417] Art. 2 Abs. 4 und Art. 3 Abs. 3 Beschluss 2003/796/EG.

[418] *W. Weiß*, Der Europäische Regulierungsverbund im Energierecht, in: Baur/Salje/Schmidt-Preuß (Hrsg.), Regulierung in der Energiewirtschaft, 1. Aufl. 2011, § 40 Rn. 36.

[419] *M. Ludwigs*, DVBl. 2011, S. 61 (63).

[420] ENTSO-E hat zwei Entwürfe von Netzkodizes am 27.09.2012 und am 01.10.2013 eingereicht, die jeweils von der ACER mit Empfehlungen zu Änderungen versehen wurden, ehe der dritte Entwurf eines Netzkodex zur Kapazitätsvergabe und zum Engpassmanagement vom 03.04.2014 von der ACER an die Kommission empfohlen wurde, siehe hierzu den Verlauf des Verfahrens (online verfügbar, zuletzt abgerufen am 01.12.2017 unter http://www.acer.europa.eu/Electricity/FG_and_network_codes/Pages/Capacity-allocation-and-congestion-management.aspx).

Eine besondere Rolle nehmen die ENTSOs vor allem bei der Entwicklung von Netzkodizes ein. Auffällig ist, dass die ENTSOs regelmäßig viel Zeit für den Entwurf eines Netzkodex brauchen, was eine verbindliche Regelsetzung in zahlreichen Fällen über Jahre verzögert hat.[421] In der Praxis entsteht wiederholt ein „Pingpongspiel" zwischen den Regulierern unter dem Dach der ACER und den Regulierten in den ENTSOs, das die ENTSOs wiederum dominieren, indem sie ihre Entwürfe im Einzelfall direkt an die Kommission weiterleiten, die diese unter bloßer Stellungnahme der ACER verabschiedet.[422] Dahinter verbirgt sich wohl ein Verfahrensfehler, da rechtlich nicht bestimmt ist, wie das Verfahren beendet wird, sodass sich die Kommission politisch als letzte Instanz des Verfahrens darstellt. Eine Kontrolle der Netzkodizes durch die Kommission oder die Komitologieausschüsse ist nicht geregelt.[423]

Im Einzelfall kann ein Einfluss der regulierten Netzbetreiber auf die regulierenden hoheitlichen Stellen durch eine gezielte Lobbyarbeit in der Praxis nicht ausgeschlossen werden. Die ENTSOs bringen Informationen in den Regulierungsprozess ein. Die damit gegebene Beteiligung der europäischen Netzbetreiber an der Kontrolle der Umsetzung der Netzkodizes kann aufgrund ihrer Sachnähe sinnvoll sein, sodass sie unerlässlich für die Entwicklung technischer Regelungen zum Netzbetrieb sind. Die Kommission hat ein Informationsdefizit in Bezug auf den technischen Netzzustand und die ökonomischen Anforderungen an das Netz, das von den ENTSOs ausgeglichen werden kann, solange die ACER noch nicht in der Lage ist, diese Informationen über die nationalen Regulierungsbehörden zu sammeln und der Kommission bereitzustellen. Mit anderen Worten erscheint das Handeln der ENTSOs als regulierte Lobbyarbeit, die letztlich sogar von den Endverbrauchern bezahlt wird.[424] Damit werden die nationalen Regulierungsbehörden zu Zuschauern, während sich die Netzbetreiber und die Kommission über die Formulierung von Netzkodizes einigen, die dann durch die Entscheidung der Kommission nicht zwingend als Verordnungen, sondern im Einzelfall auch als Leitlinien mit verbindlichen Rechtswirkungen in den Mitgliedstaaten erlassen werden – ein Prozess, der der Kontrolle durch mitgliedstaatlich besetzte Komitologieausschüsse entzogen ist. So besteht die Gefahr einer regulatorischen Vereinnahmung („regulatory capture")

[421] Das Verfahren zum Entwurf eines Netzkodex zur Kapazitätsvergabe und zum Engpassmanagement hat von der Übermittlung einer Rahmenleitlinie der ACER am 29.07.2011 bis zum finalen Entwurf eines Netzkodex durch das ENTSO-E am 03.04.2014 knapp drei Jahre gedauert, siehe hierzu Verlauf des Verfahrens unter http://www.acer.europa.eu/Electricity/FG_and_network_codes/Pages/Capacity-allocation-and-congestion-management.aspx.

[422] Kritisch hierzu *J. Kühling/G. Hermeier*, IR 2008, S. 98 (100), die einen Genehmigungsvorbehalt fordern.

[423] Kritisch hierzu *J. Haller*, Der Verwaltungsverbund in der Energieregulierung, 2013, S. 147.

[424] Andere Ansicht *H. Weyer*, Europäische Netzkodizes Strom und Gas, in: Bien/Ludwigs (Hrsg.), Das europäische Kartell- und Regulierungsrecht der Netzindustrien, 2015, S. 123 (149 ff.), der den Einfluss der ENTSOs durch die hoheitliche Einrahmung des Netzkodexverfahrens durch die Kommission und die ACER eingeschränkt und die Konzepte von „Koregulierung" und „regulierter Selbstregulierung" nicht umgesetzt sieht.

der Kommission durch die ENTSOs. Durch die Beteiligung eines Regulierungssubjekts an der Überwachung der eigenen Regulierung wird ein Einfluss von Interessen der Netzbetreiber eröffnet, die zumindest versuchen könnten, bestehende nichtpreisliche Diskriminierungen zu erhalten. Zudem bleibt zweifelhaft, inwieweit die Transportnetzbetreiber mögliche eigene Nachlässigkeiten bei der Umsetzung der Netzkodizes zur strengeren Regelung in der Zukunft wirklich aufnehmen und verarbeiten. Beides sollte durch den Aufbau einer multipolaren Regulierungsarchitektur gerade vermieden werden sollen.

Der Balanceakt zwischen der Reduzierung eines Informationsdefizits bei den Regulierungsbehörden und der Vermeidung einer regulatorischen Vereinnahmung durch komplexe Verfahrensvorgaben scheint nicht immer zu gelingen – was in der noch nicht stimmigen Architektur der Regulierungsakteure und der Verfahren zum Erlass von Regulierungsentscheidungen begründet zu sein scheint.[425] Hier kommen Organisationszusammenhänge an ihre Grenzen. Kommunikationsbeziehungen stiften einen Mehrwert, wenn der Informationsfluss ungehemmt und ungefiltert erfolgen kann. Durch die Beteiligung der regulierten Netzbetreiber an ihrer eigenen Regulierung wird jedoch der Rahmen für eine regulatorische Vereinnahmung geschaffen. Der rechtliche Rahmen wird aktuell in der Praxis zum Zweck der Erlangung möglichst umfangreicher Informationen zu Gunsten der Netzbetreiber interpretiert, wodurch diesen wiederum ermöglicht wird, Regulierungsprogramme zu ihren Gunsten zu beeinflussen und bestenfalls zu entschärfen.

3. Regulierungsakteure mit formal kodifizierten Rechtsgrundlagen

Die Europäische Kommission (a.) und die ACER (b.) sowie die Bundesnetzagentur und die Landesregulierungsbehörden (c.) stellen die einflussreichsten Regulierungsakteure dar.

a. Europäische Kommission

Die Kommission ist in keine horizontalen und zweiseitigen Organisationszusammen-hänge eingebunden, was vor dem Hintergrund des institutionellen Gleichgewichts der Unionsorgane bedenklich erscheint. Eine Kontrolle der Kommission ist nur mittelbar über die Organe des Europäischen Parlaments und des Rates möglich.

Die Organisationszusammenhänge der Kommission ergeben mittlerweile ein Spinnennetz von Beziehungen, aus denen die Kommission grundlegende Informationen zur Kontrolle erhält. Zunächst erhält die Kommission umfangreiche Informationen aus den Foren für Elektrizitäts- und Gasregulierung. Sie geben einen

[425] *J. Gundel*, Europäisches Energieverwaltungsrecht, in: Terhechte (Hrsg.), Verwaltungsrecht der EU, 2011, § 23 Rn. 50.

Überblick über die Defizite der Energiewirtschaft sowie die Reaktionen der betroffenen Branche auf die Rechtsetzungsvorschläge und Umsetzungsmaßnahmen der Kommission. Hinzu kommen bestimmte Informationen von den mitgliedstaatlichen Regulierungsbehörden auf bilateraler Ebene sowie von der ACER als Plattform zur Zusammenarbeit der Energieregulierungsbehörden. Mitgliedstaatliche Regulierungsbehörden bedürfen bei Entscheidungen in grenzüberschreitenden Sachverhalten der Zustimmung der Kommission. Umgekehrt besitzt die Kommission bei Einzelfallentscheidungen der ACER in grenzüberschreitenden Sachverhalten ein Vetorecht. Dagegen können die Kommission und die ACER bei der Kontrolle von nationalen Regulierungsbehörden bezüglich der Umsetzung der Vorgaben der ACER oder der Entscheidungen der Kommission zusammenwirken.

Die Europäische Kommission kontrolliert als „Spinne im Netz" die Einhaltung des unionalen Energiewirtschaftsrechts durch die ACER und die Regulierungsbehörden in den Mitgliedstaaten. Das erscheint mehr als problematisch vor dem Hintergrund des Prinzips der begrenzten Einzelermächtigung, wonach grundsätzlich eine Allzuständigkeit der Mitgliedstaaten zum Vollzug des Rechts besteht.

Im Einzelfall erfordern bestimmte Materien wie die Gewährleistung einer unionsweiten Netzstabilität und Versorgungssicherheit eine Zentralisierung von Kompetenzen, um Unterschiede beim Netzausbau und der Netzqualität zu harmonisieren. Vor diesem Hintergrund sind die zahlreichen und umfassenden Ermächtigungen der Kommission zum Erlass von Leitlinien zu sehen.[426] Leitlinien sind nicht auf Fälle, in denen negative Auswirkungen für den grenzüberschreitenden Handel drohen, beschränkt, sondern können sich fast auf den gesamten Rechtsrahmen des Energiebinnenmarktes erstrecken.[427] Unter dem Vorwand einer Harmonisierung können Leitlinien zwar indirekt, aber nicht unerheblich eine flächendeckende Vollzugssteuerung des Energiewirtschaftsrechts in den Mitgliedstaaten bewirken.[428] Infolgedessen kommt es in der Praxis zu einem Widerspruch zwischen der Intention des Gesetzgebers bei der Einführung der Leitlinienkompetenz und der Realität der Anwendung der Leitlinienkompetenzen durch die Europäische Kommission. Die Kommission strebt nach einer weitgehenden Vollzugsprogrammierung in den Mitgliedstaaten, die über eine rechtliche intendierte Abrundungsfunktion hinausgeht.

Solch eine Anwendung von Leitlinien kann nicht mehr mit Praktikabilitätsgründen gerechtfertigt werden.[429] So kann die Kommission ihre Vorstellungen von einem Energiebinnenmarkt sehr effektiv verwirklichen. Es erscheint fraglich, inwieweit solch eine Kompetenzverschiebung auf die Kommission für den Energiebinnenmarkt notwendig ist und ob sie sich rechtfertigen lässt. Leitlinien sind notwendig, um das Sekundärrecht zu konkretisieren oder zu ergänzen. Die Ermächtigung zum Erlass von Leitlinien bedarf jedoch einer besonderen Rechtfertigung, da

---

[426] Kritisch gesehen von *J. Gundel/C. F. Germelmann*, EuZW 2009, S. 763 (767 f.).

[427] *G. Britz*, EuR 2006, S. 46 (65); kritisch hierzu *J. Kühling/G. Hermeier*, IR 2008, S. 98 (100 f.).

[428] *G. Britz*, EuR 2006, S. 46 (55).

[429] *W. Frenz*, Handbuch Europarecht, Bd. 5, 2010, Kap. 10, § 3 Rn. 1548.

die Leitlinie als Handlungsform im europäischen Primärrecht des Art. 288 AEUV grundsätzlich nicht vorgesehen ist.[430] Im Zweiten und Dritten Energiebinnenmarktpaket war der Erlass von Leitlinien formell an die Beteiligung eines Komitologieausschusses und materiell an eine Konkretisierung oder Ergänzung des zugrundeliegenden Sekundärrechtsaktes gebunden. Durch die Regelung des Art. 290 AEUV unterliegt die Kommission beim Erlass von Leitlinien formell keiner Kontrolle durch ein Gremium der Mitgliedstaaten mehr. Insofern erscheint materiell allenfalls ein punktueller Einsatz zum Zweck einer einheitlichen Durchführung des europäischen Energiewirtschaftsrechts angemessen.[431] Eine Ausdehnung der Bewirkungskraft Leitlinie als Handlungsform über die Rechtskonkretisierung hinaus zu einer weitreichenden, materiellen Vollzugssteuerung in den Mitgliedstaaten geht zu weit.[432] Damit hat sich die Kommission von einer „Hüterin der Verträge" zu einer Ersatzgesetzgeberin entwickelt, die wesentliche Bereiche regeln kann.[433] Die Ermächtigungen der Kommission zum Erlass von Leitlinien wurden alarmierend weit ausgedehnt.[434] Infolgedessen verlagert sich die Regulierung des Energiebinnenmarktes zunehmend von den Mitgliedstaaten auf die Kommission,[435] womit das primärrechtliche Subsidiaritätsprinzip erheblich gefährdet wird.

Solch eine Rolle der Kommission ist weder unmittelbar von den Völkern der Mitgliedstaaten noch mittelbar durch das Europäische Parlament als Vertretung der Mitgliedstaaten legitimiert. Das institutionelle Gleichgewicht in der Europäischen Union erscheint hierdurch erheblich geschwächt.[436] Ursprünglich sollte dieses Gleichgewicht gesichert werden durch den Schritt, dass die Komitologieausschüsse die Annahme von Netzkodizes sowie den Erlass von Leitlinien durch die Kommission in einem mitgliedstaatlich besetzten Ausschuss beschließen, der eine demokratisch repräsentative Mitwirkung der nationalen Vertreter, wenn auch nicht durch die entsprechenden Regulierungsbehörden, sicherstellt sowie einen kontrollierenden und gegebenenfalls korrigierenden Einfluss der Mitgliedstaaten auf den Beschluss von technischen Regulierungsprogrammen wie Netzkodizes und Leitlinien

---

[430] *W. Weiß*, Der Europäische Regulierungsverbund im Energierecht, in: Baur/Salje/Schmidt-Preuß (Hrsg.), Regulierung in der Energiewirtschaft, 1. Aufl. 2011, § 40 Rn. 51; 2. Aufl. 2016, § 32 Rn. 51.

[431] *W. Weiß*, Der Europäische Regulierungsverbund im Energierecht, in: Baur/Salje/Schmidt-Preuß (Hrsg.), Regulierung in der Energiewirtschaft, 1. Aufl. 2011, § 40 Rn. 51; 2. Aufl. 2016, § 32 Rn. 51.

[432] Verhaltener formuliert von *W. Weiß*, Der Europäische Regulierungsverbund im Energierecht, in: Baur/Salje/Schmidt-Preuß (Hrsg.), Regulierung in der Energiewirtschaft, 1. Aufl. 2011, § 40 Rn. 51.

[433] *H. Lecheler*, DVBl. 2008, S. 873 (879 f.); *A. Haratsch/C. Koenig/M. Pechstein* (Hrsg.), Europarecht, 10. Aufl. 2016, S. 151.

[434] *J. Gundel/C. F. Germelmann*, EuZW 2009, S. 763 (767) bezeichnen die Leitlinienbefugnisse als „inflationär".

[435] *A. Groebel*, in: Gramlich/Manger-Nestler (Hrsg.), Europäisierte Regulierungsstrukturen und -netzwerke, 2011, S. 193 (210 f.).

[436] *M. Ludwigs*, Regulative Teilkompetenzen der EU-Kommission, in: Baur/Salje/Schmidt-Preuß (Hrsg.), Regulierung in der Energiewirtschaft, 2. Aufl. 2016, § 31 Rn. 12 f., 43.

ermöglicht. Dieser kontrollierende und korrigierende Einfluss der Mitgliedstaaten hat sich insbesondere beim Komitologieverfahren zum Erlass des Netzkodex zur Kapazitätszuweisung und zum Engpassmanagement gezeigt und in einer langen Verfahrensdauer niedergeschlagen. Durch die Ermächtigung der Kommission zum Erlass von Durchführungsrechtsakten nach Art. 290 AEUV werden Komitologieausschüsse jedoch schrittweise zurückgehen, was den Einfluss der Kommission stärkt, sofern das Europäische Parlament oder der Rat, die nicht aus energiewirtschaftlichen Experten bestehen, die Durchführungsbefugnis nicht widerrufen oder Einwände gegen den Durchführungsakt erheben.

Das Projekt einer „Energieunion"[437] bei dem eine Vertiefung der nationalen Energiemärkte in den Mitgliedstaaten der Europäischen Union angestrebt wird, dürfte eine weitere Einschränkung des Subsidiaritätsprinzips durch die Kommission beim Abschluss von Energieverträgen mit Drittländern mit sich bringen.[438] Besonders relevant werden solche Verträge bei der Gaslieferung aus Drittländern in Osteuropa oder Afrika. Die Mitgliedstaaten müssen die Kommission vor Abschluss eines Energieliefervertrages über die Verhandlungen und die Inhalte der geplanten Verträge informieren,[439] sodass die Kommission eine Ex-ante-Überprüfung der Vereinbarkeit mit Unionsrecht anstellen kann.[440] Ohne Stellungnahme der Kommission dürfen die Mitgliedstaaten keine Energielieferverträge schließen, eine dann erfolgte Stellungnahme der Kommission müssen sie vollständig berücksichtigen.[441]

b. Agency for the Cooperation of Energy Regulators (ACER)

Das Ziel einer Zusammenarbeit der nationalen Regulierungsbehörden in einer sekundärrechtlich geschaffenen Einrichtung war die Bündelung des Sachverstands und des Einflusses der mitgliedstaatlichen Regulierungsbehörden unter den Augen

---

[437] *Europäische Kommission*, Mitteilung der Kommission an das Europäische Parlament, den Rat, den Europäischen Wirtschafts- und Sozialausschuss, den Ausschuss der Regionen und die Europäische Investitionsbank – Rahmenstrategie für eine krisenfeste Energieunion mit einer zukunftsorientierten Klimaschutzstrategie vom 25.02.2015, KOM (2015), 80 endg.

[438] Vergleiche die Begründete Stellungnahme (15/SB-BR/2016) der Republik Österreich vom 30.03.2016.

[439] Art. 3 des Vorschlags für einen Beschluss des Europäischen Parlaments und des Rates zur Errichtung eines Mechanimus für den Informationsaustausch über zwischenstaatliche Abkommen und nicht verbindliche Instrumente zwischen Mitgliedstaaten und Drittländern im Energiebereich und zur Aufhebung des Beschlusses Nr. 994/2012/EU vom 16.02.2016, KOM (2016), 53 endg.

[440] Artt. 5, 6 des Vorschlags für einen Beschluss des Europäischen Parlaments und des Rates zur Errichtung eines Mechanimus für den Informationsaustausch über zwischenstaatliche Abkommen und nicht verbindliche Instrumente zwischen Mitgliedstaaten und Drittländern im Energiebereich und zur Aufhebung des Beschlusses Nr. 994/2012/EU vom 16.02.2016, KOM (2016), 53 endg.

[441] Art. 5 Abs. 4 des Vorschlags für einen Beschluss des Europäischen Parlaments und des Rates zur Errichtung eines Mechanimus für den Informationsaustausch über zwischenstaatliche Abkommen und nicht verbindliche Instrumente zwischen Mitgliedstaaten und Drittländern im Energiebereich und zur Aufhebung des Beschlusses Nr. 994/2012/EU vom 16.02.2016, KOM (2016), 53 endg.

der Kommission. Hingegen ist sowohl die Stellung der ACER gegenüber der Kommission als auch der Einfluss der mitgliedstaatlichen Regulierungsbehörden in der ACER gering. Die Stellung der ACER bestimmt das Dritte Energiebinnenmarktpaket, wonach ihr überwiegend Vermittlungs- und Unterstützungsaufgaben im Regulierungsverbund zwischen den Regulierungsbehörden, den Netzbetreibern und der Kommission und nur in grenzüberschreitenden Sachverhalten vereinzelte Kompetenzen zur Überprüfung und Entscheidung zugewiesen werden.

Die Erweiterung der sekundärrechtlichen Aufgaben der ACER zur Förderung europäischer Infrastrukturen im Energiebinnenmarkt begegnet zahlreichen rechtlichen Hindernissen, da die ACER weder zur Planung noch zur Genehmigung solcher Infrastrukturen ermächtigt wird, sodass ihr im Ergebnis wieder nur eine Koordinierungsaufgabe verbleibt. Zur Stärkung der ACER könnten Aufgaben von weniger institutionalisierten Regulierungsakteuren übertragen werden. Eine Aufwertung der ACER durch die Übernahme von Aufgaben der nationalen Regulierungsbehörden oder der Europäischen Regulierungsforen und des CEER ist mittelfristig aufgrund ihrer geringen Personal- und Finanzausstattung eher unwahrscheinlich. Ferner besitzt die ACER nicht die Unabhängigkeit in der Mehrebenenverwaltung des Regulierungsverbunds, die die Richtlinien von den nationalen Regulierungsbehörden in den Mitgliedstaaten fordern.[442]

Vielmehr hängt die Stellung der ACER wesentlich von der Kommission ab, auch wenn sie prima facie als unabhängig von der Kommission deklariert wird. Vertreter der Kommission können zwar an den Sitzungen des Regulierungsrates als Entscheidungsgremium der ACER nur teilnehmen, nicht abstimmen,[443] doch diese „Unabhängigkeit" wird sowohl formell als auch materiell zu Gunsten der Kommission wieder eingeschränkt.

Formell trifft die Kommission eine Vorauswahl für die Besetzung des Postens des Direktors der ACER, der als Geschäftsführer und Vertreter der Agentur wesentlichen Einfluss auf die Zusammenarbeit im Sinne einer Schnittstelle zwischen dem Regulierungsrat und der Kommission nehmen kann.[444] Hinzu kommt, dass die ACER sowohl in der Personal- als auch in der Finanzausstattung abhängig von der Kommission ist, was die Agentur in ihrer Empfehlung einer besseren Ausstattung selbst bestätigt hat.[445]

Materiell beginnt der Einfluss der Kommission mit der Stellungnahme zum Arbeitsprogramm der ACER und reicht über die Aufstellung einer Prioritätenliste als Grundlage für die Ausarbeitung von Rahmenleitlinien bis zum Erlass von Leitlinien gegenüber der ACER. Damit können alle grundlegenden Entscheidungen von der Kommission getroffen werden. Ferner evaluiert die Kommission als Kontrolleur der ACER deren Arbeit alle vier Jahre in einem Bericht an das Europäische

---

[442] ACER, Recommendation of the ACER No. 01/2016 vom 30. Mai 2016, S. 6 lit. 2, 3, S. 8 lit. 7, S. 9 lit. 8.

[443] Art. 14 Abs. 1 lit. b), Abs. 5 ACER-Verordnung.

[444] *J. Haller*, Der Verwaltungsverbund in der Energieregulierung, 2013, S. 150.

[445] ACER, Recommendation of the ACER No. 01/2016 vom 30. Mai 2016, S. 5 lit. 1.

Parlament und den Rat.[446] Damit verbleibt der ACER nur ein marginaler eigener Handlungsspielraum gegenüber der Kommission.

Der Einfluss der mitgliedstaatlichen Regulierungsbehörden in der ACER ist gering. Die Arbeits- und Aufgabengruppen repräsentieren zwar mitgliedstaatlichen Sachverstand, doch sie erscheinen als „Wohlfühlgremien", in denen jeder mitmachen, aber nicht entscheiden darf, da die Entscheidungen formell durch den Regulierungsrat getroffen werden. Der Regulierungsrat repräsentiert alle mitgliedstaatlichen Regulierungsbehörden, sodass der Einfluss einer nationalen Regulierungsbehörde wie der Bundesnetzagentur für die Bundesrepublik Deutschland als größtem nationalem Energiemarkt mit neun Ländergrenzen aufgrund eines einfachen Stimmgewichts gegenüber anderen Staaten eher gering ist.

Die ACER-Verordnung sieht grundsätzlich eine Koordination des Regulierungsrates durch den Direktor vor, während der Regulierungsrat die Entscheidungen der ACER trifft. Gleichwohl zeigt sich in der Praxis ein Ungleichgewicht zwischen dem Einfluss des Regulierungsrates und des Direktors auf Entscheidungen nach außen. Der Regulierungsrat hat nur eingeschränkt Einfluss auf Entscheidungen, da die institutionellen Arrangements ausgehöhlt werden. Der Einfluss des Regulierungsrates auf die Koordination der Arbeits- und Aufgabengruppen wird reduziert, während der Direktor, im Einzelfall unterstützt durch die Mitarbeiter der Agentur, selbständig und ohne die Mitwirkung der nationalen Regulierungsbehörden eigene Entscheidungen erarbeitet oder die Entscheidungen des Regulierungsrates „überarbeitet".[447] Es ist fraglich, ob dem Direktor als Geschäftsführer und Vertreter der ACER dieses praktisch ausgeübte Prüfungsrecht bei Entscheidungen des Regulierungsrates rechtlich zusteht.

Ein formelles Prüfungsrecht könnte sich auf solche Fragen beziehen wie die, ob der Regulierungsrat die ihm zugewiesenen Aufgaben erfüllt hat, ob der Regulierungsrat im Rahmen seiner Kompetenzen gehandelt hat, ob gegebenenfalls erforderliche Abstimmungs- und Informationspflichten der ACER gegenüber den Regulierungsbehörden in den Mitgliedstaaten oder der Kommission eingehalten wurden oder ob die Entscheidung die formalen Voraussetzungen der Bewirkungsformen erfüllt. Ein solches formelles Prüfungsrecht könnte dem Direktor zustehen, da er als Vertreter der ACER die Beschlüsse des Regulierungsrates unterzeichnet und weiterleitet beziehungsweise veröffentlicht. Damit könnte der Direktor ein formell rechtmäßiges Handeln der ACER gewährleisten und für sich selber sicherstellen, dass er keine formfehlerhaften Akte unterzeichnet.

Ein materielles Prüfungsrecht des Direktors in Bezug auf den Inhalt der Beschlüsse des Regulierungsrates zu Rahmenleitlinien, Stellungnahmen oder Einzelfallentscheidungen erscheint sowohl systematisch als auch nach Sinn und Zweck der ACER abwegig. Nach dem Wortlaut der institutionellen Arrangements ist der Regulierungsrat als unabhängiges Entscheidungsorgan der ACER eingerichtet, der

[446] Art. 34 ACER-Verordnung.

[447] Kritisch hierzu bereits *U. Ehricke*, IR 2008, S. 122 (125 f.); konkret *N. Horstmann*, in: Roggenkamp/Hammer (Hrsg.) European Energy Law Report VIII (2011), S. 43 (48).

jedenfalls keiner internen Entscheidungsinstanz in Gestalt des Direktors untergeordnet ist.[448] Systematisch repräsentiert der Regulierungsrat im Sinne einer demokratischen Legitimation der Entscheidungen die Vertreter aller mitgliedstaatlichen Regulierungsbehörden.[449] Damit können die Entscheidungen des Regulierungsrates zumindest ein Mindestmaß an Legitimation beanspruchen, wohingegen Entscheidungen des Direktors, der von der Kommission vorausgewählt und von den nationalen Regulierungsbehörden in der Regel nur noch „abgesegnet" wird, gerade nicht entsprechend legitimiert sind. Ferner wurde die ACER gerade als Plattform der nationalen Regulierungsbehörden eingerichtet, deren Sachverstand in den Arbeits- und Aufgabengruppen wesentlich die Beschlüsse des Regulierungsrates vorbereitet. Solch einen umfassenden Sachverstand kann der Direktor der ACER nicht aufweisen und auch nicht mit dem bescheidenen Personal der Agentur ausgleichen, sodass eine sachliche Eignung des Direktors zur Änderung von Entscheidungen des Regulierungsrates nicht vorhanden und der in der ACER-Verordnung angelegten Rolle nicht vorgesehen ist. Im Ergebnis lassen sich Entscheidungen des Direktors nach einem Beschluss des Regulierungsrates als „director's cut" bezeichnen, der politisch von der Kommission jedenfalls akzeptiert, wenn nicht im Einzelfall sogar begrüßt wird. Damit bekommt der Direktor ein Druckmittel im Falle von Differenzen zwischen dem Regulierungsrat und ihm selbst, um die nationalen Regulierungsbehörden zu beeinflussen.[450] Dadurch wird der Einfluss der nationalen Regulierungsbehörden auf Entscheidungen der ACER im Regulierungsrat weiter reduziert, während die Kommission an Einfluss gewinnt.

Die ACER kann in der Rolle des Vollziehers konkret-individuelle Einzelfallentscheidungen gegenüber mitgliedstaatlichen Regulierungsbehörden und nationalen Netzbetreibern treffen, um grenzüberschreitende Streitigkeiten oder den Ausgleich grenzüberschreitender Investitionen im Sinne der Errichtung eines europäischen Energiebinnenmarktes zu bewältigen. Die Förderung von Projekten von gemeinsamem Interesse sowie die Förderung von Investitionsvorhaben lassen weitere grenzüberschreitende Sachverhalte erwarten, die der Einzelfallentscheidung der ACER bedürfen.

c. Bundesnetzagentur und Landesregulierungsbehörden

Die Bundesnetzagentur und die Landesregulierungsbehörden treffen in ihrem jeweiligen Zuständigkeitsbereich durch Genehmigungen und Festlegungen verbindliche Entscheidungen zu Netzzugang, Netzanschluss und Netzentgelten in Deutschland.[451]

---

[448] Art. 14 Abs. 5 ACER-Verordnung.

[449] Art. 14 Abs. 1 ACER-Verordnung.

[450] Den Konflikt erkennen bereits *N. Horstmann*, in: Roggenkamp/Hammer (Hrsg.) European Energy Law Report VIII (2011), S. 43 (48) und *J. Haller*, Der Verwaltungsverbund in der Energieregulierung, 2013, S. 125.

[451] Kritisch hierzu *W. Frenz*, ER 2017, S. 150 ff.

4. Zusammenfassung der Veränderungen der Bewirkungsformen

Der Einfluss der Europäischen Regulierungsforen für Elektrizität und Gas ist nicht messbar und wird auch nicht in rechtsverbindlichen Entscheidungen deutlich. Sie setzen letztlich „unsichtbare", aber weitreichende Impulse zur Regulierung nationaler Energiemarktmonopole und zur Schaffung eines europäischen Energiebinnenmarktes. Die Foren bringen Regulierungsimpulse sowohl zwischen den Regulierungsbehörden und den Netzbetreibern bei der Regulierung von nichtpreislichen Diskriminierungen im Netz als auch zwischen Energieversorgungsunternehmen und Netzbetreibern bei der Stärkung des Wettbewerbs zu Gunsten der Verbraucher ein.

Das CEER interpretiert seine Regulierungsrolle proaktiv, indem es nicht nur auf Anfrage der ACER oder der Kommission, sondern auch auf eigene Initiative tätig werden kann.[452] So konzentriert sich das CEER auf ein jährliches Arbeitsprogramm mit klaren Regulierungsimpulsen und die Stärkung des Verbraucherschutzes, um nicht nur zum „Erfüllungsgehilfen" der ACER und der Kommission zu werden.

Die ENTSOs haben gegenüber den anderen Teilnehmern der Energiewirtschaft einen größeren Einfluss auf die Setzung der betreffenden Regeln. Zunächst werden die Übertragungs- und Fernleitungsnetzbetreiber im Rahmen der ENTSOs als Stakeholder in den Europäischen Regulierungsforen für Elektrizität und Gas insbesondere gegenüber Energieversorgungsunternehmen und Energiehändlern bevorzugt.[453] Dann können die ENTSOs durch die Einbindung in das Verfahren der Regelsetzung von Netzkodizes an ihrem eigenen Regulierungsrahmen mitwirken, was ihnen in der Praxis teilweise größeren Einfluss auf die Kommission eröffnet hat als es die nationalen Regulierungsbehörden über ACER nehmen konnten.

Die Kommission stellt „die Spinne im Netz" des Regulierungsverbunds aus den mitgliedstaatlichen Regulierungsbehörden, den Übertragungs- und Fernleitungsnetzbetreibern, der ACER und den rechtsetzenden Organen des Europäischen Parlaments und des Rates sowie der Komitologieausschüsse dar, die wesentlichen Einfluss auf die Regulierung der Energiemärkte in den Mitgliedstaaten nimmt. Insbesondere durch die zunehmende Ermächtigung zum Erlass von Leitlinien kann die Kommission die Regulierungsentscheidungen in den Mitgliedstaaten weitreichend vorbestimmen, was rechtlich schwere Spannungen aufwirft.

Die Gründung der ACER hat der Kommission einen spezialisierten Verwaltungsunterbau geschaffen, der für sich genommen als Regulierungsagentur ein zahnloser Tiger ist, aber als verlängerter Arm der Kommission sehr einflussreich sein kann. Die ACER spinnt das Netz, in dem sich die Kommission als Spinne bewegen kann.

---

[452] Artt. 3.2.1 und 3.2.2 Articles of Association of the Council of European Energy Regulators vom 08. November 2011 (konsolidierte Fassung), zuletzt geändert durch Council of European Energy Regulators – Statut de l'association vom 19. Juli 2012.

[453] *J. Kühling/G. Hermeier*, IR 2008, S. 98 (10 f.).

V. Ergebnis: Bewirkungsformen der Regulierungsakteure

Die Bewirkungsformen der Regulierungsakteure korrespondieren mit ihren Organisationsformen. Einen hohen Einfluss auf Entscheidungen nehmen die Regulierungsakteure, die bereits eine ausdifferenzierte Organisationserscheinung haben, was sich jeweils auf ihre formal kodifizierten Rechtsgrundlagen zurückführen lässt. Um den Zusammenhang von Organisations- und Bewirkungsformen herauszuarbeiten, wurden verschiedene Handlungen der Regulierungsakteure dargestellt, in denen sich dieser Zusammenhang konkretisiert. Diese Handlungen spiegeln die formellen Funktionen der Regulierungsverwaltung, aber auch die inhaltlichen Ausprägungen wider. Die zentralen Funktionen sind die Regulierung der Marktteilnahme, die Regulierung des Marktverhaltens und die Regulierung der Marktbedingungen.

1. Funktionen des Organisationshandelns

Die Erfüllung der Funktionen der Regulierungsverwaltung wird von den Regulierungsakteuren im europäischen Energiebinnenmarkt untereinander aufgeteilt. Folgende Arbeitsteilung hat sich dabei – nicht immer in Übereinstimmung mit Wortlaut und Intention der formellen Regelungen, dagegen teilweise bestimmt von den jeweiligen Interessen – herauskristallisiert:

Die Europäischen Regulierungsforen für Elektrizität und Gas, die ICER, das CEER und die ENTSOs regulieren die Marktbedingungen, um nichtpreisliche Diskriminierungen von Marktteilnehmern zu verhindern. Besonders deutlich wird das bei den Empfehlungen, Leitlinien und Berichten des CEER, die sich stark auf den Verbraucherschutz konzentrieren. Dagegen werden die Entwürfe der ENTSOs für Netzkodizes sowie die Berichte über die Umsetzung der Netzkodizes immer von den Interessen der Übertragungs- und Fernleitungsnetzbetreiber beeinflusst.

Die Europäische Kommission und die ACER regulieren in der Regel die Marktbedingungen und ausnahmsweise auch das Marktverhalten sowohl von Netzbetreibern als auch von nationalen Regulierungsbehörden. Die Erarbeitung einer Rahmenleitlinie und die Annahme eines Netzkodex sind jeweils Handlungen in einem mehrstufigen Verfahren, um technische oder operative Marktbedingungen in den Netzen zu schaffen. Dagegen können Leitlinien der Kommission auf die Formen der Marktregulierung der nationalen Regulierungsbehörden einwirken, während die Einzelfallentscheidungen der ACER sich auf das Marktverhalten von Übertragungs- oder Fernleitungsnetzbetreibern beziehen.

Die Bundesnetzagentur und die Landesregulierungsbehörden in Deutschland sind die zentralen Regulierungsakteure zur Regulierung der Marktteilnahme, wodurch sie preisliche und nichtpreisliche Diskriminierungen zu Marktteilnehmern zu regulieren haben. Dies tun sie, indem sie über den Netzzugang und die Netzentgelte durch Genehmigungen und Festlegungen entscheiden. Daneben können sie sowohl proaktiv durch Investitionsgenehmigungen als auch restriktiv über die Missbrauchsaufsicht das Marktverhalten der Netzbetreiber regulieren.

2. Instrumente des Organisationshandelns

Die Verwaltungsorganisationen üben ihren Einfluss auf Entscheidungen und damit auf das Marktgeschehen durch unterschiedliche Bewirkungsformen, hinter denen Handlungsformen stehen, aus. Die Untersuchung geht aus von den Rechtsgrundlagen, aus denen sich insbesondere Aufgaben und Kompetenzen ergeben, welche die Bewirkungsformen der Regulierungsakteure prägen. Aus der Vielfalt der Bewirkungsformen lassen sich für die einzelnen Regulierungsakteure einheitliche Handlungsformen ableiten.

Bei Regulierungsakteuren ohne oder mit privat vereinbarten Rechtsgrundlagen haben sich ihre spezifischen Handlungsformen durch eine regelmäßige Verwaltungspraxis herausgebildet, während die hoheitlich kodifizierten Regulierungsakteure regelmäßig bereits aus ihren Rechtsgrundlagen ausdrücklich feste Handlungsformen zugewiesen bekommen.

Die Verwaltungsorganisationen der Energie-Regulierungsverwaltung besitzen, bestimmt durch die jeweiligen Rechtsgrundlagen, folgende Bewirkungsformen (Abb. 4.2):

Abb. 4.2 Systematisierung von Regulierungsakteuren und Bewirkungsformen

Auf der Grundlage dieser Beschreibung und Systematisierung kann die weitere Untersuchung des Einflusses von Bewirkungsformen auf Regulierungsentscheidungen ansetzen, um das Wesen der Handlungsformen und ihre Rechtswirkungen zu bestimmen.

Kapitel 5 Einfluss von Organisationshandeln auf Entscheidungen

Die Beschreibung und Analyse der Erscheinungsformen der Regulierungsakteure hat gezeigt, dass die Verwaltungsorganisationen zur Wahrnehmung ihrer Aufgaben verschiedene Kompetenzen besitzen, die unterschiedlichen Einfluss auf die Entscheidungen in der Praxis haben.

Zur Ausübung der Kompetenzen werden den Verwaltungsorganisationen aus den Rechtsgrundlagen abstrakte Arten von Handlungen zugewiesen. Um verschiedene Arten von Handlungen der Regulierungsakteure zu unterscheiden, werden „Handlungsformen" herausgearbeitet.[1] Der bisher zusammenfassend benutzte Begriff der Bewirkungsformen wird im Folgenden genauer bestimmt als Ordnungsmuster, die bestimmte formale Eigenschaften eines Rechtsaktes bestimmen, aus denen wiederum formcharakteristische Rechtswirkungen abgeleitet und Rechtsschutzmöglichkeiten bestimmt werden können.[2]

Einerseits ist der Begriff der Handlungsform ein Oberbegriff für jede tatsächliche oder rechtliche Form des Verwaltungshandelns und andererseits zugleich ein Unterscheidungsmerkmal von privaten oder hoheitlichen Handlungen.[3] Dadurch lässt die Bestimmung von Handlungsformen einen Rückblick auf den Urheber, privat oder hoheitlich, sowie einen Ausblick auf den Rechtsschutz gegen solche Handlungsformen, die in Individualrechte eingreifen oder gegen geschriebenes Recht zu verstoßen, zu. Die Vielzahl der Bewirkungsformen der Regulierungsakteure im Energiesektor lässt sich durch die Definition von Handlungsformen anhand ihrer Rechtswirkungen unterscheiden. Ihr Einfluss auf Entscheidungen in der Praxis wird wesentlich von den damit verbundenen Rechtswirkungen beeinflusst.

---

[1] *J. Bast*, Grundbegriffe der Handlungsformen der EU, 2005, S. 6 ff. verwendet den Begriff der Handlungsform und den später verwendeten Begriff der Rechtsform (siehe unten Kapitel 6) synonym, S. 2.

[2] *A. von Bogdandy/J. Bast/F. Arndt*, ZaöRV 62 (2002), S. 77 (82); *H. Wißmann*, Handlungsformen im europäischen Verwaltungsrecht, in: Terhechte/Leible (Hrsg.), EnzEuR Bd. 3, 2014, § 31 Rn. 1, 7.

[3] *H. Wißmann*, Handlungsformen im europäischen Verwaltungsrecht, in: Terhechte/Leible (Hrsg.), EnzEuR Bd. 3, 2014, § 31 Rn. 7 f.

A. Wellerdt, *Organisation der Regulierungsverwaltung*,
https://doi.org/10.1007/978-3-662-56451-6_5

Zuerst werden die Handlungsformen der Regulierungsakteure definiert (I.), um bestimmte Formen von Handlungen anhand ihres Wesens und ihrer Wirkung (II.) in Bezug auf ihre Rechtswirkungen (III.) zu unterscheiden. Der Einfluss der Verwaltungsorganisationen unterscheidet sich aufgrund des Wesens und der Wirkung der jeweils konstituierten Handlungsformen in ihren Entscheidungswirkungen (IV.).

Die Einordnung unterschiedlicher Bewirkungsformen anhand ihrer Rechtswirkungen zu bestimmten Handlungsformen ist nicht zuletzt entscheidend für die Frage, ob und wie eine Rechtmäßigkeitskontrolle eröffnet wird.[4] Die Möglichkeit von Rechtsschutz gegen Regulierungsentscheidungen gibt wieder einen Rückschluss auf den Einfluss des einzelnen Organisationshandelns auf Entscheidungen (V.) Daraus lässt sich ein Zusammenhang zwischen dem Handeln einer Verwaltungsorganisation und deren Einfluss auf Entscheidungen ableiten (VI.).

I. Handlungsformen der Verwaltungsorganisationen

Die Rechtsgrundlagen bestimmen eine Vielzahl von Bewirkungsformen für die jeweiligen Verwaltungsorganisationen. Es gibt allgemeine Bewirkungsformen wie Berichte (1.) und Empfehlungen (2.), derer sich viele Verwaltungsorganisationen bedienen, während bestimmte Bewirkungsformen wie Prioritätenlisten (3.), Rahmenleitlinien (4.), Netzkodizes (5.), Leitlinien (6.) oder Entscheidungen (7.) einzelnen Regulierungsakteuren zugewiesen sind. Im Folgenden werden die dahinter stehenden rechtlich definierten Handlungsformen herausgearbeitet und typisiert.

1. Bericht („Report")

Mehrere Verwaltungsorganisationen haben die Aufgabe und die Kompetenz zur Erstellung von Berichten, die sich in ihren Inhalten stark unterscheiden können.

So lassen sich Ergebnisprotokolle (a.) über die Diskussionen verschiedener Regulierungsakteure sowie sowohl Untersuchungs- und Statusberichte (b.) über den Zustand bestimmter Regulierungsziele als auch Beobachtungs- und Bewertungsberichte (c, d, e, f) über die Umsetzung bestimmter Regulierungsprogramme unterscheiden. Diese Handlungsformen unterstützen die Regulierung nichtpreislicher Diskriminierungen.

---

[4] *E. Schmidt-Aßmann*, DVBl. 1989, S. 533 (534); *J. Bast*, Rechtsschutz im europäischen Verwaltungsrecht, in: Terhechte/Leible (Hrsg.), EnzEuR Bd. 3, 2014, § 35 Rn. 46.

a. Ergebnisprotokoll der Europäischen Regulierungsforen

Die Europäischen Regulierungsforen veröffentlichen ihre Ergebnisse in der Handlungsform des Ergebnisprotokolls („Conclusions"). Ergebnisprotokolle geben einen Bericht über die aktuellen Diskussionen und die einzelnen Standpunkte von Akteuren der Energiebranche zu technischen, ökonomischen, rechtlichen und politischen Themen. In der Regel werden diese Berichte mit Empfehlungen und Leitlinien verbunden. Empfehlungen und Leitlinien sind Konkretisierungen in den Berichten, die meist diplomatisch formuliert und nicht eigenständig veröffentlicht oder archiviert werden.

Empfehlungen der Foren dienen der materiellen Kooperation zwischen Energieversorgungsunternehmen und -netzbetreibern sowie Energieregulierungsbehörden und enthalten häufig Informationen über das gemeinsame Verständnis rechtlicher Vorgaben oder technischer Verfahren. Vereinzelt geben sie auch rechtliche oder technische Interpretationen von in Richtlinien oder Verordnungen formulierten offenen Normen.

Leitlinien enthalten Kompromisse, auf die sich Energieversorgungsunternehmen, Energienetzbetreiber, Interessenverbände und Regulierungsbehörden geeinigt haben.[5] Sie bestimmen informelle Praktiken, die die Umsetzung der sekundärrechtlichen Vorgaben aus Richtlinien und Verordnungen beeinflussen.[6]

b. Studien- und Untersuchungsbericht der ICER

Die ICER veröffentlicht Berichte über ihre Studien und Untersuchungen, um den gewonnenen Sachverstand aufzubereiten und zu verbreiten. Diese Berichte enthalten vertiefte Darstellungen von einzelnen technischen (regelmäßig in Form von Untersuchungen) oder regionalen Erscheinungen (meist in Form von Studien). Hierdurch werden Benchmarkingberichte verfasst, um überregionale, internationale Vergleichsparameter und Erfahrungswerte zu globalen Themen zu gewinnen und zu verbreiten.

Die Berichte der ICER dienen der Informationssammlung, dem Erfahrungs- und Wissensaustausch für Regulierungsakteure, um die technischen und ökonomischen Ungewissheiten bei der Regulierung des Energiesektors zu reduzieren.

c. Bericht des CEER

Das CEER erstellt Arbeits- und Jahresberichte sowie Berichte über die Standpunkte der nationalen Regulierungsbehörden zu Entwürfen der Kommission und zu Beschlüssen des Europäischen Parlaments und des Rates im Rechtsetzungsverfahren.

Arbeitsberichte umfassen Arbeitsprogramme, die die Europäischen Regulierungsforen, die ACER und die Kommission adressieren. Sie zielen auf eine weitere

---

[5] *F. Arndt*, DV 39 (2006), S. 100 (106).

[6] *C. Held/J. Prat*, IR 2004, S. 194 (194); *P. Cameron*, ELR 30 (2005), S. 631 (642).

Harmonisierung des europäischen Energiebinnenmarktes ab, zeigen ausstehende Reformschritte auf und entwerfen konkrete Programme zur Verwirklichung des gemeinsamen Binnenmarktes. Dagegen bilden die Jahresberichte das Gegenstück, die den Stand des Erreichten zeigen, indem sie die Verwirklichung eines europäischen Energiebinnenmarktes, die Sicherstellung der Versorgungssicherheit, die Gewährleistung des Verbraucherschutzes und die Beteiligung aller Stakeholder am Regulierungsprozess bewerten und auf die konkreten Schwerpunktthemen in den jährlichen Arbeitsprogrammen eingehen.[7]

Das CEER berichtet auch über die Standpunkte der nationalen Regulierungsbehörden zu Entwürfen von Richtlinien und Verordnungen der Kommission beziehungsweise zum Beschluss von Rechtsakten des Europäischen Parlaments und des Rates. Hierzu gehören auch Positionspapiere der nationalen Regulierungsbehörden zu Mitteilungen der Kommission, die die politischen Absichtserklärungen aus der Perspektive der umsetzenden Regulierer im Namen des CEER bewerten.[8]

d. Monitoringbericht der ACER

Die ACER erarbeitet zusammen mit dem CEER jährlich einen Monitoringbericht. Diese enthalten Beobachtungen zur Verwirklichung harmonisierter Elektrizitäts- und Gasmärkte auf Großhandels- und Endkundenebene insbesondere in Bezug auf den Zugang zu den Netzen – speziell den Zugang von Elektrizität aus erneuerbaren Energiequellen –, über die Endkundenpreise von Elektrizität und Gas sowie die Verwirklichung eines offenen Wettbewerbs für Verbraucher.[9] Darüber hinaus übernimmt die ACER eigenständig die Überwachung des Handels mit Energiegroßhandelsprodukten, um auf Insiderinformationen und Marktmanipulationen basierenden Handel aufzudecken und zu verhindern,[10] worüber die ACER auch einen jährlichen Bericht verfasst.

e. Bericht der ENTSOs

Die ENTSOs beobachten die Entwicklung der Elektrizitätsübertragungs- und der Gasfernleitungsnetze und der Netzkodizes, deren entsprechende Umsetzung sie,

---

[7] CEER, Annual Report 2013, S. 3, 7 f., 10 ff.; Annual Report 2014, S. 3, 6 ff., 8 ff., 11 (online verfügbar, zuletzt abgerufen am 01.12.2017 unter https://www.ceer.eu/eer_publications/annual_reports).

[8] CEER, The Future Role of DSOs – A CEER Conclusions Paper vom 13.07.2015 (Ref: C15-DSO-16-03).

[9] Art. 11 Abs. 1 und 2 ACER-Verordnung; eine entsprechende Regelung lässt sich aus Artt. 3.2.4, 3.2.6 und 3.2.8 Articles of Association of the Council of European Energy Regulators vom 08. November 2011 (konsolidierte Fassung) zuletzt geändert durch Council of European Energy Regulators – Statut de l'association vom 19. Juli 2012 ableiten.

[10] Art. 7 Abs. 1 REMIT-Verordnung (EU) Nr. 1227/2011.

soweit zulässig, durchsetzen.[11] Die Ergebnisse der Überwachung der Umsetzung der Netzkodizes formulieren die ENTSOs in jährlichen Berichten.

f. Berichte der Bundesnetzagentur und der Landesregulierungsbehörden

Die Bundesnetzagentur und die Landesregulierungsbehörden ergänzen die Beobachtungen des CEER und der ACER durch die Vornahme eines nationalen Monitorings. Das Monitoring der Regulierungsbehörden dient der Herstellung von Markttransparenz. Es erstreckt sich insbesondere auf Mechanismen zur Behebung von Kapazitätsengpässen im nationalen Elektrizitäts- und Gasversorgungsnetz und bei den Verbindungsleitungen,[12] die technische Zusammenarbeit zwischen Betreibern von Übertragungsnetzen innerhalb und außerhalb der Europäischen Union,[13] die Bedingungen und Tarife für den Anschluss neuer Elektrizitätserzeuger unter besonderer Berücksichtigung der Kosten und der Vorteile der verschiedenen Technologien zur Elektrizitätserzeugung aus erneuerbaren Energien[14] und die Bedingungen für den Zugang zu Speicheranlagen[15] für Gas. Das Monitoring stellt den Ist-Zustand dieser Parameter fest, ermöglicht einen systematischen Vergleich von Zuständen und eine regelmäßige Auswertung von Entwicklungen über bestimmte Zeiträume.[16] Die Ergebnisse des Monitorings der Regulierungsbehörden fließen in den Monitoringbericht des CEER und der ACER ein.

2. Empfehlung („Recommendation“)

Empfehlungen („Recommendations“) beabsichtigen eine sanfte Handlungsprogrammierung, die sich sowohl an die Akteure der energiewirtschaftlichen Wertschöpfungskette (a.) als auch an die Regulierungsakteure (b, c) im europäischen Verwaltungsverbund richten kann.

a. Empfehlung mit Leitlinien des CEER

Empfehlungen betreffen alle Teilnehmer der Wertschöpfungskette von Energieerzeugern und -händlern über Netzbetreiber bis hin zu Verbraucherverbänden. Sie können Informationsasymmetrien unter und Diskriminierungen von Marktteilnehmern

---

[11] Art. 4 Abs. 2 lit. d) und e) ENTSO-E/ENTSO-G Articles of Association vom 30.09.2014/22.10.2014.

[12] § 35 Abs. 1 Nr. 2 EnWG.

[13] § 35 Abs. 1 Nr. 5 EnWG.

[14] § 35 Abs. 1 Nr. 6 EnWG.

[15] § 35 Abs. 1 Nr. 7 EnWG.

[16] *K. Herzmann*, DVBl. 2007, S. 670 (671 ff.).

abbauen. Empfehlungen stellen eine Zusammenschau der Erfahrungen und Methoden der nationalen Energieregulierungsbehörden dar. Sie adressieren regelmäßig die Kommission und fordern diplomatisch, entsprechende Regeln einzubringen.

Empfehlungen können auch Leitlinien enthalten, die sich aus Untersuchungen und Vergleichen (Benchmarking) des CEER ergeben. Sie zielen auf eine Anpassung der Regulierungspraxis, um den einheitlichen europäischen Binnenmarkt zu vollenden.[17] Dazu richten sie sich insbesondere an Übertragungs- und Fernleitungsnetzbetreiber hinsichtlich der Umsetzung eines diskriminierungsfreien Netzzugangs und transparenter Netzentgelte sowie an die ACER und die Kommission, um die rechtlichen Vorgaben auf nationaler und supranationaler Ebene zu beachten und zu vollziehen.

b. Empfehlung der Kommission

Die Kommission bedient sich neben den geschriebenen, formellen Handlungsformen aus dem Sekundärrecht vermehrt informeller Handlungsformen, die als Empfehlungen oder neutraler als Mitteilungen zusammengefasst werden können. Im Einzelnen fallen hierunter „Commission Staff Working Papers" oder „Interpretative Notes" sowie „Communications", die dazu dienen, ein unionsweites einheitliches Verständnis der Verordnungen und Richtlinien zu erreichen.[18] Mitteilungen enthalten Visionen für den europäischen Energiebinnenmarkt, formulieren Strategien und Reformen, definieren oder priorisieren Projekte zur Umsetzung des Dritten Energiebinnenmarktpakets und definieren nächste Schritte zur Harmonisierung des Energiebinnenmarktes.[19]

c. Empfehlung der ACER

Empfehlungen und Stellungnahmen dienen dem Sinn und Zweck der ACER, die Zusammenarbeit zwischen den nationalen Regulierungsbehörden durch einen Austausch von Informationen zu fördern und eine Harmonisierung der Rechtsanwendung zu erreichen.[20]

Im Einzelnen kann die ACER sowohl allgemeine Empfehlungen an die Kommission aussprechen,[21] um dieser den Erlass verbindlicher Regeln nahezulegen, als

---

[17] Artt. 3.2.3, 3.2.4 und 3.2.5 Articles of Association of the Council of European Energy Regulators vom 08. November 2011 (konsolidierte Fassung), zuletzt geändert durch Council of European Energy Regulators – Statut de l'association vom 19. Juli 2012.

[18] *J. Haller*, Der Verwaltungsverbund in der Energieregulierung, 2013, S. 194.

[19] *Europäische Kommission*, Mitteilung zur Einleitung des Prozesses der öffentlichen Konsultation zur Umgestaltung des Energiemarktes vom 15.07.2015, KOM (2015), 340 endg.

[20] *J. Haller*, Der Verwaltungsverbund in der Energieregulierung, 2013, S. 192.

[21] Erwägungsgrund 11, 12, 18 und Art. 4 lit. c) ACER-Verordnung.

auch in der Praxis in der Regel spezielle Empfehlungen an die nationalen Regulierungsbehörden[22] oder Netzbetreiber[23] zum unionsweiten Netzentwicklungsplan oder zu den Netzkodizes treffen.[24]

Ferner kann die ACER auch Empfehlungen zu Marktregeln und Verfahren zur Verbesserung der Integrität des Marktes und des Funktionierens des Binnenmarktes[25] abgeben. Weitere Empfehlungen kann die ACER zur Durchführung von Vorhaben sowie zur Bewältigung von Verzögerungen und Schwierigkeiten für die transeuropäische Energieinfrastruktur[26] sowie zu Anreizen und Risiken bei Investitionen in grenzüberschreitende Elektrizitäts- und Gasinfrastrukturvorhaben[27] aussprechen.

Die ACER kann auch eine Stellungnahme gegenüber der Kommission abgeben, wenn sie auf Antrag einer nationalen Regulierungsbehörde oder der Kommission ermächtigt wird, eine Entscheidung einer nationalen Regulierungsbehörde zu begutachten („Peer Review").[28] Eine solche Stellungnahme dient wiederum der Kommission als Grundlage, um eine Entscheidung über die Bestätigung oder den Widerruf der jeweiligen Entscheidung der nationalen Regulierungsbehörde zu treffen.

3. Prioritätenliste („Priority List")

Als Handlungsform im Regulierungsrecht bisher unbekannt sind Prioritätenlisten („Priority Lists"). Sie definieren Projekte von besonderer Bedeutung für einen gemeinsamen Energiebinnenmarkt zu den in der Stromhandels- und der Gaszugangsverordnung 2009 aufgeführten elf Bereichen für Netzkodizes. Nach diesen Prioritätenlisten müssen sich die ACER bei der Entwicklung von Rahmenleitlinien und die ENTSOs beim Entwurf von Netzkodizes richten.[29]

4. Rahmenleitlinie („Framework Guideline")

Rahmenleitlinien („Framework Guidelines") sind eine Handlungsform der ACER. Sie werden von der Prioritätenliste der Kommission programmiert und dienen als Grundlage zum Entwurf von Netzkodizes durch die ENTSOs.

---

[22] Erwägungsgrund 13 und Art. 4 lit. b); Art. 7 Abs. 2 und 3 ACER-Verordnung.

[23] Erwägungsgrund 13 und Art. 4 lit. a); Art. 6 Abs. 4 und 8 ACER-Verordnung.

[24] Erwägungsgrund 13 und Art. 4 lit. d), Art. 7 Abs. 2 und 3 ACER-Verordnung.

[25] Art. 7 Abs. 3 REMIT-Verordnung (EU) Nr. 1227/2011.

[26] Art. 5 Abs. 3 und 5 TEN-E-Verordnung (EU) Nr. 347/2013.

[27] Art. 13 Abs. 5 TEN-E-Verordnung (EU) Nr. 347/2013.

[28] Art. 7 Abs. 4 ACER-Verordnung.

[29] Artt. 6 Abs. 1 Stromhandelsverordnung 2009 und Gaszugangsverordnung 2009.

Die Erarbeitung von Rahmenleitlinien folgt keinen formalen Vorgaben. Mittlerweile sind sieben Rahmenleitlinien der ACER veröffentlicht, die gemeinsame Strukturen aufweisen. Sie sind inhaltlich allgemein verständlich und präzise formuliert. Einleitend werden immer Ziel, Anwendungsbereich und Begrifflichkeiten definiert. Im Hauptteil werden regelmäßig objektive Prinzipien, Minimumstandards oder Basisanforderungen bestimmt, ehe die Prioritäten der Kommission in konkrete Regelungsschwerpunkte aufgegliedert werden, um eine detaillierte Ausarbeitung der entsprechenden Sachmaterien in Netzkodizes durch die ENTSOs zu ermöglichen.

5. Netzkodex („Network code")

Die Handlungsform der ENTSOs ist der Netzkodex („Network Code"). Die ENTSOs beziehen die Prioritätenliste der Kommission und die Vorgaben der Rahmenleitlinien der ACER in die Entwicklung der Netzkodizes für bestimmte Netzbereiche ein.[30] Regelungen durch Netzkodizes sind jedoch auf Angelegenheiten der grenzüberschreitenden Netze und der Marktintegration beschränkt.[31]

Netzkodizes bilden wesentliche Bausteine für die Vollendung des Energiebinnenmarktes[32] und regeln insbesondere Fragen des Netzanschlusses, des Netzzugangs und der Vergabe von Netzkapazitäten, des Netzbetriebs und der Interoperabilität der Netze sowie Ausgleichsleistungen. Netzkodizes sind in Kapitel und Abschnitte gegliedert, die unter Berücksichtigung regionaler Besonderheiten in Artikeln detaillierte technische und operative Regelungen treffen,[33] die der ACER wiederum zur Stellungnahme vorgelegt werden, ehe die Kommission die Netzkodizes annehmen und im Komitologieverfahren als Verordnung erlassen kann.

6. Leitlinie („Guideline")

Leitlinien („Guidelines") enthalten abstrakt-generelle materielle Regelungen, die von der Kommission im Wege des Komitologieverfahrens erlassen werden.[34] Sie dienen einer einheitlichen Auslegung und Anwendung des Energiewirtschaftsrechts in der Europäischen Union, denn sie zielen auf eine Harmonisierung

---

[30] Artt. 8 Abs. 6 Stromhandelsverordnung 2009 und Gaszugangsverordnung 2009.

[31] Artt. 8 Abs. 7 Stromhandelsverordnung 2009 und Gaszugangsverordnung 2009.

[32] Erwägungsgrund 4, 5, 6 Stromhandelsverordnung 2009; Erwägungsgrund 13, 14, 15 Gaszugangsverordnung 2009.

[33] *S. de Moel/F. Melchior*, in: Roggenkamp/Hammer (Hrsg.), European Energy Law Report VIII (2011), S. 21 (38).

[34] Erwägungsgrund 29 und Art. 23 Stromhandelsverordnung 2009; Erwägungsgrund 36 und Art. 28 Gaszugangsverordnung 2009.

grenzüberschreitender Sachverhalte.[35] Leitlinien konkretisieren die in Richtlinien und Verordnungen enthaltenen Vorgaben für den grenzüberschreitenden Elektrizitäts- und Gashandel und ermöglichen eine flexible Anpassung an den technischen Fortschritt in den Energienetzen.[36] Zugleich können Leitlinien in den nationalen Vollzug der Mitgliedstaaten eingreifen und die Entscheidungen der mitgliedstaatlichen Regulierungsbehörden steuern.[37] Dadurch schaffen Leitlinien einen Machtzuwachs für die Kommission.

7. Entscheidung („Decision“)

Der Vollzug des Energiewirtschaftsrechts auf unionaler Ebene erfolgt in der Regel durch die Kommission (a.) und vereinzelt durch die ACER (b.). Dagegen werden die Entscheidungen („Decisions“) zur Regulierung des Energiesektors auf nationaler Ebene von den Landesregulierungsbehörden und der Bundesnetzagentur getroffen (c.).

a. Entscheidung der Kommission

Die Kommission kann zwei Arten von Entscheidungen gegenüber den nationalen Regulierungsbehörden treffen. Die Handlungsform der Entscheidung ist eine einseitige Erklärung der Kommission an die nationale Regulierungsbehörde.

Einerseits kann die Kommission über einen Widerruf von Entscheidungen nationaler Regulierungsbehörden entscheiden, wenn deren nationale Entscheidungen nicht mit den Vorgaben des europäischen Energiewirtschaftsrechts vereinbar sind (aa.). Andererseits entscheidet die Kommission über die Zertifizierung von Übertragungs- und Fernleitungsnetzbetreibern in den Mitgliedstaaten (bb.).

aa. Entscheidung zur Vereinbarkeit nationaler Regulierungsentscheidungen mit dem europäischen Energierecht

Die Europäische Kommission kann Entscheidungen nationaler Regulierungsbehörden in Bezug auf ihre Vereinbarkeit mit dem europäischen Energierecht bestätigen oder widerrufen.[38]

---

[35] Erwägungsgrund 63 und 65 Elektrizitäts-Richtlinie 2009; Erwägungsgrund 61 und 63 Gas-Richtlinie 2009; Erwägungsgrund 29 Stromhandelsverordnung 2009; Erwägungsgrund 36 Gaszugangsverordnung 2009.

[36] *W. Weiß*, Der Europäische Regulierungsverbund im Energierecht, in: Baur/Salje/Schmidt-Preuß (Hrsg.), Regulierung in der Energiewirtschaft, 2. Aufl. 2016, § 32 Rn. 20.

[37] *W. Frenz*, Handbuch Europarecht, Bd. 5, 2010, Kap. 10, § 3 Rn. 1541.

[38] Art. 39 Abs. 6 Elektrizitäts-Richtlinie 2009, Art. 43 Abs. 6 Gas-Richtlinie 2009.

Bei der Überprüfung, ob eine von einer nationalen Regulierungsbehörde getroffene verbindliche Entscheidung mit grenzüberschreitender Wirkung den Richtlinien und Verordnungen des Dritten Energiebinnenmarktpakets oder darauf gründender Leitlinien der Kommission vereinbar ist oder nicht, wird die Kommission von der ACER unterstützt.[39] Die ACER kann auf Antrag einer nationalen Regulierungsbehörde oder auf Antrag der Kommission eine konkrete Entscheidung einer anderen nationalen Regulierungsbehörde begutachten („Peer Review") und eine Stellungnahme gegenüber der Kommission abgeben.[40] Diese Stellungnahme dient der Kommission als Grundlage, um eine Entscheidung über die Bestätigung oder den Widerruf vorzunehmen.

Bei der Überprüfung durch die ACER sind drei Varianten möglich: Die Überprüfung ergibt, dass es keinen Anpassungsbedarf für die Entscheidung der nationalen Regulierungsbehörde gibt oder dass die nationale Regulierungsbehörde ihre Entscheidung aufgrund der Stellungnahme der ACER angepasst hat oder dass eine Anpassung der Entscheidung der nationalen Regulierungsbehörde von der Kommission gefordert werden muss.[41] In dem Fall, dass eine Anpassung erforderlich erscheint, fordert die Kommission die nationale Regulierungsbehörde zu einer Stellungnahme auf.[42] Sofern die nationale Regulierungsbehörde ihre Entscheidung weiter nicht anpasst, kann die Kommission den Widerruf der Entscheidung fordern.[43] Bleibt die Regulierungsbehörde bei ihrer Entscheidung, kann die Kommission ein Vertragsverletzungsverfahren beim Gerichtshof der Europäischen Union beantragen.[44]

bb. Entscheidung zur Zertifizierung von Übertragungs- und Fernleitungsnetzbetreibern in den Mitgliedstaaten

Besondere Bedeutung haben die Entscheidungen der Kommission zur Zertifizierung von Übertragungs- und Fernleitungnetzbetreibern in den Mitgliedstaaten.[45]

Es sind zwei Konstellationen zu unterscheiden: Entscheidet die Kommission über die Zertifizierung eines EU-Übertragungs- oder Fernleitungsnetzbetreibers gemäß Artt. 10 Elektrizitäts- oder Gas-Richtlinie 2009 und Artt. 3 Stromhandelsverordnung oder Gaszugangsverordnung 2009, richtet sich diese Stellungnahme an die nationale Regulierungsbehörde, die diese Entscheidung weitestgehend zu berücksichtigen hat.

---

[39] Art. 39 Abs. 1 und 4 Elektrizitäts-Richtlinie 2009; Art. 43 Abs. 1 und 4 Gas-Richtlinie 2009; Art. 7 Abs. 4 ACER-Verordnung.

[40] Art. 7 Abs. 4 ACER-Verordnung.

[41] Art. 39 Abs. 3 Elektrizitäts-Richtlinie 2009; Art. 43 Abs. 3 Gas-Richtlinie 2009.

[42] Art. 39 Abs. 5 Satz 2 Elektrizitäts-Richtlinie 2009; Art. 43 Abs. 5 Satz 2 Gas-Richtlinie 2009.

[43] Art. 39 Abs. 6 lit. b) Elektrizitäts-Richtlinie 2009; Art. 43 Abs. 6 lit. b) Gas-Richtlinie 2009.

[44] *Europäische Kommission*, Bericht über die Erfahrung mit der Anwendung der Verordnung (EG) Nr. 1228/2003 vom 15.05.2007, KOM (2007), 250 endg., S. 6.

[45] Artt. 10 Elektrizitäts- und Gas-Richtlinie 2009, Artt. 3 Stromhandels- und Gaszugangsverordnung 2009.

Anders stellt es sich dar, wenn die Kommission gemäß Art. 11 Elektrizitäts- oder Gas-Richtlinie 2009 über die Zertifizierung eines Übertragungs- oder Fernleitungsnetzbetreibers außerhalb der Europäischen Union entscheidet. Es handelt sich dann um eine Stellungnahme zu einem grenzüberschreitenden Sachverhalt, in dem die nationale Regulierungsbehörde an die Entscheidung der Kommission gebunden wird.

b. (Einzelfall-)Entscheidung der ACER

Die ACER kann Einzelfallentscheidungen und Entscheidungen über Ausnahmen von den Bestimmungen der Elektrizitäts- und Gas-Richtlinie 2009 treffen.

Die Handlungsform der Entscheidung durch die ACER ist in ihrer Anwendung begrenzt. Sie kann sich nur auf konkrete technische Fragen,[46] auf technische und operative Modalitäten für den sicheren Zugang zu grenzüberschreitenden Infrastrukturen,[47] auf Ausnahmen vom Engpassmanagement bei neuen Infrastrukturen zu Gleichstrom- und Wechselstromverbindungsleitungen beziehungsweise bei bestehenden Infrastrukturen im Falle erheblicher Kapazitätserhöhungen[48] sowie auf Fragen der Kostentragung beim Ausfall grenzüberschreitender Gasinfrastrukturen[49] beziehen.

Diese Entscheidungen adressieren unmittelbar die Netzbetreiber, die zu technischen Maßnahmen verpflichtet oder zu zeitlich begrenzten Ausnahmen berechtigt werden.

c. Entscheidung der Bundesnetzagentur und der Landesregulierungsbehörden

Sowohl die Landesregulierungsbehörden als auch die Bundesnetzagentur treffen Entscheidungen gegenüber Netzbetreibern. Entscheidungen der Regulierungsbehörden gemäß § 73 Abs. 1 EnWG sind Verwaltungsakte im Sinne von § 35 VwVfG, wenn die Regulierungsbehörde auf dem Gebiet des Energiewirtschaftsrechts eine hoheitliche Maßnahme trifft, die auf unmittelbare Rechtswirkung nach außen gerichtet ist.[50]

---

[46] Art. 7 Abs. 1 ACER-Verordnung.

[47] Artt. 7 Abs. 7; 8 Abs. 1 ACER-Verordnung.

[48] Artt. 9 Abs. 1 in Verbindung mit 17 Abs. 4 Stromhandelsverordnung 2009 und Gaszugangsverordnung 2009.

[49] Art. 6 Abs. 1 und 8 SoS-Verordnung (EU) Nr. 994/2010 in Verbindung mit Art. 8 Abs. 1 ACER-Verordnung.

[50] Zum Begriff der Entscheidung *A. Hanebeck*, in: Britz/Hellermann/Hermes, EnWG Kommentar, 3. Aufl. 2015, § 73 Rn. 3 ff.

Entscheidungen der Regulierungsbehörden können sowohl als Individualverwaltungsakt als auch als Allgemeinverfügung ergehen.[51] Sie müssen schriftlich,[52] begründet[53] und mit einer Rechtsmittelbelehrung[54] dem/den betroffenen Unternehmen zugestellt[55] werden. Zu den Entscheidungen der Regulierungsbehörden gehören insbesondere Genehmigungen von Entgelten,[56] Genehmigungen individueller Netzentgelte,[57] Genehmigungen von Investitionsmaßnahmen[58] oder Verweigerungen des Netzzugangs[59] sowie Festlegungen über Netzanschluss- und Netzzugangsbedingungen gegenüber einem Netzbetreiber, einer Gruppe von Netzbetreibern oder allen Netzbetreibern.[60]

aa. Entscheidung im Aufsichtsverfahren

Die Landesregulierungsbehörden und die Bundesnetzagentur üben über das behördliche Aufsichtsverfahren eine allgemeine Kontrolle über die Unternehmen und über Vereinigungen von Unternehmen aus.[61] Die Regulierungsbehörden können in ihrem jeweiligen Zuständigkeitsbereich von Amts wegen oder auf Antrag entscheiden, eine bestimmte Unternehmenspraxis zu verbieten oder bestimmte Maßnahmen anzuordnen, wenn Unternehmen oder Vereinigungen gegen Pflichten aus dem Energiewirtschaftsgesetz oder gegen aufgrund des Energiewirtschaftsgesetzes erlassene Rechtsvorschriften verstoßen.[62] Die Aufsicht erstreckt sich auf sämtliche

---

[51] *M. Schmidt-Preuß*, in: BerlKommEnR, 3. Aufl. 2014, § 29 EnWG Rn. 34 ff.; *P. Franke*, Energieregulierungsbehörden und behördliches Verfahren, in: Schneider/Theobald (Hrsg.), Recht der Energiewirtschaft, 4. Aufl. 2013, § 19 Rn. 56 f., *J.-C. Pielow*, in: Ehlers/Fehling/Pünder (Hrsg.), Besonderes Verwaltungsrecht Bd. 1, 3. Aufl. 2012, § 22 Rn. 17 ff.

[52] § 37 Abs. 3 VwVfG.

[53] § 39 Abs. 1 VwVfG.

[54] § 58 Verwaltungsgerichtsordnung (VwGO) vom 19. März 1991 (BGBl. I S. 686), zuletzt geändert am 8. Oktober 2017 (BGBl. I S. 3546).

[55] § 2 Verwaltungszustellungsgesetz (VwZG) vom 12. August 2005 (BGBl. I S. 2354), zuletzt geändert am 18. Juli 2017 (BGBl. I S. 2745).

[56] § 23 a EnWG.

[57] § 19 Abs. 2 Verordnung über die Entgelte für den Zugang zu Elektrizitätsversorgungsnetzen (Stromnetzentgeltverordnung – StromNEV) vom 25. Juli 2005 (BGBl. I S. 2225) zuletzt geändert am 17. Juli 2017 (BGBl. I S. 2503).

[58] § 23 Verordnung über die Anreizregulierung der Energieversorgungsnetze (Anreizregulierungsverordnung – ARegV) vom 29. Oktober 2007 (BGBl. I S. 2529) zuletzt geändert am 17. Juli 2017 (BGBl. I S. 2503).

[59] § 25 Abs. 2 EnWG in Verbindung mit § 36 Verordnung über den Zugang zu Gasversorgungsnetzen (Gasnetzzugangsverordnung – GasNZV) vom 29. September 2010 (BGBl. I S. 1261) zuletzt geändert am 11. August 2017 (BGBl. I S. 3194).

[60] § 29 Abs. 1 EnWG.

[61] §§ 65–74 EnWG.

[62] § 65 Abs. 1 und 2; § 66 Abs. 1 EnWG.

missbräuchlichen Verhaltensweisen von Unternehmen, die mit dem Energiewirtschaftsgesetz unvereinbar sind.[63]

bb. Entscheidung im Missbrauchsverfahren

Ferner haben die nationalen Regulierungsbehörden die Möglichkeit einer besonderen Kontrolle durch die Durchführung eines Missbrauchsverfahrens.[64] Ein Missbrauchsverfahren ist formell beschränkt auf die Netzbetreiber im jeweiligen Zuständigkeitsbereich und materiell konzentriert insbesondere auf Missbräuche beim Netzanschluss und Netzzugang, Behinderungen und Beeinträchtigungen der Wettbewerbsmöglichkeiten und horizontale, externe sowie vertikale, interne Diskriminierungen von Unternehmen.[65] Dabei stehen den Regulierungsbehörden zwei Verfahren zur Verfügung:

Ein allgemeines Missbrauchsverfahren kann *von Amts wegen* beim Missbrauch einer bestimmten Marktstellung oder bei der Verwirklichung besonderer Missbrauchstatbestände eingeleitet werden.[66] Die Regulierungsbehörde kann die Unternehmen durch eine förmliche Entscheidung dazu verpflichten, die Zuwiderhandlung abzustellen oder konkrete Maßnahmen zur Beseitigung des Missbrauchs vorzunehmen.[67]

Ein besonderes Missbrauchsverfahren erfolgt *auf Antrag* einer betroffenen natürlichen oder juristischen Person gegen ein Verhalten eines Übertragungs- oder Verteilnetzbetreibers.[68] Gegenstand des Verfahrens können nur konkrete und gegenwärtige Streitigkeiten sein,[69] die die Interessen des Antragsberechtigten, insbesondere durch eine Verweigerung von Netzzugang oder Netzanschluss, aber auch durch Kapazitätszuweisungen oder Bilanzierungen, erheblich berühren.[70] Die Regulierungsbehörden überprüfen das Verhalten der Netzbetreiber auf Verstöße gegen die Regelungen zur Bildung von Netzentgelten, Verstöße gegen die Vorschriften über den Netzanschluss und den Netzzugang, Verstöße gegen die dazugehörigen

---

[63] *C. Antweiler/F. Nieberding*, NJW 2005, S. 3673 (3674).

[64] § 30 EnWG wird ergänzt durch § 31 EnWG, die Art. 23 Elektrizitäts-Richtlinie 2003 und Art. 25 Gas-Richtlinie 2003 umsetzen. § 31 EnWG wird durch Art. 37 Elektrizitäts-Richtlinie 2009 und Art. 41 Gas-Richtlinie 2009 in seinem sachlichen Anwendungsbereich erweitert.

[65] *C. Antweiler/F. Nieberding*, NJW 2005, S. 3673 (3674).

[66] § 30 Abs. 1 Satz 1 und Abs. 2 Satz 2 Nr. 1–6 EnWG.

[67] § 30 Abs. 2 Satz 1 und 2 EnWG.

[68] *M. Robert*, in: Britz/Hellermann/Hermes (Hrsg.), EnWG Kommentar, 3. Aufl. 2015, § 31 Rn. 1, 4.

[69] BnetzA, Beschluss vom 23.08.2007 (BK6-07-013), Rn. 38; Beschluss vom 20.05.2008 (BK7-08-005), S. 8; Beschluss vom 14.07.2010 (BK7-10-028), S. 9 f.; Beschluss vom 25.02.2011 (BK7-10-191), S. 18.

[70] *M. Robert*, in: Britz/Hellermann/Hermes (Hrsg.), EnWG Kommentar, 3. Aufl. 2015, § 31 Rn. 6 ff., 9 ff.; *H. Weyer*, in: BerlKommEnR, Bd. 1, Halbbd. 1, 3. Aufl. 2014, § 31 EnWG Rn. 2.

konkretisierenden Rechtsverordnungen (StromNZV,[71] StromNEV,[72] GasNZV,[73] GasNEV,[74]) sowie Verstöße gegen Festlegungen von Bedingungen und Methoden oder Entscheidungen nach § 29 EnWG.[75]

Im Ergebnis erhalten die Landesregulierungsbehörden und die Bundesnetzagentur zwei Überprüfungsmöglichkeiten von konkreten Maßnahmen, indem sie sowohl im Aufsichtsverfahren als auch im Missbrauchsverfahren entscheiden können, einen Netzbetreiber zu verpflichten, ein missbräuchliches Verhalten abzustellen.[76]

d. Zwischenergebnis

Als Handlungsform der Entscheidung kann praktisch jede willentliche und bewusste Handlung eines Regulierungsakteuers auf unionaler und nationaler Ebene verstanden werden. Die Differenzierung zwischen Entscheidungen der Kommission, Einzelfallentscheidungen der ACER sowie Genehmigungen und Festlegungen der Bundesnetzagentur und der Landesregulierungsbehörden wird bei der Unterscheidung der Rechtwirkungen weiter vertieft.

II. Grundlagen zur Unterscheidung von Rechtswirkungen

Die Diskussion von Rechtswirkungen geht aus von einer Unterscheidung von Recht und Nicht-Recht.[77] Es können nur solche Handlungsformen rechtliche Wirkungen entfalten, die einer bestimmten Rechtsform im Unions- oder Bundesrecht entsprechen. Dagegen stellen Handlungsformen, die mangels einer bestimmten Rechtsform keine rechtlichen Wirkungen erzeugen, grundsätzlich Nicht-Recht dar.

---

[71] Verordnung über den Zugang zu Elektrizitätsversorgungsnetzen (Stromnetzzugangsverordnung – StromNZV) vom 25. Juli 2005 (BGBl. I S. 2243), zuletzt geändert am 29. August 2016 (BGBl. I S. 2034).

[72] Verordnung über die Entgelte für den Zugang zu Elektrizitätsversorgungsnetzen (Stromnetzentgeltverordnung – StromNEV) vom 25. Juli 2005 (BGBl. I S. 2225), zuletzt geändert am 17. Juli 2017 (BGBl. I S. 2503).

[73] Verordnung über den Zugang zu Gasversorgungsnetzen (Gasnetzzugangsverordnung – GasNZV) vom 03. September 2010 (BGBl. I S. 1261), zuletzt geändert am 29. März 2017 (BGBl. I S. 626).

[74] Verordnung über die Entgelte für den Zugang zu Gasversorgungsnetzen (Gasnetzentgeltverordnung – GasNEV) vom 25. Juli 2005 (BGBl. I S. 2197), zuletzt geändert am am 11. August 2017 (BGBl. I S. 3194).

[75] *H. Weyer*, in: BerlKommEnR, Bd. 1, Halbbd. 1, 3. Aufl. 2014, § 31 EnWG Rn. 4, 14; siehe auch *S. Wende*, in: BerlKommEnR, Bd. 1, Halbbd. 2, 3. Aufl. 2014, § 65 EnWG Rn. 10 f.

[76] *M. Robert*, in: Britz/Hellermann/Hermes (Hrsg.), EnWG Kommentar, 3. Aufl. 2015, § 30 Rn. 44 ff.; § 31 Rn. 24 ff.; *H. Weyer*, in: BerlKommEnR, Bd. 1, Halbbd. 1, 3. Aufl. 2014, § 31 EnWG Rn. 22.

[77] *J. Bast*, Grundbegriffe der Handlungsformen der EU, 2005, S. 6.

Zur Bestimmung von Rechtswirkungen unterschiedlicher Bewirkungsformen lassen sich die dahinter stehenden Handlungsformen anhand ihres Wesens (1.) und ihrer Wirkung (2.) unterscheiden.

1. Wesen einer Handlungsform

Das Wesen einer Handlungsform kann anhand von drei Kriterien herausgearbeitet werden[78]: Wer sind die Beteiligten an der Erzeugung der Handlungsform? In welchem Verfahren entsteht die Handlungsform? Welchen Inhalt hat die Handlungsform? Zuerst werden die Beteiligten bei der Erzeugung der Handlungsform untersucht, die aufgrund unterschiedlicher Rechtsgrundlagen in ihren „Erzeugungskompetenzen" variieren. Die Erzeugung von Handlungsformen erfolgt regelmäßig in einem Verfahren, das sich im vorliegenden Kontext wiederum auf supranationaler und nationaler Ebene unterscheidet. Das Ergebnis sind verschiedene Handlungsformtypen, die sich in ihrem Inhalt unterscheiden. Das Wesen einer Handlungsform gibt Auskunft über die Rechtswirkungen, die das Resultat eines Rechtsetzungsprozesses auszeichnen.[79]

2. Wirkung einer Handlungsform

Die Wirkung einer Handlungsform kann mithilfe von vier Kriterien untersucht werden: Sind die Rechtswirkungen einer Handlungsform verbindlich oder unverbindlich? Ist die Handlungsform adressatenspezifisch oder adressatenunspezifisch formuliert? Entfaltet die Handlungsform direkte Rechtswirkungen (unmittelbar) oder bedarf es eines Umsetzungs- beziehungsweise Genehmigungsaktes (mittelbar)? Schließlich ist bedeutsam, ob die Handlungsform eine Verpflichtung oder bloß ein Gebot enthält.[80] Im unionalen Energieregulierungsrecht kommen vermehrt nur eingeschränkt verpflichtende Rechtsnormen zur Anwendung, die jedoch verbindliche Folgen haben.

a. Verbindlich oder unverbindlich?

Grundlegend für die Rechtswirkungen einer Handlungsform ist, ob diese verbindlich oder unverbindlich ist.[81] Im Unionsrecht unterscheidet Art. 288 AEUV verschiedene

---

[78] Kriterien abgeleitet von *J. Bast*, Grundbegriffe der Handlungsformen der EU, 2005, S. 7.

[79] *J. Bast*, Grundbegriffe der Handlungsformen der EU, 2005, S. 20.

[80] *J. Bast*, Grundbegriffe der Handlungsformen der EU, 2005, S. 180 ff.

[81] *J. Bast*, Grundbegriffe der Handlungsformen der EU, 2005, S. 181 ff.

Handlungsformen von Verordnungen über Richtlinien und Beschlüsse bis zu Empfehlungen und Stellungnahmen. Dabei werden ausdrücklich deren Verbindlichkeit im Ganzen, deren Verbindlichkeit in Teilen oder deren Unverbindlichkeit bestimmt.

Im Bundes- und Landesrecht der Bundesrepublik Deutschland sind insbesondere mit Gesetzen, Rechtsverordnungen und Verwaltungsakten bindende Handlungsformen kodifiziert. Daneben können auch unverbindliche Handlungsformen entstehen.

Regelmäßig werden Handlungsformen, die in einem festgelegten Verfahren entstanden sind und nach außen kommuniziert werden, als verbindlich angesehen, während interne Beschlüsse oder Vorbereitungshandlungen meist mangels Außenwirkung als unverbindliche Rechtshandlungen eingeordnet werden müssen.[82]

b. Adressatenspezifisch oder adressatenunspezifisch?

Ein weiteres Unterscheidungskriterium für Handlungsformen ist, ob die Wirkungen adressatenspezifisch oder adressatenunspezifisch eintreten. Dieses Kriterium lässt sich auch aus Art. 288 AEUV für Handlungsformen des Unionsrechts ableiten, der bestimmt, ob eine Handlungsform allgemeine Geltung hat oder an bestimmte Adressaten gerichtet ist. Im Bundesrecht findet sich diese Unterscheidung ausdrücklich für Verwaltungsakte in § 35 Satz 1 und 2 VwVfG niedergelegt, was sich auch in der Formulierung des § 29 Abs. 1 EnWG für Festlegungen im Energiewirtschaftsrecht widerspiegelt.

Als Adressat sind diejenigen Behörden, natürlichen oder juristischen Personen zu verstehen, die in der Handlungsform als Ziel der Regelung bezeichnet werden. Sie sind die Adressaten, die von den Rechtswirkungen berechtigt oder verpflichtet werden.

Akte der Legislative des Europäischen Parlaments und des Rates beziehungsweise des Deutschen Bundestages und des Bundesrates sind regelmäßig adressatenunspezifische Handlungsformen, während exekutive Regulierungsakteure regelmäßig adressatenspezifische Handlungsformen verwenden.

c. Unmittelbar oder mittelbar?

Ein weiteres Unterscheidungskriterium von Rechtswirkungen verschiedener Handlungsformen ist die unmittelbare oder mittelbare Anwendbarkeit der Handlungsform. Unmittelbare Handlungsformen entfalten ihre Wirkung, sobald sie auf Unions- oder Bundesebene erlassen wurden, während mittelbare Handlungsformen der Mitwirkung eines Adressaten bedürfen, der die Vorgaben der Handlungsform aufnimmt, weiterverarbeitet und umsetzt.

Grundsätzlich entfalten die meisten Handlungsformen des Unions- und des Bundesrechts unmittelbare Wirkungen wie die Verordnung, der Beschluss, das

[82] *W. Frenz*, Handbuch Europarecht, Bd. 5, 2010, Kap. 9 § 3 Rn. 1303.

Gesetz oder der Verwaltungsakt. Das bekannteste Beispiel für mittelbare Wirkungen auf Unionsebene ist die Richtlinie gemäß Art. 288 Abs. 2 AEUV, die der Umsetzung durch die Mitgliedstaaten in nationales Recht bedarf, was systematisch mit der Handlungsform der Rechtsverordnung im nationalen Recht vergleichbar ist.

d. Verpflichtung oder Gebot?

Das letzte Unterscheidungskriterium für die Rechtswirkungen von Handlungsformen knüpft wiederum an die eingangs vorgenommene Unterscheidung von verbindlichen und unverbindlichen Rechtswirkungen an. Verpflichtungen unterscheiden sich von Geboten, Zielvorgaben oder Zweckbestimmungen. Daraus folgt, dass verbindliche Rechtswirkungen regelmäßig auch Verpflichtungen begründen können, aber nicht zwangsläufig bestimmen müssen, wenn sie nur Gebote definieren, während unverbindliche Rechtswirkungen grundsätzlich keine Verpflichtungen für die Adressaten festlegen können. Damit können systematisch umfassende, eingeschränkte, aber auch fehlende Verpflichtungen unterschieden werden,[83] um Rechtswirkungen zu bestimmen.

Im folgenden Abschnitt werden die Bewirkungsformen der Regulierungsakteure, die sich in der Praxis des Regulierungsgeschehens im Energiesektor gezeigt haben, in Bezug auf ihr rechtliches Wesen und ihre rechtlichen Wirkungen untersucht.

III. Rechtswirkungen der Handlungsformen

Die Rechtsgrundlagen bilden die Grundlage für eine Einteilung der Verwaltungseinheit, deren Erscheinungsformen in der Regulierungsverwaltung sich anhand ihrer Handlungsformen und ihres Einflusses auf Entscheidungen unterscheiden. Eine rechtliche Einordnung der Bewirkungsformen zu bestimmten Handlungsformen und deren Einfluss auf Entscheidungen hängt von deren Rechtswirkungen ab.

Die verschiedenen Bewirkungsformen (1.–7.) haben bisher überwiegend noch keine ersichtliche Qualifizierung in Bezug auf ihre Rechtswirkungen erfahren. Sie unterscheiden sich in den Inhalten, die die Regulierungsakteure regeln, und können sich sowohl an Marktteilnehmer als auch an andere Regulierungsakteure richten.

Die folgende Untersuchung arbeitet zuerst das Wesen und die Wirkung der verschiedenen Handlungsformen anhand der oben gestellten Fragen heraus, um sodann auf dieser Grundlage die Rechtsnatur der jeweiligen Handlungsform abzuleiten.

---

[83] *J. Bast*, Grundbegriffe der Handlungsformen der EU, 2005, S. 213.

1. Bericht („Report“)

Die Handlungsform des Berichts („Report“) wird von verschiedenen Regulierungsakteuren verwandt, weshalb die Rechtswirkungen für die jeweiligen Berichtsarten der Europäischen Regulierungsforen (a.), der ICER (b.), des CEER (c.), der ACER (d.) und der ENTSOs (e.) einzeln untersucht werden.

a. Ergebnisprotokoll der Europäischen Regulierungsforen

Die Handlungsform des Ergebnisprotokolls ist eine besondere Form des Berichts, dessen Wesen (aa.) und Wirkung (bb.) bisher weitgehend unbekannt sind.

aa. Wesen eines Ergebnisprotokolls

Ergebnisprotokolle der Europäischen Regulierungsforen für Elektrizität und Gas werden von den Vertretern der Energiebranche, insbesondere den Energieversorgern, -netzbetreibern und -händlern sowie den Energieregulierungsbehörden formuliert. Die Berichtsinhalte erarbeiten die Branchenteilnehmer in Diskussionsgruppen über technische und rechtliche Themen der Energiebinnenmarktregulierung. Die Ergebnisse werden einstimmig beschlossen, was nur dadurch möglich ist, dass die beteiligten Interessen der verschiedenen Regulierungsakteure vorher in bi- und multilateralen informellen Abstimmungen ausgeglichen wurden, ehe sie im Protokoll veröffentlicht werden.

Diese Ergebnisprotokolle folgen keinem einheitlichen Muster, doch sind sie regelmäßig in Abschnitte entsprechend den diskutierten Themenblöcken aufgeteilt, in denen in einzelnen Randnummern die Standpunkte der Branche verbunden mit Empfehlungen und Leitlinien an die formell stärker institutionalisierten Regulierungsakteure des CEER, der ACER, der ENTSOs und der Kommission gerichtet werden.

bb. Wirkung eines Ergebnisprotokolls

Sowohl die Ergebnisprotokolle selbst als auch die darin enthaltenen Empfehlungen und Leitlinien stellen freiwillige Vereinbarungen dar, die keine vollziehbaren oder vollstreckbaren Handlungsanweisungen enthalten. Sie formulieren bloße Verhaltensregeln und geben Orientierungspunkte, ohne rechtsbindende Wirkungen zu entfalten.[84] Indes schaffen sie rechtlich unverbindliche Selbstbindungen, die faktische Verhaltenswirkungen auslösen oder auslösen können.[85] Daraus folgt regelmäßig ein

---

[84] *M. Giovanoli*, Essays in International Financial & Economic Law 2002, S. 5 (6); *C. Held/J. Prat*, IR 2004, S. 194 (194); *J. Schwarze*, EuR 2011, S. 3 (5).

[85] *P.-C. Müller-Graff*, EuR 2011, S. 18 (30).

gegenseitiges Verständnis von privaten und staatlichen Akteuren.[86] So entsteht ein Konsens über gemeinsame Ziele,[87] die als gute fachliche Praxis von der Branche beachtet werden.[88]

Die Ergebnisprotokolle mit ihren Empfehlungen und Leitlinien adressieren in der Regel die stärker institutionalisierten Regulierungsakteure des CEER, der ACER, der ENTSOs und der Kommission, die den Branchenkonsens bei der Erarbeitung von Regulierungsprogrammen berücksichtigen. Ausnahmsweise können Empfehlungen auch direkt an die Übertragungs- und Fernleitungsnetzbetreiber gerichtet werden.[89]

Unmittelbare Wirkungen für die Adressaten können die Ergebnisprotokolle regelmäßig nicht entfalten, denn es handelt sich um freiwillige Vereinbarungen, die in der Form nicht durchgesetzt werden können. Gleichwohl können durch die Verwendung der Leitlinien der Regulierungsforen als Grundlage für Leitlinien der Kommission[90] oder durch die Aufnahme in den Anhang von sekundärrechtlichen Verordnungen des Europäischen Parlaments und des Rates die Ergebnisse der Foren mittelbar verrechtlicht werden.[91] Vereinzelt können Empfehlungen an Übertragungs- und Fernleitungsnetzbetreiber auch unmittelbar bindend sein und zur Umsetzung verpflichten.[92]

Ferner enthalten weder die Ergebnisprotokolle noch die Empfehlungen und Leitlinien harte Verpflichtungen, sondern bloß weiche Verhaltensgebote. Es handelt sich um einstimmig gefasste Branchenstandpunkte, deren Einhaltung und Umsetzung von den beteiligten Branchenvertretern abhängig ist.[93] Durch die freiwillige und informelle Einbindung aller Stakeholder wird die Wahrscheinlichkeit der Umsetzung der Ergebnisse erhöht, denn die Regulierungsakteure können von ihren Vereinbarungen nur mit erhöhten politischen Kosten („Name and Shame“) abweichen. Außerdem wird die Akzeptanz durch eine verbindliche Rechtsetzung durch die unionalen Organe und Einrichtungen gesteigert.

---

[86] *M. Giovanoli*, Essays in International Financial & Economic Law 2002, S. 5 (11).

[87] *P.-C. Müller-Graff*, EuR 2011, S. 18 (20).

[88] *F. Arndt*, DV 39 (2006), S. 100 (107); *G. Britz/M. Schmidt*, EuR 1999, S. 467 (489 f.).

[89] *P. Cameron*, ELR 2005, S. 631 (642).

[90] Leitlinien für das Management und die Vergabe verfügbarer Übertragungskapazitäten auf Verbindungsleitungen zwischen nationalen Netzen („Engpassmanagement-Leitlinien“), Beschluss 2006/770/EG vom 09. November 2006 zur Änderung des Anhangs zur Verordnung (EG) Nr. 1228/2003 über die Netzzugangsbedingungen für den grenzüberschreitenden Stromhandel, ABl. L Nr. 312 vom 11.11.2006, S. 59.

[91] Erwägungsgrund 20 der Stromhandelsverordnung 2003, Erwägungsgrund 2 der Gaszugangsverordnung 2005.

[92] *P. Cameron*, ELR 2005, S. 631 (642).

[93] *S. de Moel/F. Melchior*, in: Roggenkamp/Hammer (Hrsg.), European Energy Law Report VIII (2011), S. 21 (24).

b. Studien- und Untersuchungsbericht der ICER

Die Berichte der ICER über Studien und Vergleichsuntersuchungen werden von regionalen und kontinentalen Vereinigungen von Regulierungsbehörden verfasst, die in begleitenden Arbeitsgruppen des World Energy Forums zusammenarbeiten und sowohl Untersuchungen zu Technologien, Maßstäben und Regulierungsmethoden als auch Vergleiche von Erfahrungen bei der Umsetzung in verschiedenen Regionen enthalten. Berichte enthalten Informationen und erzeugen Regulierungswissen.

Die Berichte enthalten eine Sammlung von Informationen und Erfahrungen, die schon aus ihrem Inhalt heraus keine verbindlichen Wirkungen erzeugen können. Es handelt sich um unverbindliche Handlungsformen, die die Gesamtheit exekutiver, regionaler Regulierungsakteure und nationaler Regulierungsbehörden sowie entfernt auch legislative Regulierungsinstanzen adressieren. Insofern haben die Berichte immer nur mittelbare Wirkung, wenn sie in der Praxis der Regulierungsakteure und -behörden berücksichtigt und angewandt werden. Sie enthalten keine Verpflichtungen und Gebote, sondern nur Informationen und Erfahrungen, mit denen die Informationsasymmetrien gegenüber den regulierten Marktteilnehmern ausgeglichen werden können.

c. Bericht des CEER

Die Arbeits-, Jahres- und Positionsberichte des CEER werden von den nationalen Regulierungsbehörden im CEER erarbeitet, die nach den internen Regeln zur Funktionsweise von Arbeits- und Aufgabengruppen verfahren. Inhalte der Berichte sind jährliche Ziele für die Arbeit des CEER (Arbeitsberichte), die Bewertung der Umsetzung dieser Arbeitsprogramme (Jahresberichte) sowie eine Zusammenfassung von Standpunkten zu Vorhaben der unionalen Rechtsetzungsorgane (Positionsberichte).

Die Berichte des CEER sind weder intern für die nationalen Regulierungsbehörden als Mitglieder des CEER noch extern für die unionalen Rechtsetzungsorgane verbindlich. Sie sind adressatenspezifisch an die beteiligten nationalen Regulierungsbehörden oder an die Europäische Kommission, das Europäische Parlament oder den Rat im Rechtsetzungsverfahren gerichtet. Ferner kommt den Berichten des CEER nur mittelbare Wirkung zu, da sie von den Mitgliedern oder den unionalen Rechtsetzungsorganen umgesetzt werden müssen. Infolgedessen enthalten die Berichte auch nur Gebote. Sie können mangels verbindlicher, unmittelbarer Regelungen keine Verpflichtungen begründen.

d. Monitoringberichte der ACER

Der Bericht zur Marktbeobachtung, den die ACER mit dem CEER veröffentlicht, wird von den Arbeits- und Aufgabengruppen der beiden Einrichtungen erarbeitet, die sich wiederum aus Vertretern der nationalen Regulierungsbehörden zusammensetzen. Ein Verfahren zur Erstellung der Berichte ist weder im Sekundärrecht des

Dritten Energiebinnenmarktpakets noch in den Geschäftsordnungen der Regulierungsakteure bestimmt. Insofern lässt sich der Verfahrensablauf nur vermuten: Die nationalen Regulierungsbehörden bringen die Beobachtungen ihrer jeweiligen Teilmärkte ein, die zusammengefügt und ausgewertet werden, um einen einheitlichen Bericht zu formulieren, der Aussagen zum Netzzugang auf Elektrizitäts- und Gasgroßhandelsmärkten, zu den Hindernissen auf Elektrizitäts- und Gasendkundenmärkten sowie zum Verbraucherschutz enthält. Unterstützt wird der Bericht über die Marktbeobachtung des CEER und der ACER durch die Ergebnisse des Monitorings der Landesregulierungsbehörden und der Bundesnetzagentur. Das eigentliche Monitoring der nationalen Regulierungsbehörden nach dem Energiewirtschaftsgesetz ist rein informatorisch und ohne Rechtsfolgen.[94]

Die Marktbeobachtungsberichte des CEER und der ACER, die an die nationalen Regulierungsbehörden und die Mitgliedstaaten im Energiebinnenmarkt adressiert werden, sind rechtlich unverbindlich und haben keine Folgen. Die Berichte entfalten nur mittelbare Wirkung, da sie eine Nichtumsetzung von Vorgaben oder einen Verstoß gegen Regelungen des europäischen Energiewirtschaftsrechts nur benennen, aber nicht deren Umsetzung durchsetzen oder sanktionieren können. Die Berichte können jedoch von der Kommission zur Einleitung eines Vertragsverletzungsverfahrens vor dem Gerichtshof der Europäischen Union herangezogen werden. Damit kommt den Berichten – höchstens – ein moralischer Einfluss auf Regulierungsmaßnahmen zu, der sich aus gegenseitigem Vertrauen und Ansehen ergibt. Für sich können die Berichte weder zur Umsetzung verpflichten noch Maßnahmen gebieten, sondern nur auf Umsetzungs- oder Anwendungsdefizite hinweisen.

e. Bericht der ENTSOs

Der Bericht der ENTSOs zur Umsetzung der Netzkodizes wird von den Vereinigungen der Elektrizitätsübertragungsnetz- und Gasfernleitungsnetzbetreiber erarbeitet. Das Verfahren zur Beobachtung und Aufstellung des Berichts ist nicht explizit geregelt. Der Bericht konzentriert sich auf die Umsetzung der Netzkodizes durch die Übertragungsnetzbetreiber. Die Inhalte dieses Berichts können kritisch gesehen werden, da letztlich Netzbetreiber über die Umsetzung von Regeln durch Netzbetreiber berichten, wobei fraglich erscheint, inwieweit solch ein Bericht objektiv erfolgen kann.

Die Berichte der ENTSOs zur Umsetzung der Netzkodizes haben keine Folgen für die Netzbetreiber. Zunächst wäre es überraschend, wenn die Vereinigung der Netzbetreiber eines ihrer Mitglieder wegen der Nichtumsetzung oder Fehlumsetzung eines Netzkodex sanktionieren würde. Ferner sind bisher erst vier Berichte veröffentlicht, sodass die Folgen von Berichten der ENTSOs nicht abschließend beurteilt werden können. Einstweilen werden die Berichte als unverbindliche Akte eingeordnet. Adressaten der Berichte der ENTSOs sind die Elektrizitätsübertragungs- und die

[94] *K. Herzmann*, DVBl. 2007, S. 670 (671 ff.).

Gasfernleitungsnetzbetreiber. Die Berichte können bisher weder unmittelbare noch mittelbare Wirkungen über eine Verfolgung durch ein hoheitliches Rechtsschutzregime auf die Netzbetreiber entfalten. Die Berichte der ENTSOs enthalten keine Verpflichtungen, sondern stellen nur den Status quo der Umsetzung eines Netzkodex dar.

f. Zwischenergebnis: Rechtsnatur der Berichte

Die Rechtsform des Berichts ist bisher unbekannt. Zur Bestimmung der Rechtsnatur wird für jede einzelne Form des Berichts untersucht, ob es sich um technische Standards (aa.), um Soft Law (bb.) oder um Nicht-Recht (cc.) handelt.

aa. Berichte als (technische) Standards

Standards sind nicht unmittelbar verbindliche Detailregeln zur Vereinheitlichung des Verwaltungshandelns, die von speziell zu diesem Zweck geschaffenen Organisationen formuliert werden.[95] Sie entstehen aus einem Zusammenwirken sachverständiger privater und/oder hoheitlicher Akteure, die in einem gezielten und strukturierten Prozess einander beeinflussen und aufeinander vertrauen.[96] Standards sind regelmäßig unverbindlich und bedürfen der Umsetzung in Form von Selbst- oder Fremdbindungen der Akteure.[97]

Die Ergebnisprotokolle enthalten nur ausnahmsweise Detailregelungen in Leitlinien, während Empfehlungen bloß allgemeine Verhaltensratschläge geben. Überwiegend fassen die Protokolle nur den Meinungsstand zu technischen und rechtlichen Fragen der Branche zusammen. Die Europäischen Regulierungsforen sind auch primär als Diskussionsplattform und nicht als Gremien zur Ausarbeitung normativer Detailvorgaben geschaffen worden. Das Zusammenwirken der Akteure erfolgt überwiegend informell und folgt keinem strukturierten Verfahren. Da Ergebnisprotokolle nur unverbindlich wirken und der Umsetzung bedürfen, sind sie nicht rechtsförmlich als Standards qualifiziert.

Die Untersuchungs- und Studienberichte der ICER werden von verschiedenen regionalen Regulierungsakteuren verfasst und stellen eine Sammlung von Erfahrungen dar, die jedoch weniger Standards als „Best Practices" oder „Lessons learned" enthalten. Sie zielen mehr auf eine Kenntnisnahme als auf eine konkrete Umsetzung.

Die Berichte des CEER koordinieren (Arbeitsberichte) und bewerten (Jahresberichte) die Zusammenarbeit der nationalen Regulierungsbehörden oder fassen die

---

[95] *H. C. Röhl*, Internationale Standardsetzung, in: Möllers/Voßkuhle/Walter (Hrsg.), Internationales Verwaltungsrecht, 2007, S. 319 (319 f., 337); skizzierend *M. Knauff*, Der Regelungsverbund, 2010, S. 241 ff.

[96] *O. Lepsius*, Standardsetzung und Legitimation, in: Möllers/Voßkuhle/Walter (Hrsg.), Internationales Verwaltungsrecht, 2007, S. 345 (346, 347, 349).

[97] *O. Lepsius*, Standardsetzung und Legitimation, in: Möllers/Voßkuhle/Walter (Hrsg.), Internationales Verwaltungsrecht, 2007, S. 345 (350, 363, 367).

Standpunkte der nationalen Regulierungsbehörden gegenüber den europäischen Organen zusammen. Sie binden nur das CEER selbst, haben aber weder Auswirkungen auf die nationalen Regulierungsbehörden noch auf die europäischen Organe.

Die Berichte der ACER und der ENTSOs bewerten die Umsetzung der rechtlichen Regelungen aus dem Dritten Energiebinnenmarktpaket und den Netzkodizes. Dabei wird die Umsetzung beschrieben und gegebenenfalls Defizite benannt, doch diese Dokumente begründen keine Standards für die Regulierungsakteure.

bb. Berichte als „Soft Law"

„Soft Law"[98] enthält verhaltensbezogene Regelungen für private oder staatliche Akteure, die an sich unverbindlich sind, doch in ihrer Wirkung derjenigen einer Rechtsbindung nahekommen oder nahekommen können.[99] Es dient staatlichen und privaten Akteuren zum Ausdruck von „nicht rechtlichen, wohl aber verbindlichen"[100] Vereinbarungen, die von gemeinsamen Politikstandpunkten über nicht selbstvollziehende Normen, die weiterer Regeln bedürfen, bis zu kooperativen Verfahren zum internationalen Vorgehen reichen.[101] Mit als Soft Law getroffenen Vereinbarungen können ein Mangel an Flexibilität und die meist lange Dauer der Regelsetzung in supranationalen Rechtsetzungsinstanzen reduziert werden.[102] Sinn und Zweck des Soft Laws lässt sich rein instrumentell mit der Handlungsform der Leitlinie im Europarecht und der Rechtsverordnung im deutschen Recht vergleichen. Zumeist ergänzt und konkretisiert Soft Law administrative Regeln.[103]

Dabei lässt sich Soft Law nach seiner Entstehung und seiner Funktion unterscheiden: Soft Law kann sowohl durch freiwillige Vereinbarungen gleichberechtigter Partner – wodurch eine psychologische Selbstbindung der Beteiligten aufgrund der Gefahr eines „Naming und Shaming" bei Nichteinhaltung oder Verstößen entsteht – als auch einseitig von einer berechtigten Instanz gesetzt werden.[104] Funktional sind *konkretisierendes Soft Law*, das sich meist auf geltendes Primär- oder Sekundärrecht bezieht, und *vorbereitendes Soft Law*, das unverbindliche Verhaltensvorgaben formuliert, die später in verbindlichen Regeln kodifiziert werden können, zu unterscheiden.[105]

---

[98] *„Soft Law enthält gemeinwohlintrinsische Sollensnormen für Sozialverhalten, die aufgrund eines hoheitlich anerkannten Verfahrens binden und die notfalls mit dem staatlichen Gewaltmonopol legitim durchgesetzt werden können."* *P.-C. Müller-Graff*, EuR 2011, S. 18 (21).

[99] *P.-C. Müller-Graff*, EuR 2011, S. 18 (22, 26 f.); ausführlich *M. Knauff*, Der Regelungsverbund, 2010, S. 216 ff.

[100] *M. Knauff*, Der Regelungsverbund, 2010, S. 293.

[101] *M. Giovanoli*, Essays in International Financial & Economic Law 2002, S. 5 (8).

[102] *M. Giovanoli*, Essays in International Financial & Economic Law 2002, S. 5 (15).

[103] *J. Schwarze*, EuR 2011, S. 3 (6).

[104] *M. Knauff*, Der Regelungsverbund, 2010, S. 373 ff.

[105] *J. Schwarze*, EuR 2011, S. 3 (7); *M. Knauff*, Der Regelungsverbund, 2010, S. 379 ff., 516 ff.

Die Europäischen Regulierungsforen sind als Vereinigung von privaten und staatlichen Vertretern der Energiebranche Urheber von Soft Law.[106] Ergebnisprotokolle enthalten mit Leitlinien und Empfehlungen sollensfinale Regelungen, die grundsätzlich unverbindlich sind, jedoch durch gegenseitiges Vertrauen faktisch Rechtswirkungen nahekommen. Die Ergebnisprotokolle sind mehr als politische Standpunkte, aber weniger als Recht. Es sind Vorbereitungsakte, die als „Wegbereiter“[107] für die Weiterverfolgung von Regulierungsimpulsen dienen und die schrittweise Entwicklung verbindlichen Rechts legitimieren.[108] In den Foren erarbeitete Standpunkte hat vor allem die Kommission zur Begründung ihrer Rechtsetzungsvorschläge herangezogen[109] und im weiteren Verfahren weitgehend verrechtlicht.[110] Die Ergebnisprotokolle mit Leitlinien und Empfehlungen stellen unverbindliches, vorbereitendes Soft Law dar, das vor allem nichtpreisliche Diskriminierungen bei Marktbedingungen regelt.

Die Untersuchungsberichte der ICER, die Arbeits- und Jahresberichte des CEER, die Marktbeobachtungsberichte der ACER sowie die durch die ENTSOs erarbeiteten Berichte zur Umsetzung der Netzkodizes beschreiben die Ergebnisse von Untersuchungen und Beobachtungen, doch sie sind nicht weiter in das Regulierungsverfahren eingebunden, sodass ihnen weder vorbereitende noch konkretisierende Wirkung zukommt.

cc. Berichte als Nicht-Recht

Im Ergebnis stellen die Berichte der ICER, des CEER, der ACER und der ENTSOs weder technische Detailregeln im Sinne von Standards noch programmvorbereitendes oder -konkretisierendes Soft Law dar. Sie beschreiben nur einen Status quo, ohne weitere Folgen für die Verwirklichung des Energiebinnenmarktes zu haben. Im Ergebnis sind die Berichte kein Recht, sondern enthalten gesammelte Informationen, die zur Vermeidung preislicher und vor allem nichtpreislicher Diskriminierungen

---

[106] *J. Gundel*, Europäisches Energieverwaltungsrecht, in: Terhechte (Hrsg.), Verwaltungsrecht der EU, 2010, § 23 Rn. 27; *J. Gundel*, in: Danner/Theobald (Hrsg.), Energierecht, 79. EGL Dezember 2013, Europäisches Energierecht, Rn. 31.

[107] *C Held/J. Prat*, IR 2004, S. 194 (196); *F. Arndt*, DV 39 (2006), S. 100 (106, 118).

[108] *A. von Bogdandy/J. Bast/F. Arndt*, ZaöRV 2002, S. 77 (117, 124).

[109] *Europäische Kommission*, Mitteilung zur Vollendung des Energiebinnenmarktes, KOM (2001) 125, S. 14; Geänderter Vorschlag für eine Richtlinie des Europäischen Parlaments und des Rates zur Änderung der Richtlinien 96/92/EG und 98/30/EG über Vorschriften für den Elektrizitätsbinnenmarkt und den Erdgasbinnenmarkt und Geänderter Vorschlag für eine Verordnung des Europäischen Parlaments und des Rates über die Netzzugangsbedingungen für den grenzüberschreitenden Stromhandel, KOM (2002) 304, S. 10, 59, 63; Stellungnahme des Europäischen Wirtschafts- und Sozialausschusses zu dem „Vorschlag für eine Verordnung des Europäischen Parlamentes und des Rates über die Bedingungen für den Zugang zu den Erdgasfernleitungsnetzen“, KOM (2003) 741 endg., ABl C Nr. 241, S. 31 Rz. 2.1, 2.2, 3.1. S. 3 ff.

[110] *J. Gundel*, in: Danner/Theobald (Hrsg.), Energierecht, 79. EGL Dezember 2013, Europäisches Energierecht, Rn. 31.

von Marktteilnehmern auf dem Netz dienen und die Informationsdefizite der Regulierungsbehörden gegenüber den regulierten Marktteilnehmern reduzieren.

2. *Empfehlung („Recommendation“)*

Die Handlungsform der Empfehlung wird vom CEER gegenüber den europäischen Organen (a.), von der ACER gegenüber den nationalen Regulierungsbehörden (b.) sowie von der Kommission gegenüber den Mitgliedstaaten verwendet (c.).

a. Empfehlung mit Leitlinien des CEER

Die Handlungsform der Empfehlung verbunden mit Leitlinien ist dem Unionsrecht über Art. 288 Abs. 5 AEUV hinaus bisher unbekannt. Deshalb werden das Wesen (aa.) und die Wirkung (bb.) von Empfehlungen des CEER näher untersucht.

aa. Wesen einer Empfehlung mit Leitlinien

Die Empfehlungen mit Leitlinien des CEER werden in spezialisierten Arbeits- und Aufgabengruppen von Vertretern der nationalen Regulierungsbehörden erarbeitet und von der Versammlung aller nationalen Regulierungsbehörden beschlossen. Die Erarbeitung der Empfehlungen in den Arbeits- und Aufgabengruppen erfolgt sowohl in regelmäßigen Treffen als auch im digitalen Umlaufverfahren, bis – wenn möglich – ein einstimmiger Standpunkt formuliert werden kann. Die Inhalte der Empfehlungen und Leitlinien konzentrieren sich sowohl auf technische Regeln zur Verringerung von Konflikten und Komplikationen bei der Zusammenarbeit von Netzbetreibern, die nichtpreisliche Diskriminierungen von Wettbewerbern vermeiden sollen, als auch auf rechtliche Regeln zur Stärkung der Endverbraucher. Verbraucherschutzregeln gehen über die klassischen Regulierungsziele zur Vermeidung preislicher oder nichtpreislicher Diskriminierungen der Marktteilnehmer auf dem Netz hinaus und zielen auf eine Wettbewerbsregulierung auf anderen Stufen der Wertschöpfungskette, was als politisch wünschenswert, jedoch nicht als ökonomisch erforderlich erscheint.

bb. Wirkung einer Empfehlung mit Leitlinien

Die Empfehlungen und Leitlinien des CEER sind unverbindlich, da den Akteuren, wie die ACER oder die Kommission, welche die Regelungsimpulse verarbeiten, mangels hoheitlicher Grundlage als bloß privat gegründeter Vereinigung keine Kompetenz zur Programmierung von Regulierungsregeln zukommt. Dennoch richten sich die Handlungsformen der Empfehlung und der Leitlinie an fast alle Akteure des Energiesektors. Formell richten sich die Empfehlungen und Leitlinien an die rechtsvorbereitenden und rechtsetzenden, supranationalen, hoheitlichen und privaten Akteure im Regulierungsverbund, während sie materiell überwiegend die privaten Marktteilnehmer wie die Energieversorgungsunternehmen, Übertragungs- und Fernleitungsnetzbetreiber adressieren. Seitdem das CEER die Empfehlungen und Leitlinien formuliert und nicht mehr die von der ERGEG geschaffenen Handlungsformen fortführt, wird in den Dokumenten eingangs nicht nur eine Zusammenfassung der Handlungsform mit Schlüsselbegriffen gegeben, sondern die jeweilige Zielgruppe („Target Audience") ausdrücklich und häufig umfassend genannt. Dennoch sind die Empfehlungen und Leitlinien des CEER nicht spezifisch genug, um unmittelbare Rechtswirkungen hervorzurufen und in den Nationalstaaten durchsetzbar zu sein. Sie bedürfen der Aufnahme durch die ACER oder die Kommission, um durch die Rechtsetzungsorgane des Europäischen Parlaments und des Rates in für die Mitgliedstaaten verbindliche Programme kodifiziert zu werden. Erst dann werden aus den Inhalten der Handlungsformen konkrete Verpflichtungen. Für sich genommen sind die Leitlinien und Empfehlungen rechtlich nicht verpflichtend, auch wenn sie moralisch und faktisch eingeschränkte Verpflichtungen schaffen.

b. Stellungnahme mit Empfehlungen der ACER

Die ACER wird zu Stellungnahmen und Empfehlungen ermächtigt, die nicht unter den Wortlaut des Art. 288 Abs. 5 AEUV fallen, da es sich um Handlungsformen einer Einrichtung und nicht eines Organs der Europäischen Union handelt. Deshalb werden Wesen (aa.) und Wirkung (bb.; cc.) von Stellungnahmen und Empfehlungen der ACER erörtert.

aa. Wesen von Stellungnahme und Empfehlung

Empfehlungen und Stellungnahmen der ACER werden in den Arbeits- und Aufgabengruppen inhaltlich vorbereitet, vom Regulierungsrat formuliert und vom Direktor veröffentlicht. Das Verfahren zur Vorbereitung von Stellungnahmen und Empfehlungen in den Arbeitsgruppen ist durch die Director Decision on Rules for the Functioning of the Working Groups of the ACER vom 6. Februar 2012 geregelt. Der Beschluss zur Stellungnahme oder Empfehlung erfolgt im Regulierungsrat mit Zweidrittelmehrheit. Der Direktor der ACER veröffentlicht die Stellungnahme oder Empfehlung. Inhaltlich beziehen sich Stellungnahmen darauf, ob und wie die Leitlinien der Kommission von den mitgliedstaatlichen Regulierungsbehörden eingehalten werden,[111] während das Spektrum der Empfehlungen von Änderungsvorschlägen zu Netzkodizes über Standpunkte zu Regulierungsprogrammen des Europäischen Parlamentes und des Rates bis zu Entscheidungen der nationalen Regulierungsbehörden in grenzüberschreitenden Angelegenheiten reicht.

[111] Art. 7 Abs. 4 ACER-Verordnung.

bb. Wirkung von Stellungnahmen

Eine Stellungnahme einer europäischen Agentur als Einrichtung der Europäischen Union ist nach Sinn und Zweck von Art. 288 AEUV nicht erfasst. Fraglich ist, ob die Stellungnahme der ACER in Folge dessen auch unverbindlich ist oder ob diese gerade anders als die Stellungnahmen der Organe verbindlich sein kann. Diese Frage ist zur Klärung dem Europäischen Gerichtshof vorgelegt in der Rechtssache der nationalen Regulierungsbehörde Österreichs gegen die ACER zur Stellungnahme der ACER, dass es an der deutsch-österreichischen Grenze einen Elektrizitätsnetzengpass gebe.[112] Die ACER beansprucht eine verbindliche, unmittelbare Verpflichtung gegenüber der österreichischen Regulierungsbehörde,[113] während der Beschwerdeausschuss der ACER den Standpunkt vertritt, dass es sich gerade nicht um eine verbindliche Handlungsform mit unmittelbarer Wirkung handelt.[114] Gemäß den Ergebnissen der vorliegenden Untersuchung ist dem Standpunkt des Beschwerdeausschusses zu folgen. Die Stellungnahmen der ACER zur Überprüfung mitgliedstaatlicher Entscheidungen auf ihre Vereinbarkeit mit den Leitlinien, Verordnungen oder Richtlinien der Kommission sowie des Europäischen Parlamentes und des Rates sind nicht verbindlich,[115] da die ACER als Agentur aufgrund des Prinzips der begrenzten Einzelermächtigung und des Subsidiaritätsgrundsatzes keine Kompetenz zum Eingriff in die Verwaltungspraxis der Mitgliedstaaten hat. Die Umsetzungspflicht von Leitlinien, Verordnungen und Richtlinien der Europäischen Kommission oder des Europäischen Parlaments und des Rates begründet keine Durchsetzungsbefugnisse für die ACER, wenn die Mitgliedstaaten der Umsetzung nicht nachkommen. Stellungnahmen der ACER sind im Ergebnis unverbindlich, wenn auch nicht bedeutungslos.[116] Sie adressieren die Mitgliedstaaten und erfassen die jeweiligen Regulierungsbehörden. Stellungnahmen der ACER haben folglich auch keine unmittelbare Wirkung, aber sie eröffnen eine weiche, beeinflussende Steuerung,[117] indem sie durch die Nennung eines Fehlverhaltens

---

[112] EuGH, Rs. T-671/15 (E-Control/ACER) eingereicht am 23.11.2015, ABl. C Nr. 38 vom 01.02.2016, S. 64.

[113] ACER, Opinion No. 09/2015 on the compliance of NRAs' decisions approving methods of cross-border capacity allocation methods in the Centrel-East-Europe region, S. 42 ff.

[114] ACER, Board of Appeal – Announcement of Appeal (A-001-2015; A-002-2015) vom 23.11.2015, Rn. 22 ff.

[115] *J. Haller*, Der Verwaltungsverbund in der Energieregulierung, 2013, S. 124.

[116] *M. Nettesheim*, in: Grabitz/Hilf/ders. (Hrsg.), EUV/AEUV, 48. EGL August 2012, Art. 288 AEUV Rn. 205 ff.; *M. Ruffert*, in: Calliess/ders., EUV/AEUV Kommentar, 5. Aufl. 2016, Art. 288 AEUV Rn. 95; *T. Oppermann/C. D. Classen/M. Nettesheim*, Europarecht, 7. Aufl. 2016, § 9 Rn. 127.

[117] *M. Nettesheim*, in: Grabitz/Hilf/ders. (Hrsg.), EUV/AEUV, 48. EGL August 2012, Art. 288 AEUV Rn. 201; *M. Ruffert*, Rechtsquellen und Rechtsschichten des Verwaltungsrechts, in: Hoffmann-Riem/Schmidt-Aßmann/Voßkuhle (Hrsg.), GVwR Bd. 1, 2. Aufl. 2012, § 17 Rn. 37; *A. von Bogdandy/J. Bast/F. Arndt*, ZaöRV 62 (2002), S. 77 (120).

eine Aufmerksamkeit schaffen, die zur Umsetzung in den Mitgliedstaaten führen kann.[118] Gleichwohl können Stellungnahmen weder Rechte für Netzbetreiber noch Pflichten für die Regulierungsbehörden oder Regierungen begründen.[119]

cc. Wirkung von Empfehlungen

Eine Empfehlung einer europäischen Agentur als Einrichtung der Europäischen Union ist nach Sinn und Zweck genauso wie deren Stellungnahmen nicht von Art. 288 AEUV erfasst. Auch die Verbindlichkeit von Empfehlungen obliegt der Klärung durch den Europäischen Gerichtshof in der Rechtssache der nationalen Regulierungsbehörde Österreichs gegen die ACER zur Empfehlung der ACER, die einheitliche Handelszone zwischen der Bundesrepublik Deutschland und der Republik Österreich zu trennen.[120] Im vorliegenden Fall, in dem eine Stellungnahme der ACER mit einer Empfehlung verbunden wird, sollte gerade eine rechtliche Beurteilung gegenüber den betroffenen nationalen Regulierungsbehörden erfolgen. Deshalb sind auch Empfehlungen als unverbindlich, aber nicht rechtlich bedeutungslos einzuordnen.[121] Grundsätzlich legen Empfehlungen den Adressaten ein bestimmtes Verhalten nahe.[122] Adressaten der Empfehlungen können die Kommission bei Netzkodizes, das Europäische Parlament und der Rat bei Rechtsetzungsinitiativen sowie nationale Regulierungsbehörden und Netzbetreiber sein.[123] Empfehlungen der ACER wirken für die Adressaten in der Regel nur mittelbar, da es immer eines Umsetzungsaktes durch die Kommission in Form der Annahme eines Netzkodex, durch das Europäische Parlament und den Rat im Sinne einer Überarbeitung der Regulierungsprogramme sowie durch die Regulierungsbehörden und Netzbetreiber durch die Umsetzung beziehungsweise Anwendung der Vorgaben bedarf. Die Umsetzung von Empfehlungen erfolgt freiwillig.[124] Sie begründen keine Verpflichtungen, sondern formulieren (Handlungs-)Gebote.

---

[118] Siehe hierzu die Pressemitteilung der Bundesnetzagentur vom 23.09.2015 zur Empfehlung der ACER zum Engpassmanagement an der deutsch-österreichischen Grenze (online verfügbar, zuletzt abgerufen am 01.12.2017 unter http://www.bundesnetzagentur.de/cln_1431/SharedDocs/Pressemitteilungen/DE/2015/150923_GemeinsamePM.html?nn=681428).

[119] EuGH, Urteil vom 18.03.2010, verb. Rs. C-317/08, C-318/08, C-319/08 und C-320/08 (Alassini), Slg. 2010, I-2213, Rn. 40; EuGH, Urteil vom 11.09.2003, Rs. C-207/01 (Altair Chimica), Slg. 2003, I-8875, Rn. 41; EuGH, Urteil vom 13.12.1989, Rs. 322/88 (Grimaldi), Slg. 1989, 4407 Rn. 16.

[120] EuGH, Rs. T-671/15 (E-Control/ACER) eingereicht am 23.11.2015, ABl. C Nr. 38 vom 01.02.2016, S. 64.

[121] *M. Nettesheim*, in: Grabitz/Hilf/ders. (Hrsg.), EUV/AEUV, 48. EGL August 2012, Art. 288 AEUV Rn. 205 ff.; *M. Ruffert*, in: Calliess/ders., EUV/AEUV Kommentar, 5. Aufl. 2016, Art. 288 AEUV Rn. 95; *T. Oppermann/C. D. Classen/M. Nettesheim*, Europarecht, 7. Aufl. 2016, § 9 Rn. 127.

[122] EuGH, Urteil vom 13.12.1989, Rs. 322/88 (Grimaldi), Slg. 1989, 4407 Rn. 18.

[123] Art. 4 lit. a), b), c), d) ACER-Verordnung.

[124] *A. von Bogdandy/J. Bast/F. Arndt*, ZaöRV 62 (2002), S. 77 (116).

c. Empfehlung der Kommission

Die Empfehlungen der Kommission werden von der Generaldirektion Energie erarbeitet, wobei sich das interne Verfahren in den Direktoraten und Referaten mangels konkretisierender Regelungen nach der Geschäftsordnung der Kommission richtet.[125] Die Inhalte der Empfehlungen reichen von einzelnen Projekten zur Umsetzung des Dritten Energiebinnenmarktpakets bis zu grundlegenden Schritten zur weitergehenden Harmonisierung des europäischen Energiebinnenmarktes.[126]

Die Empfehlungen der Kommission erscheinen nach dem Wortlaut des Art. 288 Abs. 5 AEUV als unverbindliche Handlungsform, doch durch die Stellung der Kommission als unionale Exekutivgewalt und als Instanz, die indirekt legislativ wirkt durch die Ermächtigung zur delegierten Rechtsetzung nach Art. 290, 291 AEUV, kommt den Akten der Kommission eine hohe faktische Wirkung zu. Die Empfehlungen adressieren in erster Linie die Mitgliedstaaten, während sich deren Inhalte regelmäßig auch konkret auf die nationalen Regulierungsbehörden erstrecken. Empfehlungen haben keine unmittelbare Wirkung, doch kraft der Stellung der Kommission beeinflussen sie mittelbar die Umsetzung des europäischen Energiewirtschaftsrechts in den Mitgliedstaaten. Im Einzelnen enthalten Empfehlungen nur Gebote, die jedoch häufig als Vorboten zukünftiger sekundärrechtlicher Verpflichtungen erscheinen.[127]

d. Zwischenergebnis: Rechtsnatur von Empfehlungen

Die Rechtswirkungen von Empfehlungen unterscheiden sich je nach Urheber. Empfehlungen und Leitlinien des CEER sind Ausdruck einer allgemeinen Auffassung der Regulierungsbehörden bezüglich der Abstimmung der Regulierungsmaßnahmen. Sie bieten detaillierte Erklärungen zu den Richtlinien und Verordnungen des europäischen Energiewirtschaftsrechts, indem sie konkrete Lücken in der Praxis ausfüllen. Indes enthalten sie keine technischen Regeln und zielen auch nicht auf eine Vereinheitlichung des Verwaltungshandelns. Die Empfehlungen des CEER sind wie alle seine Handlungsformen unverbindlich und bedürfen der Umsetzung, was an der Rolle des CEER als privat gegründeter Regulierungsakteur im europäischen Regulierungsverbund liegt. Sie formulieren meist allgemeine Prinzipien und Ziele, die von den nationalen Regulierungsbehörden freiwillig angenommen und umgesetzt werden. Es handelt sich um imperfekte Regeln ohne rechtliches

---

[125] Die Geschäftsordnung der Europäischen Kommission ABl. L Nr. 308 vom 08.12.2000, S. 26.

[126] *Europäische Kommission*, Mitteilung zur Einleitung des Prozesses der öffentlichen Konsultation zur Umgestaltung des Energiemarktes vom 15.07.2015, KOM (2015), 340 endg.

[127] Entschließung des Europäischen Parlaments zu dem Thema „Auf dem Weg zur Umgestaltung des Energiemarktes“ (2015/2322(INI)), was die Grundlage für den Entwurf der Kommission für ein Viertes Binnenmarktpaket darstellte: *Europäische Kommission*, Artt. 54–57 Proposal for a Regulation of the European Parliament and of the Council on the internal market for electricity, 30.11.2016, COM (2016) 861 final.

Sanktionsregime.[128] Empfehlungen und Leitlinien werden regelmäßig in einem Rahmen bestehender Richtlinien- und Verordnungspakete für den Energiebinnenmarkt enwickelt. Sie stellen Formen nichtrechtlich bindender Instrumente dar.[129] Es handelt sich um Vorbereitungsakte, die den Weg für die Konkretisierung und Ergänzung von Regulierungsimpulsen der ACER und der Kommission bereiten.[130] Im Ergebnis sind Empfehlungen und Leitlinien des CEER sowohl als konkretisierendes als auch als vorbereitendes Soft Law für das europäische Sekundärrecht anzusehen.

Empfehlungen der Kommission unterliegen Art. 288 Abs. 5 AEUV und schaffen ausdrücklich keine verbindlichen Regelungen. Sie dienen der Erklärung und Auslegung der bestehenden Regelungen, um das Verständnis aus Sicht der Kommission eindeutig und klar zu formulieren.[131] Gleichwohl ist die Wirkung der Empfehlungen der Kommission in der Praxis unter dem Gesichtspunkt des Prinzips der begrenzten Einzelermächtigung und vor allem des Subsidiaritätsprinzips kritisch zu sehen.

Empfehlungen und Stellungnahmen der ACER fallen nicht unter den Wortlaut des Art. 288 Abs. 5 AEUV. Sie sind als Empfehlungen und Stellungnahmen sui generis als vorbereitendes Soft Law einzuordnen. Sie dienen der Vorbereitung eines abschließenden Exekutivaktes durch die Europäischen Organe oder einer Umsetzungsmaßnahme der nationalen Regulierungsbehörden und Netzbetreiber.

3. Prioritätenliste („Priority List")

Die Prioritätenliste („Priority List") der Kommission stellt eine von drei Handlungsformen dar, die wesentliche Bedeutung für die Regulierung des europäischen Energiebinnenmarktes haben. Sie hat jedoch bisher noch keine rechtliche Qualifizierung erfahren. Im Folgenden wird die Prioritätenliste in Bezug auf Wesen (a.) und Wirkung (b.) untersucht.

a. Wesen der Prioritätenliste

Die Kommission stellt unter Beteiligung der ACER und der ENTSOs jährlich eine Prioritätenliste zur Umsetzung der Projekte in jenen Bereichen auf, in denen die Stromhandels- und die Gaszugangsverordnung 2009 einen besonderen

---

[128] *M. Giovanoli*, Essays in International Financial & Economic Law 2002, S. 5 (7).

[129] *A. Boyle/C. Chinkin*, The making of international law, 2007, S. 212.

[130] *F. Arndt*, DV 39 (2006), S. 100 (106, 118); *M. Giovanoli*, Essays in International Financial & Economic Law 2002, S. 5 (10).

[131] Commission Staff Working Paper, Interpretative Note on Directive 2009/72/EC concerning common rules for the internal market in electricity and Directive 2009/73/EC concerning common rules for the internal market in natural gas, Part „Regulatory Authorities" vom 22.01.2010, S. 3.

Regelungsbedarf durch Netzkodizes und Leitlinien vorsehen. Im Verfahren zur Aufstellung der Prioritätenliste sollte die Kommission sowohl die ACER als auch die ENTSOs anhören. Inhalt der Prioritätenliste sind allgemeine Erwägungsgründe für Rahmenleitlinien und Netzkodizes im jeweils folgenden Jahr. Sie bestimmen in je einem Artikel die relevanten Bereiche für die Ausarbeitung harmonisierter Regeln im Elektrizitäts- und Gasbereich.

b. Wirkung der Prioritätenliste

Der Beschluss zur Erstellung jährlicher Prioritätenlisten für die Ausarbeitung von Netzkodizes und Leitlinien ist gemäß Art. 288 Abs. 4 Satz 1 AEUV in allen seinen Teilen verbindlich. Nach der Stromhandelsverordnung und der Gaszugangsverordnung 2009 ist eine Prioritätenliste in die Ausarbeitung der Netzkodizes und der dafür erforderlichen Rahmenleitlinien einzubeziehen.[132] Der Wortlaut „ist [...] einzubeziehen" indiziert, dass die Prioritätenliste für die ACER und die ENTSOs, die vorher angehört werden, rechtlich verbindlich ist. Daraus lässt sich auch eine Rechtswirkung nach außen ableiten: Wenn die Prioritätenliste in die Ausarbeitung der Netzkodizes einzubeziehen ist, ist sie erst recht bei der Ausarbeitung der Rahmenleitlinie zu berücksichtigen, die nach der Regelungssystematik gerade die Festlegung der Netzkodizes programmieren soll.[133] Die Prioritätenliste bestimmt ausdrücklich die Bereiche, in denen Rahmenleitlinien erarbeitet werden sollen, die wiederum die Bereiche zum Entwurf von Netzkodizes vorgeben. Damit ist die Prioritätenliste für die Rahmenleitlinie unmittelbar und für die Netzkodizes noch mittelbar verbindlich und mehr als nur eine Verhaltensempfehlung oder formale Einleitung des weiteren Verfahrens. Die Bestimmungen in den Erwägungsgründen und im Text des Beschlusses sind für die weiteren Handlungsformen verbindlich. Sie verpflichten die Adressaten des Beschlusses zur Umsetzung.

Adressaten eines Beschlusses können natürliche und juristische Personen des privaten und des öffentlichen Rechts sowie Mitgliedstaaten sein.[134] Eine Prioritätenliste adressiert ausdrücklich die ACER zur Erarbeitung von Rahmenleitlinien und die ENTSOs zum Entwurf von Netzkodizes. Fraglich ist, ob die Kommission einen Beschluss an die ACER und die ENTSOs richten kann. Die ENTSOs als private Vereinigung juristischer Personen können durch einen Beschluss adressiert werden, doch die Verpflichtung der ACER als Einrichtung der Europäischen Union durch einen außenwirksamen Beschluss ist grundsätzlich nicht vorgesehen. Hingegen kommt es nach der Rechtsprechung des Europäischen Gerichtshofs nicht auf die

[132] Artt. 6 Abs. 1 Stromhandelsverordnung 2009 und Gaszugangsverordnung 2009.

[133] Artt. 6 Abs. 2 und 6 Stromhandelsverordnung 2009 und Gaszugangsverordnung 2009.

[134] *M. Nettesheim*, in: Grabitz/Hilf/ders. (Hrsg.), EUV/AEUV, 48. EGL August 2012, Art. 288 AEUV Rn. 180; *M. Ruffert*, in: Streinz (Hrsg.), EUV/AEUV, 2. Aufl. 2012, Art. 288 AEUV Rn. 92; *W. Frenz*, Handbuch Europarecht, Bd. 5, 2010, Kap. 9, § 3 Rn. 1286, 1323; *A. von Bogdandy/J. Bast/F. Arndt*, ZaöRV 62 (2002), S. 77 (96).

Außenwirkung, sondern auf die in dem Rechtsakt umschriebene objektive Rechts- und Sachlage in Verbindung mit der Zielsetzung des Rechtsaktes an.[135] Die Prioritätenliste der Kommission programmiert objektiv die Rechtslage mittels Rahmenleitlinien mit dem Ziel, dadurch den Entwurf von Netzkodizes zu regulieren. Damit werden mit einer Prioritätenliste primär die ENTSOs adressiert, womit aufgrund des Verfahrens zur Entwicklung von Netzkodizes auch eine Bindung der nichtadressierbaren ACER fingiert wird.

Das bedeutet, dass die Kommission die Handlungsform des Beschlusses nicht nur gegenüber Privaten und Mitgliedstaaten, sondern auch zur Durchsetzung von Verpflichtungen in der eigenen, unionsinternen Handlungssphäre anwendet. Auch wenn sich aus dem Wortlaut des Art. 288 Abs. 4 AEUV nur ergibt, dass ein Beschluss in allen seinen Teilen verbindlich ist, aber nicht ausdrücklich wie bei einer Verordnung erwähnt wird, dass der Beschluss unmittelbar in allen Mitgliedstaaten gilt, wird nach ständiger Rechtsprechung gefolgert, dass wenn ein Beschluss unmittelbar verbindlich sein soll, er auch geeignet sein muss, unmittelbare Wirkungen zu erzeugen.[136] Das entspricht auch dem Sinn und Zweck des Beschlusses, der wie ein Verwaltungsakt die Adressaten zu einem bestimmten Handeln, in dem Fall zur Erarbeitung einer Rahmenleitlinie und zum Entwurf von Netzkodizes, verpflichten will.[137] Eine Prioritätenliste enthält eine Verpflichtung zur Umsetzung der Regelungsschwerpunkte in den Rahmenleitlinien und Netzkodizes, wodurch ihre unmittelbare, verpflichtende Wirkung begründet wird. Deshalb ist eine Prioritätenliste der Kommission als Beschluss nach Art. 288 Abs. 4 AEUV einzuordnen.

4. Rahmenleitlinie („Framework Guideline")

Eine Rahmenleitlinie wird von der ACER in den Arbeits- und Aufgabengruppen erarbeitet und im Regulierungsrat beschlossen. Das konkrete Verfahren zur Erarbeitung von Rahmenleitlinien ist weder im Sekundärrecht noch in den Geschäftsordnungen der Arbeits- und Aufgabengruppen oder des Regulierungsrates explizit geregelt. Rahmenleitlinien enthalten objektive Vorgaben, die beim Entwurf der Netzkodizes berücksichtigt werden müssen.[138]

---

[135] EuGH, Urteil vom 30.09.1982, Rs. 242/81 (Roquette Frères/Rat), Slg. 1982, 3213 Rn. 7; EuGH, Urteil vom 18.05.1994, Rs. C-309/89 (Codorniu/Rat), Slg.1994, I-1853 Rn. 18.

[136] EuGH, Urteil vom 06.10.1970, Rs. 9/70 (Grad/Finanzamt Traunstein), Slg. 1970, 825 (838) Rn. 5; EuGH, Urteil vom 21.10.1970, Rs. 20/70 (Transports Lesage & Cie./Hauptzollamt Freiburg), Slg. 1970, 861 (874) Rn. 5.

[137] *M. Nettesheim*, in: Grabitz/Hilf/ders. (Hrsg.), EUV/AEUV, 48. EGL August 2012, Art. 288 AEUV Rn. 188.

[138] *S. de Moel/F. Melchior*, in: Roggenkamp/Hammer (Hrsg.), European Energy Law Report VIII (2011), S. 21 (37).

Die Rahmenleitlinien der ACER sind kein selbständiger Rechtsakt, sondern dienen zur Erarbeitung von Netzkodizes durch die ENTSOs. Es handelt sich um unverbindliche, bloß vorbereitende Akte der ACER,[139] welche die Vorgaben der Kommission in der Prioritätenliste aus Sicht der fachlich qualifizierten Regulierungsbehörden gegenüber den Netzbetreibern in den ENTSOs vermitteln und konkretisieren.[140] Adressaten der Rahmenleitlinien sind die ENTSOs, die als Vereinigung der Netzbetreiber im europäischen Energiebinnenmarkt technische, kommerzielle und finanzielle Regeln zum Netzbetrieb in Netzkodizes ausarbeiten. Rahmenleitlinien sind auch nicht unmittelbar anwendbar, sondern sind nach ihrem Sinn und Zweck eine Übersetzung der Prioritätenliste, die detailliert und konkretisiert wird, um in Netzkodizes umgesetzt zu werden. Die Regelungen der Rahmenleitlinien erzeugen für sich betrachtet keine unmittelbare rechtliche Wirkung, sind jedoch auch nicht rechtlich völlig irrelevant. Im Rahmen dieses Transformationsprozesses enthalten Rahmenleitlinien verschiedene Gebote, welche die ENTSOs beim Entwurf von Netzkodizes zur Umsetzung der Prioritätenliste berücksichtigen sollten.

Die ACER konkretisiert indirekt die Vorgaben des Dritten Energiebinnenmarktpaketes und ergänzt direkt die Prioritätenliste der Kommission. Die Rahmenleitlinien stellen ein gegenseitiges Verständnis unter den Regulierungsbehörden der Mitgliedstaaten zur Ausgestaltung der von der Kommission priorisierten Bereiche zur Regelung durch Netzkodizes dar. Diese Merkmale lassen Rahmenleitlinien als vorbereitendes Soft Law qualifizieren, das administrative Regeln ergänzt und konkretisiert.[141]

5. Netzkodex („Network Code")

Der Netzkodex ist eine der wichtigsten Handlungsformen zur Regulierung nichtpreislicher Diskriminierungen im europäischen Energiebinnenmarkt, weshalb Wesen (a.) und Wirkung eines Netzkodex (b.) genauer dargestellt werden.

a. Wesen des Netzkodex

Die ENTSOs erarbeiten anhand der Rahmenleitlinien der ACER einen Netzkodex. Das Verfahren zum Entwurf des Netzkodex in den Arbeitsgruppen der ENTSOs ist in den Articles of Association nicht näher geregelt. Der Entwurf des Netzkodex

---

[139] Erwägungsgrund 6 und Art. 6 Abs. 2 Stromhandelsverordnung 2009; Art. 6 Abs. 2 Gaszugangsverordnung 2009.

[140] *S. de Moel/F. Melchior*, in: Roggenkamp/Hammer (Hrsg.), European Energy Law Report VIII (2011), S. 21 (37); *J. Haller*, Der Verwaltungsverbund in der Energieregulierung, 2013, S. 170.

[141] *M. Giovanoli*, Essays in International Financial & Economic Law 2002, S. 5 (11); *J. Schwarze*, EuR 2011, S. 3 (6).

wird der ACER zur Stellungnahme vorgelegt, der den ENTSOs folgen kann. Dabei kann es zu einem Wechsel aus Stellungnahmen und Anpassungen kommen, bis die ACER eine befürwortende Stellungnahme an die Kommission abgibt oder die Kommission entgegen der Stellungnahme der ACER einen eigenen Netzkodex entwirft. Dadurch entsteht ein Netzkodex in einem delegierten Rechtsetzungsverfahren, was gegenüber einer Koregulierung, bei der die Legislative ein bestimmtes Ziel vorgibt, das die Privaten durchführen,[142] oder einer Selbstregulierung, bei der die Exekutive eine freiwillige Vereinbarung mit der Industrie trifft,[143] demokratischer organisiert ist. Inhalt des Netzkodex können technische (z. B. Erfordernisse durch die erneuerbare Energieerzeugung, Anbindung an das Hochspannungsnetz, Betriebssicherheit, Lastmanagement), operative (z. B. Kapazitätszuweisung, Engpassmanagement, Ausgleichsenergie) und finanzielle (z. B. Investitionsanreize) Regelungen sein.[144]

b. Wirkung des Netzkodex

Ein Netzkodex der ENTSOs ist rechtlich noch nicht verbindlich. Dafür sind die Annahme durch die Kommission und der Beschluss durch einen Komitologieausschuss erforderlich. Erst durch ein Komitologieverfahren wird ein Netzkodex als Verordnung verbindlich.[145] Ohne Annahme durch die Kommission kann ein Netzkodex der ENTSOs die Netzbetreiber nur moralisch, aber nicht rechtlich binden.[146] Ein Netzkodex richtet sich an die Betreiber von Elektrizitätsübertragungs- und Gasfernleitungsnetzen. Er ist zwar unmittelbar anwendbar, bedarf aber der Annahme durch die Kommission, um unmittelbar wirksam zu sein. Dann entfaltet ein Netzkodex Verpflichtungen zu technischen oder operativen Standards und begründet finanzielle Gebote.

Ein Netzkodex, der von der Vereinigung der Netzbetreiber zur Regelung des Netzbetriebs durch die Übertragungs- und Fernleitungsnetzbetreiber für Elektrizität und Gas erarbeitet wird, stellt regelmäßig ein gegenseitiges Verständnis von Netzbetreibern dar, was als vorbereitendes Soft Law eingeordnet werden kann.[147]

---

[142] *T. Oppermann/C. D. Classen/M. Nettesheim*, Europarecht, 7. Aufl. 2016, § 9 Rn. 137.

[143] *T. Oppermann/C. D. Classen/M. Nettesheim*, Europarecht, 7. Aufl. 2016, § 9 Rn. 136.

[144] Eine Übersicht über die Regelungsbereiche findet sich bei ENTSO-E (online verfügbar, zuletzt abgerufen am 01.12.2017 unter https://www.entsoe.eu/major-projects/network-code-development/Pages/default.aspx).

[145] Artt. 8 Abs. 2 Stromhandelsverordnung 2009 und Gaszugangsverordnung 2009.

[146] Im Umkehrschluss aus Artt. 8 Abs. 2 Stromhandelsverordnung 2009 und Gaszugangsverordnung 2009.

[147] *M. Giovanoli*, Essays in International Financial & Economic Law 2002, S. 5 (11).

6. *Leitlinie („Guideline")*

Die Handlungsform der Leitlinie („Guideline") gewinnt durch das Dritte Energiebinnenmarktpaket an Bedeutung, da sie weitreichende Regelungen durch die Kommission ermöglicht. Das Wesen der Leitlinie (a.) wird besonders von dem Verfahren bestimmt, in dem sie erlassen wird. Ferner hängt ihre Wirkung (b.) insbesondere davon ab, ob die Leitlinie als verbindliche oder unverbindliche Handlungsform des Unionsrechts eingeordnet werden kann.

a. Wesen der Leitlinie

Leitlinien werden von der Kommission erarbeitet und gegenüber den Mitgliedstaaten erlassen. Das Verfahren zum Erlass von Leitlinien befindet sich in einer Übergangsphase: Ursprünglich wurden Leitlinien unter Beteiligung der Mitgliedstaaten im Komitologieverfahren (aa.) erlassen, doch durch den Vertrag von Lissabon (bb.) wurden Leitlinien der delegierten Rechtsetzung durch die Kommission zugewiesen.

aa. Bisherige Rechtslage: Erlass von Leitlinien im Komitologieverfahren

Die Leitlinien im Sinne des Energiebinnenmarktpaketes werden von der Kommission erarbeitet und in der Regel mit der Beteiligung von Komitologieausschüssen erlassen. Der Erlass von Leitlinien ist nach der Stromhandelsverordnung und der Gaszugangsverordnung 2009 in einem Komitologieverfahren unter Beteiligung der Mitgliedstaaten vorgesehen.[148] Dogmatisch können legislative Rechtsetzungsbefugnisse vom Europäischen Parlament und dem Rat aufgrund einer sekundärrechtlichen Ermächtigung auf die Kommission als Exekutive unter Mitwirkung spezifischer Komitologieausschüsse übertragen werden. Damit kann über die Einbindung mitgliedstaatlich besetzter Ausschüsse das gewöhnliche Rechtsetzungsverfahren entlastet werden. Experten der nationalen Parlamente liefern als Kontrollinstanz wesentliche Informationen, Wissen und Erfahrungen aus den Ministerien und Behörden der Mitgliedstaaten.

bb. Neue Rechtslage: Erlass von Leitlinien als delegierte Rechtsakte durch die Kommission

Mit dem Vertrag von Lissabon wurde der Erlass von Rechtsvorschriften durch die Kommission in Artt. 290, 291 AEUV neu geregelt, was eine Stufenregelung für sekundärrechtliche Regelungen zum Erlass von Leitlinien schafft. Ausgehend von einer Fortgeltung der bestehenden Regeln zum Komitologieverfahren wurden die Regeln zum Komitologieverfahren geändert, wodurch die Regelungen zum Komitologieverfahren zukünftig in der delegierten Rechtsetzung durch die Kommission aufgehen.

---

[148] Erwägungsgrund 63 Satz 2 Elektrizitäts-Richtlinie 2009; Erwägungsgrund 61 Satz 2 Gas-Richtlinie 2009.

Zunächst gelten alle sekundärrechtlichen Regelungen einschließlich sämtlicher Bestimmungen zur Komitologie,[149] die vor Inkrafttreten des Vertrages von Lissabon erlassen wurden, weiter, bis der Basisrechtsakt gemäß den Bestimmungen des AEUV aufgehoben oder abgeändert wird.[150] Das bedeutet, dass das Regelungsverfahren mit Kontrolle bis zur formalen Anpassung der Befugnisübertragungsklauseln an das neue System der Artt. 290, 291 AEUV Anwendung findet.[151]

Infolge der Regelungen des Vertrages von Lissabon wurden die Regelungen des Komitologieverfahrens neu gefasst und von vier Verfahren (Beratungsverfahren, Verwaltungsverfahren, Regelungsverfahren und Regelungsverfahren mit Kontrolle) auf zwei Verfahren (Beratungsverfahren und Prüfverfahren) gestrafft. Dabei wird das Regelungsverfahren mit Kontrolle im Sinne des Komitologiebeschlusses 2006/512/EG nicht in eines der Verfahren der Durchführungsrechtsetzung in der Komitologieverordnung (EU) Nr. 182/2011 überführt.[152] Bei Maßnahmen, die bisher im Regelungsverfahren mit Kontrolle ergehen, ist anzunehmen, dass es sich um delegierte Rechtsakte im Sinne des Art. 290 Abs. 1 AEUV handelt,[153] denn die Definition eines „delegierten Rechtsaktes" im Sinne des Art. 290 Abs. 1 AEUV entspricht weitgehend der Definition der Rechtsakte, die im Sinne des Beschlusses 2006/512/EG unter das Regelungsverfahren mit Kontrolle fielen.[154] Delegierte Rechtsakte konkretisieren Richtlinien oder Verordnungen als jeweiligen Basisrechtsakt.

Daraus ergibt sich, dass der Erlass von Leitlinien durch die Kommission ein delegierter Rechtsakt ist. Die Delegation von Rechtsetzungsbefugnissen nach Art. 290 AEUV in Verbindung mit dem jeweiligen Sekundärrechtsakt dient der Entlastung des Europäischen Parlamentes und des Rates als Rechtsetzungsorganen sowie der Vereinfachung und Beschleunigung der Anpassung von Gesetzgebungsakten an aktuelle Entwicklungen.[155] Dogmatisch handelt es sich um eine Übertragung von Rechtsetzungsbefugnissen vom Europäischen Parlament und dem Rat kraft primärrechtlicher Ermächtigung auf die Kommission ohne Mitwirkung und Kontrolle der Mitgliedstaaten.[156]

Grundsätzlich ist die Ergänzung oder Änderung eines Gesetzgebungsaktes nur durch einen actus contrarius möglich, doch ausnahmsweise können Ergänzungen und Änderungen von Bestimmungen des Gesetzgebungsaktes, die auf die

---

[149] Artt. 6 Abs. 11 in Verbindung mit Art. 23 Abs. 2 Stromhandelsverordnung 2009 beziehungsweise in Verbindung mit Art. 28 Abs. 2 Gaszugangsverordnung 2009.

[150] *C. Möllers/J. von Achenbach*, EuR 2011, S. 39 (45).

[151] *C. Möllers/J. von Achenbach*, EuR 2011, S. 39 (47).

[152] *B. Daiber*, EuR 2012, S. 240 (241).

[153] *C. Möllers/J. von Achenbach*, EuR 2011, S. 39 (41, 44, 59).

[154] *W. Weiß*, Komitologieverfahren, in: Baur/Salje/Schmidt-Preuß (Hrsg.), Regulierung in der Energiewirtschaft, 2. Aufl. 2016, § 12 Rn. 17; *A. Pilniok/E. Westermann*, VerwA 103 (2012), S. 379 (386); *G. Sydow*, JZ 2012, S. 157 (161, 163); *D. Scharf*, Das Komitologieverfahren nach dem Vertrag von Lissabon, 2010, S. 23; *R. Streinz/C. Ohler/C. Herrmann*, Der Vertrag von Lissabon zur Reform der EU, 3. Aufl. 2010, S. 97.

[155] *G. Sydow*, JZ 2012, S. 157 (158).

[156] *U. Stelkens*, EuR 2012, S. 511 (537); *R. Streinz*, Europarecht, 10. Aufl. 2016, § 6 Rn. 565.

Grundausrichtung keine Auswirkungen haben, vom Europäischen Parlament und dem Rat als Legislativorganen auf die Kommission als Exekutivorgan delegiert werden.[157] Die Kommission wird ermächtigt, Rechtsakte zu erlassen, die das Europäische Parlament und der Rat auch selbst erlassen könnten.

Diese Delegation von Rechtsetzungsbefugnissen unterliegt zwei Einschränkungen: Formell ist ein Gesetzgebungsakt, der im ordentlichen oder in einem besonderen Gesetzgebungsverfahren erlassen wurde, erforderlich, der ohne den delegierten Rechtsakt unvollständig ist und durch den delegierten Rechtsakt aktualisiert wird, um vollzugsfähig zu werden oder zu bleiben.[158] Materiell dürfen nach Art. 290 Abs. 1 AEUV nur bestimmte, für die Regelung des Bereichs nicht wesentliche Vorschriften des betreffenden Gesetzgebungsaktes ergänzt oder geändert werden.

Delegierte Rechtsakte sind nur wirksam, wenn das Europäische Parlament und der Rat nach Art. 290 Abs. 2 AEUV innerhalb einer festgelegten Frist keine Einwände erheben oder gemäß Art. 290 Abs. 3 AEUV die Ermächtigung nicht widerrufen. Einwände des Europäischen Parlamentes und des Rates müssen sich auf einen ganz konkreten delegierten Rechtsakt beziehen, während der Widerruf der Kommission die übertragenen Befugnisse zum Erlass delegierter Rechtsakte generell und vollständig entziehen kann.[159] Einwände können regelmäßig vorgebracht werden, während ein Widerruf eine außergewöhnliche Maßnahme ist, die voraussetzt, dass neue Erkenntnisse die Übertragung von Befugnissen zum Erlass von Leitlinien in Frage stellen.[160]

cc. Auswirkungen auf den Erlass von Leitlinien im europäischen Energiewirtschaftsrecht

Im Falle einer zukünftigen Umstellung der sekundärrechtlichen Ermächtigungsnormen könnten energiewirtschaftliche Leitlinien im Verfahren nach Art. 290 AEUV außerhalb des Komitologieverfahrens nach Art. 291 AEUV erlassen werden.[161]

So ist es bereits in der Verordnung (EU) Nr. 347/2013 zu Leitlinien für die transeuropäische Energieinfrastruktur geschehen.[162] Die Kommission erhält für einen

---

[157] *G. Schusterschitz*, Rechtsakte und Rechtsetzungsverfahren, in: Hummer/Obwexer (Hrsg.), Der Vertrag von Lissabon, 2009, S. 209 (217).

[158] *U. Stelkens*, EuR 2012, S. 511 (537); *P. Craig*, The Role of the European Parliament under the Lisbon Treaty, in: Griller/Ziller (Hrsg.), The Lisbon Treaty, 2008, S. 109 (112 f.).

[159] *Europäische Kommission*, Mitteilung an das Europäische Parlament und den Rat zur Umsetzung von Artikel 290 des Vertrags über die Arbeitsweise der Europäischen Union vom 09.12.2009, KOM (2009) 673 endg., S. 7.

[160] *D. Scharf*, Das Komitologieverfahren nach dem Vertrag von Lissabon, 2010, S. 19.

[161] *H. Weyer*, Europäische Netzkodizes Strom und Gas, in: Bien/Ludwigs (Hrsg.), Das europäische Kartell- und Regulierungsrecht der Netzindustrien, 2015, S. 123 (143); *G. Sydow*, JZ 2012, S. 157 (159).

[162] *European Commission*, Delegated Regulation (EU) 2016/89 amending Regulation (EU) No. 347/2013 of the European Parliament and of the Council on guidelines for trans-European energy infrastructure as regards the Union list of projects of common interest, ABl. L Nr. 19 vom 27.01.2016, S. 1.

Zeitraum von vier Jahren die Befugnis zum Erlass delegierter Rechtsakte,[163] soweit vom Europäischen Parlament und vom Rat keine Einwände gegen einen konkreten delegierten Rechtsakt erhoben oder die Übertragung der Befugnis zum Erlass delegierter Rechtsakte widerrufen wird.[164] Zunächst wird hierdurch der Einfluss der Mitgliedstaaten zur Mitwirkung an Gesetzgebungsakten der Europäischen Union eingeschränkt. Außerdem wird das Gleichgewicht der Gewalten zwischen Europäischem Parlament und dem Rat einerseits und der Kommission andererseits erschüttert. So bleibt beim Erlass delegierter Rechtsakte kein Raum mehr für die Beteiligung eines Ausschusses aus Vertretern der Mitgliedstaaten. Es ist zu befürchten, dass der Austausch von Informationen zwischen den Mitgliedstaaten sowie die Koordination gemeinsamer Standpunkte innerhalb eines Komitologieausschusses fehlen werden.[165] So liegt die Kontrolle über autonom vorbereitete und erlassene delegierte Gesetzgebungsakte der Kommission ausschließlich beim Europäischen Parlament und dem Rat, die aus politischen, fachlich weniger qualifizierten Vertretern der Mitgliedstaaten bestehen.[166]

In Betracht kommen nur noch eine beratende Einbindung nationaler Sachverständiger aller Mitgliedstaaten sowie die Möglichkeit, spezielle Expertengruppen zu bilden oder bestehende Expertengruppen heranzuziehen, was von der Kommission wohl auch beabsichtigt wurde.[167] Angesichts der vielfach technischen Materien dürfte die Kommission kaum ohne externe Expertise ihre Aufgaben der delegierten Rechtsetzung sachgerecht wahrnehmen können.[168] Hier setzt der Beschluss der Kommission zur Einsetzung von Expertengruppen an, um den Sachverstand der Mitgliedstaaten in das Rechtsetzungsverfahren einzubeziehen.[169] Eine Beteiligung der nationalen Regulierungsbehörden ist dadurch nicht sichergestellt.

Inhaltlich kann die Kommission mithilfe der Komitologieausschüsse materiellrechtliche Vorgaben machen, die die nationalen Behörden im Rahmen des indirekten Vollzugs zu berücksichtigen haben.[170] Leitlinien setzen allgemeine Regeln, die als Maßstab für künftige Einzelfallentscheidungen dienen und Verhaltensnormen

---

[163] Art. 16 Abs. 1 und 2 TEN-E Verordnung (EU) Nr. 347/2013.

[164] Art. 16 Abs. 3 und 5 TEN-E Verordnung (EU) Nr. 347/2013.

[165] *C. Möllers/J. von Achenbach*, EuR 2011, S. 39 (54); *A. Pilniok/E. Westermann*, VerwA 103 (2012), S. 379 (389).

[166] *C. Fabricius*, EuZW 2014, S. 453 (455).

[167] *Europäische Kommission*, Mitteilung an das Europäische Parlament und den Rat zur Umsetzung von Artikel 290 des Vertrags über die Arbeitsweise der Europäischen Union vom 09.12.2009, KOM (2009) 673 endg., S. 7.

[168] *A. Pilniok/E. Westermann*, VerwA 103 (2012), S. 379 (389).

[169] *Europäische Kommission*, Beschluss zur Festlegung horizontaler Bestimmungen über die Einsetzung und Arbeitsweise von Expertengruppen der Kommission vom 30.05.2016, KOM (2016) 3301 endg., Artt. 1 und 3.

[170] *W. Weiß*, Der Europäische Regulierungsverbund im Energierecht, in: Baur/Salje/Schmidt-Preuß (Hrsg.), Regulierung in der Energiewirtschaft, 2. Aufl. 2016, § 32 Rn. 20; *J. Haller*, Der Verwaltungsverbund in der Energieregulierung, 2013, S. 167.

enthalten, die einen Hinweis auf die zu befolgende Verwaltungspraxis geben und von denen die Verwaltung im Einzelfall nicht ohne Angabe von Gründen abweichen kann.[171]

b. Wirkung der Leitlinie

Die Bedeutung des Erlasses von Leitlinien für die Energieregulierung durch die Kommission hängt wesentlich von ihren Rechtswirkungen ab. Die Wirkung von Leitlinien aufgrund der Ermächtigungen des Dritten Energiebinnenmarktpaketes ist umstritten.

aa. Grundsätzlich unverbindliche Wirkungen

Grundsätzlich ist die Leitlinie als Handlungsform des europäischen Primärrechts in Art. 288 AEUV nicht vorgesehen. Daraus lässt sich folgern, dass Leitlinien die Verbindlichkeit der Handlungsformen im Sinne der Art. 288 Abs. 1 bis 4 AEUV fehlt. Sie könnten nur als unverbindliche Empfehlungen oder Stellungnahmen nach Art. 288 Abs. 5 AEUV qualifiziert werden.

Die Aufzählung der vertypten Rechtsakte in Art. 288 AEUV ist jedoch nicht abschließend.[172] Daneben können jedoch Rechtsakte sui generis, die nicht den vertypten Handlungsformen zugeordnet werden können, bestehen.[173] So werden Leitlinien in der Literatur regelmäßig als eigenständige Kategorie des Unionsrechts angesehen,[174] was in der Rechtsprechung des Europäischen Gerichtshofs konkretisiert wird, der Leitlinien zwar nicht als verbindliche Rechtsnorm, aber für die Verwaltung beachtlich ansieht.[175] Die Kommission verfolgt mit dem Erlass von Leitlinien in der Regel einen bloß norm- beziehungsweise ermessenskonkretisierenden Zweck.[176] Daher werden Leitlinien in der Regel als unverbindliche Handlungsformen ohne Bindungswirkung für die nationalen Behörden in den Mitgliedstaaten eingeordnet.[177]

---

[171] EuG, Urteil vom 08.10.2008, Rs. T-73/04 (Carbone-Lorraine/Kommission) Slg. 2008, II-2661, Rn. 70; ebenso EuGH, Urteil vom 28.06.2005, verb. Rs. C-189/02 P, C-202/02 P bis C-208/02 P und C-213/02 P (Dansk Rørindusti u. a./Kommission), Slg. 2005, I-5425, Rn. 209; EuGH, Urteil vom 15.01.2002, Rs. C-171/00 P (Libéros/Kommission), Slg. 2002, I-451, Rn. 35.

[172] *M. Ruffert*, in: Calliess/ders., EUV/AEUV Kommentar, 5. Aufl. 2016, Art. 288 AEUV Rn. 98.

[173] *M. Nettesheim*, in: Grabitz/Hilf/ders. (Hrsg.), EUV/AEUV, 48. EGL August 2012, Art. 288 AEUV Rn. 209; *M. Ruffert*, in: Calliess/ders., EUV/AEUV Kommentar, 5. Aufl. 2016, Art. 288 AEUV Rn. 98; *T. Oppermann/C. D. Classen/M. Nettesheim*, Europarecht, 7. Aufl. 2016, § 9 Rn. 130, 141.

[174] *S. Thomas*, EuR 2009, S. 423 (424).

[175] EuG, Urteil vom 08.10.2008, Rs. T-73/04 (Carbone-Lorraine/Kommission) Slg. 2008, II-2661, Rn. 70; ebenso EuGH, Urteil vom 28.06.2005, verb. Rs. C-189/02 P, C-202/02 P bis C-208/02 P und C-213/02 P (Dansk Rørindusti u. a./Kommission), Slg. 2005, I-5425, Rn. 209.

[176] *S. Thomas*, EuR 2009, S. 423 (426).

[177] *S. Thomas*, EuR 2009, S. 423 (435 f., 442); *P. Pohlmann*, WuW 2005, S. 1005 (1005); andere Ansicht *M. Schweda*, WuW 2004, S. 1133 (1140, 1142).

bb. Ausnahmsweise verbindliche Wirkungen

In den Sekundärrechtsakten des Dritten Energiebinnenmarktpakets wird die Kommission seit 2011 ausdrücklich ermächtigt, zur Ergänzung von Basisrechtsakten wie den Elektrizitäts- und Gas-Richtlinien 2009 sowie der Stromhandelsverordnung und der Gaszugangsverordnung 2009 einzelne Leitlinien als Durchführungsrechtsakte verbindlich zu erlassen.[178] Hierin könnte eine sekundärrechtliche Ausnahme vom nicht abschließenden Kanon der Handlungsformen im Primärrecht liegen.

Diese Ausnahme lässt sich durch eine Auslegung der sekundärrechtlichen Bestimmungen stützen. Der Wortlaut der Erwägungsgründe der Elektrizitäts- und Gas-Richtlinien 2009[179] und der jeweiligen Verordnungen[180] im Dritten Energiebinnenmarktpaket deutet bereits an, was durch den Wortlaut der Art. 19 Satz 1 Stromhandelsverordnung und Art. 24 Satz 1 Gaszugangsverordnung 2009 verdeutlicht wird. In beiden Verordnungen werden die nationalen Regulierungsbehörden unterschiedslos zur Einhaltung der jeweiligen Verordnung sowie der auf ihrer Grundlage erlassenen Leitlinien verpflichtet. Das heißt, dass sowohl die Einhaltung einer grundsätzlich verbindlichen Verordnung als auch die einer grundsätzlich unverbindlichen Leitlinie gewährleistet werden muss. Außerdem sprechen Sinn und Zweck dafür, dass die Leitlinien als Teil der Verordnung, die sie konkretisieren, auch deren Bindungswirkung erlangen sollen.[181] Vereinzelt werden Leitlinien auch als verbindliche, adressatenbezogene Beschlüsse an die Mitgliedstaaten veröffentlicht.[182] Daraus lässt sich schließen, dass Leitlinien auch mangels ausdrücklicher Definition ihrer Rechtsnatur, soweit sie Regelungen enthalten, die mit einem Sekundärrechtsakt verbunden sind, verbindlich wirken können, wenn sie als Durchführungsrechtsakte von der Kommission erlassen und einer der Handlungsformen des Art. 288 Abs. 2 bis 4 AEUV zugeordnet werden können.[183] Hierbei handelt es sich in der Regel um Verordnungen, die durch Leitlinien interpretiert, konkretisiert und ergänzt werden.

cc. Adressatenspezifität

Leitlinien, die im Komitologieverfahren als Verordnung oder Beschluss erlassen werden, sind an einen offenen Kreis von Empfängern im europäischen

---

[178] Erwägungsgrund 27 der ACER-Verordnung, Erwägungsgrund 63 und Art. 39 der Elektrizitäts-Richtlinie 2009 und Erwägungsgrund 61 und Art. 43 Gas-Richtlinie 2009.

[179] Erwägungsgrund 63 Elektrizitäts-Richtlinie 2009, Erwägungsgrund 61 Gas-Richtlinie 2009.

[180] Erwägungsgrund 25 Stromhandelsverordnung 2009, Erwägungsgrund 30 Gashandelsverordnung 2009.

[181] *G. Britz*, EuR 2006, S. 46 (61); *W. Weiß*, Komitologieverfahren, in: Baur/Salje/Schmidt-Preuß (Hrsg.), Regulierung der Energiewirtschaft, 2. Aufl. 2016, Kap. 12 Rn. 39.

[182] *J. Haller*, Der Verwaltungsverbund in der Energieregulierung, 2013, S. 168; *H. Lecheler*, DVBl. 2008, S. 873 (875 f.).

[183] *H. Lecheler*, DVBl. 2008, S. 873 (874 f.).

Energiebinnenmarkt gerichtet. Adressaten sind primär die Mitgliedstaaten und ihre Regulierungsbehörden, können aber auch natürliche oder juristische Personen in einem Sonderverhältnis zur Union, wie die ACER oder die ENTSOs im Energiebinnenmarkt, sein.[184] Vereinzelt werden Leitlinien auch in der Handlungsform des Beschlusses veröffentlicht. Der Beschluss unterscheidet sich von der Verordnung darin, dass er sich nicht an eine unbestimmbare Vielzahl von Adressaten, sondern an einen Einzelnen, an Einzelne oder wenigstens an eine zum Erlasszeitpunkt abgeschlossene Gruppe richtet.[185]

dd. Unmittelbare Verpflichtung

Leitlinien, die als Verordnung veröffentlicht werden, gelten nach dem Wortlaut des Art. 288 Abs. 2 unmittelbar in einem Mitgliedstaat, was auch für den Beschluss gilt. Sofern Leitlinien als Beschluss veröffentlicht werden, müssen sie Verpflichtungen klar und eindeutig formulieren und dürfen den Mitgliedstaaten keinen Ermessensspielraum belassen. Im Ergebnis sind Leitlinien von der Bundesnetzagentur bei der Umsetzung in Genehmigungen und Festlegungen zu berücksichtigen,[186] da sie Gebote und Verpflichtungen aufstellen, die für die nationalen Behörden rechtsbindend sind.

c. Rechtsnatur der Leitlinie

Im Ergebnis kommen Leitlinien den Rechtswirkungen einer Verordnung im Sinne von Art. 288 Abs. 1 AEUV gleich,[187] die in all ihren Teilen verbindlich und ohne mitgliedstaatlichen Umsetzungsakt in jedem Mitgliedstaat unmittelbar wirksam sind.[188] Entsprechend gilt für Leitlinien, die als Beschluss im Sinne von Art. 288 Abs. 4 AEUV erlassen werden, dass sie in all ihren Teilen für die Adressaten verbindlich sind.

---

[184] *M. Nettesheim*, in: Grabitz/Hilf/ders. (Hrsg.), EUV/AEUV, 48. EGL August 2012, Art. 288 AEUV Rn. 98.

[185] *T. Oppermann/C. D. Classen/M. Nettesheim*, Europarecht, 7. Aufl. 2016, § 9 Rn. 116; *M. Nettesheim*, in: Grabitz/Hilf/ders. (Hrsg.), EUV/AEUV, 48. EGL August 2012, Art. 288 AEUV Rn. 175, 180.

[186] *G. Britz*, EuR 2006, S. 46 (61); *M. Ludwigs*, Regulative Teilkompetenzen der EU-Kommission, in: Baur/Salje/Schmidt-Preuß (Hrsg.), Regulierung der Energiewirtschaft, 2. Aufl. 2016, Kap. 31 Rn. 10.

[187] *J. Gundel*, Europäisches Energieverwaltungsrecht, in: Terhechte (Hrsg.), Verwaltungsrecht der EU, 2011, § 23 Rn. 36.

[188] *M. Nettesheim*, in: Grabitz/Hilf/ders. (Hrsg.), EUV/AEUV, 48. EGL August 2012, Art. 288 AEUV Rn. 89 f., 99 ff.; *M. Ruffert*, in: Calliess/ders., EUV/AEUV Kommentar, 5. Aufl. 2016, Art. 288 AEUV Rn. 16, 18, 19, 22.

7. Entscheidung („Decision“)

Die Handlungsform der Entscheidung („Decision“) eröffnet den direkten Vollzug des unionalen und nationalen Energiewirtschaftsrechts in den Mitgliedstaaten durch die jeweils zuständigen Regulierungsakteure. Hierzu gehören ausnahmsweise Entscheidungen der ACER (a.) und der Kommission (b.) sowie verschiedene Arten von Entscheidungen der Bundesnetzagentur und der Landesregulierungsbehörden (c.).

a. (Einzelfall-)Entscheidung der ACER

Einzelfallentscheidungen der ACER werden im Regulierungsrat der ACER gegenüber nationalen Regulierungsbehörden oder nationalen Übertragungs- beziehungsweise Fernleitungsnetzbetreibern getroffen. Die Arbeits- und Aufgabengruppen der ACER bereiten die Entscheidungen des Regulierungsrates vor, der im Kollegium der Vertreter aller nationalen Regulierungsbehörden nach dem Mehrheitsprinzip entscheidet und die Entscheidung durch den Direktor der ACER verkündet. Inhalt der Entscheidung können Ausnahmen von Bestimmungen der Stromhandels- und der Gaszugangsverordnung 2009 in grenzüberschreitenden Angelegenheiten sein, die nicht bilateral unter den beteiligten Regulierungsbehörden oder Netzbetreibern gelöst werden können.

Die Wirkung der Einzelfallentscheidungen der ACER wird weder in der ACER-Verordnung noch in den Erwägungen oder im Entscheidungstext explizit genannt. Sie dient dazu, in grenzüberschreitenden Angelegenheiten eine Konstellation zwischen verschiedenen nationalen Regulierungsbehörden oder Netzbetreibern zu „entscheiden“. Das lässt eine verbindliche Wirkung annehmen, da nur so Sinn und Zweck der Regelung einer Einzelfallentscheidung erfüllt werden können. Diese Auslegung lässt sich aus der Elektrizitäts- und Gas-Richtlinie 2009 gewinnen,[189] welche die mitgliedstaatlichen Regulierungsbehörden zur Umsetzung rechtsverbindlicher Entscheidungen der ACER gemäß §§ 54, 56 Energiewirtschaftsgesetz verpflichten.

Die Einzelfallentscheidung adressiert in der Regel im letzten Artikel des Entscheidungstextes die konkret betroffenen Netzbetreiber. Den Adressaten gegenüber entfaltet eine Entscheidung auch unmittelbare Wirkung, da es keines weiteren Vollzugsaktes – außer der Befolgung der Entscheidung durch die betroffenen Netzbetreiber – mehr bedarf. Die Einzelfallentscheidungen der ACER enthalten in der Regel Verpflichtungen zum Ausgleich von Kosten für Netzinvestitionen unter Netzbetreibern.

Im Ergebnis wirkt eine Einzelfallentscheidung der ACER wie ein Beschluss im Sinne von Art. 288 Abs. 4 AEUV. Nach dem Wortlaut von Art. 288 AEUV sind dessen Handlungsformen für *Organe* der Europäischen Union vorgesehen. Systematisch handelt es sich um Handlungsformen zur Ausübung von Rechtsetzungsbefugnissen.

---

[189] Art. 37 Abs. 1 lit. d) Gas-Richtlinie 2009; Art. 41 Abs. 1 lit. d) Gas-Richtlinie 2009.

Nach Sinn und Zweck kann sich die ACER als *Einrichtung* der Europäischen Union gerade nicht dieser Handlungsformen bedienen, da sie nicht mit legislativen Befugnissen ausgestattet ist und es auch nicht werden kann,[190] sondern ein Teil der Exekutive der Europäischen Union unter Aufsicht der Kommission ist.

Einzelfallentscheidungen oder Beschlüsse der ACER stellen grundsätzlich Akte eines Hoheitsträgers im Regulierungsverwaltungsverbund dar. Sofern eine Entscheidung beziehungsweise ein Beschluss als Handlungsform im Sinne des Art. 288 AEUV verstanden werden, können diese Handlungsformen der ACER als Einrichtung der Union zwar nicht nach dem Wortlaut, wohl aber nach dem Sinn und Zweck zustehen. Sofern eine Einzelfallentscheidung beziehungsweise ein Beschluss als bloßes Ergebnis der Willensbildung eines Kollegialorgans verstanden werden,[191] wäre diese Handlungsform dem Regulierungsrat der ACER eröffnet.

Ferner dienen Beschlüsse nach der Systematik des Verwaltungsvollzugs im Verwaltungsverbund und nach der Systematik der Handlungsformen als Pendant zum deutschen Verwaltungsakt nach Sinn und Zweck dem Vollzug des Unionsrechts, was auch durch die ACER als Regulierungsagentur der Kommission in Ausführung des unionalen Energiewirtschaftsrechts erfolgen kann. Es könnte sich also bei der Handlungsform des Beschlusses der ACER um einen adressatenspezifischen Beschluss handeln, der keiner Veröffentlichung im Amtsblatt der Europäischen Union (Art. 297 Abs. 2 UAbs.1 und 2) bedarf, sondern gemäß Art. 297 Abs. 2 UAbs. 3 AEUV nur denjenigen, für die er bestimmt ist, bekannt gegeben und durch diese Bekanntgabe wirksam wird.[192] Eine Einzelfallentscheidung der ACER entspricht in ihren Rechtswirkungen einem Beschluss im Sinne von Art. 288 Abs. 4 AEUV.

b. Entscheidung der Kommission

Entscheidungen der Kommission werden in den Direktoraten der Generaldirektion Energie gegenüber den Mitgliedstaaten oder gegenüber der ACER getroffen. Grundlage der Entscheidungen sind alle Informationen, die die nationalen Regulierungsbehörden aufgrund von Berichts-, Auskunfts- und Informationspflichten an die Kommission im europäischen Regulierungsverbund übermitteln. Die Entscheidungen der Kommission werden im Kollegium getroffen und gegenüber Mitgliedstaaten oder Privaten durch schriftliche Bekanntgabe erlassen.[193] Die Inhalte der Entscheidung sind in der Regel Stellungnahmen an die nationalen Regulierungsbehörden (aa.) zu der Anwendung der Entflechtungsvorgaben bei der Zertifizierung von Netzbetreibern oder zu originären Entscheidungen der ACER (bb.) in grenzüberschreitenden Sachverhalten.

---

[190] Siehe oben Kapitel 4, I, 3. b).

[191] *J. Bast*, Grundbegriffe der Handlungsformen der EU, 2006, S. 117.

[192] *W. Frenz*, Handbuch Europarecht, Bd. 5, 2010, Kap. 9, § 1 Rn. 1228.

[193] *T. Oppermann/C. D. Classen/M. Nettesheim*, Europarecht, 7. Aufl. 2016, § 9 Rn. 118.

aa. Entscheidung zur Zertifizierung von Netzbetreibern

Auf Initiative eines Mitgliedstaates, auf die Mitteilung eines Übertragungs- oder Fernleitungsnetzbetreibers oder auf Antrag der Kommission erarbeitet die nationale Regulierungsbehörde eine Entscheidung zur Zertifizierung, die sie der Kommission zur Stellungnahme vorlegt. Die Kommission entscheidet über die Vorlage der nationalen Regulierungsbehörde, wobei zu unterscheiden ist, ob es sich um die Zertifizierung eines Netzbetreibers aus einem Mitgliedstaat der Europäischen Union handelt[194] oder um einen Netzbetreiber aus einem Drittland außerhalb der Europäischen Union.[195]

Im Falle einer Zertifizierung eines Netzbetreibers aus einem Mitgliedstaat der Europäischen Union erarbeitet die Kommission durch die Generaldirektion Energie im Direktorat für den Energiebinnenmarkt in der Arbeitsgruppe für Netze eine Stellungnahme zur Zertifizierung von Elektrizitätsübertragungs- und Gasfernleitungsnetzbetreibern, um einheitliche Standards bei den Netzbetreibern im Energiebinnenmarkt zu gewährleisten. Die Stellungnahme der Kommission enthält eine Vorentscheidung, die die Zertifizierung eines Netzbetreibers empfiehlt oder ablehnt. Sie ist gemäß Art. 288 Abs. 5 AEUV für die Mitgliedstaaten grundsätzlich nicht bindend. Indes ist eine Stellungnahme zur Zertifizierung auch nicht ohne rechtliche Bedeutung,[196] wenn sie durch das Sekundärrecht ausdrücklich angeordnet wird. Nach dem Wortlaut der Stromhandelsverordnung 2009 und der Gaszugangsverordnung 2009 sind Stellungnahmen der Kommission zur Zertifizierung von Netzbetreibern „so weit wie möglich" zu berücksichtigen.[197] Dadurch wird noch keine rechtlich verbindliche Regelung geschaffen, denn auch wenn die nationalen Regulierungsbehörden der Stellungnahme der Kommission weitestgehend Rechnung tragen, können sie im Einzelfall von einer unverbindlichen Vollzugsregelung abweichen,[198] doch sie bewirkt meist eine weiche Rechtsangleichung bei Zertifizierungsentscheidungen.[199]

Adressaten der Stellungnahme der Kommission sind die Mitgliedstaaten, auch wenn die Stellungnahmen praktisch vielmehr an die entsprechenden nationalen

[194] Artt. 10 Abs. 1 Elektrizitäts-Richtlinie 2009 und Gas-Richtlinie 2009.

[195] Artt. 11 Abs. 1 Elektrizitäts-Richtlinie 2009 und Gas-Richtlinie 2009.

[196] *K.-H. Ladeur/C. Möllers*, DVBl. 2005, S. 525 (531), angedeutet bei *H.-H. Trute*, Der europäische Regulierungsverbund in der Telekommunikation, in: Osterloh/Schmidt/Weber (Hrsg.), FS Selmer, 2004, S. 565 (575).

[197] Artt. 3 Abs. 2 Stromhandelsverordnung 2009 und Gaszugangsverordnung 2009 in Verbindung mit Artt. 9, 10, 11 Elektrizitäts-Richtlinie 2009 und Gas-Richtlinie 2009.

[198] BverwG, Urteil vom 01.09.2010, MMR 2011, S. 57 (58) Rn. 22; *W. Frenz*, Handbuch Europarecht, Bd. 5, 2010, Kap. 10 § 1 Rn. 1496; kritisch in Hinblick auf die Effektivität des Rechtsschutzes *J. Scherer*, in: Gramlich/Manger-Nestler (Hrsg.), Europäisierte Regulierungsstrukturen und -netzwerke, 2011, S. 93 (100); *S. Storr*, in: Gramlich/Manger-Nestler (Hrsg.), Europäisierte Regulierungsstrukturen und -netzwerke, 2011, S. 107 (115).

[199] *W. Frenz*, Handbuch Europarecht, Bd. 5, 2010, Kap. 10 § 1 Rn. 1483.

Regulierungsbehörden wie beispielsweise die Bundesnetzagentur gerichtet sind. Sie sind auch nicht unmittelbar wirksam, sondern bedürfen, sofern sie die geplante Zertifizierung oder Nichtzertifizierung des Mitgliedstaates nicht bestätigen, einer Umsetzung durch die nationale Regulierungsbehörde. Die Stellungnahme der Kommission zur Zertifizierung begründet durch ihren oben beschriebenen Charakter auch keine unmittelbaren Verpflichtungen der Mitgliedstaaten. Im Falle, dass ein Mitgliedstaat der Stellungnahme der Kommission nicht folgt, entsteht nach dem Wortlaut höchstens indirekt eine Begründungspflicht der nationalen Regulierungsbehörde.[200] Diese Verpflichtung wirkt auch nur begrenzt, denn die Berücksichtigungs- und Begründungspflicht endet, wo im Einzelfall nationale Besonderheiten entgegenstehen.[201]

Eine Stellungnahme der Kommission zur Zertifizierung von Übertragungs- und Fernleitungsnetzbetreibern aus einem Mitgliedstaat der Europäischen Union ist ein Rechtsakt im Sinne von Art. 288 Abs. 5 AEUV. Anders verhält es sich bei Entscheidungen der Kommission zur Zertifizierung von Netzbetreibern aus einem Drittland außerhalb der Europäischen Union, die als verbindlicher, adressatenspezifischer und unmittelbarer Beschluss nach Art. 288 Abs. 4 AEUV erlassen werden.

bb. Entscheidung gegenüber der ACER

Vereinzelt erlässt die Kommission auch verbindliche Entscheidungen an die ACER. Dabei handelt es sich um Beschlüsse. Fraglich ist, ob die ACER als Verwaltungsunterbau der Kommission in der Europäischen Verwaltungsstruktur als Adressatin von Beschlüssen der Kommission qualifiziert ist.

Beschlüsse der Kommission können sowohl einzelne natürliche oder juristische Personen als auch Mitgliedstaaten adressieren.[202] Im Energiewirtschaftsrecht adressieren die Beschlüsse in der Regel die Mitgliedstaaten, wobei deren sämtliche staatlichen Einrichtungen wie Ministerien und Behörden mitumfasst werden,[203] wenn „die Bestimmung, [...], nach Rechtsnatur, Systematik und Wortlaut geeignet ist, unmittelbare Wirkungen in den Rechtsbeziehungen [...] zu begründen“.[204]

Das Vorgehen des Erlassens von Beschlüssen an die ACER ist problematisch, da die ACER gerade kein Organ, sondern eine Regulierungsagentur der Europäischen

---

[200] Artt. 11 Abs. 8 Satz 6 Elektrizitäts-Richtlinie 2009 und Gas-Richtlinie 2009.

[201] BverwG, Urteil vom 02.04.2008, NVwZ 2008, S. 1359 (1361), Rn. 25.

[202] *M. Nettesheim*, in: Grabitz/Hilf/ders. (Hrsg.), EUV/AEUV, 48. EGL August 2012, Art. 288 AEUV Rn. 173 ff.; *M. Ruffert*, in: Calliess/ders., EUV/AEUV Kommentar, 5. Aufl. 2016, Art. 288 AEUV Rn. 86, 88, 90; *T. Oppermann/C. D. Classen/M. Nettesheim*, Europarecht, 7. Aufl. 2016, § 9 Rn. 115, 119.

[203] *W. Frenz*, Handbuch Europarecht, Bd. 5, 2010, Kap. 9, § 3 Rn. 1321, 1324 ff.

[204] EuGH, Urteil vom 06.10.1970, Rs. 9/70 (Grad/Finanzamt Traunstein), Slg. 1970, S. 825 (838) Rn. 6; EuGH, Urteil vom 21.10.1970, Rs. 20/70 (Transports Lesage & Cie./Hauptzollamt Freiburg), Slg. 1970, S. 861 (874) Rn. 6; EuGH, Urteil vom 21.10.1970, Rs. 23/70 (Haselhorst/Finanzamt Düsseldorf), Slg. 1970, S. 881 (894), Rn. 6.

Union ist. Es ließe sich vertreten, dass Agenturen als Verwaltungsunterbau der Union erst recht von Beschlüssen adressiert werden können.[205] Mit dem Beschluss bedient sich die Kommission einer Handlungsform mit Außenwirkung, die einflussreicher als die Möglichkeit interner Mitteilungen ist. Beschlüsse, die sich adressatenbezogen an die ACER richten, müssen auch nicht im Amtsblatt der Europäischen Union veröffentlicht werden, sondern werden schon durch die Bekanntgabe beim Empfänger wirksam, wenn sie die ACER klar und eindeutig zu einem Tun oder Unterlassen verpflichten. Im Ergebnis sind Entscheidungen der Kommission auch gegenüber der ACER als Adressatin entsprechend Art. 288 Abs. 4 AEUV Beschlüsse, die in all ihren Teilen verbindlich und unmittelbar verpflichtend sind.

c. Entscheidung der Bundesnetzagentur und der Landesregulierungsbehörden

Die Bundesnetzagentur und die Landesregulierungsbehörden treffen Entscheidungen zum Vollzug der Gesetze und Rechtsverordnungen des nationalen Energiewirtschaftsrechts. Entscheidungen können sowohl ex ante als Genehmigungen oder Festlegungen (aa.) als auch ex post als Aufsichtsentscheidungen (bb.) erfolgen.

aa. Genehmigung und Festlegung

Das Energiewirtschaftsgesetz sieht Entscheidungen in der Form einer Genehmigung und einer Festlegung vor, die sich in ihrem Wesen (i.) und in ihrer Wirkung (ii.) unterscheiden, auch wenn sie im Ergebnis eine gemeinsame Rechtsnatur aufweisen.

i) Wesen von Genehmigung und Festlegung

Genehmigungen und Festlegungen können von der Bundesnetzagentur und den Landesregulierungsbehörden gegenüber Übertragungs- und Fernleitungsnetzbetreibern in ihrem jeweiligen Zuständigkeitsbereich gemäß § 54 Abs. 1 EnWG getroffen werden.

Dabei verfahren die Regulierungsbehörden in der Regel in zwei Schritten: Zunächst werden Auskünfte von den privaten Netzbetreibern angefordert oder selber Informationen ermittelt, sodann werden in den jeweiligen Referaten oder Dezernaten die Regulierungsentscheidungen nach dem Kollegialprinzip getroffen.

Der Inhalt der Regulierungsentscheidungen umfasst die Regulierung preislicher Diskriminierungen durch Entgelte und die Regulierung nichtpreislicher Diskriminierungen durch Entscheidungen über Netzzugangs- und Netzanschlussbedingungen. Daher unterscheidet das Energiewirtschaftsrecht die Handlungsformen zur Umsetzung dieser Regulierungsprogramme: Preisliche Diskriminierungen können

[205] *M. Nettesheim*, in: Grabitz/Hilf/ders., EUV/AEUV, 48. EGL August 2012, Art. 288 AEUV Rn. 174; *T. Oppermann/C. D. Classen/M. Nettesheim*, Europarecht, 7. Aufl. 2016, § 9 Rn. 144.

durch die kostenorientierte Genehmigung von Höchstpreisen oder durch die Gewährung von Anreizen reguliert werden. Nichtpreisliche Diskriminierungen können sowohl durch eine Genehmigung oder Festlegung allgemeiner Methoden als auch durch eine Genehmigung oder Festlegung konkreter Anschluss- und Zugangsbedingungen reguliert werden.[206]

Eine Genehmigung der Methoden konkretisiert die gesetzlichen Maßstäbe, nach denen die Regulierungsbehörde für die betroffenen Netzbetreiber ihre Netzanschluss- und Netzzugangsbedingungen sowie die Netzentgelte bestimmt.[207]

Dagegen ermöglicht eine Festlegung durch eine abstrakt-generelle Formulierung die Bestimmung von einheitlichen Leitlinien zur Wahl der Methoden und Bedingungen.[208] Die Inhalte von Festlegungen werden in Rechtsverordnungen für den Netzzugang und die Netzentgelte für Elektrizität und Gas durch die Bundesnetzagentur bundeseinheitlich konkretisiert.[209] Die Regulierung der Netzentgelte erfolgt im Wege der Anreizregulierung, indem die Bundesnetzagentur aufgrund der Anreizregulierungsverordnung konkrete Methoden festlegt und die Maßnahmen der Netzbetreiber genehmigen kann.[210] Ferner besteht die Möglichkeit einer kostenorientierten Regulierung durch eine Festlegung von Methoden und eine Genehmigung von Höchstpreisen.[211]

ii) Wirkung von Genehmigung und Festlegung

Die Festlegungen oder Genehmigungen von Bedingungen oder Methoden durch die Regulierungsbehörden sind verbindlich für die Adressaten.

Adressaten der Bedingungen und Methoden können ein Netzbetreiber, eine Gruppe von Netzbetreibern oder alle Netzbetreiber sein.[212] Eine Genehmigung ist für den jeweiligen Antragsteller konkret-individuell verbindlich, während eine Festlegung konkret-generell gegenüber einem Netzbetreiber, einer Gruppe von Netzbetreibern oder allen Netzbetreibern verbindlich Bedingungen und Methoden für den Netzzugang und die Netzentgelte bestimmen kann.[213] Adressaten sind die Antragsteller bei der Landesregulierungsbehörde oder der Bundesnetzagentur beziehungsweise die Netzbetreiber, die die Bundesnetzagentur durch Festlegungen reguliert.

---

[206] *G. Britz/K. Herzmann*, in: Britz/Hellermann/Hermes (Hrsg.), EnWG Kommentar, 3. Aufl. 2015, Vor §§ 29 ff. Rn. 2 ff.

[207] *J. Wahlhäuser*, in: Kment (Hrsg.), EnWG, 2015, § 29 Rn. 20 ff.

[208] *G. Britz/K. Herzmann*, in: Britz/Hellermann/Hermes (Hrsg.), EnWG Kommentar, 3. Aufl. 2015, § 29 Rn. 10; kritisch hierzu *W. Frenz*, ER 2017, S. 150 ff.

[209] § 27 StromNZV; § 30 StromNEV; § 50 GasNZV; § 30 GasNEV.

[210] §§ 21 a Abs. 6 EnWG; § 32 ARegV.

[211] §§ 21 Abs. 2 Satz 1, 23 a EnWG; § 30 StromNEV; § 30 GasNEV.

[212] *M. Schmidt-Preuß*, BerlKommEnR, Bd. 1 Halbbd. 1, 3. Aufl. 2014, § 29 Rn. 33.

[213] *G. Britz/K. Herzmann*, in: Britz/Hellermann/Hermes (Hrsg.), EnWG Kommentar, 3. Aufl. 2015, § 29 Rn. 5, 8 ff.; *J. Wahlhäuser*, in: Kment (Hrsg.), EnWG, 2015, § 29 Rn. 8 ff.

Sowohl Genehmigung als auch Festlegung wirken unmittelbar gegenüber den Adressaten der Verwaltungsentscheidung und bedürfen keines Vollzugsschrittes mehr. Genehmigungen begründen Rechte und Pflichten für den antragstellenden Netzbetreiber, während Festlegungen von Bedingungen und Methoden in der Sache Ge- und Verbote sowohl für einzelne als auch für mehrere Netzbetreiber bestimmen.[214]

iii) Rechtsnatur von Genehmigung und Festlegung

Die Handlungsform der Genehmigung ist ein Verwaltungsakt im Sinne des § 35 Satz 1 VwVfG.[215] Die Genehmigung von Netzentgelten sowie von Bedingungen und Methoden des Netzanschlusses oder des Netzzugangs stellt eine Regelung der Regulierungsbehörden mit unmittelbarer Rechtswirkung nach außen dar, die die Tatbestandsnormen des Energiewirtschaftsgesetzes im Einzelfall konkretisiert und vollzieht.[216] Eine Genehmigung begründet ein verbindliches Rechtsverhältnis mit vollumfänglichen Rechten und Pflichten für die Netzbetreiber.

Eine Festlegung ist in ihrer Rechtsnatur bis zur Novelle des Energiewirtschaftsgesetzes durch das Dritte Energiebinnenmarktpaket nicht bekannt gewesen. Nach dem Wortlaut des Energiewirtschaftsgesetzes in § 60a Abs. 2: „vor dem Erlass von Allgemeinverfügungen, insbesondere von Festlegungen nach § 29“ – folgt, dass eine Festlegung im Sinne des Energiewirtschaftsgesetzes als Verwaltungsakt in der Form der Allgemeinverfügung nach § 35 Satz 2 VwVfG ergeht.

Dagegen lässt sich einwenden, dass Festlegungen regelmäßig abstrakt-generelle Regelungen darstellen, die mehr einer Rechtsverordnung der Legislative als einem Verwaltungsakt der Exekutive entsprechen.[217] Vereinzelt wird eine Rechtsform sui generis angenommen.[218] Die Einordnung der Festlegung als Allgemeinverfügung wurde jedoch durch die Rechtsprechung des Bundesgerichtshofs[219] und der Obergerichte[220] sowie in der wissenschaftlichen Literatur[221] bestätigt.

Im Ergebnis können Entscheidungen der Landesregulierungsbehörden und der Bundesnetzagentur als Genehmigung oder als Festlegung ergehen, die strukturell eine Handlungsform des Verwaltungsaktes gemäß § 35 VwVfG darstellen.

---

[214] *P. Franke*, Energieregulierungsbehörden und behördliche Verfahren, in: Schneider/Theobald (Hrsg.), Recht der Energiewirtschaft, 4. Aufl. 2013, § 19 Rn. 62.

[215] *M. Schmidt-Preuß*, BerlKommEnR, Bd. 1 Halbbd. 1, 3. Aufl. 2014, § 29 Rn. 28 f.

[216] Zu den Merkmalen *U. Stelkens*, in: Stelkens/Bonk/Sachs (Hrsg.), VwVfG, 9. Aufl. 2018, § 35 Rn. 50 ff.

[217] *G. Britz/K. Herzmann*, in: Britz/Hellermann/Hermes (Hrsg.), EnWG Kommentar, 3. Aufl. 2015, § 29 Rn. 10.

[218] *G. Britz/K. Herzmann*, in: Britz/Hellermann/Hermes (Hrsg.), EnWG Kommentar, 3. Aufl. 2015, § 29 Rn. 16.

[219] BGH Beschluss vom 29.04.2008, KVR 28/07.

[220] OLG Düsseldorf Beschluss vom 14.03.2007 (VI-3 Kart 408/06 V).

[221] Differenzierend *U. Stelkens*, in: Stelkens/Bonk/Sachs (Hrsg.), VwVfG, 9. Aufl. 2018, § 35 Rn. 297; *J. Wahlhäuser*, in: Kment (Hrsg.), EnWG, 2015, § 29 Rn. 26 ff.; *M. Schmidt-Preuß*, BerlKommEnR, Bd. 1 Halbbd. 1, 3. Aufl. 2014, § 29 Rn. 48 ff.

bb. (Aufsichts-)Entscheidung der Regulierungsbehörden

Die Landesregulierungsbehörden und die Bundesnetzagentur können die Netzbetreiber durch eine Ex-post-Missbrauchsaufsicht kontrollieren und per Verwaltungsakt die Beendigung oder die Beseitigung einer Maßnahme bestimmen.

Die Landesregulierungsbehörden in Gestalt eines Amtswalters und die Bundesnetzagentur vertreten durch ein Referat üben eine allgemeine Aufsicht sowie eine besondere Missbrauchsaufsicht aus. Für die Einleitung eines besonderen Missbrauchsverfahrens ist es gemäß § 31 Abs. 1 S. 1 EnWG Voraussetzung, dass Personen oder Personenvereinigungen, deren Interessen durch das Verhalten eines Netzbetreibers erheblich berührt sind, einen entsprechenden Antrag stellen. Ferner sind nicht zu überschreitende Bearbeitungsfristen für die Regulierungsbehörde zum Schutz des Antragstellers vorgesehen (§ 31 Abs. 3 EnWG). Das Verfahren steht jedenfalls im Ermessen der Regulierungsbehörde.[222]

Inhaltlich konzentriert sich die Aufsicht insbesondere auf Missbräuche beim Netzanschluss und Netzzugang, Behinderungen und Beeinträchtigungen der Wettbewerbsmöglichkeiten, horizontale, externe sowie vertikale, interne Diskriminierungen von Unternehmen, die Verwirklichung besonderer Missbrauchstatbestände sowie Verstöße gegen Festlegungen oder Genehmigungen von Bedingungen und Methoden.

Die Landesregulierungsbehörden und die Bundesnetzagentur erlassen im Missbrauchsverfahren konkret-individuelle Verwaltungsakte, die für den oder die Adressaten verbindlich sind. Adressaten sind die Betreiber von Elektrizitätsübertragungs- und Gasfernleitungsnetzen im jeweiligen Zuständigkeitsbereich. Ein Verwaltungsakt entfaltet mit Zustellung unmittelbare Rechtswirkungen und kann die Netzbetreiber dazu verpflichten, die Zuwiderhandlung abzustellen oder konkrete Maßnahmen zur Beseitigung des Missbrauchs vorzunehmen. Ferner ist im deutschen Verwaltungsrecht auch eine Vollstreckung der Verfügung möglich.[223]

IV. Zwischenergebnis: Rechtswirkungen des Organisationshandelns

Der rechtliche Einfluss der Handlungsformen lässt sich durch die Bestimmung der Rechtswirkungen konkretisieren. Die Rechtswirkungen der jeweiligen Handlungsform wurden anhand von vier Kriterien unterschieden. Hiermit lassen sich die Handlungsformen der Regulierungsakteure anhand ihrer Verbindlichkeit oder Unverbindlichkeit, anhand des Adressaten der Handlung, anhand des Verfahrens zur Umsetzbarkeit der Handlung und anhand des Verpflichtungsgrades der Handlung weiter differenzieren.

---

[222] *H. Weyer*, BerlKommEnR, Bd. 1 Halbd. 1, 3. Aufl. 2013, § 30 EnWG Rn. 143.

[223] *M. Robert*, in: Britz/Hellermann/Hermes (Hrsg.), EnWG Kommentar, 3. Aufl. 2015, § 30 Rn. 44.

Handlungsform	Verbindlichkeit		Adressat		Umsetzbarkeit		Verpflichtungsgrad		
	Unverbindlich	Verbindlich	adressatenspezifisch	adressatenunspezifisch	einstufig	zweistufig	fehlend	eingeschränkt	vollständig
Bericht	X		X			X	X		
Empfehlung	X		X			X	X		
Prioritätenliste		X	X			X			X
Rahmenleitlinie	X		X			X		X	
Netzkodex	X		X			X		X	
Leitlinie		X		X	X				X
Entscheidung der ACER und der Kommission		X	X		X			X	(X)
Genehmigung der BNetzA		X	X		X				X
Festlegung der BNetzA		X		X	X				X

Abb. 5.1 Differenzierung der Handlungsformen der Regulierungsakteure bezüglich ihrer Rechtswirkungen anhand der Kriterien Verbindlichkeit, Adressat, Umsetzbarkeit und Verpflichtungsgrad

Die Ergebnisse lassen sich in der folgenden Tabelle im Einzelnen ablesen (Abb. 5.1):

V. Rechtsnatur des Organisationshandelns

Die Rechtsnatur des Organisationshandelns kann aus zwei Perspektiven betrachtet werden: Einerseits wird das Organisationshandeln durch unterschiedliche Rechtsformen aus dem unionalen und nationalen Recht ausgeübt (1.). Andererseits hängt der Einfluss des Organisationshandelns von den Möglichkeiten des Rechtsschutzes dagegen ab (2.). Je weniger Rechtsschutzmöglichkeiten gegen bestimmte Handlungsformen bestehen, umso geringer dürfte in der Regel deren Einfluss auf Entscheidungen sein. Indes besitzen die Regulierungsakteure in der Energieregulierungsverwaltung besondere Bewirkungsformen, deren Einfluss auf Entscheidungen und deren Rechtsschutzintensität noch nicht geklärt sind.

1. Rechtsnatur der Handlungsformen

Die Rechtswirkungen des Organisationshandels hängen von den Handlungsformen ab, was entscheidend für deren Einfluss auf Entscheidungen ist. Die Vielfalt der Bewirkungsformen umfasst im Wesentlichen fünf Handlungsformen: Soft Law (a.),

Verordnungen (b.), Beschlüsse (c.) und Stellungnahmen (d.) gemäß Art. 288 AEUV sowie Verwaltungsakte im Sinne von § 35 VwVfG (e.) im deutschen Recht. Handlungsformen, die eines oder mehrere der Kriterien, nach denen die Rechtswirkungen untersucht wurden, nicht erfüllen, sind als Nicht-Recht (f.) einzuordnen.

a. Soft Law

Verbreitet ist Soft Law bei den Verwaltungsorganisationen, die keine oder nur privatrechtlich kodifizierte Rechtsgrundlagen besitzen, da die dadurch geschaffenen Regulierungsakteure meist keine verbindlichen Kompetenzen haben, sondern vielmehr in ein multipolares Geflecht von überwiegend horizontalen Organisationszusammenhängen eingebunden sind. So werden umfangreiche Informationen gesammelt, wertvolles Wissen zur Regulierung der Energienetzwirtschaft gewonnen und die Ungewissheit gegenüber den regulierten Unternehmen reduziert. Eine Ausnahme hiervon stellt die ACER dar, da sie trotz ihrer hoheitlich kodifizierten Rechtsgrundlage weder starke rechtliche Handlungsformen noch praktisch relevante Bewirkungsformen erhalten hat, was die Stellung der ACER als Verwaltungsunterbau der Kommission verstärkt.

Die Ergebnisprotokolle der Europäischen Regulierungsforen für Elektrizität und Gas, die Empfehlungen und Leitlinien des CEER, sowohl die Stellungnahmen und Empfehlungen als auch die Rahmenleitlinien der ACER sowie die Netzkodizes der ENTSOs stellen vorbereitendes Soft Law dar, das in den Handlungsformen der Verordnung oder des Beschlusses durch die Kommission wieder aufgenommen wird.

Diese Handlungsformen sind an sich unverbindlich. Sie adressieren regelmäßig entscheidungsstärkere Regulierungsakteure, die die grundsätzlich nicht verpflichtenden Inhalte meist durch einen Umsetzungsakt in einem mehrstufigen Verfahren in weiteren Handlungsformen verrechtlichen. Durch Soft Law werden den Regulierungsbehörden der Mitgliedstaaten und sogar vereinzelt den Marktteilnehmern größere Gestaltungsspielräume als im unionalen Rechtsetzungsverfahren eröffnet.[224]

b. Verordnung (Art. 288 Abs. 1 AEUV)

Verordnungen im Sinne von Art. 288 Abs. 1 AEUV dienen der sekundärrechtlichen Programmierung der Energiewirtschaft. Sie ergänzen und konkretisieren die allgemeinen sekundärrechtlichen Vorgaben des Dritten Energiebinnenmarktpaketes in Gestalt von Leitlinien und Netzkodizes. Leitlinien und Netzkodizes der Kommission werden noch unter Beteiligung der Komitologieausschüsse in der Regel als Verordnung, aber ausnahmsweise auch als Beschluss erlassen. Es ist bisher nicht ersichtlich, wann oder nach welchen Kriterien die Kommission in der Praxis entscheidet, welche Rechtsform angewandt wird. Auch wenn beide Bewirkungsformen verbindliche und unmittelbar geltende Handlungsformen gegenüber den Adressaten

[224] *M. Knauff*, Der Regelungsverbund, 2010, S. 411 f.

darstellen, die auch aus der Perspektive effektiven Rechtsschutzes keine bedeutenden Unterschiede bewirken, ist solch eine Formenwahlfreiheit bei ein und derselben Handlung ungewöhnlich.

c. Beschluss (Art. 288 Abs. 4 AEUV)

Beschlüsse ermöglichen eine zielgerichtete Vorgabe der Kommission gegenüber der ACER und hierdurch auch indirekt gegenüber den privaten Verbänden der Übertragungs- und Fernleitungsnetzbetreiber. Prioritätenlisten der Kommission werden als Beschluss im Sinne von Art. 288 Abs. 4 AEUV veröffentlicht und verpflichten die ACER und die ENTSOs als Adressaten zur uneingeschränkten Umsetzung der politischen Prioritäten zur Netzentwicklung bei der Erarbeitung von Rahmenleitlinien und dem Entwurf von Netzkodizes.

Vergleichbare Wirkung erzielen auch Einzelfallentscheidungen der ACER gegenüber nationalen Übertragungs- und Fernleitungsnetzbetreibern bei der Bewältigung von Streitigkeiten in grenzüberschreitenden Sachverhalten. Im Fall der Zertifizierung oder der Ablehnung der Zertifizierung eines Übertragungs- und Fernleitungsnetzbetreibers aus einem Drittland außerhalb der Europäischen Union stellt die Entscheidung der Kommission gegenüber dem jeweiligen Mitgliedstaat auch einen unmittelbar verbindlichen Beschluss dar.

d. Empfehlung und Stellungnahme (Art. 288 Abs. 5 AEUV)

Empfehlungen der Kommission können in Mitteilungen oder Positionspapieren an die Mitgliedstaaten erfolgen. Sie genießen zwar politisch eine hohe Aufmerksamkeit und Bedeutung, da sie inhaltlich im Rechtsetzungsprozess wieder aufgenommen werden, doch rechtlich sind sie gemäß Art. 288 Abs. 5 AEUV als unverbindliche Handlungsform einzuordnen. Gleiches gilt für Entscheidungen der Kommission zur Zertifizierung von Übertragungs- und Fernleitungsnetzbetreibern aus der Europäischen Union. Dabei bedient sich die Kommission der Handlungsform der Stellungnahme, die jedoch ausweislich Art. 288 Abs. 5 AEUV keine Rechtswirkungen entfaltet. Gleichwohl wird diesen Stellungnahmen nach dem Sekundärrecht aufgrund der Verpflichtung der nationalen Regulierungsbehörden zu ihrer weitestgehenden Berücksichtigung eine gesteigerte Bedeutung zugewiesen.[225] Gleiches gilt für die Stellungnahme der ACER mit Empfehlungen an die nationalen Regulierungsbehörden in grenzüberschreitenden Angelegenheiten bei der Umsetzung von Leitlinien der Kommission.[226]

---

[225] Artt. 3 Abs. 2 Stromhandelsverordnung 2009 und Gaszugangsverordnung 2009 in Verbindung mit Artt. 9, 10 11 Elektrizitäts-Richtlinie 2009 und Gas-Richtlinie 2009.

[226] ACER, Board of Appeal – Announcement of Appeal (A-001-2015; A-002-2015) vom 23.11.2015, Rn. 28 ff.

e. Verwaltungsakt (§ 35 VwVfG)

Entscheidungen in der Gestalt von Genehmigungen oder Festlegungen der Bundesnetzagentur und der Landesregulierungsbehörden ergehen in der Rechtsform des Verwaltungsaktes nach § 35 Satz 1 VwVfG, wenn es sich um eine Genehmigung handelt, oder in der Form der Allgemeinverfügung gemäß § 35 Satz 2 VwVfG, sofern es sich um eine Festlegung handelt. In beiden Fällen handelt es sich um eine hoheitliche Maßnahme einer Landes- oder Bundesbehörde zur Regelung eines Einzelfalls auf dem Gebiet des öffentlichen Energiewirtschaftsrechts, die unmittelbare Rechtswirkungen für Übertragungs- und Fernleitungsnetzbetreiber hat.

f. Keine Rechtsform

Einzelne Bewirkungsformen können keiner der fünf Handlungsformen zugeordnet werden. Die Studien- und Untersuchungsberichte der ICER, die Arbeits- und Jahresberichte des CEER sowie die Monitoringberichte des CEER, der ACER oder der ENTSOs stellen kein Recht dar, da sie bloß gesammelte Informationen und Wissen enthalten und den Status quo beschreiben. Diese Handlungsformen sind grundsätzlich unverbindlich, enthalten höchstens Gebote, die sich aus einer Sammlung von Informationen und Wissen ergeben, bringen aber weder rechtliche noch tatsächliche Umsetzungsfolgen mit sich. Dennoch haben diese Handlungsformen einen gewissen politischen Wert, da sie wesentliche Vorarbeiten für die Regulierungsakteure darstellen.

2. Rechtsschutz gegen Handlungsformen

Die Systematisierung der Bewirkungsformen in fünf Gruppen von Handlungsformen dient als Grundlage zur Diskussion effektiver Rechtsschutzmöglichkeiten auf unionaler und nationaler Ebene. Die vorhergehende Untersuchung hat gezeigt, dass die Regulierungsakteure durch verschiedene Bewirkungsformen unterschiedlichen Einfluss auf das Entscheidungsverfahren und -ergebnis der jeweiligen Regulierungsakteure und zwischen den Regulierungsakteuren nehmen können. Die Handlungsformen unterscheiden sich insbesondere in ihren Rechtswirkungen, was wiederum eine differenzierte Rechtsschutzintensität mit sich bringt.

Die Rechtswirkungen können nicht nur aus der Sicht der Regulierungsakteure gesehen werden, die entsprechende Handlungsformen einsetzen, um damit Wirkungen bei den Adressaten zu erreichen, sie werden vielmehr auch durch die Rechtsschutzmöglichkeiten bestimmt, die die Adressaten und potenziell Betroffenen gegen sie haben. Rechtsschutz umfasst sowohl die Kontrolle der Rechtmäßigkeit der Bewirkungsformen der Regulierungsakteure als auch den Schutz der Rechte der von diesen Bewirkungsformen Betroffenen,[227] im gegebenen Kontext in der Regel

[227] *J. Bast*, Rechtsschutz im europäischen Verwaltungsrecht, in: Terhechte/Leible (Hrsg.), EnzEuR Bd. 3, 2014, § 35 Rn. 1.

denjenigen von Netzbetreibern und Energieversorgern. Die Aufgaben des entsprechenden Rechtsschutzes werden von den jeweils zuständigen unionalen oder mitgliedstaatlichen Gerichten arbeitsteilig wahrgenommen.[228]

Der Vertrag über die Arbeitsweise der Europäischen Union hat die Abhängigkeit des Rechtsschutzes von verbindlichen und unverbindlichen Handlungsformen aufgelöst. Das wird deutlich im Wortlaut des Art. 263 Abs. 4 AEUV, der nicht mehr auf einen speziellen Rechtsakt, sondern nur allgemein auf eine Handlung abstellt. Ebenso unterscheiden die Rechtsschutzgarantien in Art. 47 der Grundrechtecharta sowie Artt. 6 und 13 der Europäischen Menschenrechtskonvention zur Eröffnung von Rechtsschutz nicht zwischen der Verbindlichkeit oder Unverbindlichkeit einer Maßnahme.[229]

Hingegen werden durch den AEUV ausdrücklich Rechtsakte mit und ohne Gesetzescharakter unterschieden, die in der Praxis von vielfältigen Formen des Soft Laws ergänzt werden, sodass die folgende Untersuchung den Rechtsschutz weiterhin nach einzelnen Handlungsformen unterscheidet. Insgesamt kommt den Handlungsformen bei der Ausgestaltung des Rechtsschutzes weiterhin wesentliche Bedeutung zu.[230]

a. Rechtsschutzverfahren

Effektiven Rechtsschutz auf unionaler Ebene gewähren das Gericht und der Gerichtshof der Europäischen Union in den Verfahren gemäß dem Vertrag über die Arbeitsweise der Europäischen Union, auf nationaler Ebene gewähren ihn die Oberlandesgerichte gegen Entscheidungen der Landesregulierungsbehörden und der Bundesnetzagentur.

In der Praxis sind die Rechtsschutzsysteme der Europäischen Union und der Mitgliedstaaten zu einem „europäischen Rechtsprechungsverbund"[231] zusammengewachsen, die wie die exekutiven Organisationszusammenhänge auch Informations- und Kooperationsbeziehungen zwischen den Gerichten bei der Auslegung von Unionsrecht ausbilden. Dadurch wird grenzüberschreitend ein umfassenderer, effektiver Rechtsschutz angestrebt.

Gegenstand des Rechtsschutzes können alle Akte supranationaler und nationaler Regulierungsakteure sein, die sich in Rechtsschutzkonstellationen sowohl zwischen den mitgliedstaatlichen Regulierungsbehörden und den europäischen Organen und Einrichtungen als auch zwischen den Energieversorgungsunternehmen oder den

---

[228] *E. Schmidt-Aßmann*, Kohärenz und Konsistenz des Verwaltungsrechtsschutzes, 2015, S. 3, 100 ff.; *J. Bast*, Rechtsschutz im europäischen Verwaltungsrecht, in: Terhechte/Leible (Hrsg.), EnzEuR Bd. 3, 2014, § 35 Rn. 2.

[229] *T. Rademacher*, Realakte im Rechtsschutzsystem der Europäischen Union, 2014, S. 3 f., 151 ff.

[230] *P. Lange*, Handlungsformen im europäischen Verwaltungsrecht, in: Terhechte/Leible (Hrsg.), EnzEuR Bd. 3, 2014, § 31 Rn. 60.

[231] *J. P. Terhechte*, Strukturen und Perspektiven des europäischen Verwaltungsrechts, in ders./ Leible (Hrsg.), EnzEuR Bd. 3, 2014, § 30 Rn. 28, 36.

Netzbetreibern und den hoheitlichen Regulierungsakteuren auswirken können. Im Folgenden werden die zentralen Rechtsschutzverfahren, die in der Europäischen Union (aa.) und in Deutschland (bb.) gegen die Handlungsformen der verschiedenen Regulierungsakteure in Frage kommen, dargestellt. Die Darstellung konzentriert sich auf die Konstellationen und Verfahren, die sich für die Regulierungsadressaten gegenüber den regulierenden Akteuren ergeben.

aa. Rechtsschutz in der Europäischen Union

Die Zuständigkeit für Rechtsschutz im ersten Rechtszug liegt bei dem Europäischen Gericht.[232] Das Europäische Gericht kann Entscheidungen von Organen und Einrichtungen der Union mit dem „zentrale[n] prozessrechtliche[n] Institut"[233] der Nichtigkeitsklage gemäß Art. 263 AEUV kontrollieren. Die Nichtigkeitsklage ermöglicht es Mitgliedstaaten, ausgewählten Unionsorganen sowie natürlichen und juristischen Personen grundsätzlich, alle Rechtshandlungen von Organen und Einrichtungen der Union für nichtig zu erklären. Die Nichtigkeitsklage gewährt Rechtsschutz gegenüber den Gesetzgebungsakten und Handlungen der in Art. 263 Abs. 1 AEUV aufgezählten Akteure und zielt auf die Wiederherstellung des unionsrechtmäßigen Zustands durch Beseitigung des rechtswidrigen Aktes.[234]

Das Gericht oder der Gerichtshof prüfen die Zulässigkeit (i.) und Begründetheit (ii.) einer Nichtigkeitsklage im Einzelnen wie folgt:

i) Zulässigkeit der Nichtigkeitsklage

Eine Nichtigkeitsklage ist zulässig, wenn die jeweils legitimierten *Parteien* einer Nichtigkeitsklage sich gegen einen tauglichen *Klagegegenstand* richten, hierzu *klageberechtigt* sind und einen entsprechenden *Klagegrund* vorweisen können.

Zuständig für Nichtigkeitsklagen von natürlichen oder juristischen Personen ist erstinstanzlich das Gericht, während für Nichtigkeitsklagen von Mitgliedstaaten und Unionsorganen direkt der Gerichtshof zuständig ist (Art. 256 Abs. 1 UAbs. 1 AEUV in Verbindung mit Art. 51 der Satzung des Gerichtshofs der Europäischen Union).

Die berechtigten *Klageparteien* einer Nichtigkeitsklage werden in Art. 263 Abs. 2 bis 4 AEUV unterschieden. Die folgenden Ausführungen konzentrieren sich auf Klagen der Mitgliedstaaten, der Kommission sowie Klagen von natürlichen oder juristischen Personen, die jeweils gegen die Kommission, das Europäische Parlament oder den Rat sowie gegen „Einrichtungen oder sonstige Stellen der Union"

---

[232] Art. 256 Abs. 1 AEUV, Art. 56 ff. Protokoll (Nr. 3) über die Satzung des Gerichthofes der Europäischen Union, zuletzt geändert durch Verordnung (EU) Nr. 741/2012 vom 11.08.2012, ABl. L Nr. 265 vom 29.09.2012, S. 1.

[233] *J. Bast*, Rechtsschutz im europäischen Verwaltungsrecht, in: Terhechte/Leible (Hrsg.), EnzEuR Bd. 3, 2014, § 35 Rn. 41.

[234] *M. Pechstein*, EU-Prozessrecht, 4. Aufl. 2011, Rn. 342 f.

gerichtet werden, die den streitgegenständlichen Rechtsakt beschlossen beziehungsweise erlassen haben.[235]

Die tauglichen *Klagegegenstände* werden in einem umfangreichen Katalog in Art. 263 Abs. 1 Sätze 1 und 2 AEUV aufgezählt, der danach unterscheidet, von wem eine unionale Handlung stammt. Hierzu zählen insbesondere Gesetzgebungsakte der Europäischen Union, Handlungen der Kommission und Handlungen europäischer Agenturen.[236] Handlungen des Europäischen Parlaments, des Europäischen Rats sowie von Einrichtungen oder sonstigen Stellen der Union sind anfechtbar, wenn sie Rechtswirkungen gegenüber Dritten entfalten (Art. 263 Abs. 3 Satz 1 Var. 1 bis 3 und 4 bis 5 AEUV).

In der Praxis bestehen trotz des unterschiedlichen Wortlauts der Kataloggegenstände keine Unterschiede, denn der Gerichtshof geht in ständiger Rechtsprechung davon aus, dass Gegenstand der Nichtigkeitsklage alle Handlungen der Organe sein können, „die dazu bestimmt sind, eine Rechtswirkung zu erzeugen […], ohne Unterschied ihrer Rechtsnatur oder Form".[237] Nach Art. 263 Abs. 4 AEUV können auch Handlungen gegen natürliche und juristische Personen Gegenstand einer Nichtigkeitsklage sein, wenn es sich um unmittelbar und individuell betreffende Handlungen oder Rechtsakte mit Verordnungscharakter, die keine Durchführungsmaßnahmen nach sich ziehen, handelt.[238]

Entscheidend für einen tauglichen Klagegegenstand einer Nichtigkeitsklage ist, dass eine „rechtsverbindliche" Unionshandlung vorliegt.[239] Dadurch unterscheiden sich rechtlich verbindliche Handlungen von rechtlich unverbindlichen Empfehlungen, Stellungnahmen und bloßen Meinungsäußerungen, die gerade nicht anfechtbar sind.[240] Im Ergebnis können alle rechtlich existenten Handlungen eines Unionsorgans,[241] die Rechtswirkungen nach außen entfalten, Klagegegenstand sein.[242]

---

[235] *M. Pechstein*, EU-Prozessrecht, 4. Aufl. 2011, Rn. 354, 355, 360 ff., 373; *K. Lenaerts/D. Arts/I. Maselis*, Procedural Law of the European Union, 2. Aufl. 2009, 7-061, 7-063, 7-065.

[236] *M. Pechstein*, EU-Prozessrecht, 4. Aufl. 2011, Rn. 374 ff., 384, 437; *K. Lenaerts/D. Arts/I. Maselis*, Procedural Law of the European Union, 2. Aufl. 2009, 7-058.

[237] EuGH, Urteil vom 31.03.1971, Rs. 22/70 (Kommission/Rat, kurz AETR Formel), Slg. 1971, S. 263 (277) Rn. 38/42; *K. Lenaerts/D. Arts/I. Maselis*, Procedural Law of the European Union, 2. Aufl. 2009, 7-010, 7-011.

[238] Art. 263 Abs. 4 Variante 1 (formell), Variante 2 (materiell) und Variante 3 AEUV.

[239] *T. Rademacher*, Realakte im Rechtsschutzsystem der EU, 2013, S. 1, 8; *M. Pechstein*, EU-Prozessrecht, 4. Aufl. 2011, Rn. 392 ff.; *O. Dörr*, in: Grabitz/Hilf/Nettesheim (Hrsg.), EUV/AEUV, Stand 49. EGL November 2013, Art. 263 AEUV Rn. 38 ff.; *B. Wegener*, in: Calliess/Ruffert (Hrsg.), EUV/AEUV, 5. Aufl. 2016, Art. 263 AEUV Rn. 13 ff.

[240] *M. Pechstein*, EU-Prozessrecht, 4. Aufl. 2011, Rn. 392 f.; *S. Storr*, in: Gramlich/Manger-Nestler (Hrsg.), Europäisierte Regulierungsstrukturen und -netzwerke, 2011, S. 107 (113 ff.).

[241] *A. Thiele*, Die Nichtigkeitsklage, in: Terhechte/Leible (Hrsg.), EnzEuR Bd. 3, 2014, § 9 Rn. 30, 32; *B. Wegener*, in: Calliess/Ruffert (Hrsg.), EUV/AEUV, 5. Aufl. 2016, Art. 263 AEUV Rn. 13 ff.

[242] *K. Lenaerts/D. Arts/I. Maselis*, Procedural Law of the European Union, 2. Aufl. 2009, 7-007, 7-014.

Die *Klageberechtigung* unterscheidet sich gemäß Art. 263 Abs. 2 bis 4 AEUV wiederum je nach Kläger. Mitgliedstaaten, Europäisches Parlament, Rat und Kommission sind nach Art. 263 Abs. 2 AEUV privilegiert klageberechtigt, da diesen „eine objektive Hüterstellung bei der Wahrung des Unionsrechts“[243] zukommt. Natürliche und juristische Personen sind klageberechtigt, wenn eine Handlung an sie gerichtet ist oder wenn sie unmittelbar und individuell von der Handlung betroffen sind.[244]

Unmittelbar betroffen sind Personen, die von der Handlung beeinträchtigt sind und nicht nur beeinträchtigt werden können.[245] Das setzt voraus, dass sich die Klagepartei gegen eine Unionshandlung richtet, die ohne weitere Durchführungsmaßnahmen angewandt werden kann, um Rechtsschutz zu erhalten.[246] Individuell betroffen sind Personen, wenn die Beeinträchtigung sie in ihren Rechten einschränkt oder ihnen Pflichten aufgibt.[247]

Die Nichtigkeitsklage bedarf eines *Klagegrundes*. Sowohl Mitgliedstaaten als auch natürliche und juristische Personen können wegen Unzuständigkeit, Verletzung wesentlicher Formvorschriften, Verletzung der Verträge oder Verletzung einer bei der Durchführung anzuwendenden Rechtsnorm oder wegen Ermessensmissbrauchs eine Nichtigkeitsklage beim Gericht beziehungsweise Gerichtshof erheben.[248]

ii) Begründetheit der Nichtigkeitsklage

Die Nichtigkeitsklage ist begründet, wenn der angefochtene Rechtsakt formell oder materiell mit höherrangigem Recht nicht vereinbar ist.[249] Das ist der Fall, wenn einer der geltend gemachten Klagegründe tatsächlich vorliegt.[250]

---

[243] *A. Thiele*, Die Nichtigkeitsklage, in: Terhechte/Leible (Hrsg.), EnzEuR Bd. 3, 2014, § 9 Rn. 38; *D. Ehlers*, in: ders./Schoch (Hrsg.), Rechtsschutz, 2009, § 8 Rn. 22; *M. Pechstein*, EU-Prozessrecht, 4. Aufl. 2011, Rn. 443.

[244] *W. Cremer*, in: Calliess/Ruffert (Hrsg.), EUV/AEUV, 5. Aufl. 2016, Art. 263 AEUV Rn. 31, 33, 50 f.; *M. Pechstein*, EU-Prozessrecht, 4. Aufl. 2011, Rn. 449 ff.

[245] *K. Lenaerts/D. Arts/I. Maselis*, Procedural Law of the European Union, 2. Aufl. 2009, 7-072; *W. Cremer*, in: Calliess/Ruffert (Hrsg.), EUV/AEUV, 5. Aufl. 2016, Art. 263 AEUV Rn. 31 ff., 50 f.; *M. Pechstein*, EU-Prozessrecht, 4. Aufl. 2011, Rn. 453 ff.

[246] *S. Storr*, in: Gramlich/Manger-Nestler (Hrsg.), Europäisierte Regulierungsstrukturen und -netzwerke, 2011, S. 107 (109).

[247] *K. Lenaerts/D. Arts/I. Maselis*, Procedural Law of the European Union, 2. Aufl. 2009, 7-078 ff.; *W. Cremer*, in: Calliess/Ruffert (Hrsg.), EUV/AEUV, 5. Aufl. 2016, Art. 263 AEUV Rn. 31 ff., 50 f.; *M. Pechstein*, EU-Prozessrecht, 4. Aufl. 2011, Rn. 464 ff.

[248] *A. Thiele*, Die Nichtigkeitsklage, in: Terhechte/Leible (Hrsg.), EnzEuR Bd. 3, 2014, § 9 Rn. 78; *W. Cremer*, in: Calliess/Ruffert, EUV/AEUV, 5. Aufl. 2016, Art. 263 AEUV Rn. 87 ff.; *K. Lenaerts/D. Arts/I. Maselis*, Procedural Law of the European Union, 2. Aufl. 2009, 7-172.

[249] *A. Thiele*, Die Nichtigkeitsklage, in: Terhechte/Leible (Hrsg.), EnzEuR Bd. 3, 2014, § 9 Rn. 7.

[250] *M. Pechstein*, EU-Prozessrecht, 4. Aufl. 2011, Rn. 523.

Das Verfahren endet mit einem Gestaltungsurteil, das die Beteiligten in die Lage versetzt, die vor der für nichtig erklärten Handlung bestand.[251] Das Urteil ist verbindlich für die Beteiligten am Verfahren. Ein Gestaltungsurteil erklärt die betreffende Handlung für unmittelbar nichtig und verpflichtet die Urheber der nichtigen Handlung zur Beseitigung entsprechender Maßnahmen, die verbindliche Rechtswirkungen erzeugen und den Kläger in seiner Rechtsstellung beeinträchtigen.[252] Im Ergebnis eröffnet die Nichtigkeitsklage den Regulierungsbehörden sowie den Übertragungs- und Fernleitungsnetzbetreibern Rechtsschutz gegen Handlungen der Kommission und der Agentur für die Zusammenarbeit der Energieregulierungsbehörden.

bb. Rechtsschutz in der Bundesrepublik Deutschland

Im deutschen Energiewirtschaftsrecht wird effektiver Rechtsschutz gegen Regulierungsentscheidungen durch die Oberlandesgerichte gewährt. Das jeweils örtlich zuständige Oberlandesgericht – gemäß § 74 Abs. 4 EnWG am Sitz der Landesregulierungsbehörde[253] – beschließt über Entscheidungen der Landesregulierungsbehörde und über Entscheidungen der Bundesnetzagentur in Ausführung der Kompetenzen der Landesregulierungsbehörde kraft einer Organleihevereinbarung.[254] Die Organleihevereinbarungen unterstellen die Bundesnetzagentur bei der Wahrnehmung von Aufgaben der Landesregulierung unter die Fachaufsicht des jeweiligen Landes.[255] Dadurch stellen Entscheidungen der Bundesnetzagentur in der Organleihe originäre Landesentscheidungen dar, gegen die Rechtsschutz durch das im jeweiligen Land zuständige Oberlandesgericht gewährt wird.[256]

Dagegen entscheidet über Beschwerden gegen Entscheidungen der Bundesnetzagentur auf Bundesebene nicht das an sich örtlich zuständige Oberlandesgericht Köln, sondern das Oberlandesgericht Düsseldorf, dessen Zuständigkeit mittels Rechtsverordnung außerordentlich begründet wurde.[257]

---

[251] *C. Gaitanides*, in: von der Groeben/Schwarze/Hatje (Hrsg.), Europäisches Unionsrecht, 7. Aufl. 2015, Art. 263 AEUV Rn. 3; *K. Lenaerts/D. Arts/I. Maselis*, Procedural Law of the European Union, 2. Aufl. 2009, 7-172 ff.

[252] *C. Gaitanides*, in: von der Groeben/Schwarze/Hatje (Hrsg.), Europäisches Unionsrecht, 7. Aufl. 2015, Art. 263 AEUV Rn. 19; *A. Thiele*, Die Nichtigkeitsklage, in: Terhechte/Leible (Hrsg.), EnzEuR Bd. 3, 2014, § 9 Rn. 80.

[253] Eine nicht vollständige Übersicht findet sich bei *P. Boos*, in: Danner/Theobald (Hrsg.), Energierecht, 92. EGL März 2017, § 75 EnWG Rn. 63, da inzwischen weitere Landesregulierungsbehörden errichtet wurden.

[254] BGH Beschluss vom 29.04.2008, RdE 2008, S. 279 (280); ausführlich hierzu *P. Boos*, in: Danner/Theobald (Hrsg.), Energierecht, 92. EGL März 2017, § 75 EnWG Rn. 64 ff.; *K. Roesen/A. Johanns*, BerlKommEnR, Bd. 1 Halbbd. 2, 3. Aufl. 2014, § 75 Rn. 56 f.

[255] *B. Holznagel/M.-S. Göge/P. Schumacher*, DVBl. 2006, S. 471 (479).

[256] *P. Franke*, Landesregulierungsbehörden und behördliche Verfahren, in: Schneider/Theobald (Hrsg.), Recht der Energiewirtschaft, 4. Aufl. 2013, § 19 Rn. 4.

[257] Abweichend von § 75 Abs. 4 EnWG kann über § 106 Abs. 2 EnWG in Verbindung mit § 92 Abs. 1 GWB in Fällen, in denen es mehrere Oberlandesgerichte in einem Bundesland gibt, eine Kompetenz begründet werden.

Die Oberlandesgerichte entscheiden in den Kartellsenaten, die für Regulierungsstreitigkeit im Energiewirtschaftsrecht zuständig sind,[258] unter Beteiligung der Beschwerdeführer, der Regulierungsbehörde und der Personen und Personenvereinigungen, deren Interessen durch die Entscheidung erheblich berührt werden (§ 79 EnWG).

Das Verfahren beginnt mit der Einlegung einer Anfechtungs- nach § 75 Abs. 1 EnWG, einer Verpflichtungs- gemäß § 75 Abs. 3 EnWG, einer allgemeinen Leistungs-[259] oder einer Fortsetzungsfeststellungsbeschwerde (§ 83 Abs. 2 EnWG) innerhalb eines Monats gegen die Entscheidung bei der zuständigen Regulierungsbehörde, wodurch die Beschwerde beim zuständigen Beschwerdegericht anhängig wird (§ 78 EnWG).

Das Beschwerdegericht verhandelt in der Regel mündlich über die Beschwerde und entscheidet durch die Verkündung eines begründeten Beschlusses.[260] Der Inhalt der Entscheidung kann die Erklärung der Unzulässigkeit oder Unbegründetheit der Entscheidung der Regulierungsbehörde sein (§ 83 Abs. 2 EnWG). In diesem Fall kann das Oberlandesgericht die Entscheidung der Behörde aufheben oder die Regulierungsbehörde im Fall der Untätigkeit zum Erlass einer Entscheidung verpflichten.[261] Im Falle einer Unzulässigkeit oder Unbegründetheit der Beschwerde bestätigt der Beschluss des Oberlandesgerichts die Entscheidung der Regulierungsbehörde und verpflichtet die Netzbetreiber zur Befolgung der Entscheidung.

Dieser Beschluss ist für die Adressaten, also die Regulierungsbehörde oder die Personen und Personenvereinigungen, deren Interessen durch die Entscheidung erheblich berührt werden, verbindlich.[262] Ein Beschluss des Oberlandesgerichts kann nur durch eine Rechtsbeschwerde beim Bundesgerichtshof angegriffen werden (§ 99 EnWG). Die Beschwerde beim Oberlandesgericht eröffnet effektiven Rechtsschutz gegen alle Akte der Landesregulierungsbehörden und der Bundesnetzagentur.

b. Rechtsschutz gegen Regulierungsentscheidungen

Die Möglichkeiten des Rechtsschutzes gegen Regulierungsentscheidungen der nationalen und supranationalen Regulierungsakteure im Energieregulierungsverbund werden nach der Rechtsnatur der Handlungsformen von Soft Law (aa.) über die unionsrechtliche Verordnung (bb.), den Beschluss (cc.) sowie die Empfehlung und Stellungnahme (dd.) jeweils im Sinne von Art. 288 AEUV bis zum nationalen Verwaltungsakt (ee.) im deutschen Energiewirtschaftsrecht unterschieden.

---

[258] § 75 EnWG; §§ 106 Abs. 1, 107 Abs. 1 EnWG.

[259] *A. Hanebeck*, in: Britz/Hellermann/Hermes, EnWG Kommentar, 3. Aufl. 2015, § 75 Rn. 1 f.

[260] § 81, § 83 Abs. 1 Satz 1 und 2, Abs. 2 Satz 1, Abs. 6 EnWG.

[261] *K. Roesen/A. Johanns*, BerlKommEnR, Bd. 1 Halbbd. 2, 3. Aufl. 2014, § 83 EnWG Rn. 13 ff.

[262] *A. Baumbach/W. Lauterbach/J. Albers/P. Hartmann* (Hrsg.), ZPO, 76. Aufl. 2018, § 522 Rn. 8; *H. J. Heßler*, in: Zöller, ZPO, 32. Aufl. 2018, § 522 Rn. 9; § 572 Rn. 33 ff.

aa. Rechtsschutz gegen Soft Law der Regulierungsakteure

Die Handlungsform des Berichts der Europäischen Regulierungsforen für Elektrizität und Gas, des CEER, der ACER und der ENTSOs stellt vorbereitendes Soft Law dar.

Die Anfechtbarkeit richtet sich jedoch nicht nach der Form, sondern allein nach dem rechtswirksamen Inhalt. Entfaltet eine solche ungekennzeichnete Handlungsform Rechtswirkungen, kann sie angefochten werden.[263] Soft Law entfaltet Rechtswirkungen, wenn ein Betroffener in seinen tatsächlichen Handlungsmöglichkeiten so beeinflusst wird, dass dies der Steuerung durch ein rechtliches Gebot oder Verbot in der Zielsetzung oder in der Wirkung gleichkommt oder gleichkommen kann.[264]

Die Möglichkeit eines Rechtsschutzes gegen Soft Law durch die Nichtigkeitsklage ist für jede Handlungsform der Regulierungsakteure im Einzelnen zu bestimmen.

i) Nichtigkeitsklage gegen Berichte der Europäischen Regulierungsforen für Elektrizität und Gas

Die Berichte der Europäischen Regulierungsforen für Elektrizität und Gas sind Ergebnisprotokolle mit Empfehlungen und Leitlinien. Es handelt sich um freiwillige Vereinbarungen, die nach außen höchstens politische Wirkungen entfalten und die Energieversorgungsunternehmen, Energienetzbetreiber, das CEER, die ACER, die ENTSOs und die nationalen Regulierungsbehörden nicht rechtlich binden. Daher wird regelmäßig schon kein Rechtsschutzbedürfnis gegeben sein.

Darüber hinaus wird auch kein Rechtsschutz durch die Nichtigkeitsklage eröffnet, da die Europäischen Regulierungsforen bereits nicht passivlegitimiert sind. Ferner sind die Ergebnisprotokolle keine rechtsverbindlichen Akte eines europäischen Organs oder einer europäischen Einrichtung im Sinne von Art. 263 AEUV, sodass eine Nichtigkeitsklage auch mangels Klagegegenstands unzulässig ist.

ii) Nichtigkeitsklage gegen Empfehlungen mit Leitlinien des CEER

Die Empfehlungen mit Leitlinien richten sich vornehmlich an die Übertragungs- und Fernleitungsnetzbetreiber. Sie enthalten unverbindliche Vorgaben der Regulierungsbehörden, die keine rechtlichen Wirkungen nach außen haben, auch wenn sie faktisch stark beachtet und wiederholt im unionalen Rechtsetzungsverfahren kodifiziert wurden. Damit besteht noch kein Rechtsschutzbedürfnis der Energieversorgungsunternehmen oder der Netzbetreiber, da die Handlungsformen nicht unmittelbar binden, sondern erst eines verfahrensmäßig nicht bestimmten Umsetzungsaktes bedürfen.

---

[263] *M. Nettesheim*, in: Grabitz/Hilf/ders. (Hrsg.), EUV/AEUV, 48. EGL August 2012, Art. 288 AEUV Rn. 215; *M. Ruffert*, in: Calliess/ders. (Hrsg.), EUV/AEUV, 5. Aufl. 2016, Art. 288 AEUV Rn. 106.

[264] *P.-C. Müller-Graff*, EuR 2012, S. 18 (22, 25, 27).

Das CEER als privat organisierte Vereinigung von Regulierungsbehörden als Gegenstück zur früheren ERGEG und zur aktuellen ACER ist gerade kein Organ der Europäischen Union und auch keine hoheitliche Einrichtung, sodass eine Nichtigkeitsklage mangels Aktivlegitimation und eines tauglichen Klagegegenstands unzulässig ist.

iii) Nichtigkeitsklage gegen Netzkodizes der ENTSOs

Die Netzkodizes der ENTSOs sind auch vorbereitende Handlungen der Übertragungs- und Fernleitungsnetzbetreiber zur Annahme und zum Beschluss durch die Kommission. Die ENTSOs unterstützen die Programmierung von technischen Standards von Elektrizitätsübertragungs- und Gasfernleitungsnetzen mit Informationen, Kenntnissen und Erfahrungen, die sowohl den nationalen Regulierungsbehörden im Rahmen der ACER als auch der Kommission in den Direktoraten der Generaldirektion fehlen.

Zunächst ist schon ein Rechtsschutzbedürfnis der Übertragungs- und Verteilnetzbetreiber gegen Netzkodizes, an deren Entstehung sie beteiligt waren, fraglich. Sodann dürfte eine Nichtigkeitsklage gegen einen Netzkodex nicht zulässig sein. Ein Netzkodex der ENTSOs ist für sich kein Akt eines europäischen Organs oder einer europäischen Einrichtung. Obwohl die ENTSOs in den Verordnungen des Dritten Energiebinnenmarktpaketes zum Entwurf von Netzkodizes ermächtigt werden, sind sie keine Beliehenen der Kommission, da die Erarbeitung eines Netzkodex zwar eine hoheitliche Aufgabe darstellt, doch nehmen die ENTSOs sie nicht im eigenen Namen und vor allem ohne finale Entscheidungsbefugnis wahr. Auch wenn die Netzkodizes der ENTSOs in der Praxis häufig von der Kommission übernommen werden, stellt ein Netzkodex für sich noch keinen Akt einer europäischen Einrichtung dar. Ein Netzkodex wird erst durch die Annahme der Kommission und den Beschluss im Komitologieausschuss zu einem rechtsverbindlichen Rechtsakt. Im Ergebnis scheidet ein Rechtsschutz durch eine Nichtigkeitsklage mangels Klagegegenstandes aus.

iv) Nichtigkeitsklage gegen Rahmenleitlinien sowie Stellungnahmen mit Empfehlungen der ACER

Die Rahmenleitlinien der ACER, die auf der Grundlage der Prioritätenliste und als Vorlage zum Entwurf von Netzkodizes formuliert werden, sowie die Stellungnahmen und Empfehlungen der ACER zur Änderung von Netzkodizes, zu Regulierungsprogrammen der Kommission, des Europäischen Parlamentes und des Rates oder zu Entscheidungen der nationalen Regulierungsbehörden in grenzüberschreitenden Angelegenheiten sind bloß konkretisierendes Soft Law. Gegen Handlungen der ACER wird Elektrizitätsübertragungs- und Gasfernleitungsnetzbetreibern und Regulierungsbehörden zunächst ein behördliches Beschwerdeverfahren vor dem Beschwerdeausschuss der ACER eröffnet.[265] Darüber hinaus wird den möglichen

[265] Art. 19 ACER-Verordnung.

Beschwerten durch Entscheidungen der ACER als Einrichtung der Europäischen Union und des Beschwerdeausschusses im Sinne effektiven Rechtsschutzes auch die Möglichkeit zur Erhebung einer Nichtigkeits- oder einer Untätigkeitsklage gegeben.[266] Sowohl Rahmenleitlinien als auch Stellungnahmen und Empfehlungen der ACER als Einrichtung der Europäischen Union könnten einen tauglichen Gegenstand der Nichtigkeitsklage darstellen. Doch die Rahmenleitlinien und Empfehlungen der ACER spiegeln nur den Standpunkt der nationalen Regulierungsbehörden unter dem Dach der ACER wider und fungieren als Vorlage zum Entwurf eines Netzkodex oder als Stellungnahme zum Entwurf eines Netzkodex der Übertragungs- und Fernleitungsnetzbetreiber in den ENTSOs oder zu den Entwürfen der Kommission, des Europäischen Parlaments und des Rates im Rechtssetzungsverfahren. Es handelt sich also um vorbereitende Handlungen der ACER, die nur interne, aber keine faktischen Wirkungen über die Entscheidung der Kommission hinaus nach außen entfalten,[267] da sie im Rahmen des mehrstufigen Verfahrens der Festlegung von Netzkodizes oder der Rechtsetzung keine Letztentscheidungen darstellen. Außerdem können die ENTSOs von Rahmenleitlinien und die Kommission von Empfehlungen der ACER abweichen, wie es im Fall des Netzkodex über Mechanismen für die Kapazitätszuweisung in Gasfernleitungsnetzen geschehen ist, da die Handlungen der ACER gerade nicht bindend sind. Die ACER nimmt in ihrer Rolle als Verwaltungsunterbau der Kommission sowohl mit der Erarbeitung von Rahmenleitlinien gegenüber den ENTSOs als auch mit Stellungnahmen und Empfehlungen gegenüber der Kommission, dem Europäischen Parlament und dem Rat vorbereitende Handlungen vor,[268] die wegen ihrer Unverbindlichkeit nach ständiger Rechtsprechung auch nicht für nichtig erklärt werden können.[269] Eine Nichtigkeitsklage gegen Rahmenleitlinien, Stellungnahmen und Empfehlungen der ACER scheidet daher mangels tauglichen Klagegegenstands und Klageberechtigung aus.

v) Zwischenergebnis zum Rechtsschutz gegen Soft Law

Im Ergebnis kann Soft Law kein tauglicher Klagegegenstand einer Nichtigkeitsklage sein.[270] Vielmehr wird Soft Law vielfach verwendet, um eine gerichtliche Durchsetzung seines Regelungsgehalts – und entsprechend auch den Rechtsschutz dagegen – gerade auszuschließen.[271] Es bleibt nur eine generelle Berücksichtigung

[266] Art. 20 Abs. 1 und 2 ACER-Verordnung.

[267] *J. Saurer*, DVBl. 2009, S. 1021 (1027).

[268] *N. Horstmann*, in: Roggenkamp/Hammer (Hrsg.) European Energy Law Report VIII (2011), S. 43 (54).

[269] EuG, Urteil vom 18.12.2003, Rs. T-326/99 (Nancy Fern Olivieri/Kommission und EMEA), Slg.2003, II-6053, Rn. 53, eine Änderung der Rechtsprechung ist nicht in Sicht; EuG, Urteil vom 08.10.2008, Rs. T-411/06 (Sogelma) Slg. 2008, II-2771.

[270] Allgemein hierzu *T. Rademacher*, Realakte im Rechtsschutzsystem der EU, 2014, S. 126; *P.-C. Müller-Graff*, EuR 2012, S. 18 ff.; *J. Schwarze*, EuR 2011, S. 3 ff.

[271] *M. Knauff*, Der Regelungsverbund, 2010, S. 255 ff.

von Soft Law bei der Rechtsauslegung.[272] Das bedeutet für alle Energieversorgungsunternehmen, Netzbetreiber oder Regulierungsbehörden, dass ein effektiver Rechtsschutz gegen die vielfältigen Akte des energiewirtschaftlichen Soft Laws nur im Wege einer Inzidentkontrolle möglich ist.

Eine Inzidentkontrolle von Soft Law wäre im Rahmen eines nationalen Rechtsetzungsverfahrens gegen einen nationalen Rechtsakt der Landesregulierungsbehörden oder der Bundesnetzagentur möglich, wenn das Soft Law als „Handlung" ein gültiger Gegenstand des Vorabentscheidungsverfahrens nach Art. 267 AEUV sein kann.[273]

Nach ständiger Rechtsprechung des Gerichtshofs kann dieser „im Wege der Vorabentscheidung über die Gültigkeit und die Auslegung der Handlungen der Organe der Gemeinschaft ohne jede Ausnahme [...] entscheiden".[274] *Jede* unionale Handlung, selbst ein Realakt, kann Gegenstand einer Gültigkeits- oder Auslegungsfrage sein.[275] Dann sind die nationalen Gerichte „verpflichtet, diese Empfehlungen bei der Entscheidung der bei ihnen anhängigen Rechtsstreitigkeiten zu berücksichtigen, insbesondere dann, wenn die Empfehlungen geeignet sind, Aufschluß über die Auslegung anderer [...] Bestimmungen zu geben".[276] Das Vorabentscheidungsverfahren ergänzt die Nichtigkeitsklage zur Wahrung der Rechtseinheit in der Europäischen Union.[277]

vi) Rechtsschutz gegen Soft Law im Rahmen des Vorabentscheidungsverfahrens

Ein nationales Gericht kann eine Vorlagefrage zur *Gültigkeit* oder zur *Auslegung* einer „*Handlung*" des energiewirtschaftlichen Soft Laws an den Europäischen Gerichtshof stellen. Das ist für die jeweiligen Handlungsformen im Einzelnen zu erörtern.

Die energiewirtschaftlichen Handlungsformen des Soft Laws können überwiegend als *Handlung* im Vorabentscheidungsverfahren behandelt werden. Eine taugliche Handlung können eine Rahmenleitlinie, eine Stellungnahme oder eine Empfehlung der ACER sein, die als Agentur eine Einrichtung der Union darstellt. Ferner kann eine Vorlage von Ergebnisprotokollen der Europäischen Regulierungsforen sowie von Netzkodizes der ENTSOs als Handlung von „sonstigen Stellen der

---

[272] *M. Knauff*, Der Regelungsverbund, 2010, S. 510.

[273] *M. Knauff*, Der Regelungsverbund, 2010, S. 511; *ders.*, EuR 2011, S. 735 (736).

[274] EuGH, Urteil vom 13.12.1989, Rs. 322/88 (Grimaldi), Slg. 1989, 4407 Rn. 8.

[275] EuGH, Urteil vom 23.04.1986, Rs. 294/83 (Les Verts/Parlament), Slg. 1986, I-1339, Rn. 23 ff.; *M. Knauff*, EuR 2011, S. 735 (736 f.); *J. Hofmann*, Rechtsschutz und Haftung, 2004, S. 188 ff., 260 ff.

[276] EuGH, Urteil vom 13.12.1989, Rs. 322/88 (Grimaldi), Slg. 1989, 4407 Rn. 19.

[277] EuGH, Urteil vom 23.04.1986, Rs. 294/83 (Les Verts/Parlament), Slg. 1986, I-1339, Rn. 23; EuGH, Urteil vom 22.10.1987, Rs. 314/85 (Foto-Frost/Hauptzollamt Lübeck-Ost), Slg. 1987, I-4199, Rn. 16; EuGH, Urteil vom 15.07.2002, Rs. C-50/00 P (Unión de Pequenos Agricultores/ Rat), Slg. 2002, I-6677, Rn. 40.

Union" verstanden werden, da die Europäischen Regulierungsforen auf Beschluss der Kommission und die ENTSOs aufgrund des Dritten Energiebinnenmarktpaketes errichtet wurden.[278] Schließlich scheidet eine Vorlage von Leitlinien und Empfehlungen des CEER aus, da das CEER als private Vereinigung der Regulierungsbehörden gerade unabhängig vom Einfluss der Kommission, des Europäischen Parlaments und des Rates ist.

Der Beurteilungsmaßstab zur *Gültigkeit* einer Soft-Law-Handlung kann das gesamte europäische Primär- und Sekundärrecht sein.[279] Fraglich ist jedoch, wonach sich die Gültigkeit und Vereinbarkeit mit Unionsrecht richten. Es fehlen feste Kriterien zur Bewertung der Gültigkeit von Soft Law, da dieses in der Regel in keinem definierten Verfahren gesetzt wird und weder formellen noch materiellen Vorgaben unterliegt.

Damit lässt sich im Rahmen einer Vorlagefrage nur in Fällen offensichtlicher Ungültigkeit über Soft Law entscheiden.[280] Eine solche offensichtliche Ungültigkeit von Rahmenleitlinien der ACER könnte sich beispielsweise bei einer Abweichung von der Prioritätenliste der Kommission ergeben, wenn die Rahmenleitlinie einer Harmonisierung von Regelungen zu Netzzugang, Netzanschluss oder Netzbetrieb entgegenwirkt. Eine solche Regelung ist in der Praxis noch nicht vorgekommen und überdies wenig wahrscheinlich, da die nationalen Regulierungsbehörden als Mitglieder der ACER gerade ein besonderes Interesse an einer Harmonisierung des Energiebinnenmarktes haben, um die Versorgungssicherheit der jeweiligen Bevölkerung zu gewährleisten.

Dagegen könnte sich eine offensichtliche Ungültigkeit von Stellungnahmen mit Empfehlungen der ACER ergeben, wenn diese gegen die Vorgaben der Netzkodizes oder der Leitlinien der Kommission verstoßen. Ein solcher Fall könnte bei der Stellungnahme der ACER zur Trennung der einheitlichen Preiszone zwischen der Bundesrepublik Deutschland und der Republik Österreich mit der Empfehlung zur Einführung eines Engpassmanagements vorliegen.

Eine offensichtliche Ungültigkeit von Ergebnisprotokollen mit Leitlinien und Empfehlungen der Europäischen Regulierungsforen für Elektrizität und Gas ist schwer denkbar, da die Protokolle freiwillige Vereinbarungen enthalten, die aufgrund der Vielfalt an Interessengruppen in der Regel rechtlich ausgewogen und vereinbar sind.

Dagegen ist eine offensichtliche Ungültigkeit von Netzkodizes der ENTSOs denkbar, wenn die ENTSOs als Vereinigung von privaten Netzbetreibern sich gerade nicht an die Vorgaben der Prioritätenliste der Kommission sowie der

---

[278] *U. Karpenstein*, Das Vorabentscheidungsverfahren, in: Terhechte/Leible (Hrsg.), EnzEuR Bd. 3, 2014, § 8 Rn. 24 f.; zum Teil einschränkend hinsichtlich des Wortlauts *J. Saurer*, EuR 2010, S. 51 (65 f.).

[279] *U. Karpenstein*, Das Vorabentscheidungsverfahren, in: Terhechte/Leible (Hrsg.), EnzEuR Bd. 3, 2014, § 8 Rn. 22; *B. Wegener*, in: Calliess/Ruffert (Hrsg.), EUV/AEUV, 5. Aufl. 2016, Art. 267 AEUV Rn. 3 ff.

[280] *M. Knauff*, EuR 2011, S. 735 (739).

Rahmenleitlinien und der Empfehlungen der ACER richten. Solch ein Netzkodex würde von der Kommission keine Rechtsverbindlichkeit verliehen bekommen, sodass der Netzkodex nur freiwillig unter den Netzbetreibern angewandt werden kann, wodurch sich im Einzelfall für natürliche oder juristische Personen, die unmittelbar und individuell betroffen wären, eine Beschwer ergeben kann, die im Wege eines nationalen Verfahrens zur Formulierung einer Frage zur Gültigkeit im Vorlageverfahren führen kann.

Eine Vorlagefrage zur *Auslegung* einer Handlung kann sich nach dem Textverständnis und der Wirkungsweise des Soft Laws richten.[281]

Das bedeutet, dass sowohl der Text einer Rahmenleitlinie als auch der einer Stellungnahme und Empfehlung der ACER auf Antrag der ENTSOs ausgelegt werden können. Auch wenn Rahmenleitlinien, Stellungnahmen und Empfehlungen der ACER als unverbindliche Handlungen des vorbereitenden Soft Laws eingeordnet wurden, „steht der nicht bindende Charakter einer gemeinschaftsrechtlichen Handlung einer Entscheidung des Gerichtshofs über die Auslegung dieser Handlung im Rahmen der Entscheidung eines Vorabentscheidungsverfahrens [...] nicht entgegen".[282] Bisher ist es noch nicht zu Auslegungsfragen gekommen, da die ENTSOs beim Entwurf von Netzkodizes von den Vorgaben der Rahmenleitlinien abweichen können. Anders könnte es sich bei der Stellungnahme der ACER verbunden mit einer Empfehlung an die österreichische Regulierungsbehörde zur Trennung der einheitlichen Preiszone mit der Bundesrepublik Deutschland und zur Einführung eines Engpassmanagements darstellen. Mit dieser Frage ist der Europäische Gerichtshof gegenwärtig beschäftigt.

Schließlich muss die Antwort des Europäischen Gerichtshofs im nationalen Verfahren entscheidungserheblich sein, da die nationalen Gerichte keine „rein politischen oder hypothetischen Fragen"[283] vorlegen können. In der Regel ist vor allem die Entscheidungserheblichkeit bei Soft Law problematisch, da dieses grundsätzlich keine Rechtswirkungen entfaltet, sodass eine Vorlage nur dann entscheidungserheblich ist, wenn konkrete Auswirkungen auf mitgliedstaatlicher Ebene vorliegen.[284] Wenn es an einem mitgliedstaatlichen Umsetzungs- oder Folgeakt fehlt und auch perspektivisch fehlen wird, lässt sich über das Vorabentscheidungsverfahren kein Rechtsschutz erlangen.[285] Solche Wirkungen von Ergebnisprotokollen der Europäischen Regulierungsforen, von Rahmenleitlinien, Stellungnahmen und Empfehlungen der ACER oder von Netzkodizes der ENTSOs sind bisher in Deutschland nicht ersichtlich geltend gemacht worden. Im Ergebnis wird effektiver Rechtsschutz

---

[281] *M. Knauff*, EuR 2011, S. 735 (740).

[282] EuGH, Urteil vom 21.01.1993, Rs. C-188/91 (Deutsche Shell/Hauptzollamt Hamburg Harburg), Slg. 1993, I-363, Rn. 18.

[283] *U. Karpenstein*, Das Vorabentscheidungsverfahren, in: Terhechte/Leible (Hrsg.), EnzEuR Bd. 3, 2014, § 8 Rn. 31.

[284] *M. Knauff*, EuR 2011, S. 735 (741 f.).

[285] *T. Rademacher*, Realakte im Rechtsschutzsystem der Europäischen Union, 2014, S. 309.

gegen Soft Law nur im Einzelfall unter strengen Voraussetzungen im Vorabentscheidungsverfahren eröffnet.

bb. Rechtsschutz gegen Verordnungen der Regulierungsakteure

Die Handlungsform der Leitlinie kann als Verordnung ergehen. Effektiver Rechtsschutz gegen Leitlinien der Kommission kann daher die Nichtigkeitsklage gewähren. Zur Erhebung einer Nichtigkeitsklage fähig sind alle Regulierungsbehörden der Mitgliedstaaten nach Art. 267 Abs. 1 AEUV sowie alle Elektrizitätsübertragungs- und Gasfernleitungsnetzbetreiber als juristische Personen gemäß Art. 267 Abs. 4 AEUV.

Eine Leitlinie der Kommission kann als Verordnung oder jedenfalls als Rechtsakt mit Verordnungscharakter ohne weitere Durchführungsmaßnahmen ein tauglicher *Klagegegenstand* sein. Nach dem Wortlaut des Art. 288 Abs. 1 AEUV sind Verordnungen in all ihren Teilen für die Netzbetreiber verbindlich und gelten in jedem Mitgliedstaat, sodass Leitlinien auch Rechtswirkung nach außen entfalten. Im Fall von Leitlinien wird sogar sekundärrechtlich über die Elektrizitäts- und Gas-Richtlinien von 2009 sowohl eine Außenwirkung als auch eine Verbindlichkeit gegenüber Netzbetreibern und Regulierungsbehörden angeordnet, da die Kommission den Widerruf einer nationalen Maßnahme verlangen kann, die mit Leitlinien nicht im Einklang steht.[286]

Ein tauglicher *Klagegrund* gegen Leitlinien erfordert eine Unzuständigkeit der Kommission, eine Verletzung wesentlicher Formvorschriften, eine Verletzung der Verträge oder eine Verletzung einer bei der Durchführung anzuwendenden Rechtsnorm durch die Kommission. Eine solche Verletzung könnte darin liegen, dass die Kommission gerade nicht zuständig ist, durch Leitlinien generelle Regelungen zu treffen, sondern nur Einzelfallregelungen zur Harmonisierung des Energiebinnenmarktes verfügen darf, worin – neben einer Verletzung von Formvorschriften im Einzelfall – vor allem indirekt eine Verletzung der europäischen Verträge durch einen Verstoß gegen das „institutionelle Gleichgewicht" liegen kann.

Entscheidend ist, dass die Regulierungsbehörden sowie die Elektrizitätsübertragungs- und Gasfernleitungsnetzbetreiber *klageberechtigt* sind. Regulierungsbehörden sind privilegiert klageberechtigt, ohne eine Beeinträchtigung geltend machen zu müssen. Dagegen müssen Übertragungs- und Fernleitungsnetzbetreiber als juristische Personen individuell und unmittelbar betroffen sein. Indes sind die Leitlinien nicht ausschließlich an die Netzbetreiber, sondern auch an die nationalen Regulierungsbehörden adressiert. Dadurch sind die Netzbetreiber nicht unmittelbar beeinträchtigt, sondern können erst aufgrund der Umsetzung der Leitlinien in Festlegungen durch die Bundesnetzagentur unmittelbar und individuell beeinträchtigt werden. Damit ist eine Nichtigkeitsklage der Übertragungs- und Fernleitungsnetzbetreiber gegen Leitlinien der Kommission mangels Klageberechtigung nicht

[286] Art. 39 Abs. 6 Elektrizitäts-Richtlinie 2009, Art. 43 Abs. 6 Gas-Richtlinie 2009.

zulässig. Es bleibt den nationalen Regulierungsbehörden überlassen, Leitlinien wegen Nichtigkeit anzufechten.

cc. Rechtsschutz gegen Beschlüsse der Regulierungsakteure

Ein Rechtsschutz gegen Beschlüsse wird relevant bei Leitlinien und Prioritätenlisten der Kommission sowie bei Einzelfallentscheidungen der ACER. Die Leitlinien der Kommission können vereinzelt auch als Beschluss erlassen werden (i.), während die Prioritätenlisten der Kommission ausdrücklich als Beschluss (ii.) veröffentlicht werden. Außerdem stellen Einzelfallentscheidungen der ACER (iii.) aufgrund ihrer Rechtswirkung eine Form des Beschlusses nach Art. 288 Abs. 4 AEUV dar.

i) Nichtigkeitsklage gegen Leitlinien der Kommission

Zur Möglichkeit effektiven Rechtsschutzes der nationalen Regulierungsbehörden sowie der Übertragungs- und Fernleitungsnetzbetreiber gegen Leitlinien der Kommission in der Form des Beschlusses nach Art. 288 Abs. 4 AEUV kann auf die Ausführungen zum Rechtsschutz gegen Leitlinien in der Form einer Verordnung verwiesen werden.[287] Im Ergebnis ist eine Nichtigkeitsklage gegen Leitlinien der Kommission in der Form des Beschlusses mangels Klageberechtigung der Netzbetreiber nicht zulässig. Einzig die Regulierungsbehörden können eine Nichtigkeitsklage erheben.

ii) Nichtigkeitsklage gegen eine Prioritätenliste der Kommission

Die Prioritätenliste der Kommission wird als Beschluss veröffentlicht. Effektiven Rechtsschutz gegen einen Beschluss kann die Nichtigkeitsklage eröffnen.

Als Adressierte und damit mögliche Beschwerte müssten die ACER sowie die Übertragungs- und Fernleitungsnetzbetreiber *klageberechtigt* sein. Die ENTSOs werden zwar nach dem Wortlaut bei ihrer Ausarbeitung von Netzkodizes zunächst von der Prioritätenliste adressiert. Der Wortlaut erscheint jedoch verkürzt, denn die Regelungssystematik schaltet der Ausarbeitung eines Netzkodex eine Rahmenleitlinie vor. Daraus folgt, dass die Prioritätenliste die ENTSOs nicht unmittelbar beeinträchtigt, sondern sie höchstens vermittelt durch die Rahmenleitlinie beeinträchtigen kann. Außerdem werden durch die Prioritätenliste keine Rechte der ENTSOs eingeschränkt oder Pflichten begründet, was sich wiederum aus dem abstrakt formulierten Wortlaut der Prioritätenliste ergibt.

Insofern können nur die ACER und die nationalen Regulierungsbehörden als Organe der Mitgliedstaaten gegen eine Prioritätenliste der Kommission klageberechtigt sein. Nach dem Wortlaut der Prioritätenliste handelt es sich zwar um einen adressatenunspezifischen Beschluss, der weder die ACER noch die nationalen Regulierungsbehörden ausdrücklich adressiert. Indes wird die ACER bei der Ausarbeitung

[287] Siehe oben Kapitel 5, V, 2, b, bb.

von Rahmenleitlinien in den Netzbereichen der Stromhandels- und der Gaszugangsverordnung 2009 unmittelbar von der Prioritätenliste beeinträchtigt, die sie auch individuell betrifft, indem sie konkrete Pflichten bei der Ausarbeitung der Rahmenleitlinien begründet. Daneben sind die nationalen Regulierungsbehörden als Organe der Mitgliedstaaten privilegiert klageberechtigt. Im Ergebnis wären sowohl die ACER als auch die nationalen Regulierungsbehörden der Mitgliedstaaten nach Art. 263 Abs. 2 und 4 AEUV klageberechtigt gegen eine Prioritätenliste der Kommission.

Entscheidend ist, dass die ACER beziehungsweise die nationalen Regulierungsbehörden auch einen *Klagegrund* geltend machen können. Das setzt voraus, dass die Kommission beim Beschluss der Prioritätenliste unzuständig ist, wesentliche Formvorschriften verletzt, die europäischen Verträge oder eine bei ihrer Durchführung anzuwendende Rechtsnorm verletzt oder ihr Ermessen missbraucht. Es könnte sich eine Unzuständigkeit der Kommission zum Erlass der Prioritätenliste in Verbindung mit einer gleichzeitigen Verletzung der Verträge in Art. 194 AEUV ergeben. Demnach ermächtigt Art. 194 Abs. 1 lit. a) und lit. d) AEUV zur Sicherstellung des Funktionierens des Energiebinnenmarktes und zur Förderung der Interkonnektion der Energienetze.

Insbesondere diese Ziele werden durch die Prioritätenliste der Kommission verwirklicht, doch nach Art. 194 Abs. 2 AEUV werden ausdrücklich nur das Europäische Parlament und der Rat im ordentlichen Gesetzgebungsverfahren zur Regelung ermächtigt. Daraus lässt sich im Umkehrschluss folgern, dass die Kommission zur Aufstellung einer Prioritätenliste zur Verwirklichung der Ziele des Art. 194 Abs. 1 AEUV gerade nicht zuständig ist. Vielmehr könnte die Aufstellung einer Prioritätenliste durch die Kommission eine Verletzung des Art. 194 des Vertrags über die Arbeitsweise der Europäischen Union darstellen. Die Ermächtigung der Kommission zur Aufstellung einer Prioritätenliste nach der Stromhandelsverordnung 2009 und der Gaszugangsverordnung 2009 wurde von der Kommission selbst entworfen und könnte in den kontroversen Debatten im Zuge des Dritten Energiebinnenmarktpakets ein redaktionelles Versehen darstellen. Ein Klagegrund könnte im Einzelfall gegeben sein. Im Ergebnis könnten sowohl die Regulierungsbehörden der Mitgliedstaaten als auch die ACER effektiven Rechtsschutz gegen eine Prioritätenliste der Kommission erlangen.

iii) Nichtigkeitsklage gegen Einzelfallentscheidungen der ACER

Einzelfallentscheidungen der ACER in den Fällen von Artt. 7, 8 und 9 ACER-Verordnung können von den Übertragungs- und Fernleitungsnetzbetreibern zunächst beim Beschwerdeausschuss als unabhängigem Organ innerhalb der Agentur vorgebracht werden.[288] Danach wird ein effektiver Rechtsschutz gegen Einzelfallentscheidungen und sonstige Akte der ACER durch eine Nichtigkeits- oder Untätigkeitsklage beim Gericht beziehungsweise beim Gerichtshof eröffnet.[289]

Eine Nichtigkeitsklage der Übertragungs- und Fernleitungsnetzbetreiber gegen Einzelfallentscheidungen der ACER kann erhoben werden. Es handelt sich um eine

[288] Artt. 18, 19 Abs. 1 und 2 ACER-Verordnung.

[289] Art. 20 Abs. 1 und 2 ACER-Verordnung.

Entscheidung zur Lösung grenzüberschreitender Streitigkeiten, die nur dadurch erzielt werden kann, dass eine übergeordnete und sachkundige Instanz verbindlich entschei-det.[290] Daneben kommt einer Einzelfallentscheidung auch eine Rechtswirkung nach außen zu, da es gerade Sinn und Zweck der ACER als Plattform der Energieregulierungsbehörden ist, sich erst dann nach außen einzuschalten, wenn die nationalen Regulierungsbehörden keine Lösung einer Regulierungskonstellation erzielen können. Eine Einzelfallentscheidung der ACER stellt einen tauglichen *Klagegegenstand* dar.

Die Netzbetreiber müssten auch *klageberechtigt* sein. Einzelfallentscheidungen entsprechen einem adressatenbezogenen Beschluss, sodass davon betroffene Unternehmen nur dann Nichtigkeitsklage erheben können, wenn diese von den Maßnahmen unmittelbar und individuell betroffen sind. Einzelfallentscheidungen werden in der Praxis an die entsprechenden Übertragungs- oder Fernleitungsnetzbetreiber adressiert, die überdies von den Entscheidungen, in der Regel zur Kostentragung bei Infrastrukturvorhaben, unmittelbar beeinträchtigt und individuell verpflichtet werden. Dies berechtigt sie zur Klage.

Schließlich müssten die Netzbetreiber einen *Klagegrund* vorbringen. Das setzt voraus, dass die ACER nicht für die Einzelfallentscheidung zuständig war, bei der Einzelfallentscheidung wesentliche Formvorschriften beziehungsweise die europäischen Verträge oder bei der Durchführung anzuwendende Rechtsnormen verletzt oder ein Ermessen bei der Entscheidung missbraucht hat. Das Vorliegen solcher Klagegründe ist grundsätzlich möglich, auch wenn bei den bisherigen zwei Entscheidungen in der Praxis der ACER keine solchen Fehler oder Verletzungen ersichtlich sind, die einen Klagegrund ergeben. Im Ergebnis ist jedoch gegen Einzelfallentscheidungen der ACER ein effektiver Rechtsschutz der Netzbetreiber durch die Nichtigkeitsklage möglich.

dd. Rechtsschutz gegen Stellungnahmen der Regulierungsakteure

Ein effektiver Rechtsschutz der nationalen Regulierungsbehörden der Mitgliedstaaten gegen Stellungnahmen der Kommission an die nationalen Regulierungsbehörden ist mangels eines tauglichen Klagegegenstands nicht gegeben. Die Stellungnahme der Kommission stellt entweder eine vorbereitende Unionshandlung im Rahmen eines Zertifizierungsverfahrens der nationalen Regulierungsbehörde oder in Form einer Mitteilung und eines Positionspapiers im Rechtsetzungsverfahren dar. Vorbereitenden Handlungen von Unionsorganen fehlt eine endgültige (rechtliche) Bindungswirkung,[291] weshalb sie nicht Gegenstand einer Nichtigkeitsklage sein können.[292]

---

[290] Andere Ansicht *U. Ehricke*, IR 2008, S. 146 (146).

[291] *K. Lenaerts/D. Arts/I. Maselis*, Procedural Law of the European Union, 2. Aufl. 2009, 7-020, 7-021; *W. Cremer*, in: Calliess/Ruffert (Hrsg.), EUV/AEUV, 5. Aufl. 2016, Art. 263 AEUV Rn. 18.

[292] EuG, Beschluss vom 12.12.2007, Rs. T-109/06 (Vodafone), Slg. 2007, II-5151, Rn. 93, 97; *J. Gundel*, in: Danner/Theobald (Hrsg.), Energierecht, 94. EGL Juli 2017, Europäisches Energierecht, Rn. 57.

ee. Rechtsschutz gegen Verwaltungsakte der Regulierungsakteure

Die Elektrizitätsübertragungs- und die Gasfernleitungsnetzbetreiber sowie die Energieversorgungsunternehmen können effektiven Rechtsschutz gegen Entscheidungen, also Genehmigungen und Festlegungen der Bundesnetzagentur, über die Beschwerde geltend machen. Es wird der zivilrechtliche Rechtsweg vor den Oberlandesgerichten gegen Genehmigungen in der Form von Verwaltungsakten und Festlegungen in der Gestalt von Allgemeinverfügungen eröffnet. Das setzt voraus, dass die Beschwerde zulässig und begründet ist. Grundsätzlich wird effektiver Rechtsschutz gewährt.

c. Zusammenfassung zu Rechtsschutz gegen Handlungsformen

Die Untersuchung schließt mit einem Überblick über effektive Rechtsschutzmöglichkeiten der nationalen Netzbetreiber und Energieversorgungsunternehmen gegen unionale und nationale Regulierungsentscheidungen sowie der nationalen Regulierungsbehörden gegen Regulierungsentscheidungen supranationaler Regulierungsakteure. Ausgehend von den Rechtswirkungen der jeweiligen Handlungsformen der verschiedenen Regulierungsakteure wurden die Rechtsschutzmöglichkeiten diskutiert. Dabei wurde die Möglichkeit effektiven Rechtsschutzes nach den Rechtswirkungen – von Soft Law, unionalen Verordnungen, Beschlüssen und Stellungnahmen sowie nationalen Verwaltungsakten – der verschiedenen Handlungsformen unterschieden (Abb. 5.2).

Soft Law	**Verordnung** (Art. 288 Abs. 1 AEUV)	**Beschluss** (Art. 288 Abs. 4 AEUV)	**Stellungnahme** (Art. 288 Abs. 5 AEUV)	**Verwaltungsakt** (§ 35 S. 1 und 2 VwVfG)
Ergebnisprotokoll (des E- und G- Forums)	Leitlinie (der Kommission)	Leitlinie (der Kommission)	Stellungnahme (der Kommission)	Genehmigung (der Landesregulierungsbehörden und der Bundesnetzagentur)
Empfehlung und Leitlinie (des CEER)		Prioritätenliste (der Kommission)		Festlegung (der Bundesnetzagentur)
Rahmenleitlinie (der ACER)		Entscheidung (der Kommission)		Aufsichtsmaßnahmen (der Bundesnetzagentur)
Stellungnahme und Empfehlung (der ACER)		Einzelfallentscheidung (der ACER)		
Netzkodex (des ENTSO)				
Kein Rechtsschutz Im Einzelfall: Vorabentscheidungsverfahren (Art. 267 AEUV)	**Nichtigkeitsklage** (Art. 263 AEUV)	**Nichtigkeitsklage** (Art. 263 AEUV)	**Kein Rechtsschutz**	**Beschwerde** (§§ 75; 86 EnWG)

Abb. 5.2 Möglichkeiten des Rechtsschutzes gegen Handlungsformen der Regulierungsakte im Energiesektor

Die Mehrzahl der Bewirkungsformen der Regulierungsakteure stellt weiche Handlungsformen dar, deren Rechtswirkungen als Soft Law zusammengefasst werden können.

Effektiver Rechtsschutz gegen Soft Law ist nur eingeschränkt möglich. Eine Nichtigkeitsklage scheidet jedenfalls mangels tauglichen Klagegegenstands aus. Im Einzelfall kann ein Rechtsweg über das Vorabentscheidungsverfahren eröffnet werden, wenn die Gültigkeit oder die Auslegung des Soft Laws für die Entscheidung eines nationalen Gerichtes entscheidungserheblich ist.

Auch wenn sich die Ausweitung der Befugnisse der Kommission zum Erlass von Leitlinien im Dritten Energiebinnenmarktpaket vor dem Hintergrund des „institutionellen Gleichgewichts" in der Europäischen Union kritisch sehen lässt, wird jedoch den nationalen Regulierungsbehörden als Vertretern der Mitgliedstaaten ein effektiver Rechtsschutz gegen Leitlinien in Form der Verordnung oder des Beschlusses durch die Nichtigkeitsklage gewährt. Die Netzbetreiber haben jedoch keine Rechtsschutzmöglichkeit.

Gegen die Handlungsform der Prioritätenliste, durch die die Kommission die Entwicklung der europäischen Energienetze gestalten kann, wird sowohl der ACER als auch den nationalen Regulierungsbehörden ein effektiver Rechtsschutz durch die Nichtigkeitsklage gegen Prioritätenlisten als Beschluss der Kommission eröffnet.

Die besondere Handlungsform der Einzelfallentscheidungen der ACER kommt in ihrer Wirkung einem Beschluss im Sinne von Art. 288 Abs. 4 AEUV gleich, sodass sich betroffene Netzbetreiber durch die Erhebung einer Nichtigkeitsklage wehren können.

Demgegenüber besteht gegen Stellungnahmen und Empfehlungen der ACER zu grenzüberschreitenden Sachverhalten sowie gegen Stellungnahmen der Kommission zur Entwicklung des europäischen Energiebinnenmarktes mangels Rechtswirkungen kein Rechtsschutzweg für die betroffenen Mitgliedstaaten mit ihren Regulierungsbehörden.

Die Mehrzahl der Regulierungsentscheidungen erfolgt immer noch auf nationaler Ebene durch Genehmigungen, Festlegungen oder Aufsichtsmaßnahmen der Bundesnetzagentur und der Landesregulierungsbehörden gegenüber den Netzbetreibern. Hiergegen wird ein gestufter Rechtsschutz durch die Möglichkeit der Beschwerde vor dem Oberlandesgericht sowie der Rechtsbeschwerde vor dem Bundesgerichtshof gewährt.

Im Ergebnis unterstreicht die Untersuchung der Rechtsschutzmöglichkeiten die bisherigen Erkenntnisse zum Einfluss des Organisationshandelns der Regulierungsakteure. Je größer die Rechtswirkungen der Handlungsformen der Regulierungsakteure sind, desto größer sind der Rechtsschutzbedarf und die Rechtsschutzmöglichkeiten.

VI. Ergebnis: Einfluss des Organisationshandelns auf Entscheidungen

Um den rechtlichen Einfluss des Organisationshandelns auf Entscheidungen der Regulierungsakteure herauszuarbeiten, werden im Folgenden die Handlungsformen der Regulierungsakteure und deren Verpflichtungsgrad gegenübergestellt. Hierbei werden die Handlungsformen nach ihren allgemeinen Rechtswirkungen unterschieden und die Erkenntnisse zum Rechtsschutz gegen das Organisationshandeln von Regulierungsakteuren mitberücksichtigt.

Die Rechtswirkungen gehen zurück auf die Handlungsformen, die jeweils ein Instrument von Bewirkungsformen darstellen, die sich wiederum aus den in den Rechtsgrundlagen festgelegten Aufgaben, Kompetenzen und Organisationszusammenhängen der Regulierungsakteure im Energiesektor ergeben.

Die Skala der Rechtswirkungen reicht auf der vertikalen Achse von informatorischem Nicht-Recht über mittlere Wirkungen von Soft Law, Empfehlungen und Stellungnahmen ohne verbindliche Wirkungen, aber mit faktischer Bedeutung, bis zu hohen Wirkungen von verbindlichen Rechtsformen wie Verordnungen und Beschlüssen auf unionaler Ebene sowie Verwaltungsakten auf nationaler Ebene.

Der Einfluss auf Entscheidungen der Regulierungsakteure kann aus dem Verpflichtungsgrad der Handlungsformen für den oder die Adressaten differenziert werden. Auf der horizontalen Achse wird der Einfluss auf Entscheidungen von freiwilligen über eingeschränkten bis zu verbindlichen Verpflichtungen unterschieden. In Zweifelsfällen erfolgt die Einordnung der Regulierungsakteure hilfsweise anhand ihrer Kompetenzschwerpunkte, die die Rechtsgrundlagen ihnen im Energieregulierungsverbund zuweisen (Abb. 5.3).

Die ICER erarbeitet nur Berichte über Studien und Untersuchungen, denen keine Rechtsqualität zukommt und die höchstens indirekten Einfluss auf Entscheidungen von den regionalen Vereinigungen der Regulierungsbehörden oder den nationalen Regulierungsbehörden nehmen, sondern höchstens freiwillig berücksichtigt werden.

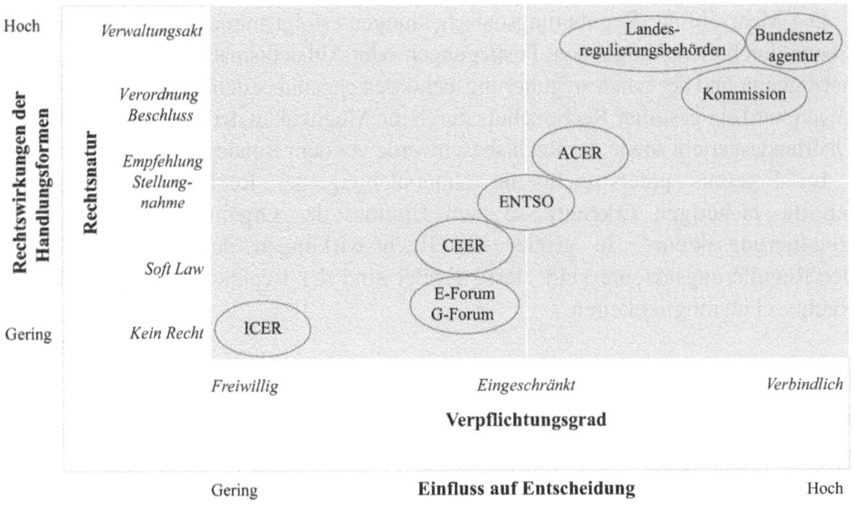

Abb. 5.3 Matrix der Rechtswirkungen der Handlungsformen und deren Einfluss auf Entscheidungen bei den Regulierungsakteuren im Energiesektor

Die Europäischen Regulierungsforen für Elektrizität und Gas sowie das CEER tragen mit ihren Ergebnisprotokollen, Empfehlungen und Leitlinien zu vorbereitendem Soft Law bei, welches wiederholt in Verordnungen, Beschlüssen und Leitlinien durch die Kommission sowie das Europäische Parlament und den Rat kodifiziert wurde, sodass diese Handlungsformen – wenn sie im unionalen Rechtssetzungsverfahren verrechtlicht werden – eingeschränkt Einfluss auf Entscheidungen der nationalen Regulierungsbehörden nehmen können.

Die ENTSOs entwerfen Netzkodizes, die konkrete technische und rechtliche Regeln zu zentralen Regulierungsbereichen wie Netzanschluss, Netzzugang und Netzbetrieb enthalten und – vorbehaltlich der Annahme durch die Kommission und, solange noch erforderlich, den Beschluss durch einen Komitologieausschuss – unmittelbar anwendbar werden. Auch ohne die weiteren Verfahrensschritte kann ein Netzkodex von den Netzbetreibern angewandt werden. Die Rechtsform des Netzkodex hat dadurch einen bemerkenswerten faktischen Wert, auch wenn ein Netzkodex als vorbereitendes Soft Law ohne die weiteren Verfahrensschritte noch keinen Einfluss auf die Entscheidungen der Regulierungsbehörden gegenüber Netzbetreibern nehmen kann.

Die ACER erarbeitet Rahmenleitlinien und trifft Einzelfallentscheidungen. Die Rahmenleitlinien der ACER sind bloß vorbereitendes Soft Law für den Entwurf von Netzkodizes durch die ENTSOs. Die Stellungnahmen und Empfehlungen der ACER erzeugen auch nur eingeschränkte, moralische Verpflichtungen bei der Zusammenarbeit der nationalen Regulierungsbehörden. Dagegen sind die Einzelfallentscheidungen der ACER vergleichbar mit Beschlüssen gemäß Art. 288 Abs. 4 AEUV, die verbindlich Einfluss auf grenzüberschreitende Streitigkeiten zwischen Netzbetreibern nehmen und die Adressaten uneingeschränkt zur Umsetzung der Entscheidung verpflichten.

Die Kommission kann insbesondere durch Leitlinien und Netzkodizes in der Form einer Verordnung oder eines Beschlusses sowohl auf Regulierungsbehörden als auch auf Netzbetreiber verbindlich und uneingeschränkt verpflichtend Einfluss nehmen. Damit kommt der Kommission ein wesentlicher Einfluss auf Entscheidungen dieser Akteure zu.

Die Landesregulierungsbehörden können mit Genehmigungen in ihrem jeweiligen Zuständigkeitsbereich rechtlich verbindlich und uneingeschränkt verpflichtende Regulierungsentscheidungen treffen, deren Einfluss nur aufgrund der föderalen Kompetenzteilung hinter dem Einfluss der Bundesnetzagentur zurücksteht, da diese durch Genehmigungen und Festlegungen im ganzen Bundesgebiet Regulierungsentscheidungen gegenüber Netzbetreibern und Energieversorgungsunternehmen trifft.

Kapitel 6 Organisationsmodelle der Energie-Regulierungsverwaltung

Die Elemente der Verwaltungsorganisation, die durch die Auslegung der Rechtsgrundlagen identifiziert werden konnten, bestimmen sowohl das Organisationshandeln als auch die Organisationsform. Sie ermöglichen eine Bildung abstrakter Modelltypen von Verwaltungsorganisationen, um die Regulierungsakteure in Bezug auf ihr formales Zusammenwirken bei Entscheidungen zu systematisieren (I.).

Die Vielfalt der Regulierungsakteure weist einheitliche Organisationselemente auf, die im Folgenden als Baukasten für die Beschreibung von Modelltypen dienen, um eine Systematik der Regulierungsakteure zu schaffen.[1] Zunächst weisen alle Regulierungsakteure, ob hoheitlich oder privat organisiert, auf der nationalen und auf der supranationalen Ebene dieselben Bausteine auf, die in unterschiedlicher Ausprägung in den Verwaltungsorganisationen der Regulierungsverwaltung verarbeitet sind. Deshalb entwickelt die Untersuchung fünf verschiedene Modelle der Verwaltungsorganisation vom Entwickler über den Verarbeiter, den Vorbereiter und den Vollzieher bis zum Kontrolleur von Entscheidungen, denen die einzelnen Regulierungsakteure zugeordnet werden können (II.).

Abschließend werden die Organisationsformen mit den bisherigen Erkenntnissen zum Organisationshandeln von Regulierungsakteuren zusammengebracht, um die Organisationsmodelle in ihrem Einfluss auf das Verwaltungsverfahren und die daraus gewonnenen Regulierungsentscheidungen (III.) zu unterscheiden.

I. Elemente zur Bildung von typisierten Organisationsmodellen

Die Untersuchung setzt wieder bei den Rechtsgrundlagen von Verwaltungsorganisationen an. Diese bestimmen die Elemente der Verwaltungsorganisationen, aus deren

[1] Ein erster Ansatz hierzu findet sich bei *A. Groebel*, in: Gramlich/Manger-Nestler (Hrsg.), Europäisierte Regulierungsstrukturen und -netzwerke, 2011, S. 193 (194, 210), der sich auf die Rechtsform und den Zweck als Elemente von Verwaltungsorganisationen beschränkt und daraus keine konkreten Modelltypen ableitet.

A. Wellerdt, *Organisation der Regulierungsverwaltung*,
https://doi.org/10.1007/978-3-662-56451-6_6

Zusammenwirken sich bestimmte Organisationsmodelle ableiten lassen (1.), welche zudem die Erkenntnisse zu den tatsächlichen Bewirkungsformen und rechtlichen Handlungsformen aufnehmen. Hier kann auf die ausführlichen Darstellungen zur Setzung von Netzkodizes, insbesondere des Netzkodex über die Kapazitätszuweisung in Gas-Fernleitungsnetzen, und Leitlinien, vor allem die Leitlinie für die Kapazitätsvergabe und das Engpassmanagement in Elektrizitätsübertragungsnetzen, verwiesen werden.[2] Diese Beispiele veranschaulichen das Zusammenspiel der Regulierungsakteure im Verwaltungsverfahren bei der Gewinnung von Regulierungsentscheidungen. Durch die regulatorischen Anstöße in den Europäischen Regulierungsforen für Elektrizität und Gas sowie durch das CEER wurden Empfehlungen zu Regulierungsbedürfnissen abgegeben, die von ACER und den ENTSOs verarbeitet und durch die Kommission mithilfe von Komitologieausschüssen beschlossen wurden.

Vereinzelt lassen sich Regulierungsakteure auf der Grundlage der Elemente der Verwaltungsorganisationen nicht eindeutig einem Organisationsmodell zuordnen. Regelmäßig handelt es sich um hybride Organisationsformen, deren Gebilde sich über die Stufen der Energiemarktregulierung der letzten 20 Jahre entwickelt haben (2.). In diesen Fällen ermöglicht die Auslegung der historischen Entwicklungen und systematischen Zusammenhänge im Energieregulierungsverbund seit 1998 eine Einordnung der Regulierungsakteure zum jeweiligen Organisationsmodell (3.).

1. Elemente zur Bildung von Organisationsmodellen für die Regulierungsakteure

Grundlegend für die Einordnung der Regulierungsakteure sind die Rechtsgrundlagen der jeweiligen Organisation. Sie bestimmen unmittelbar die Rechtsform sowie sowohl Aufgaben und Kompetenzen als auch Organisationszusammenhänge zwischen den privaten und hoheitlichen Regulierungsakteuren im Energiesektor.

Besonders in Organisationszusammenhängen wird der Einfluss von Organisationsformen auf Entscheidungen deutlich. In ihnen werden Informationen gesammelt und Wissen ausgetauscht. Umfangreiche Informationen sind wichtig, um Rahmenregelungen auf supranationaler Ebene zu programmieren und auf nationaler Ebene im Rechtsetzungsverfahren für den Vollzug zu konkretisieren. Außerdem sind Informationen notwendig, um sachangemessene Regulierungsentscheidungen im Einzelfall zu treffen. Schließlich sind Informationen wichtig für die Regulierer, um sowohl preisliche als auch nichtpreisliche Diskriminierungen der Regulierten auf dem Markt zu erkennen und zu regulieren.

2. Problem der Einordnung hybrider Organisationsformen

Die Rechtsgrundlagen der einzelnen Regulierungsakteure bestehen meist in kodifizierten Rechtsakten, doch vereinzelt handelt es sich um bloße hoheitliche

[2] Siehe oben unter Kapitel 4, III, 1a (bb, dd), 2, 3.

Willenserklärungen oder Zweckbestimmungen, die keine weitere Ausgestaltung der Organisationsprinzipien und -zusammenhänge enthalten, sondern sich aus den Entwicklungen des Verwaltungsalltags in der Praxis ergeben. Gleiches gilt für die Rechtsform der Organisation, die in der Regel eine definierte Rechtspersönlichkeit bestimmt, doch ausnahmsweise kann eine Rechtsform sui generis vorliegen, die keine Rechtspersönlichkeit besitzt, aber praktisch bedeutsam ist. Diese Verfassung weisen vor allem die Europäischen Regulierungsforen für Elektrizität und Gas sowie das CEER auf.

Die Rechtsgrundlagen und die Rechtsform der Verwaltungsorganisationen prägen die Kompetenzen und die Organisationszusammenhänge zum Verwaltungshandeln. In deren Zusammenschau lassen sich Modelltypen entwickeln, denen die jeweiligen Organisationen anhand des in der Praxis entstehenden Schwerpunkts des Organisationshandelns zugeordnet werden können. In der Praxis lassen sich besonders bei ACER, den ENTSOs und der Kommission ausgeprägte „Handlungs-schwerpunkte" festmachen, die deren Rolle im Verwaltungsverfahren kennzeichnen und sich in ihrem Einfluss auf Regulierungsentscheidungen niederschlagen.

So werden Organisationen mit kodifizierten Rechtsgrundlagen und konstitutiver Rechtspersönlichkeit in der Regel die Programmierung und der Vollzug von Entscheidungen zugewiesen, während Organisationen ohne Rechtspersönlichkeit und mit bloß informellen Rechtsgrundlagen meist nur einem gegenseitigen Informationsaustausch dienen. Die Bedeutung der Rechtsgrundlagen spiegelt sich auch in den Organisationszusammenhängen wider, indem die rechtlich bestimmten Regulierungsakteure vertikale Einwirkungsrechte auf den Entscheidungsprozess besitzen, während rein faktisch geschaffene Akteure regelmäßig auf horizontale Kommunikationsbeziehungen beschränkt sind, was ihren Einfluss auf Entscheidungen begrenzt.

Als Zwischenergebnis ist festzuhalten, dass die Zuordnung der konkreten Organisationsgebilde zu abstrakten Organisationsmodellen immer eine Bewertung im Einzelfall aufgrund des in den Rechtsgrundlagen geschriebenen und in der Rechtsanwendung geschaffenen Rechtsrahmens enthält, die Veränderungen des Regulierungssektors unterliegt. Soweit sich die Rollen einzelner Regulierungsakteure im Regulierungsverbund verändern, können die historische Entwicklung und die Systematik des Energieregulierungsverbunds zur Auslegung und Einordnung herangezogen werden.

3. Auslegung der Entwicklung und Systematik des Energieregulierungsverbunds

Der Energieregulierungsverbund hat sich sowohl historisch als auch systematisch mit den Europäischen Foren für Elektrizitäts- und Gasregulierung entwickelt. Sie stellen die erste Initiative der Europäischen Kommission in den Jahren 1998 und 1999 dar, den frisch geschaffenen Rechtsrahmen zur Regulierung des Energiesektors organisatorisch auszufüllen. In diesen Foren kam und kommt bis heute auf Initiative der Kommission ein Querschnitt der Energiebranche von Energieversorgungsunternehmen und Energienetzbetreibern über Verbände der Energiewirtschaft bis zu den nationalen Regulierungsbehörden zusammen. Diese Zusammenkünfte schaffen einen Informationsaustausch und Konsens über die Bedürfnisse und

Herausforderungen der Energiebranche. Sie wurden von Anfang an von der Kommission bei der Weiterentwicklung des Rechtsrahmens berücksichtigt und gelten mittlerweile in der gewachsenen Regulierungsstruktur im Energiesektor als Impulsgeber mit großer Beachtung.

Zentrale Akteure dieser Regulierungsstruktur sind auf Seiten der Regulierungsbehörden das auf Initiative von Nationalstaaten privat gegründete CEER und die von der Kommission hoheitlich geschaffene ACER. Von Seiten der Energiewirtschaft werden diese Regulierungsakteure ergänzt durch die Europäischen Netzwerke der Übertragungs- und Fernleitungsnetzbetreiber von Elektrizität und Gas (ENTSO-E und ENTSO-G), die auf Initiative der Europäischen Union mit dem Dritten Energiebinnenmarktpaket die Interessen der Netzbetreiber einfließen lassen. Gesammelt und verarbeitet werden diese Interessen und Impulse überwiegend durch die Europäische Kommission.

Die Mitgliedstaaten stecken mit ihren nationalen Regulierungsbehörden sowohl hinter als auch in dieser Regulierungsstruktur: Einerseits bilden sie eine Klammer um die Kommission als Herzstück der europäischen Energiebinnenmarktregulierung und andererseits geben sie über die privaten und hoheitlichen Regulierungsakteure politische und rechtliche Regulierungsimpulse, die von der Kommission regelmäßig mithilfe des Europäischen Parlaments und des Rates kodifiziert werden.

II. Definition von Organisationsmodellen

Es werden nun aufgrund der Rechtsgrundlagen der Regulierungsakteure im Energiesektor und durch die zusammenfassende Beschreibung ihrer Funktion innerhalb des Regulierungsgeschehens fünf typisierte Organisationsmodelle vom Entwickler über den Verarbeiter, Vorbereiter und Vollzieher bis zum Kontrolleur von Verwaltungsentscheidungen aufgestellt und definiert.

1. Organisationsmodell: Entwickler

Die Verwaltungsorganisationen des Forums der Europäischen Elektrizitätsregulierer in Florenz und des Forums der Europäischen Gasregulierer in Madrid sowie die ICER weisen strukturelle Ähnlichkeiten auf, die sich in einem gemeinsamen Organisationsmodell zusammenfassen lassen. Diese Regulierungsakteure haben weder kodifizierte Rechtsgrundlagen noch eine konstitutive Rechtsform. Es handelt sich um freiwillige Plattformen zur Vernetzung von staatlichen und privaten Regulierungsakteuren, deren materiell-rechtliche Rechtsgrundlagen in hoheitlichen Beschlüssen oder politischen Erklärungen liegen, die über Ziele und Zwecke hinaus keine weiteren rechtlichen Vorgaben enthalten. Ohne hierarchische Über- oder Unterordnungen können offene Diskussionen stattfinden, gegenseitiges Verständnis gewonnen und einstimmige Erklärungen abgegeben werden. Zentrale Aufgabe dieses Organisationsmodells ist es, eine Zusammenarbeit mehrerer Beteiligter mit unterschiedlichen Informationen und Ressourcen zu fördern und die Verantwortung auf supranationaler Ebene zu übernehmen. Ziel ist es, durch einen informellen Informationsaustausch über Entwicklungen im Energiesektor aus verschiedenen Perspektiven bestehende Regulierungserfahrungen zusammenzutragen und ein Regulierungswissen aufzubauen. Darüber hinaus kommen diesen Verwaltungsorganisationen keine verbindlichen Kompetenzen zu, doch die Akteure vermögen gemeinsame Standpunkte in Berichten mit Empfehlungen und Leitlinien zu fassen, um Mindeststandards für die Regulierung des Energiesektors zu formulieren.

Diese Verwaltungsorganisationen sind sowohl horizontal als auch vertikal in Organisationszusammenhänge eingebunden. Zunächst erfolgt eine horizontale Verbindung staatlicher und privater Akteure in der Energiewirtschaft, die wiederum vertikal durch an europäische Einrichtungen und Organe gerichtete Empfehlungen und Leitlinien aktiv eingebunden und berücksichtigt werden. Auch wenn diese Handlungsformen als Soft Law praktisch keine Rechtswirkungen entfalten können, geben sie Impulse, die für die Rechtsetzung auf europäischer und nationaler Ebene maßstabgebend sind.

Die genannten Regulierungsakteure können als Organisationsmodell des *Entwicklers* zusammengefasst werden. Es besteht aus privat und hoheitlich begründeten Verwaltungsorganisationen, die überwiegend einen informationellen Austausch schaffen und die Wissensgenerierung fördern. Um nicht auf den kleinsten gemeinsamen Nenner reduziert zu werden, zielt der Entwickler auf das größte gemeinsame Vielfache, das meist im Bereich gegenseitiger Information und Kooperation liegt. Hieraus werden regelmäßig unverbindliche, jedoch praktisch anerkannte Regulierungsimpulse entwickelt, die im weiteren europäischen Rechtsetzungsprozess faktisch beachtet werden.

2. *Organisationsmodell: Verarbeiter*

Das CEER sowie dessen Vorgänger, die ERGEG, stehen für ein Organisationsmodell, das Regulierungsimpulse aufnimmt und sie für die unionale Regelsetzung aufbereitet.

Diese Verwaltungsorganisationen beruhen auf Satzungen und Verfahrensregeln als Rechtsgrundlage, die Zweck, Mitgliedschaft und Verfahren der Regulierungsakteure bestimmen. Sie wurden durch hoheitlichen Beschluss beziehungsweise private Satzung begründet, was ihnen nur eine schwache Rechtsform verleiht. Sie verkörpern hoheitliche beziehungsweise private Vereinigungen von Regulierungsbehörden, die sich von den Interessen der Marktteilnehmer in der Elektrizitäts- und Gaswirtschaft wie auch vom Einfluss europäischer Organe und Einrichtungen frei machen. Zentrale Aufgaben liegen in der Übernahme der Regulierungsimpulse des Entwicklers, die in einen Erfahrungsaustausch aufgenommen werden, um zur Ausarbeitung von Regulierungsprogrammen beizutragen und deren einheitliche Umsetzung auf nationaler Ebene zu gewährleisten. Darüber hinaus kommen diesen Verwaltungsorganisationen keine verbindlichen Kompetenzen, sondern nur unverbindliche Anhörungs- und Beratungsrechte zu. Die Akteure können jedoch gemeinsame Standpunkte in unverbindliche Empfehlungen und Leitlinien fassen, um Mindeststandards für die Regulierung des Energiesektors zu formulieren und den Rechtsetzungsprozess zu begleiten.

Die genannten Verwaltungsorganisationen sind in horizontale Organisationszusammenhänge mit gleichgestellten Akteuren eingebunden, aber auch einseitig den vertikalen Organisationszusammenhängen im Verwaltungsverbund unterworfen. Einerseits werden nationale Impulse aus der Energiewirtschaft durch die Regulierungsbehörden kanalisiert und andererseits können die nationalen Regulierungsbehörden gemeinsam Einfluss auf die Programmierung des Regulierungsrahmens auf europäischer Ebene nehmen.

Aufgrund ihrer Tätigkeit der Beratung und Vermittlung bei der Regelsetzung, insbesondere in Bezug auf die Verbindung der Interessen der nationalen Regulierungsbehörden, können die genannten Verwaltungsorganisationen mit dem Organisationsmodell eines *Verarbeiters* beschrieben werden. Auch wenn sie faktisch nur eine Mittlerrolle bei der Verarbeitung von Impulsen aus der Energiebranche für die Europäischen Organe und Einrichtungen einnehmen, haben sie in der Praxis eine enorme Bedeutung, da sie unabhängigen Regulierungssachverstand vereinen.

3. Organisationsmodell: Vorbereiter

Die ACER, die ENTSOs und die Kommission können einem weiteren Organisationsmodell zugeordnet werden, da sie mit Prioritätenlisten, Rahmenleitlinien und Netzkodizes bestimmte Regelungen vorbereiten, die die europäischen Rechtsetzungsorgane und die nationalen Gesetzgeber zu verbindlichen Regeln in den Mitgliedstaaten formulieren.

Die Verwaltungsorganisationen haben ihre Rechtsgrundlagen im europäischen Primär- und Sekundärrecht, aus denen sich auch ihre Rechtsform ergibt. Die europäischen Verträge bestimmen die Organe der Europäischen Union, während durch Richtlinien und Verordnungen sowohl hoheitliche Einrichtungen der Union aus Vertretern der Mitgliedstaaten als auch private Netzwerke von nationalen Interessenverbänden „unter den Augen“ der Kommission geschaffen werden. So kann das vorhandene Fach- und Expertenwissen gebündelt und die Kommission bei der Durchführung ihrer politischen Aufträge und exekutiven Maßnahmen unterstützt werden. Zentrale Aufgaben der betreffenden Akteure liegen in der Aufnahme der Regulierungsimpulse der Modelltypen des Entwicklers und Verarbeiters und der Schaffung von konkreten Rahmenregelungen auf europäischer Ebene. Gleichwohl fehlen auch diesem Organisationsmodell wesentliche eigene Entscheidungskompetenzen zur verbindlichen Regelsetzung. Vielmehr erschöpfen sich die Kompetenzen in verbindlichen Anhörungs-, Beteiligungs-, Vorschlags- und Entwurfsrechten bei Regelsetzung und -vollzug.

Besondere Bedeutung kommt den Organisationszusammenhängen zu. Formal werden Organisationszusammenhänge zwischen den Akteuren bereits im europäischen Sekundärrecht geschaffen, die durch die Beteiligung von Behörden und Interessenverbänden in den Mitgliedstaaten auch mit materiellen Informationsbeziehungen ausgefüllt werden. Im Wege des europäischen Rechtsetzungsverfahrens werden Regulierungsprogramme für die Regulierungsbehörden vorgegeben. Zunächst ermöglichen horizontale Organisationszusammenhänge unter den nationalen Regulierungsbehörden und privaten Interessenverbänden eine Koordination von Standpunkten, die wiederum wechselseitig in die jeweils komplementäre Einrichtung als Entwurf beziehungsweise Vorschlag eingebracht werden. Das Arbeitsergebnis wird als Rechtsetzungsprogramm auf die vertikal übergeordnete Verwaltungsebene zur Annahme und Verabschiedung gebracht. Dadurch gewinnt das Organisationsmodell des Vorbereiters einen indirekten Einfluss auf Entscheidungen.

Die Verwaltungsorganisationen nehmen als *Vorbereiter* eine Schlüsselrolle bei der Regelsetzung zwischen den mitgliedstaatlichen Interessen und den europäischen Gesetzgebungsorganen ein. Sie entwerfen auf europäischer Ebene Regelungsprogramme, die zunächst von den unionalen Rechtsetzungsorganen in Verordnungen und Beschlüssen kodifiziert sowie anschließend sowohl von den nationalen Gesetzgebern in Gesetzen und Rechtsverordnungen als auch von den nationalen Regulierungsbehörden in Festlegungen und Entscheidungen konkretisiert werden.

4. Organisationsmodell: Vollzieher

Die Bundesnetzagentur für Elektrizität, Gas, Telekommunikation, Post und Eisenbahnen und die Landesregulierungsbehörden in der Bundesrepublik Deutschland sowie die Kommission in der Europäischen Union stehen innerhalb der hier entworfenen Systematik für dasselbe Organisationsmodell, nämlich das des *Vollziehers*.

Die Rechtsgrundlagen finden sich einerseits im europäischen Primär- und Sekundärrecht, andererseits in nationalen Fachgesetzen. Auf europäischer Ebene handelt es sich um Organe oder Einrichtungen der Europäischen Union, während auf nationaler Ebene fachlich spezialisierte Behörden im Bund und in den Ländern zuständig sind. Die Aufgaben der genannten Akteure umfassen die Regulierung nichtpreislicher und preislicher Diskriminierungen von Marktteilnehmern. Zur Vermeidung nichtpreislicher Diskriminierungen bestimmen die Regulierungsakteure die technischen Netzanforderungen, verbessern die Netzanschlussbedingungen, beseitigen die Netzzugangshindernisse und gewährleisten die Sicherstellung der Netzstabilität. Zur Beseitigung preislicher Diskriminierungen der Marktteilnehmer bestimmen die Regulierungsbehörden die Methoden zur Berechnung sowie die Bestandteile und die Höhe von Netzentgelten. Die Kompetenzen reichen vom Beschluss von Regulierungsprogrammen bis zum Vollzug von Regulierungsmaßnahmen, um sowohl preisliche als auch nichtpreisliche Diskriminierungen der Marktteilnehmer zu vermeiden. Hierzu zählen insbesondere die Regulierung des Netzzugangs, die Bestimmung von Netzleistungen und Netzstandards mit grenzüberschreitendem Bezug sowie der Erlass von Entscheidungen zu Netzanschluss, Netzzugang und Netzentgelt auf dem jeweils zuständigen Gebiet.

Besondere Bedeutung kommt den Organisationszusammenhängen zu: Das Modell des indirekten Vollzugs von Unionsrecht auf der Ebene der Mitgliedstaaten wird zunehmend durchbrochen. Entgegen dem Grundsatz der begrenzten Einzelermächtigung und dem Subsidiaritätsprinzip trifft die Kommission Entscheidungen mit unmittelbarer Wirkung für die Mitgliedstaaten aufgrund „grenzüberschreitender Bedürfnisse". Das führt dazu, dass die unionalen Vollzugskompetenzen die Reichweite der nationalen Vollzugskompetenzen einschränken, da einseitige, vertikale Handlungsformen das Verwaltungshandeln in den Mitgliedstaaten bestimmen, die hierfür wiederum einseitig zur Informationsweitergabe verpflichtet sind. Anders stellt es sich auf nationaler Ebene in Deutschland dar, wo zwischen der Bundes- und der Landesverwaltung zweiseitig Informationen ausgetauscht werden. Die einseitigen, vertikalen Pflichten zur Bereitstellung von Informationen der Landeseinrichtungen gegenüber den Bundeseinrichtungen werden wiederum durch die Beteiligung der Bundesnetzagentur und eine zweiseitige, horizontale Koordination auf Landesebene ausgeglichen.

Der *Vollzieher* ist das zentrale Organisationsmodell im Bereich der Regulierung des Energiesektors. Akteure vom Modelltyp des Vollziehers treffen direkte und unmittelbare Entscheidungen zur Regulierung. Die Verwaltungsorganisationen haben direkten Einfluss auf die Entscheidungen der Regulierung des Energiesektors. Vor diesem Hintergrund erscheinen die Organisationszusammenhänge in der Bundesrepublik Deutschland ausgeglichen, während sich in den Organisationszusammenhängen im Mehrebenensystem eine Dominanz der europäischen Organe ausbildet, die den Vollzug prägt.

5. Organisationsmodell: Kontrolleur

Der Einfluss auf Regulierungsentscheidungen endet nicht mit deren Vollzug, vielmehr muss die Umsetzung der Regelsetzung beobachtet werden. Dies übernehmen sowohl privat als auch hoheitlich geschaffene Akteure. Das CEER, die ACER, die ENTSOs und die nationalen Regulierungsbehörden bilden in der Eigenschaft als *Kontrolleure* ein letztes, übergreifendes Organisationsmodell. Sie nehmen damit jeweils eine Doppelrolle ein, die von den Erscheinungen des Entwicklers, Verarbeiters und Vorbereiters begleitet wird. Daher kommt diesem Organisationsmodell eine Zwitterstellung zu, da sie Entscheidungen kontrollieren, an deren Entwicklung, Verarbeitung oder Vorbereitung sie selbst mitgewirkt haben.

Die Rechtsgrundlagen variieren in ihren Erscheinungen. Daher reichen die Rechtsformen der Regulierungsakteure von Foren über private und hoheitliche Vereinigungen von Regulierungsbehörden bis zu europäischen Organen und nationalen Behörden. Die Aufgaben erstrecken sich von einer Bewertung einer gemeinsamen und einheitlichen Umsetzung und Anwendung des Unionsrechts über eine Überwachung der Übereinstimmung der Umsetzungsmaßnahmen mit den Netzkodizes bis zur Beobachtung von Netzzugang und Netzentgelten auf den Elektrizitäts- und Gasmärkten. Indes fehlen überwiegend verbindliche Kompetenzen zur Sanktionierung im Falle der Nichterfüllung von regulatorischen Vorgaben. Bei der Nichteinhaltung von Regulierungsentscheidungen kann einzig die Kommission unter engen Voraussetzungen mögliche Fehlregulierungen korrigieren oder ersetzen.

Zusammenfassend erledigen die Regulierungsakteure, die dem Organisationsmodell des *Kontrolleurs* angehören, Aufgaben des Registrierens, Auswertens und Berichtens bezüglich der Entscheidungen der Regulierungsakteure im Energiesektor. Diese Rolle wird von einer Vielzahl von Regulierungsakteuren übernommen, die ihre primäre Rolle bereits in einem der zuvor vorgestellten Organisationsmodelle gefunden haben. Sie finden sich auf nationaler und supranationaler Ebene, da es auf allen Rechtsebenen einzelne Regulierungsakteure gibt, die mit der Kontrolle von Regulierungsentscheidungen betraut sind. Solange keine Organisation ausschließlich zuständig ist und die Umsetzung oder Einhaltung von Regulierungsentscheidungen kontrollieren und sanktionieren kann, fehlt diesem Organisationsmodell der Einfluss.

Die zentrale Handlungsform des Kontrolleurs ist der Bericht, der lediglich ein weiches Instrument darstellt und vertretbaren öffentlichen Druck erzeugt, während harte Durchgriffs- oder Sanktionskompetenzen fehlen. Obwohl zwischen den nationalen Regulierungsbehörden zweiseitige, horizontale Organisationszusammenhänge bestehen, erfolgt die Umsetzung der regulatorischen Vorgaben zur Schaffung eines Energiebinnenmarktes mit nationalen Unterschieden. Daraus folgt, dass die Wirksamkeit der Organisationszusammenhänge zur umfassenden und zeitnahen Vermeidung von diskriminierendem Verhalten gegenüber Marktteilnehmern in der Praxis noch nicht ausreichend ist. Indes können die Ergebnisse des Kontrolleurs bei den in Doppelrollen agierenden Akteuren wieder in die Entwicklung, Verarbeitung und Vorbereitung zukünftiger Regulierungsimpulse einfließen.

III. Zusammenfassung zur Systematisierung des Regulierungsgeschehens im europäischen Energiebinnenmarkt in fünf Organisationsmodellen

Die oben dargestellten fünf typisierten Organisationsmodelle systematisieren unterschiedliche Erscheinungsformen von Regulierungsakteuren im Energiesektor. Die Verwaltungsorganisationen wirken mit ihren jeweiligen Handlungsformen an Entscheidungsgrundlagen, Entscheidungsimpulsen, Entscheidungsprogrammen und den finalen Entscheidungen mit und kontrollieren deren Umsetzung. Sowohl das Zusammenwirken der Organisationsformen als auch das jeweilige Organisationshandeln der Regulierungsakteure spiegelt sich in den Rechtswirkungen wider.

Die Unterscheidung in die Modelltypen geht auf die Rechtsgrundlagen zurück, die eine Rechtsform sowie bestimmte Aufgaben und Kompetenzen bestimmen, die – zusammen mit den allmählich in der Praxis entstandenen realen Bewirkungsformen – sich wiederum in den Organisationszusammenhängen in eine „Reihenfolge“ der Akteure einordnen. Diese Reihenfolge spiegelt den Einfluss der Verwaltungsorganisationsmodelle auf Entscheidungen wider. Grafisch lässt sich das wie folgt im Zusammenhang darstellen (Abb. 6.1):

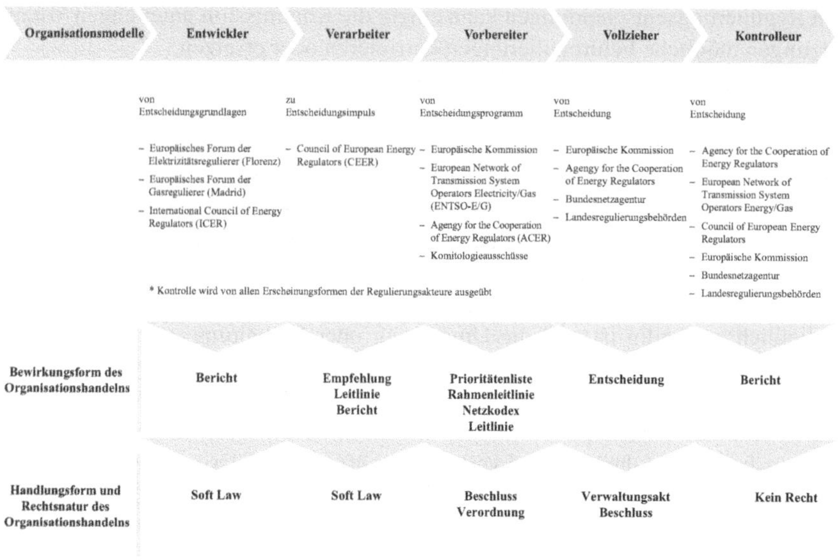

Abb. 6.1 Zusammenhang zwischen Organisationsmodellen und deren Einfluss auf Entscheidungen durch Bewirkungsformen und dahinter stehende Handlungsformen mit Rechtswirkungen

Im Einzelnen lässt sich die Einordnung der Regulierungsakteure wie folgt begründen:

Dem Organisationsmodell des Entwicklers fehlen konstitutive Rechtsgrundlagen, die ihm eine feste Rechtsform oder verbindliche Aufgaben und Kompetenzen geben. Deshalb erzeugen die jeweiligen Regulierungsakteure entweder kein Recht oder nicht mehr als rechtlich unverbindliches, wenn auch praktisch bedeutsames Soft Law. Doch die Erscheinungsformen des Entwicklers repräsentieren die gesamte europäische Wertschöpfungskette der Energiewirtschaft und die nationalen Regulierungsbehörden. So ermöglicht dieses Organisationmodell einen Informations- und Erfahrungsaustausch zur Entwicklung zukünftiger oder zur Reform bestehender Regulierungsprogramme. Die hier zusammengefassten Verwaltungsorganisationen dienen als informelles Gegenstück zu den unionalen Organen und Einrichtungen im Energiebinnenmarkt.[3]

Das Organisationsmodell des Verarbeiters hat sich von einer hoheitlich geschaffenen zu einer privat gegründeten Gruppe von nationalen Regulierungsbehörden verändert. Da das CEER nicht hoheitlich von der Kommission, sondern privat von nationalen Regulierungsbehörden geschaffen wurde, fehlen ihm rechtliche Handlungsformen, sodass es ebenfalls nur vorbereitendes oder konkretisierendes Soft

[3] Conclusions of the 1st European Electricity Regulation Forum vom 05./06. Februar 1998, Introduction, S. 1; Conclusions of the 1st European Gas Regulatory Forum vom 30. September/01. Oktober 1999, S. 1.

Law erlassen kann. Gleichwohl sind die Stellungnahmen und Leitlinien des CEER gegenüber der Kommission inhaltlich und politisch unabhängiger, als es die der ERGEG waren und als es die der ACER sind, da die Kommission nur noch als Beobachter und nicht mehr als Initiator der fachlichen Verarbeitung beteiligt ist. Damit kommt dem CEER als ‚exklusivem Club der nationalen Regulierungsbehörden' ohne Einfluss der Energiewirtschaft oder der Kommission faktisch eine bedeutende Rolle in der Verarbeitung von Impulsen für die Vorbereitung von Regulierungsprogrammen durch die europäischen Einrichtungen und Organe zu. Das CEER formalisiert eine supranationale Zusammenarbeit von Behörden, um grenzüberschreitende Problemstellungen fachlich zu koordinieren und die Verwaltungspraxis anzupassen.

Das Organisationsmodell des Vorbereiters spiegelt die gesamte Bandbreite europäischer Regulierungsakteure wider. Die ENTSOs sind eine Vorstufe zu einem europäischen Netzbetreiber und bringen zunächst den technischen Sachverstand der Netzbetreiber in den nationalen Energiemärkten ein. Hierdurch können Informationsdefizite der Regulierungsbehörden ausgeglichen werden. Dadurch fließen jedoch auch private Interessen einzelner Netzbetreiber oder von Verbänden von Netzbetreibern ein, die auf die hoheitliche Regulierung Einfluss nehmen. Daher kann es im Einzelfall zu einer regulatorischen Vereinnahmung („Regulatory Capture") in Verbindung mit Lobbyarbeit bei der Kommission und bei nationalen Ministerien kommen. Mit dieser Konstellation, die letztlich auf eine Initiative der Kommission zurückgeht, welche die entsprechenden Regelungen in das Dritte Energiebinnenmarktpaket eingebracht hat, werden die nationalen Regulierungsbehörden weiter entmachtet und diejenigen, die eigentlich reguliert werden sollen, gestärkt. Dadurch verschiebt sich der Einfluss der nationalen Regulierungsbehörden bei der Abstimmung regionaler Regeln auf die Netzbetreiber. Das kann für die Regulierung des bundesdeutschen Energiemarktes auch nicht dadurch kompensiert werden, dass jeweils vier deutschen Übertragungs- und Fernleitungsnetzbetreibern in der Regel ein Netzbetreiber in den meisten anderen Mitgliedstaaten gegenübersteht. Da die deutschen Netzbetreiber wiederum an neun Landesgrenzen kompatible Regeln finden müssen, werden in der Regel politische, ökonomische oder technische Zugeständnisse erforderlich. Hier drückt sich erneut das Grunddilemma der Regulierung eines Marktes aus: Einerseits braucht eine effektive Regulierung umfangreiche Informationen von den Regulierten, doch durch deren Einbindung werden nicht nur ihre Informationen, sondern auch ihre Interessen in den Regulierungsprozess aufgenommen, was eine Privilegierung gegenüber anderen Akteuren in der Energiewirtschaft darstellt und die Effektivität bedroht.

Dagegen repräsentiert die ACER die nationalen Regulierungsbehörden und deren Interesse an einer wettbewerbsschaffenden Regulierung. Zugleich bindet die ACER auch den Sachverstand der mitgliedstaatlichen Regulierungsbehörden ein. Dadurch erscheint die ACER als Zwitterwesen zwischen den mitgliedstaatlichen Regulierungsbehörden und der europäischen Kommission. Die Plattform zur Kooperation der nationalen Regulierungsbehörden wird dazu genutzt, Vorarbeiten für die Europäische Kommission zu leisten, die darauf aufbauend für sich erforderliche, grenzüberschreitende Bezüge zur Regelung von Sachverhalten in den Mitgliedstaaten großzügig annimmt.

Dadurch gestaltet die Kommission nicht nur als Vorbereiter von Richtlinien und Verordnungen, sondern auch als Vorentscheider durch Leitlinien zunehmend grenzüberschreitende Märkte. Bisher kam den Komitologieausschüssen eine Schlüsselrolle in der direkten Rechtsetzung der Kommission durch Leitlinien in den Mitgliedstaaten zu. Die Vertreter der Mitgliedstaaten konnten über die Komitologieausschüsse die delegierte Rechtsetzung der Kommission kontrollieren. Hingegen wird infolge des veränderten Verfahrens der delegierten Rechtsetzung im AEUV der direkte Einfluss der Mitgliedstaaten durch eine nunmehr eingeführte mittelbare Kontrolle durch das Europäische Parlament und den Rat weiter reduziert. Die Ausweitung der Leitlinienbefugnisse der Kommission im Dritten Energiebinnenmarktpaket hat die Voraussetzungen geschaffen, die mit einer Überführung der Leitlinienrechtsetzung in das Verfahren des AEUV zu einer weitreichenden und unmittelbaren Programmierung des nationalen Vollzugs führen. Die Kommission hat durch den Entwurf der Elektrizitäts- und Gas-Richtlinien im Dritten Energiebinnenmarktpaket die Einrichtung der ENTSOs angestoßen und durch die Verordnung zur Errichtung einer europäischen Agentur die Rolle der ACER programmiert, die der Kommission als *Spinnennetz* dient, um über die Mitwirkung bei der Vorbereitung von Rechtsetzungsinitiativen für das Europäische Parlament und den Rat bis zur Letztentscheidung als Vollzieher von Leitlinien Einfluss zu nehmen.

Der Vollzieher setzt die Vorgaben der unionalen Verordnungen und Beschlüsse sowie des nationalen Energiewirtschaftsrechts in einer differenzierten und aufeinander abgestimmten Kompetenzaufteilung auf nationaler Ebene im Bund und in den Ländern durch. Gleichwohl wird der Rechtsvollzug durch die Regulierungsbehörden in der Bundesrepublik Deutschland zunehmend durch die europäischen Vorgaben wie Netzkodizes und Leitlinien der Kommission programmiert, sodass die nationalen Entscheidungsspielräume in der Energieregulierung eingeschränkt werden.

Das Organisationsmodell des Kontrolleurs repräsentiert auf supranationaler Ebene verschiedene Verwaltungsorganisationen, die neben ihren Verarbeitungs- und Vorbereitungsaufgaben auch Kontrollaufgaben mit der Kompetenz zu bilateralen Feststellungen („Naming and Shaming“[4]) sowie allgemeinen Bewertungen und Berichten haben, denen jedoch keine Rechtsqualität oder höchstens Soft-Law-Charakter zukommt. Dagegen unterliegen die Verwaltungsakteure auf nationaler Ebene der juristischen Kontrolle durch die Oberlandesgerichte, die die Entscheidungen jedoch nur auf Verfahrensfehler und nicht auf fachliche Unstimmigkeiten überprüfen können. Auf unionaler Ebene können die Gerichte die Regulierungsentscheidungen der Organe, Einrichtungen und sonstigen Stellen der Europäischen Union auf Nichtigkeitsgründe untersuchen sowie die Gültigkeit und Auslegung einer unionalen Regulierungsmaßnahme bestimmen.

[4] *M. Knauff*, Der Regelungsverbund, 2010, S. 375.

Kapitel 7 Schlussbetrachtung zur Organisation der Regulierungsverwaltung im Energiesektor

Das Ziel der Untersuchung war es, anhand der Rechtsgrundlagen von nationalen und supranationalenVerwaltungsorganisationen den Einfluss von Organisationsformen auf das Entscheidungsverfahren und das Entscheidungsergebnis in der Regulierungsverwaltung im Energiesektor zu bestimmen. Die Rechtsgrundlagen bilden das Rückgrat von Verwaltungsorganisationen, denn sie enthalten die grundlegenden Elemente, die sowohl die Organisationsform als auch das Organisationshandeln bestimmen.

Die Organisationsform programmiert die (Un-)Abhängigkeit der Regulierungsakteure in Bezug auf das Entscheidungsverfahren und -ergebnis, was sich in der Natur der Handlungsformen und deren Rechtswirkungen widerspiegelt (I.). Doch im Rahmen ihrer jeweiligen Organisationsform versuchen die Regulierungsakteure durch unterschiedliches Organisationshandeln an Einfluss auf das Entscheidungsverfahren sowie das Entscheidungsergebnis zu gewinnnen (II.). Dadurch kann die Verwaltungsorganisation der Regulierungsverwaltung im Energiesektor zu einem Paradigma der Organisation der gesamten Regulierungsverwaltung werden. Die Organisationsarrangements bestimmen das Entscheidungsverfahren und das Entscheidungsergebnis mit dem Ziel, die eigene Entscheidungsmacht zu maximieren. So wird abschließend ein Ausblick auf die weitere Entwicklung der Regulierungsverwaltung im Energiebinnenmarkt eröffnet (III.).

I. Korrelation zwischen Handlungsformen und deren Rechtswirkungen einserseits und der Unabhängigkeit der Regulierungsakteure bei Entscheidungen andererseits

Die Rechtsgrundlagen bestimmen die Handlungsformen einer Verwaltungsorganisation. Aus den Handlungsformen lassen sich die späteren Rechtswirkungen ableiten und umgekehrt lässt sich aus den Rechtswirkungen auf die Art der Handlungsform

A. Wellerdt, *Organisation der Regulierungsverwaltung*,
https://doi.org/10.1007/978-3-662-56451-6_7

schließen. Besonders deutlich wird dieser Zusammenhang bei den Handlungsformen des CEER, der ACER, der Kommission und der Bundesnetzagentur. Sie alle haben unterschiedliche Rechtsformen: von einem privatrechtlichen Verein über eine Einrichtung und ein Organ der Europäischen Union bis zu einer mitgliedstaatlichen Behörde, was sich auch auf die jeweiligen Handlungsformen und deren rechtlichen Einfluss auf Entscheidungen auswirkt. Je unabhängiger ein Regulierungsakteur organisiert ist und handeln kann, desto größer ist sein Einfluss, durch verbindliche Verpflichtungen die Marktteilnehmer zu regulieren.

Das CEER kann Erfahrungen von Regulierern und Regulierten aus der Praxis in rechtlich unverbindlichen Empfehlungen und Leitlinien zur Regulierung nichtpreislicher Diskriminierungen von Netzbetreibern und Verbrauchern verarbeiten. Indes müssen diese Handlungsformen durch die unionalen Organe verrechtlicht werden, um durchsetzbar zu werden. Sowohl das Verfahren zur Gewinnung von Entscheidungen als auch das Ergebnis der Entscheidung ist vom Zusammenwirken aller beteiligten nationalen Regulierungsbehörden abhängig.

Die ACER ist ein weitgehend von der Kommission abhängiger Verwaltungsunterbau, dessen Handlungsformen nur eingeschränkte Rechtswirkungen entfalten. Sowohl die Rahmenleitlinien als auch die Empfehlungen und Stellungnahmen der ACER sind bloß vorbereitendes Soft Law. Rahmenleitlinien bereiten die Entwicklung von Netzkodizes vor, während Stellungnahmen an die Kommission sowie Empfehlungen an die nationalen Regulierungsbehörden in den Mitgliedstaaten eines Umsetzungsaktes bedürfen, um rechtliche und nicht nur faktische Wirkung zu entfalten, weshalb gegen diese Handlungsformen auch kein Rechtsschutz eröffnet wird.

Die Kommission verselbständigt sich zunehmend zu einem unabhängigen Regulierungsakteur. Die Entscheidungen zum Erlass von Netzkodizes oder Leitlinien erfolgen innerhalb der Direktorate quasi gerichtsähnlich. Diesen Handlungsformen kommen die Rechtswirkungen einer Verordnung beziehungsweise eines Beschlusses nach Art. 288 AEUV zu, die für die Adressaten – nationale Netzbetreiber oder Regulierungsbehörden – unmittelbar verpflichtend und verbindlich sind. Sie lassen nur noch geringe eigene Umsetzungsspielräume für die Adressaten, wodurch jedoch zugleich ein umfassender Rechtsschutz vor unionalen Gerichten eröffnet wird.

Größerer Einfluss kommt im nationalen Bereich nur noch der Bundesnetzagentur zu. Sie kann durch unabhängige, gerichtsähnlich organisierte Beschlusskammern urteilsähnliche Entscheidungen in Form eines Verwaltungsaktes oder einer Allgemeinverfügung an die Netzbetreiber treffen und damit – anders als die ACER und die Kommission – nicht nur nichtpreisliche, sondern besonders auch preisliche Diskriminierungen von Marktteilnehmern regulieren.

Im Ergebnis wird deutlich, dass die Vielzahl an privaten und hoheitlichen Regulierungsakteuren in der Mehrebenenverwaltung überwiegend freiwillig oder eingeschränkt verpflichtende Handlungsformen besitzt, während die verbindlichen Regulierungsprogramme durch die Kommission beschlossen werden. Durch die Schaffung von Rechtsformen wie Leitlinien und Netzkodizes nimmt der Einfluss der Kommission auf Entscheidungen in den Mitgliedstaaten mangels Kontrolle durch das Europäische Parlament und den Rat im Rechtsetzungsverfahren erheblich zu.[1] Die Kommission trifft im Ergebnis urteilsähnliche Entscheidungen, die die Entscheidungsverfahren der Regulierungsakteure im Verwaltungsverbund beeinflussen und sich auf das Entscheidungsergebnis – im Fall von Leitlinien bis an die Grenzen des Regel-Ausnahme-Verhältnisses des Verwaltungsvollzugs in der Europäischen Union – auswirken. Dagegen liegt die Letztentscheidung im Sinne des unionsrechtlichen Subsidiaritätsprinzips noch bei den nationalen Regulierungsbehörden. In Deutschland ist die Bundesnetzagentur der zentrale Regulierungsakteur auf nationaler Ebene und in allen supranationalen Regulierungsgremien vertreten, wodurch ihr ein Gegengewicht zur Kommission zukommt.

II. Streben der Regulierungsakteure nach Einflussgewinn im Regulierungsprozess

Alle Regulierungsakteure streben unabhängig von ihrer jeweiligen Rechtsgrundlage und den damit verbundenen Bewirkungs- und Handlungsformen nach größtmöglichem Einfluss auf die Verwaltungsentscheidungen im Regulierungsprozess.

Bereits die Europäischen Regulierungsforen für Elektrizität und Gas sowie vor allem das CEER beeinflussen selbst mit weichen Bewirkungsformen wie Ergebnisprotokollen oder Leitlinien mit Empfehlungen – wenn auch rechtlich unverbindlich, aber doch politisch entscheidend – die Regulierungsentscheidungen der ACER, der ENTSOs und der Kommission zur Setzung von Netzkodizes oder Leitlinien.

Die ENTSOs streben durch die Einbindung in das Verfahren der Regelsetzung von Netzkodizes nach möglichst großem Einfluss auf die Setzung ihres eigenen Regulierungsrahmens, was ihnen in der Praxis teilweise größeren Einfluss auf die Kommission eröffnet hat, als ihn die Mitgliedstaaten über die Komitologieausschüsse oder die Regulierungsbehörden über die ACER nehmen können.

In der Zukunft des Energiebinnenmarkts strebt die Kommission eine noch zentralere und einflussreichere Rolle zur „dynamischen Lenkung der Energieunion" an.[2] Diese Lenkungsrolle erstreckt sich sowohl auf die ACER als auch auf die Netzbetreiber.

[1] *Europäische Kommission*, Mitteilung zu Verbesserte Möglichkeiten für die Energieverbraucher vom 15.07.2015, KOM (2015), 339 endg., S. 11 f.; dies., Mitteilung zur Rahmenstrategie für eine krisenfeste Energieunion mit einer zukunftsorientierten Klimaschutzstrategie vom 25.02.2015, KOM (2015), 80 endg., S. 13 f.

[2] *Europäische Kommission*, Mitteilung zur Rahmenstrategie für eine krisenfeste Energieunion mit einer zukunftsorientierten Klimaschutzstrategie vom 25.02.2015, KOM (2015) 80 endg., S. 21; Art. 63 Proposal for a Directive of the European Parliament and of the Council on common rules for the internal market for electricity, 30.11.2016, COM(2016) 864 final; Art. 55–57 Proposal for a Regulation of the European Parliament and of the Council on the internal market for electricity, 30.11.2016, COM(2016) 861 final.

Im Ergebnis geht mit der geplanten Europäisierung der Regulierungsverwaltung sowohl eine Ausweitung des Organisationshandelns als auch eine Verschiebung der Organisationsformen einher, die den Einfluss der nationalen Regulierungsbehörden auf die Entscheidungen zur Regulierung des Energiesektors einschränken. Insbesondere durch die zunehmende Ermächtigung zum Erlass von Leitlinien kann die Kommission die Regulierungsentscheidungen in den Mitgliedstaaten weitreichend vorbestimmen, was rechtlich schwere Spannungen aufwirft.

Die in dieser Untersuchung entwickelte Modellbildung ermöglicht es, eine Vielzahl von Verwaltungsorganisationen in einem multipolaren Bereich wie der Wirtschaftsregulierung nach den Erkenntnissen zu Handlungsformen und Rechtswirkungen zu systematisieren. Zugleich gibt die Zuordnung einer Verwaltungsorganisation zu einem Organisationsmodell einen Rückschluss auf deren Handlungsformen und Rechtswirkungen. Hierdurch treten die Bedeutung der Verwaltungsorganisation und deren Einfluss auf Entscheidungen deutlich hervor. Organisationsarrangements bestimmen das Entscheidungsverfahren und das Entscheidungsergebnis mit dem Ziel, die eigene Entscheidungsmacht zu maximieren.

III. Ausblick

Die Initiative der Europäischen Kommission zur Schaffung einer Energieunion stellt die Grundlage für ein Viertes Energiebinnenmarktpaket dar, welches eine weitere Veränderung der Verwaltungsorganisationsarchitektur im Sinne einer zunehmenden Europäisierung und Zentralisierung der Regulierungsverwaltung anstrebt.[3] Dieser Prozess wird auf drei Ebenen durch die Schaffung europäischer Netzbetreiber, eine Stärkung der ACER und eine Steuerung durch die Kommission angestoßen.

Zunächst schlägt die Kommission eine Zentralisierung der jeweils nationalen Übertragungsnetzbetreiber durch die Schaffung weniger „regional operational centres“[4] als Vorstufe zur Schaffung „europäischer Netzbetreiber“ vor.[5] Dabei sollen durch die Einbindung der Netzbetreiber in ein Aufsichtsregime aktuell mögliche

[3] *Europäische Kommission*, Proposal for a Directive of the European Parliament and of the Council on common rules for the internal market for electricity, 30.11.2016, COM (2016) 864 final; Proposal for a Regulation of the European Parliament and of the Council on the internal market for electricity, 30.11.2016, COM (2016) 861 final; S. 7; Art. 31–41 Proposal for a Regulation of the European Parliament and of the Council establishing a European Union Agency for the Cooperation of Energy Regulators, 30.11.2016, COM (2016) 863 final, S. 6.

[4] *Europäische Kommission*, Options for future European Electricity System Operation vom Dezember 2015, S. 42; Proposal for a Directive of the European Parliament and of the Council on common rules for the internal market for electricity, 30.11.2016, COM (2016) 864 final; Proposal for a Regulation of the European Parliament and of the Council on the internal market for electricity, 30.11.2016, COM(2016) 861 final.

[5] *Europäische Kommission*, Mitteilung vom 15.07.2015 zur Einleitung des Prozesses der öffentlichen Konsultation zur Umgestaltung des Energiemarkts, KOM (2015) 340 endg., S. 13.

Interessenkonflikte zwischen den Interessen der Netzbetreiber und dem öffentlichen Interesse an einem gemeinsamen Energiebinnenmarkt ausgeglichen sowie gegenüber der jetzigen Kontrolle durch die ACER und die ENTSOs eine effizientere Umsetzung und Überwachung der Netzkodizes durch die Ausstattung der „regional operational centres“ mit bindenden Entscheidungskompetenzen gegenüber den Übertragungs- und Fernleitungsnetzbetreibern etabliert werden.[6] Ferner sollen die „regional operational centres“ in die Regulierungsarchitektur des Energie-Regulierungsverbunds eingebunden werden, indem sie verpflichtet werden, mindestens jährlich die Informationen aus ihrer Aufsichtstätigkeit sowohl der ACER als auch den nationalen Regulierungsbehörden bereitzustellen.[7] Das könnte der Anfang vom Ende der regulatorischen Vereinnahmung durch die ENTSOs sein, indem ein hoheitlicher Regulierungsakteur die Umsetzung und Anwendung der Netzkodizes überprüft. Dadurch könnte die Informationsasymmetrie zwischen den Netzbetreibern und den Regulierungsakteuren verringert und die Sonderrolle der ENTSOs zu Gunsten der ACER und der Kommission beschnitten werden.

Mit den geplanten Vorhaben einher geht eine kompetenzielle, personelle und finanzielle Stärkung der ACER sowohl gegenüber den Netzbetreibern als auch gegenüber den Mitgliedstaaten.[8] Im Einzelnen schlägt die Kommission eine Verschiebung von Kompetenzen der nationalen Regulierungsbehörden auf die ACER zum Erlass unmittelbar geltender und verbindlicher Beschlüsse vor,[9] was das Europäische Parlament in einer Stellungnahme bereits, entgegen vorheriger Empfehlungen seitens des Ausschusses des Europäischen Parlaments für Industrie, Forschung und Energie,[10] uneingeschränkt begrüßt hat.[11] Dagegen spricht sich die ACER selbst für eine Beibehaltung ihrer Koordinierungsfunktion durch eine stärkere Zusammenarbeit der nationalen Regulierungsbehörden aus und fordert nur zur Ausfüllung ihrer Monitoringaufgaben weitere Kompetenzen.[12] Die geplante Aufwertung der ACER als Verwaltungsunterbau der Kommission erscheint sowohl vor dem

---

[6] *ACER/CEER*, Joint response to European Commission's Consultation on a new Energy Market Design vom 07.10.2015, S. 26.

[7] *Europäische Kommission*, Proposal for a Regulation of the European Parliament and of the Council on the internal market for electricity, 30.11.2016, COM (2016) 861 final, Art. 43 Abs. 2.

[8] *Europäische Kommission*, Options for future European Electricity System Operation vom Dezember 2015, S. 43; *Europäisches Parlament*, Entschließung zu dem Thema „Auf dem Weg zur Umgestaltung des Energiemarkts“ vom 13. September 2016 (P8_TA_PROV(2016)0333), S. 69.

[9] *Europäische Kommission*, Mitteilung vom 15.07.2015 zur Einleitung des Prozesses der öffentlichen Konsultation zur Umgestaltung des Energiemarkts, KOM (2015) 340 endg., S. 13.

[10] *Ausschuss des Europäischen Parlaments für Industrie, Forschung und Energie (IETRE)*, Entwurf des Berichts über das Thema „Auf dem Weg zur Umgestaltung des Energiemarkts“ vom 27.01.2016, S. 4.

[11] *Europäisches Parlament*, Entschließung zu dem Thema „Auf dem Weg zur Umgestaltung des Energiemarkts“ vom 13. September 2016 (P8_TA_PROV(2016)0333), S. 70, 72.

[12] *ACER*, Empfehlung vom 30.05.2016, veröffentlicht als Recommendation 01-2016 am 02.06.2016, Rdnr. 8; *ACER/CEER*, Joint response to European Commission's Consultation on a new Energy Market Design vom 07.10.2015, S. 23, 25.

Hintergrund der Meroni-, als auch der ESMA-Rechtsprechung als unvereinbar mit der Rechtsform einer europäischen Regulierungsagentur. Eine stärkere Einbindung der nationalen Regulierungsbehörden in ACER düfte kaum ausreichend sein, um den Machtgewinn der ACER in Gestalt von Entscheidungskompetenzen gegenüber den Mitgliedstaaten zu begrenzen.[13]

Vor allem erscheint die nationale Regulierungsaufsicht weder ineffizient noch hemmt sie die Schaffung eines europäischen Energiebinnenmarkts,[14] während eine einheitliche europäische Regulierungsaufsicht im Einzelfall die Versorgungssicherheit als primärrechtliches Ziel des Europäischen Binnenmarktes gefährden könnte.[15] So lässt sich zum Schluss dieser Arbeit feststellen, dass Organisationsarrangements das Entscheidungsverfahren und das Entscheidungsergebnis mit dem Ziel bestimmen, die eigene Entscheidungsmacht zu maximieren. In diesem Sinne wäre es wünschenswert, vor dem Hintergrund des gewachsenen Einflusses der Europäischen Kommission durch die Regelungen des Dritten Legislativpakets für den Binnenmarkt eine Stärkung der ACER mit einem gleichzeitig höheren Einfluss der Mitgliedstaaten im laufenden Rechtsetzungsprozess für ein Viertes Binnenmarktpaket anzustreben.

[13] *ACER/CEER*, European Energy Regulators' Overview Paper, Initial Reactions to the European Commission's proposals on Clean Energy vom 23.01.2017, Nr. 19.

[14] *Ausschuss des Europäischen Parlaments für Industrie, Forschung und Energie* (*IETRE*), Entwurf des Berichts über das Thema „Auf dem Weg zur Umgestaltung des Energiemarkts" vom 27.01.2016, Begründung, Rdnr. 3.

[15] *Ausschuss des Europäischen Parlaments für Industrie, Forschung und Energie* (*IETRE*), Entwurf des Berichts über das Thema „Auf dem Weg zur Umgestaltung des Energiemarkts" vom 27.01.2016, Begründung, Rdnr. 3, 8.

Literatur

Akerlof, George A., The market for “lemons”: Quality, uncertainty and the market mechanism, The Quarterly Journal of Economics, Vol. 84. (1970), S. 488-500.

Albers, Marion, Umgang mit personenbezogenen Informationen und Daten, in: Hoffmann-Riem, Wolfgang/Schmidt-Aßmann, Eberhard/Voßkuhle, Andreas (Hrsg.), Grundlagen des Verwaltungsrechts – Band 2: Informationsordnung, Verwaltungsverfahren, Handlungsformen, 2. Aufl., München 2012, § 22 (S. 107-234).

Antweiler, Clemens/Nieberding, Felix, Rechtsschutz im neuen Energiewirtschaftsrecht, Neue Juristische Wochenschrift (NJW) 2005, S. 3673-3676.

Appel, Ivo, Methodik des Umgangs mit Ungewissheit, in: Schmidt-Aßmann, Eberhard/Hoffmann-Riem, Wolfgang (Hrsg.), Methoden der Verwaltungswissenschaft, Baden-Baden 2004, S. 329-336.

Appel, Markus, Genehmigungsrechtliche Fragen der Leitlinien für die transeuropäische Energieinfrastruktur, Energierecht (ER) 2017, S. 98-108.

Arndt, Felix, Vollzugssteuerung im Regulierungsverbund – Eine Typologie der Verwaltungskooperationsformen am Beispiel des Energiesektors, Die Verwaltung (DV) 39 (2006), S. 100-118.

Arrow, Kenneth J., Essays in the theory of risk-bearing, Amsterdam 1971.

Attendorn, Thorsten, Die Regulierungsbehörde als freier Marktgestalter und Normsetzer, Hamburg 2008.

Augsberg, Ino, Selbstreferenz als Gesetzgebungsprogramm, Kritische Vierteljahresschrift für Gesetzgebung und Rechtswissenschaft 2007, S. 236-255.

Augsberg, Steffen, Europäisches Verwaltungsorganisationsrecht und Vollzugsformen, in: Terhechte, Jörg Philipp (Hrsg.), Verwaltungsrecht der Europäischen Union, Baden-Baden 2011, § 6 (S. 201-271).

– : Der Staat als Informationsmittler, Deutsches Verwaltungsblatt (DVBl.) 2007, S. 733-741.

Baldwin, Robert/Cave Martin/Lodge, Martin (Hrsg.), Understanding Regulation: theory, strategy and practice, 2. Aufl. Oxford 2012.

Bang, Henrik P., Introduction, in: Bang, Henrik P. (Hrsg.), Governance as social and political communication, Manchester 2003.

Bast, Jürgen, Rechtsschutz im europäischen Verwaltungsrecht, in: Terhechte, Jörg Philipp/Leible, Stefan (Hrsg.), Enzyklopädie Europarecht (EnzEuR) Band 3 – Europäisches Rechtsschutz- und Verfahrensrecht, Baden-Baden 2014, § 35 (S. 1335-1355).

– : Grundbegriffe der Handlungsformen der EU entwickelt am Beschluss als praxisgenerierter Handlungsform des Unions- und Gemeinschaftsrechts, Berlin/Heidelberg/New York 2005. Zitiert als: Grundbegriffe der Handlungsformen der EU.

A. Wellerdt, *Organisation der Regulierungsverwaltung*,
https://doi.org/10.1007/978-3-662-56451-6

Bauer, Hartmut, Privatisierung von Verwaltungsaufgaben, Veröffentlichungen der Vereinigung der Deutschen Staatsrechtslehrer (VVDStRL) 54 (1995), S. 243-286.

Baumbach, Adolf/Lauterbach, Wolfgang/Albers, Jan/Hartmann, Peter (Hrsg.), Zivilprozessordnung, 76. Aufl., München 2018.

Benz, Angelika/König, Klaus, Privatisierung und staatliche Regulierung – eine Zwischenbilanz, in: Benz, Angelika/König, Klaus (Hrsg.), Privatisierung und staatliche Regulierung, Baden-Baden 1997, S. 606-650.

Benz, Arthur, Einleitung: Governance – Modebegriff oder nützliches sozialwissenschaftliches Konzept?, in: Benz, Arthur (Hrsg.), Governance – Regieren in komplexen Regelsystemen. Eine Einführung, 2. Aufl., Wiesbaden 2012, S. 11-28.

– : Multilevel Governance – Governance im Mehrebenensystem, in: Benz, Arthur (Hrsg.), Governance – Regieren in komplexen Regelsystemen. Eine Einführung, 2. Aufl., Wiesbaden 2012, S. 125-146.

Berringer, Christian, Regulierung als Erscheinungsform der Wirtschaftsaufsicht, München 2004.

Bettzüge, Marc/Kesting, Stephanie, Ökonomische Grundlagen der Regulierung von Energienetzen, in: Baur, Jürgen/Salje, Peter/Schmidt-Preuß, Matthias (Hrsg.), Regulierung in der Energiewirtschaft, 2. Aufl., Köln 2016, Kapitel 4 (S. 55-66).

Bogdandy, Armin von/Bast, Jürgen/Arndt, Felix, Handlungsformen im Unionsrecht: Empirische Analysen und dogmatische Strukturen in einem vermeintlichen Dschungel, Zeitschrift für ausländisches öffentliches Recht und Völkerrecht (ZaöRV) 62 (2002), S. 77-162.

Boyle, Alan/Chinkin, Christine, The Making of International Law, Oxford 2007.

Brettschneider, Jörg, Zur rechtspolitischen Orientierungskraft der normativen Theorie der Regulierung, Der Staat Band 54 (2015), S. 501-538.

Britz, Gabriele/Hellermann, Johannes/Hermes, Georg, (Hrsg.), Energiewirtschaftsgesetz Kommentar, 3. Aufl., München 2015.

Britz, Gabriele, Energie, in: Fehling, Michael/Ruffert, Matthias (Hrsg.), Regulierungsrecht, Tübingen 2010, § 9 (S. 429-499).

– : Organisation und Organisationsrecht der Regulierungsverwaltung in der öffentlichen Versorgungswirtschaft, in: Fehling, Michael/Ruffert, Matthias (Hrsg.), Regulierungsrecht, Tübingen 2010, § 21 (S. 1148-1199).

– : Verbundstrukturen in der Mehrebenenverwaltung: Verbundstrukturen in der Mehrebenenverwaltung: Erscheinungsformen, Funktion und verfassungsrechtliche Grenzen am Beispiel der europäischen und deutschen Energiemarktregulierung, in: Schneider, Jens-Peter/ Velasco Caballero, Francisco (Hrsg.), Strukturen des Europäischen Verwaltungsverbunds, Die Verwaltung 2009, Beiheft 8, S. 71-100.

–: Vom Europäischen Verwaltungsverbund zum Regulierungsverbund? – Europäische Verwaltungsentwicklung am Beispiel der Netzzugangsregulierung bei Telekommunikation, Energie und Bahn –, Europarecht (EuR) 2006, S. 46-77.

– : „Kommunale Gewährleistungsverantwortung" – Ein allgemeines Element des Regulierungsrechts in Europa?, Die Verwaltung (DV) 37 (2004), S. 145–163.

Britz, Gabriele/Schmidt, Marlene, Die institutionalisierte Mitwirkung der Sozialpartner an der Rechtsetzung der Europäischen Gemeinschaft – Herausforderung des gemeinschaftsrechtlichen Demokratieprinzips, Europarecht (EuR) 1999, S. 467-498.

Brohm, Winfried, Strukturen der Wirtschaftsverwaltung, Stuttgart 1969.

Brunekreeft, Gert/Bauknecht, Dierk, Regulierung und Innovationstätigkeit: eine ökonomische Perspektive, in: Eifert, Martin/Hoffmann-Riem, Wolfgang (Hrsg.), Innovationsfördernde Regulierung, Berlin 2009, S. 243-256.

Brunekreeft, Gert/Keller, Katja, Elektrizität: Verhandelter versus regulierter Netzzugang, in: Knieps, Günter/Brunekreeft, Gert (Hrsg.), Zwischen Regulierung und Wettbewerb – Netzsektoren in Deutschland, 2. Aufl., Heidelberg 2003, S. 131-164.

Böckenförde, Wolfgang, Demokratie als Verfassungsprinzip, in: Isensee, Josef/Kirchhof, Paul (Hrsg.), Handbuch des Staatsrechts – Band 2: Verfassungsstäat, 3. Aufl., Heidelberg 2004, § 24 (S. 429-496).

Bull, Hans Peter/Mehde, Veith, Allgemeines Verwaltungsrecht, 9. Aufl., Heidelberg 2015.

Bullinger, Martin, Regulierung als modernes Instrument zur Ordnung liberalisierter Wirtschaftszweige, Deutsches Verwaltungsblatt (DVBl.) 2003, S. 1355-1361.

Burgi, Martin, Verwaltungsorganisationsrecht – Grundlagen, in: Ehlers, Dirk/Pünder, Hermann (Hrsg.), Allgemeines Verwaltungsrecht, 15. Aufl., Berlin u. a. 2015, § 7 (S. 256-275).

– : Das subjektive Recht im Energie-Regulierungsverwaltungsrecht, Deutsches Verwaltungsblatt (DVBl.) 2006, S. 269-277.

Calliess, Christian/Ruffert, Matthias (Hrsg.), EUV/AEUV Kommentar, Das Verfassungsrecht der Europäischen Union mit Grundrechtecharta, 5. Aufl., München 2016.

Cameron, Peter D., The internal market in energy: harnessing the new regulatory regime, European Law Review (ELR) 30 (2005), S. 631-648.

Coase, Ronald, The nature of the firm, Economica 4 (1937), S. 386-405.

– : The problem of social cost, Journal of Law and Economics, 1960, S. 1-44.

Craig, Paul, The role of the European Parliament under the Lisbon Treaty, in: Griller, Stefan/Ziller, Jacques (Hrsg.), The Lisbon Treaty – EU Constitutionalism without a Constitutional Treaty?, Wien/New York 2008, S. 109-134.

Cushman, Robert, The independent regulatory commissions, New York 1972.

Daiber, Birgit, EU-Durchführungsrechtsetzung nach Inkrafttreten der neuen Komitologie-Verordnung, Europarecht (EuR) 2012, S. 240-254.

Danner, Wolfgang/Theobald, Christian (Hrsg.), Bd. 1: Energiewirtschaftsrecht, 94. Ergänzungslieferung (Stand: Juli 2017), München.

– : Bd. 2: Europäische Grundlagen des Energierechts, 94. Ergänzungslieferung (Stand: Juli 2017), München.

Demsetz, Harold, Why regulate utilities?, Journal of Law and Economics, Vol. 11 (1968), S. 55-65.

Dreier, Horst, Grundgesetz Kommentar, Bd. 2 (Art. 20-82), 3. Aufl., Tübingen 2015, Bd. 3 (Art. 83-146), 2. Aufl., Tübingen 2008.

– : Hierarchische Verwaltung im demokratischen Staat: Genese, aktuelle Bedeutung und funktionelle Grenzen eines Bauprinzips der Exekutive, Tübingen 1991.

Duden, Band 1 – Die deutsche Rechtschreibung, 26. Aufl., Berlin/Mannheim/Zürich 2013.

– : Band 5 – Das Fremdwörterbuch, 11. Aufl., Berlin 2015.

– : Band 10 – Das Bedeutungswörterbuch, 4. Aufl., Mannheim/Zürich 2010.

Döhler, Marian, Das Modell der unabhängigen Regulierungsbehörde im Kontext des deutschen Regierungs- und Verwaltungssystems, Die Verwaltung (DV) 34 (2001), S. 59-91.

Ehlers, Dirk, Staatliche Verwaltung, in: Ehlers, Dirk/Pünder, Hermann (Hrsg.), Allgemeines Verwaltungsrecht, 15. Aufl., Berlin u. a. 2015, § 1 (S. 7-72).

– : Europäisches Recht und Verwaltungsrecht, in: Ehlers, Dirk/Pünder, Hermann (Hrsg.), Allgemeines Verwaltungsrecht, 15. Aufl., Berlin u. a. 2015, § 5 (S. 195-239).

Ehlers, Dirk/Schoch, Friedrich, Rechtsschutz im Öffentlichen Recht, Berlin 2009. Zitiert als: *Bearbeiter*, in: Ehlers/Schoch (Hrsg.), Rechtsschutz.

Ehricke, Ulrich, Die geplante EU-Agentur für die Zusammenarbeit der Energieregulierungsbehörden (Teil 1 und 2), InfrastrukturRecht (IR) 2008, S. 122-126, 146-150.

Eichenberger, Reiner, Wissen und Information in ökonomischer Perspektive, in: Engel, Christoph/Halfmann, Jost/Schulte, Martin (Hrsg.), Wissen – Nichtwissen – Unsicheres Wissen, Baden-Baden 2002, S. 76-92.

Eifert, Martin, Regulierungsstrategien, in: Hoffmann-Riem, Wolfgang/Schmidt-Aßmann, Eberhard/Voßkuhle, Andreas (Hrsg.), Grundlagen des Verwaltungsrechts – Band 1: Methoden, Maßstäbe, Aufgaben, Organisation, 2. Aufl., München 2012, § 19 (S. 1319-1394).

– : Innovation in und durch Netzwerkorganisation: Relevanz, Regulierung und staatliche Einbindung, in: Eifert, Martin/Hoffmann-Riem, Wolfgang (Hrsg.), Innovation und rechtliche Regulierung, Baden-Baden 2002, S. 88-133.

– : Regulierte Selbstregulierung und die lernende Verwaltung, in: Regulierte Selbstregulierung, Die Verwaltung 2001, Beiheft 4, S. 137-157.

Ellwein, Thomas, Regieren und Verwalten – Eine kritische Einführung, Opladen 1976. Zitiert als: Regieren und Verwalten.

– : Einführung in die Regierungs- und Verwaltungslehre, Stuttgart 1966.

Erlei, Mathias/Leschke, Martin/Sauerland, Dirk, Neue Institutionenökonomik, 2. Aufl., Stuttgart 2007.

Fabricius, Constantin, Das Kontrollrecht von Rat und Parlament nach der Komitologie-Durchführungsverordnung, Europäische Zeitschrift für Wirtschaftsrecht (EuZW) 2014, S. 453-456.

Fassbender, Bardo, Wissen als Grundlage staatlichen Handelns, in: Isensee, Josef/Kirchhof, Paul (Hrsg.), Handbuch des Staatsrechts – Band 4: Aufgaben des Staates, 3. Aufl., Heidelberg 2006, § 76 (S. 243-312).

Fehling, Michael, Europäisches Verwaltungsverfahren und Verwaltungsprozessrecht, in: Terhechte, Jörg Philipp (Hrsg.), Verwaltungsrecht der Europäischen Union, Baden-Baden 2011, § 12 (S. 399-458).

– : Instrumente und Verfahren, in: Fehling, Michael/Ruffert, Matthias (Hrsg.), Regulierungsrecht, Tübingen 2010, § 20 (S. 1087-1147).

– : Europäische Verkehrsagenturen als Instrumente der Sicherheitsgewährleistung und Marktliberalisierung insbesondere im Eisenbahnwesen, in: Schneider, Jens-Peter/Schwarze, Jürgen/Müller-Graff, Peter-Christian (Hrsg.), Vollzug des Europäischen Wirtschaftsrechts zwischen Zentralisierung und Dezentralisierung, Europarecht (EuR) Beiheft 2/2005, S. 41-61.

Fischer-Appelt, Dorothee, Agenturen der Europäischen Gemeinschaft – Eine Studie zu Rechtsproblemen, Legitimation und Kontrolle europäischer Agenturen mit interdisziplinären und rechtsvergleichenden Bezügen, Berlin 1999. Zitiert als. Agenturen der Europäischen Gemeinschaft.

Forsthoff, Ernst, Lehrbuch des Allgemeinen Verwaltungsrechts – Erster Band: Allgemeiner Teil, 10. Aufl., München 1973.

Franke, Peter, Energieregulierungsbehörden und behördliche Verfahren, in: Schneider, Jens-Peter/Theobald, Christian (Hrsg.), Recht der Energiewirtschaft, 4. Aufl., München 2013, § 19 (S. 1167-1211).

– : Die Landesregulierungsbehörden (einschließlich Organleihe), in: Baur, Jürgen/Salje, Peter/Schmidt-Preuß, Matthias (Hrsg.), Regulierung in der Energiewirtschaft, 2. Aufl., Köln 2016, Kapitel 40 (S. 510-518).

Frenz, Walter, Allmächtige Bundesnetzagentur?, Energierecht (ER) 2017, S. 150-155.

– : Handbuch Europarecht, Band 5: Wirkungen und Rechtsschutz, Berlin/Heidelberg 2010.

Frey, Bruno S., Ökonomie ist Sozialwissenschaft – Die Anwendung der Ökonomie auf neue Gebiete, München 1990.

Fritsch, Michael, Markversagen und Wirtschaftspolitik, 9. Aufl., München 2014.

Gallwas, Hans-Ullrich., Die Erfüllung von Verwaltungsaufgaben durch Private, Veröffentlichungen der Vereinigung der Deutschen Staatsrechtslehrer (VVDStRL) 29 (1970), S. 211-236.

Gärditz, Klaus Ferdinand, Europäisches Regulierungsverwaltungsrecht auf Abwegen, Archiv des öffentlichen Rechts (AöR) Band 135 (2010), S. 251-288.

– : „Regulierungsermessen" und verwaltungsgerichtliche Kontrolle, Neue Zeitschrift für Verwaltungsrecht (NVwZ) 2009, S. 1005-1011.

Giovanoli, Mario, Reflections on international financial standards as ‚soft law', 37 Essays in International Financial and Economic Law (2002), S. 1-38.

Grabitz, Eberhard/Hilf, Meinhard/Nettesheim, Martin (Hrsg.), Das Recht der Europäischen Union: EUV/AEUV, 62. Ergänzungslieferung (Stand: Juli 2017), München.

Grande, Edgar, Vom produzierenden zum gewährleistenden Staat: Privatisierung als Veränderung staatlicher Handlungsformen, in: Benz, Angelika/König, Klaus (Hrsg.), Privatisierung und staatliche Regulierung, Baden-Baden 1997, S. 576-591.

Grimm, Dieter, Vorwort, in: Grimm, Dieter (Hrsg.), Staatsaufgaben, Baden-Baden 1994, S. 9-14.

– : Der Staat in der kontinentaleuropäischen Tradition in: Voigt, Rüdiger (Hrsg.), Abschied vom Staat – Rückkehr zum Staat?, Baden-Baden 1993, S. 27-50.

– : Der Wandel der Staatsaufgaben und die Krise des Rechtsstaats, in: Grimm, Dieter (Hrsg.), Wachsende Staatsaufgaben – sinkende Steuerungsfähigkeit des Rechts, Baden-Baden 1990, S. 291-306.

Groebel, Annegret, Ökonomische Rationalität des europäischen Regulierungsrechts, in: Bien, Florian/Ludwigs, Markus (Hrsg.), Das europäische Kartell- und Regulierungsrecht der Netzindustrien, Baden-Baden 2015, S. 171-186.

– : Europäisierte Regulierungsstrukturen und -netzwerke für Postdienste – einschließlich eines Vergleichs zu Telekommunikation, Energie und Eisenbahn, in: Gramlich, Ludwig/Manger-Nestler, Cornelia (Hrsg.), Europäisierte Regulierungsstrukturen und -netzwerke, Baden-Baden 2011, S. 193-211.

Groß, Thomas, Die Verwaltungsorganisation als Teil organisierter Staatlichkeit, in: Hoffmann-Riem, Wolfgang/Schmidt-Aßmann, Eberhard/Voßkuhle, Andreas (Hrsg.), Grundlagen des Verwaltungsrechts – Band 1: Methoden, Maßstäbe, Aufgaben, Organisation, 2. Aufl., München 2012, § 13 (S. 905-952).

– : Verantwortung und Effizienz in der Mehrebenenverwaltung, Veröffentlichungen der Vereinigung der deutschen Staatsrechtslehrer (VVDStRL) 66 (2006), S. 152-180.

–: Das Kollegialprinzip in der Verwaltungsorganisation, Tübingen 1999. Zitiert als: Kollegialprinzip.

Grüneberg, Christian, Zum behördlichen Regulierungsermessen im Energiewirtschaftsrecht, Recht der Energiewirtschaft (RdE) 2016, S. 49-54.

Gundel, Jörg, Europäisches Energieverwaltungsrecht, in: Terhechte, Jörg Philipp (Hrsg.), Verwaltungsrecht der Europäischen Union, Baden-Baden 2011, § 23 (S. 837-880).

Gundel, Jörg/Germelmann, Claas Friedrich, Kein Schlussstein für die Liberalisierung der Energiemärkte: Das Dritte Binnenmarktpaket, Europäische Zeitschrift für Wirtschaftsrecht (EuZW) 2009, S. 763-770.

Haller, Janine, Der Verwaltungsverbund in der Energieregulierung – Eine Untersuchung der Entwicklungstendenzen im Energierecht mit vergleichender Betrachtung des Wettbewerbsrechts, Baden-Baden 2013. Zitiert als: Der Verwaltungsverbund in der Energieregulierung.

Haratsch, Andreas/Koenig, Christian/Pechstein, Matthias (Hrsg.), Europarecht, 10. Aufl., Tübingen 2016.

Hatje, Armin/Förster, Stine von, Organordnung der Europäischen Union, in: Hatje, Armin/Müller-Graff, Peter-Christian (Hrsg.), Enzyklopädie Europarecht (EnzEuR) Band 1 – Europäisches Organisations- und Verfahrensrecht, Baden-Baden 2014, § 10 (S. 543-621).

Hatje, Armin, Die gemeinschaftsrechtliche Steuerung der Wirtschaftsverwaltung – Grundlagen, Erscheinungsformen, verfassungsrechtliche Grenzen am Beispiel der Bundesrepublik Deutschland, Baden-Baden 1998. Zitiert als: Gemeinschaftsrechtliche Steuerung der Wirtschaftsverwaltung.

Haucap, Justus/Kruse, Jörn, Ex-Ante Regulierung oder Ex-Post Aufsicht für netzgebundene Industrien?, Wirtschaft und Wettbewerb (WuW) 2004, S. 266-275.

Held, Christian/Prat, Joan, Die Bedeutung des Madrider Gasforums für den europäischen Gasmarktregulierungsverbund, Infrastruktur-Recht (IR) 2004, S. 194-196.

Henseler-Unger, Iris, Organisatorisch-prozedurale Aspekte von sektorübergreifenden Regulierungsstrukturen, in: Gramlich, Ludwig/Manger-Nestler, Cornelia (Hrsg.), Europäisierte Regulierungsstrukturen und -netzwerke, Baden-Baden 2011, S. 55-64.

Héritier, Adrienne (Hrsg.), Policy-Analyse. Kritik und Erneuerung, Politische Vierteljahresschrift Sonderheft 24, Opladen 1993.

Hermes, Georg, Legitimationsprobleme unabhängiger Behörden, in: Bauer, Hartmut/Huber, Peter M./Sommermann, Karl-Peter (Hrsg.), Demokratie in Europa, Tübingen 2006, S. 457-488.

– : Staatliche Infrastrukturverantwortung: rechtliche Grundstrukturen netzgebundener Transport- und Übertragungssysteme zwischen Daseinsvorsorge und Wettbewerbsregulierung am Beispiel der leitungsgebundenen Energieversorgung in Europa. Tübingen 1998. Zitiert als: Staatliche Infrastrukturverantwortung.

Herrmann, Joachim, Europäische Vorgaben zur Regulierung der Energienetze: eine Analyse der „Beschleunigungsrichtlinien“ zur Vollendung des Energiebinnenmarktes, Baden-Baden 2005. Zitiert als: Europäische Vorgaben zur Regulierung der Energienetze.

Herzmann, Karsten, Konsultationen, Tübingen 2010.

– : Monitoring als Verwaltungsaufgabe, Deutsches Verwaltungsblatt (DVBl.) 2007, S. 670-674.

Hirshleifer, Jack/Riley, John, The analytics of uncertainty and information, Cambridge 1992.

Hoffmann-Riem, Wolfgang, Eigenständigkeit der Verwaltung, in: Hoffmann-Riem, Wolfgang/Schmidt-Aßmann, Eberhard/Voßkuhle, Andreas (Hrsg.), Grundlagen des Verwaltungsrechts – Band 1: Methoden, Maßstäbe, Aufgaben, Organisation, 2. Aufl., München 2012, § 10 (S. 677-776).

– : Einleitende Problemskizze, in: Hoffmann-Riem, Wolfgang/Schmidt-Aßmann, Eberhard (Hrsg.), Verwaltungsrecht in der Informationsgesellschaft, Baden-Baden 2000, S. 9-58.

– : Tendenzen in der Verwaltungsrechtsentwicklung, Die Öffentliche Verwaltung (DÖV) 1997, S. 433-442.

Hofmann, Jens, Rechtsschutz und Haftung im Europäischen Verwaltungsverbund, Berlin 2004. Zitiert als: Rechtsschutz und Haftung.

Holznagel, Bernd, Informationsbeziehungen in und zwischen Behörden, in: Hoffmann-Riem, Wolfgang/Schmidt-Aßmann, Eberhard/Voßkuhle, Andreas (Hrsg.), Grundlagen des Verwaltungsrechts – Band 2: Informationsordnung, Verwaltungsverfahren, Handlungsformen, 2. Aufl., München 2012, § 24 (S. 321-364).

Holznagel, Bernd/Schumacher, Pascal, Die politische Unabhängigkeit der Bundesnetzagentur, in: Gramlich, Ludwig/Manger-Nestler, Cornelia (Hrsg.), Europäisierte Regulierungsstrukturen und -netzwerke, Baden-Baden 2011, S. 37-53.

Holznagel, Bernd/Göge, Marc-Stefan/Schumacher, Pascal, Die Zulässigkeit der Übertragung von Landesregulierungsaufgaben im Energiesektor auf die BNetzA, Deutsches Verwaltungsblatt (DVBl.) 2006, S. 471-479.

Hombergs, Anne, Europäisches Verwaltungskooperationsrecht auf dem Sektor der elektronischen Kommunikation, Berlin/Münster 2006. Zitiert als: Europäisches Verwaltungskooperationsrecht.

Horstmann, Nadia, Agency for the cooperation of energy regulators – Its particularities and its role in enhancing cooperation of national energy regulators, in: Roggenkamp, Martha/Hammer, Ulf (Hrsg.), European Energy Law Report VIII (2011), S. 43-58.

Huber, Peter M., Öffentliches Wirtschaftsrecht, in: Schoch, Friedrich (Hrsg.), Besonderes Verwaltungsrecht, 15. Aufl., Berlin 2013, S. 309-432.

Hummer, Waldemar/Obwexer, Walter (Hrsg.), Der Vertrag von Lissabon, Baden-Baden 2009.

Isensee, Josef, Staatsaufgaben, in: Isensee, Josef/Kirchhof, Paul (Hrsg.), Handbuch des Staatsrechts – Band 4: Aufgaben des Staates, 3. Aufl., Heidelberg 2006, § 73 (S. 117-160).

Jansen, Dorothea, Einführung in die Netzwerkanalyse – Grundlagen, Methoden, Forschungsbeispiele, 3. Aufl., Wiesbaden 2006.

Jansen, Dorothea/Schubert, Klaus, Netzwerkanalyse, Netzwerkforschung und Politikproduktion: Ansätze zur ‚cross-fertilization', in: dies. (Hrsg.), Netzwerke und Politikproduktion. Konzepte, Methoden, Perspektiven, Marburg 1995, S. 9-23.

Jestaedt, Matthias, Demokratieprinzip und Kondominialverwaltung – Entscheidungsteilhabe Privater an der öffentlichen Verwaltung auf dem Prüfstand des Verfassungsprinzips Demokratie, Berlin 1993. Zitiert als: Demokratieprinzip und Kondominialverwaltung

Kahl, Wolfgang, Europäisches und nationales Verwaltungsorganisationsrecht. Von der Konfrontation zur Kooperation, in: Die Verwaltung (DV) 29 (1996), S. 341-384.

Karpenstein, Ulrich, Das Vorabentscheidungsverfahren, in: Terhechte, Jörg Philipp/Leible, Stefan (Hrsg.), Enzyklopädie Europarecht (EnzEuR) Band 3 – Europäisches Rechtsschutz- und Verfahrensrecht, Baden-Baden 2014, § 8 (S. 203-250).

Kermel, Cornelia (Hrsg.), Praxishandbuch der Konzessionsverträge und der Konzessionsabgaben, Berlin 2012.

Kirchgässner, Gebhard, Homo Oeconomicus – Das ökonomische Modell individuellen Verhaltens und seine Anwendung in den Wirtschafts- und Sozialwissenschaften, 4. Aufl., Tübingen 2013. Zitiert als: Homo Oeconomicus.

Kirchhof, Paul, Mittel staatlichen Handelns, in: Isensee, Josef/Kirchhof, Paul (Hrsg.), Handbuch des Staatsrechts – Band 5: Rechtsquellen, Organisation, Finanzen, 3. Aufl., Heidelberg 2007, § 99 (S. 3-133).

Kluth, Winfried, Gegenstand und Begriff des Verwaltungsorganisationsrechts, in Wolff, Hans Julius/Bachof, Otto/Stober, Rolf/Kluth, Winfried (Hrsg.), Verwaltungsrecht II, 7. Aufl., München 2010, § 79 (S. 207-245).

Kment, Martin (Hrsg.), Energiewirtschaftsgesetz Kommentar, Baden-Baden 2015. Zitiert als: *Bearbeiter*, in Kment (Hrsg.), EnWG.

Knauff, Matthias, Europäisches Soft Law als Gegenstand des Vorabentscheidungsverfahrens, Europarecht (EuR) 2011, S. 735-745.

– : Der Regelungsverbund: Recht und Soft Law im Mehrebenensystem, Tübingen 2010. Zitiert als Regelungsverbund.

Knieps, Günter, Warum und wozu Regulierung im europäischen Mehr-Ebenen-System? – Gründe für bzw. Ziele von Regulierung, in: Gramlich, Ludwig/Manger-Nestler, Cornelia (Hrsg.), Europäisierte Regulierungsstrukturen und -netzwerke, Baden-Baden 2011, S. 25-35.

– : Wettbewerbsökonomie. Regulierungstheorie, Industrieökonomie, Wettbewerbspolitik, 3. Aufl., Berlin/Heidelberg 2008.

– : Der disaggregierte Regulierungsansatz der Netzökonomie, in: Knieps, Günter/Brunekreeft, Gert (Hrsg.), Zwischen Regulierung und Wettbewerb – Netzsektoren in Deutschland, 2. Aufl., Heidelberg 2003, S. 9-24.

– : Netzsektoren zwischen Regulierung und Wettbewerb, in: Berg, Hartmut (Hrsg.), Deregulierung und Privatisierung: Gewolltes – Erreichtes – Versäumtes, Berlin 2002, S. 59-69.

– : Zur Regulierung monopolistischer Bottlenecks, in: Wirtschaftspolitisches Forum – Die Liberalisierung des deutschen Telekommunikationsmarktes: Zukünftige Regulierungserfordernisse im Lichte bisheriger Erfahrungen, Zeitschrift für Wirtschaftspolitik 1999, S. 297-304.

– : Wettbewerb in Netzen – Reformpotentiale in den Sektoren Eisenbahn und Luftverkehr, Tübingen 1996.

Knight, Frank H., Risk, Uncertainty and Profit, New York 1971.

Koenig, Christian/Kühling, Jürgen/Rasbach, Winfried, Energierecht, 3. Aufl., Baden-Baden 2013.

König, Klaus/Benz, Angelika, Rahmenbedingungen von Privatisierung und Regulierung, in: Benz, Angelika/König, Klaus (Hrsg.), Privatisierung und staatliche Regulierung, Baden-Baden 1997, S. 37-52.

– : Verfassungsrechtliche Kriterien von Privatisierung und Regulierung, in: Benz, Angelika/König, Klaus (Hrsg.), Privatisierung und staatliche Regulierung, Baden-Baden 1997, S. 53-66.

Kohtamäki, Natalia, Die ESMA darf Leerverkäufe regeln – Anmerkung zum Urteil des EuGH vom 22. Januar 2014, Europarecht (EuR) 2014, S. 321-333.

Kosiol, Erich, Organisation der Unternehmung, 2. Aufl., Wiesbaden 1976.

Kovacic, William E., Distinguished essay: Good agency practice and the implementation of competition law, in: Hermann, Christoph/Krajewski, Markus/Terhechte, Jörg Philipp (Hrsg.), European Yearbook of International Economic Law (EYIEL), Volume 4, Heidelberg 2013, S. 3-22.

Krebs, Walter, Verwaltungsorganisation, in: Isensee, Josef/Kirchhof, Paul (Hrsg.), Handbuch des Staatsrechts – Band 5: Rechtsquellen, Organisation, Finanzen, 3. Aufl., Heidelberg 2007, § 108 (S. 457-520).

– : Die juristische Methode im Verwaltungsrecht, in: Schmidt-Aßmann, Eberhard/Hoffmann-Riem, Wolfgang (Hrsg.), Methoden der Verwaltungswissenschaft, Baden-Baden 2004, S. 209-221.

Kreusel, Jochen, Verteilernetzbetreiber: Wichtiges Bindeglied in einer zunehmend komplexen Welt, Infrastruktur-Recht (IR) 2016, S. 170-173.

Kühling, Jürgen/Hermeier, Guido, Die Vorschläge zur institutionellen Neuorganisation des grenzüberschreitenden Stromhandels im 3. Energiebinnenmarkt-Paket – Defizite und Verbesserungsoptionen, Infrastruktur-Recht (IR) 2008, S. 98-102.

Kühling, Jürgen, Sektorspezifische Regulierung in den Netzwirtschaften, München 2004. Zitiert als: Sektorspezifische Regulierung.

Kurth, Matthias, in: Baur, Jürgen F./Sandrock, Otto/Scholtka, Boris/Shapiro, Amos (Hrsg.), Festschrift für Gunther Kühne zum 70. Geburtstag, Frankfurt am Main 2010, S. 191-206.

Ladeur, Karl-Heinz/Möllers, Christoph, Der europäische Regulierungsverbund der Telekommunikation im deutschen Verwaltungsrecht, Deutsches Verwaltungsblatt (DVBl.) 2005, S. 525-535.

Larenz, Karl, Methodenlehre der Rechtswissenschaft, 6. Aufl., Berlin u. a. 1991.

Laubinger, Hans-Werner, Regulierungsrecht: Gibt's das – und wenn ja: wie viele?, Verwaltungsblätter Baden-Württemberg (VBlBW) 2010, S. 306-310.

Laux, Eberhard, Vom Verwalten – Beiträge zur Staatsorganisation und zum Kommunalwesen, Baden-Baden 1993.

Lecheler, Helmut, Ungereimtheiten bei den Handlungsformen des Gemeinschaftsrechts – dargestellt anhand der Einordnung von „Leitlinien", Deutsches Verwaltungsblatt (DVBl.) 2008, S. 873-880.

Lenaerts, Koen/Arts, Dirk/Maselis, Ignace, Procedural Law of the European Union, 2. Aufl., London 2009.

Lepsius, Oliver, Regulierungsrecht in den USA: Vorläufer und Modell, in: Fehling, Michael/ Ruffert, Matthias (Hrsg.), Regulierungsrecht, Tübingen 2010, § 1 (S. 3-75).

– : Standardsetzung und Legitimation, in: Möllers, Christoph/Voßkuhle, Andreas/Walter, Christian (Hrsg.), Internationales Verwaltungsrecht – Eine Analyse anhand von Referenzgebieten, Tübingen 2007, S. 345-374.

– : Steuerungsdiskussion, Systemtheorie und Parlamentarismuskritik, Tübingen 1999.

– : Verwaltungsrecht unter dem Common Law – Amerikanische Entwicklungen bis zum New Deal, Tübingen 1997.

Leschke, Martin, Regulierungstheorie aus ökonomischer Sicht, in: Fehling, Michael/Ruffert, Matthias (Hrsg.), Regulierungsrecht, Tübingen 2010, § 6 (S. 281-331).

Loeser, Roman, System des Verwaltungsrechts, Band 1 und 2, Baden-Baden 1994.

Ludwigs, Markus, Regulative Teilkompetenzen der EU-Kommission nach Binnenmarktrichtlinien und -verordnungen, in: Baur, Jürgen/Salje, Peter/Schmidt-Preuß, Matthias (Hrsg.), Regulierung in der Energiewirtschaft, 2. Aufl., Köln 2016, Kapitel 31 (S. 423-439).

– : Regulierungsermessen: Spielräume gerichtlich eingeschränkter Kontrolle im Regulierungsrecht, Recht der Energiewirtschaft (RdE) 2013, S. 297-306.

– : Die Bundesnetzagentur auf dem Weg zur independant agency? – Europarechtliche Anstöße und verfassungsrechtliche Grenzen, Die Verwaltung (DV) 2011, S. 41-74.

– : Das Regulierungsermessen als Herausforderung für die Letztentscheidungsdogmatik im Verwaltungsrecht, Juristen Zeitung (JZ) 2009, S. 290-297.

Luhmann, Niklas, Funktionen und Folgen formaler Organisationen, 2. Aufl., Berlin 1972.

Majone, Giandomenico, The regulatory state and its legitimacy problems, West European Politics 22 (1999), S. 1-24.

– : The new European Agencies: regulation by information, Journal of European Public Policy 4 (1997), S. 262-275.

– : Theory of regulation, in: Majone (Hrsg.), Regulating Europe, London/New York 1996, S. 28-46.

– : Paradoxes of privatization and deregulation, Journal of European Public Policy 1 (1994), S. 53-69.

– *(Hrsg.):* Deregulation or Re-regulation? – Regulatory Reform in Europe and the United States, London/New York, 1990.

Mayen, Thomas, Verwaltung durch unabhängige Einrichtungen, Die Öffentliche Verwaltung (DÖV) 2004, S. 45-55.

Mayer, Otto, Deutsches Verwaltungsrecht, Band 1, 3. Aufl., Berlin 1923.

Mayntz, Renate, Governance im modernen Staat, in: Benz, Arthur (Hrsg.), Governance – Regieren in komplexen Regelsystemen, 2. Aufl., Wiesbaden 2012, S. 65-76.

– : New challenges to governance theory, in: Bang, Henrik P. (Hrsg.), Governance as social and political communication, Manchester 2003, S. 27-40.

– : Soziologie der öffentlichen Verwaltung, Heidelberg 1978.

– : Soziologie der Organisation, Reinbek bei Hamburg 1963.

Maunz, Theodor/Dürig, Günter, Grundgesetz Kommentar, 81. Ergänzungslieferung, (Stand: September 2017), München.

Masing, Johannes/Marcou Gérard (Hrsg.), Unabhängige Regulierungsbehörden. Organisationsrechtliche Herausforderungen in Frankreich und Deutschland, Tübingen 2010. Zitiert als: Unabhängige Regulierungsbehörden.

Masing, Johannes, Soll das Recht der Regulierungsverwaltung übergreifend geregelt werden?, Gutachten für den 66. Deutschen Juristentag (2006), Gutachten D. Zitiert als: Gutachten D zum 66. DJT 2006.

– : Transparente Verwaltung: Konturen eines Informationsverwaltungsrechts, Veröffentlichungen der Vereinigung der deutschen Staatsrechtslehrer (VVDStRL) 63 (2004), S. 377-441.

– : Grundstrukturen eines Regulierungsverwaltungsrechts, Die Verwaltung (DV) 2003, S. 1-32.

Meinzenbach, Jörg, Die Anreizregulierung als Instrument zur Regulierung von Netznutzungsentgelten im neuen EnWG. Eine Untersuchung der normativen Vorgaben des § 21a EnWG im System einer wettbewerbsfördernden Netzentgeltkontrolle, Baden-Baden 2008. Zitiert als: Die Anreizregulierung als Instrument zur Regulierung von Netznutzungsentgelten.

Moel, Steven de/Melchior, Florence, Cooperation between TSOs: Background, organisation and netcodes, in: Roggenkamp, Martha/Hammer, Ulf (Hrsg.), European Energy Law Report VIII (2011), S. 21-41.

Möllers, Christoph/Achenbach, Jelena von, Die Mitwirkung des Europäischen Parlaments an der abgeleiteten Rechtsetzung der Europäischen Kommission nach dem Lissabonner Vertrag, Europarecht (EuR) 2011, S. 39-60.

Möllers, Christoph, Materielles Recht – Verfahrensrecht – Organisationsrecht, in: Trute, Hans-Heinrich/Groß, Thomas/Röhl, Hans Christian/Möllers, Christoph (Hrsg.), Allgemeines Verwaltungsrecht zur Tragfähigkeit eines Konzepts, Tübingen 2008, S. 489-512.

– : Der vermisste Leviathan – Staatstheorie in der Bundesrepublik, Frankfurt am Main 2008. Zitiert als: Der vermisste Leviathan.

– : Gewaltengliederung, Tübingen 2006.

– : Netzwerk als Kategorie des Organisationsrechts. Zur juristischen Beschreibung dezentraler Steuerung, in: Oebbecke, Janbernd (Hrsg.), Nicht-normative Steuerung in dezentralen Systemen, Opladen 2005, S. 285-302.

Müller-Graff, Peter-Christian, Das “Soft Law” der Europäischen Organisationen, Europarecht (EuR) 2012, S. 18-34.

Neveling, Stephanie, Die Bundesnetzagentur. Aufbau, Zuständigkeiten und Verfahrensweisen, Zeitschrift für Neues Energierecht (ZNER) 2005, S. 263-270.

North, Douglas C., Institutionen, institutioneller Wandel und Wirtschaftsleistung, Tübingen 1992.

– : Institutions, institutional change and economic performance, Cambridge 1991.

Nowak, Carsten, Europäisches Kooperationsverwaltungsrecht, in: Terhechte, Jörg Philipp/Leible, Stefan (Hrsg.), Enzyklopädie Europarecht (EnzEuR) Band 3 – Europäisches Rechtsschutz- und Verfahrensrecht, Baden-Baden 2014, § 34 (S. 1269-1334).

Ogus, Anthony I., Regulation: Legal form and economic theory, Oxford 1994.

Oppermann, Thomas/Classen, Claus Dieter/Nettesheim, Martin (Hrsg.), Europarecht, 7. Aufl., München 2016.

Orator, Andreas, Die unionsrechtliche Zulässigkeit von Eingriffsbefugnissen der ESMA im Bereich von Leerverkäufen, Europäische Zeitschrift für Wirtschaftsrecht (EuZW) 2013, S. 852-855.

Ossenbühl, Fritz, Die Erfüllung von Verwaltungsaufgaben durch Private, Veröffentlichungen der Vereinigung der Deutschen Staatsrechtslehrer (VVDStRL) 29 (1970), S. 137-210.

Osterloh, Lerke, Privatisierung von Verwaltungsaufgaben, Veröffentlichungen der Vereinigung der Deutschen Staatsrechtslehrer (VVDStRL) 54 (1995), S. 204-242.

Pechstein, Matthias, EU-Prozessrecht, 4. Aufl., Tübingen 2011.

Peltzman, Sam, Toward a more general theory of regulation, Journal of Law and Economics 19 (1976), S. 211-240.

Pielow, Johann-Christian, Energierecht, in: Ehlers, Dirk/Fehling, Michael/Pünder, Hermann (Hrsg.), Besonderes Verwaltungsrecht – Band 1: Öffentliches Wirtschaftsrecht, 3. Aufl., Heidelberg 2012, § 22 (S. 730-846).

Pilniok, Arne/Westermann, Eike, Strukturwandel im Verwaltungsverbund? Eine Analyse des neuen Rechtsrahmens der unionalen Komitologieausschüsse, Verwaltungsarchiv (VerwA) 2012, S. 379-397.s

Pitschas, Rainer, Allgemeines Verwaltungsrecht als Teil der öffentlichen Informationsordnung, in: Hoffmann-Riem, Wolfgang/Schmidt-Aßmann, Eberhard/Schuppert, Gunnar-Folke (Hrsg.) Reform des Allgemeinen Verwaltungsrechts – Grundfragen, Baden-Baden 1993, S. 219-255.

Philips, Louis, The economics of imperfect information, Cambridge 1988.

Pohlmann, Petra, Keine Bindungswirkung von Bekanntmachungen und Mitteilungen der Europäischen Kommission, Wirtschaft und Wettbewerb (WuW) 2005, S. 1005-1009.

Posner, Richard A., Economic analysis of law, 8. Aufl., Austin u. a. 2011.

Priebe, Reinhard, Agenturen der Europäischen Union – Europäische Verwaltung durch eigenständige Behörden, Europäische Zeitschrift für Wirtschaftsrecht (EuZW) 2015, S. 268-273.

Pritzsche, Kai Uwe, Der Vorschlag für eine "Europäische Organisation der Verteilernetzbetreiber" ("DSO Entity"), Recht der Energiewirtschaft (RdE) 2017, S. 10-16.

Prosser, Tony, Law and the regulators, Oxford 1997.

Püttner, Günter, Verwaltungslehre, 4. Aufl., München 2007.

Rademacher, Timo, Realakte im Rechtsschutzsystem der Europäischen Union, Tübingen 2014.

Rengeling, Hans-Werner, Rechtsgrundsätze beim Verwaltungsvollzug des Europäischen Gemeinschaftsrechts. Zu den Grundlagen des Verwaltungsvollzuges sowie zur Theorie und Konkretisierung der Rechtsgrundsätze unter besonderer Berücksichtigung der Rechtsvergleichung, Kölner Schriften zum Europarecht 27, Köln 1977.

Richter, Rudolf/Furobotn, Eirik, Neue Institutionenökonomik – Eine Einführung und kritische Würdigung, 4. Aufl., Tübingen 2010. Zitiert als: Neue Institutionenökonomik.

Ritter, Ernst-Hasso, Das Recht als Steuerungsmedium im kooperativen Staat, in: Grimm, Dieter (Hrsg.), Wachsende Staatsaufgaben – Sinkende Steuerungsfähigkeit des Rechts, Baden-Baden 1990, S. 69-112.

Röhl, Hans Christian, Ausgewählte Verwaltungsverfahren, in: Hoffmann-Riem, Wolfgang/Schmidt-Aßmann, Eberhard/Voßkuhle, Andreas (Hrsg.), Grundlagen des Verwaltungsrechts – Band 2: Informationsordnung, Verwaltungsverfahren, Handlungsformen, 2. Aufl., München 2012, § 30 (S. 731-798).

– : Internationale Standardsetzung, in: Möllers, Christoph/Voßkuhle, Andreas/Walter, Christian (Hrsg.), Internationales Verwaltungsrecht – Eine Analyse anhand von Referenzgebieten, Tübingen 2007, S. 319-343.

Ruffert, Matthias, Rechtsquellen und Rechtsschichten des Verwaltungsrechts, in: Hoffmann-Riem, Wolfgang/Schmidt-Aßmann, Eberhard/Voßkuhle, Andreas (Hrsg.), Grundlagen des Verwaltungsrechts – Band 1: Methoden, Maßstäbe, Aufgaben, Organisation, 2. Aufl., München 2012, § 17 (S. 1163-1255).

– : Grundfragen der Wirtschaftsregulierung, in Ehlers, Dirk/Fehling, Michael/Pünder, Hermann (Hrsg.), Besonderes Verwaltungsrecht – Band 1: Öffentliches Wirtschaftsrecht, 3. Aufl., Heidelberg 2012, § 21 (S. 706-729).

– : Begriff, in Fehling, Michael/Ruffert, Matthias (Hrsg.), Regulierungsrecht, Tübingen 2010, § 7 (S. 332-361).

– : Verselbständigte Verwaltungseinheiten: Ein europäischer Megatrend im Vergleich, in: Trute, Hans-Heinrich/Groß, Thomas/Röhl, Hans Christian/Möllers, Christoph (Hrsg.), Allgemeines Verwaltungsrecht – zur Tragfähigkeit eines Konzepts, Tübingen 2008, S. 431-457.

– : Perspektiven des Internationalen Verwaltungsrechts, in: Möllers, Christoph/Voßkuhle, Andreas/Walter, Christian (Hrsg.), Internationales Verwaltungsrecht – Eine Analyse anhand von Referenzgebieten, Tübingen 2007, S. 395-419.

– : Regulierung im System des Verwaltungsrechts – Grundstrukturen des Privatisierungsfolgerechts der Telekommunikation und Post, Archiv des öffentlichen Rechts (AöR) Band 124 (1999), S. 237-281.

Sachs, Michael, Grundgesetz Kommentar, 7. Aufl., München 2014.

Sacksofsky, Ute, Anreize, in: Hoffmann-Riem, Wolfgang/Schmidt-Aßmann, Eberhard/Voßkuhle, Andreas (Hrsg.), Grundlagen des Verwaltungsrechts – Band 2: Informationsordnung, Verwaltungsverfahren, Handlungsformen, 2. Aufl., München 2012, § 40 (S. 1577-1637).

Säcker, Franz-Jürgen (Hrsg.), Berliner Kommentar zum Energierecht, Bd. 1 Halbband 1 und 2, 3. Aufl. Frankfurt am Main 2013. Zitiert als *Bearbeiter*, in: BerlKommEnR.

Saurer, Johannes, Individualrechtsschutz gegen das Handeln der Europäischen Agenturen, Europarecht (EuR) 2010, S. 51-66.

– : Der Rechtsschutz gegen Entscheidungen und Fachgutachten der Europäischen Agenturen nach dem Sogelma-Urteil des EuG, Deutsches Verwaltungsblatt (DVBl.) 2009, S. 1021-1027.

Schaller, Werner, Die Intensivierung des Europäischen Verwaltungsverbundes in der Regulierung des Telekommunikations- und Energiesektors, in: Müller-Graff, Peter-Christian/Schmahl, Stefanie/Skouris, Vassilios (Hrsg.), Europäisches Recht zwischen Bewährung und Wandel, Festschrift für Dieter H. Scheuing, Baden-Baden 2012, S. 415-431.

Scharf, Daniel, Das Komitologieverfahren nach dem Vertrag von Lissabon – Neuerungen und Auswirkungen auf die gemeinsame Handelspolitik, Beiträge zum Transnationalen Wirtschaftsrecht Heft 101, Halle 2010.

Scheel, Benedikt, Komitologie im Energierecht – Zur Komitologiereform vom 17. Juli 2006 unter Berücksichtigung der Gasrichtlinie und der Stromhandelsverordnung, Die Öffentliche Verwaltung (DÖV) 2007, S. 683-690.

Scherer, Joachim, Strukturen des Rechtsschutzes gegen Maßnahmen von Regulierungsbehörden – Gemeinschaftsrechtlicher Rahmen und nationalstaatliche Ausgestaltung, in: Gramlich, Ludwig/Manger-Nestler, Cornelia (Hrsg.), Europäisierte Regulierungsstrukturen und -netzwerke, Baden-Baden 2011, S. 93-106.

Scherzberg, Arno, Wissen, Nichtwissen und Ungewißheit im Recht, in: Engel, Christoph/Halfmann, Jost/Schulte, Martin (Hrsg.), Wissen – Nichtwissen – Unsicheres Wissen, Baden-Baden 2002, S. 114-144.

– : Die öffentliche Verwaltung als informationelle Organisation, in: Hoffmann-Riem, Wolfgang/Schmidt-Aßmann, Eberhard (Hrsg.), Verwaltungsrecht in der Informationsgesellschaft, Baden-Baden 2000, S. 195-223.

Schiffer, Hans-Wilhelm, Energiemarkt Deutschland Jahrbuch 2015 – Daten und Fakten zu konventionellen und erneuerbaren Energien, Köln 2015. Zitiert als: Energiemarkt Deutschland.

Schmidt, Christian, Neustrukturierung der Bundesnetzagentur – Verfassungs- und Verwaltungsrechtliche Probleme, Neue Zeitschrift für Verwaltungsrecht (NVwZ) 2006, S. 907-909.

Schmidt, Reiner, Öffentliches Wirtschaftsrecht – Allgemeiner Teil, Berlin/Heidelberg/New York 1990.

Schmidt-Aßmann, Eberhard, Kohärenz und Konsistenz des Verwaltungsrechtsschutzes, Tübingen 2015.

– : Verfassungsprinzipien für den Europäischen Verwaltungsverbund, in: Hoffmann-Riem, Wolfgang/Schmidt-Aßmann, Eberhard/Voßkuhle, Andreas (Hrsg.), Grundlagen des Verwaltungsrechts – Band 1: Methoden, Maßstäbe, Aufgaben, Organisation, 2. Aufl., München 2012, § 5 (S. 261-340).

– : Die Ambivalenz des Wissens und die Ordnungsaufgaben des Rechts, in: Röhl, Hans Christian (Ed.), Wissen – Zur kognitiven Dimension des Rechts, Die Verwaltung Beiheft 9 (2010), S. 39-62.

– : Die Herausforderungen der Verwaltungswissenschaft durch die Internationalisierung der Verwaltungsbeziehungen, 45 Der Staat (2006), S. 315-338.

– : Einleitung: Der Europäische Verwaltungsverbund und die Rolle des europäischen Verwaltungsrechts, in: Schmidt-Aßmann, Eberhard/Schöndorf-Haubold, Bettina (Hrsg.), Der Europäische Verwaltungsverbund, Tübingen 2005, S. 1-23.

– : Das allgemeine Verwaltungsrecht als Ordnungsidee, 2. Aufl., Berlin/Heidelberg 2004.

– : Der Europäische Verwaltungsverbund zwischen Kooperation und Hierarchie, in: Cremer, Hans-Joachim/Giegerich, Thomas/Richter, Dagmar/Zimmermann, Andreas (Hrsg.), Tradition und Weltoffenheit des Rechts – Festschrift für Helmut Steinberger, Berlin u. a. 2002, S. 1375-1399.

– : Perspektiven einer Systembildung, in: Hoffmann-Riem, Wolfgang/Schmidt-Aßmann, Eberhard (Hrsg.), Verwaltungsrecht in der Informationsgesellschaft, Baden-Baden 2000, S. 405-432.
– : Verwaltungsorganisationsrecht als Steuerungsressource – Eine Einführung, in Schmidt-Aßmann, Eberhard/Hoffmann-Riem, Wolfgang (Hrsg.), Verwaltungsorganisationsrecht als Steuerungsressource, Baden-Baden 1997, S. 9-63.
– : Verwaltungskooperation und Verwaltungskooperationsrecht in der Europäischen Gemeinschaft, Europarecht (1996), S. 270-301.
– : Die Lehre von der Rechtsform des Verwaltungshandelns – Ihre Bedeutung im System des Verwaltungsrechts und für das verwaltungsrechtliche Denken der Gegenwart –, Deutsches Verwaltungsblatt (DVBl.) 1989, S. 533-541.
Schmidt-Preuß, Matthias, Das Regulierungsrecht als interdisziplinäre Disziplin – am Beispiel des Energierechts, in: Baur, Jürgen F./Sandrock, Otto/Scholtka, Boris/Shapiro, Amos (Hrsg.), Festschrift für Gunther Kühne zum 70.Geburtstag, Frankfurt am Main 2010, S. 329-342.
– : Energieversorgung, in: Isensee, Josef/Kirchhof, Paul (Hrsg.), Handbuch des Staatsrechts – Band 4: Aufgaben des Staates, 3. Aufl., Heidelberg 2006, § 93 (S. 921-956).
– : Verwaltung und Verwaltungsrecht zwischen gesellschaftlicher Selbstregulierung und staatlicher Steuerung, Veröffentlichungen der Vereinigung der Deutschen Staatsrechtslehrer (VVDStRL) 55 (1996), S. 160-234.
Schneider, Jens-Peter, Liberalisierung der Stromwirtschaft durch regulative Marktorganisation, Baden-Baden 1999. Zitiert als Liberalisierung der Stromwirtschaft.
Schoch, Friedrich, Öffentlich-rechtliche Rahmenbedingungen einer Informationsordnung, Veröffentlichungen der Vereinigung der Deutschen Staatsrechtslehrer (VVDStRL) 57 (1998), S. 158-215.
– : Privatisierung von Verwaltungsaufgaben, Deutsches Verwaltungsblatt (DVBl.) 1994, S. 962-977.
Schulze-Fielitz, Helmuth, Der Leviathan auf dem Weg zum nützlichen Haustier? in: Voigt, Rüdiger (Hrsg.), Abschied vom Staat – Rückkehr zum Staat?, Baden-Baden 1993, S. 95-120.
Schumpeter, Joseph, Das Wesen und der Hauptinhalt der theoretischen Nationalökonomie, 1. Aufl., Leipzig 1908.
Schuppert, Gunnar Folke, Verwaltungsorganisation und Verwaltungsorganisationsrecht als Steuerungsressource, in: Hoffmann-Riem, Wolfgang/Schmidt-Aßmann, Eberhard/Voßkuhle, Andreas (Hrsg.), Grundlagen des Verwaltungsrechts – Band 1: Methoden, Maßstäbe, Aufgaben, Organisation, 2. Aufl., München 2012, § 16 (S. 1067-1159).
– : Verwaltungswissenschaft – Verwaltung, Verwaltungsrecht, Verwaltungslehre, Baden-Baden 2000.
– : Vom produzierenden zum gewährleistenden Staat: Privatisierung als Veränderung staatlicher Handlungsformen in: König, Klaus/Benz, Angelika (Hrsg.), Privatisierung und staatliche Regulierung, Baden-Baden 1997, S. 539-575.
– : Verwaltungsrechtswissenschaft als Steuerungswissenschaft. Zur Steuerung des Verwaltungshandelns durch Verwaltungsrecht, in Schmidt-Aßmann, Eberhard/Hoffmann-Riem, Wolfgang/Schuppert, Gunnar Folke (Hrsg.), Zur Reform des Allgemeinen Verwaltungsrechts, Baden-Baden 1993, S. 65-114.
Schwarze, Jürgen, EU-Kommentar, 3. Aufl., Baden-Baden 2012.
– : Soft Law im Recht der Europäischen Union, Europarecht (EuR) 2011, S. 3-19.
Schweda, Marc, Die Bindungswirkung von Bekanntmachungen und Leitlinien der Europäischen Kommission, Wirtschaft und Wettbewerb (WuW) 2004, S. 1133-1144.
Shapiro, Amos, The problems of independent agencies in the United States and the European Union, 4 Journal of European Public Policy (1997), S. 276-291.
Siegel, Thorsten, Entscheidungsfindung im Verwaltungsverbund – Horizontale Entscheidungsvernetzung und vertikale Entscheidungsstufung im nationalen und europäischen Verwaltungsverbund, Tübingen 2009. Zitiert als: Entscheidungsfindung im Verwaltungsverbund.
Spiecker gen. Döhmann, Indra, Das Verwaltungsrecht zwischen klassischem dogmatischen Verständnis und steuerungswissenschaftlichem Anspruch, Deutsches Verwaltungsblatt (DVBl.) 2007, S. 1074-1084.

– : Die staatliche Informationsgewinnung im Mehrebenensystem – ein Überblick, in: Oebbecke, Janbernd (Hrsg.), Nicht-normative Steuerung in dezentralen Systemen, Opladen 2005, S. 253-285.

Stelkens, Paul/Bonk, Heinz Joachim/Sachs, Michael (Hrsg.), Verwaltungsverfahrensgesetz Kommentar, 9. Aufl., München 2018.

Stelkens, Ulrich, Art. 291 AEUV, das Unionsverwaltungsrecht und die Verwaltungsautonomie der Mitgliedstaaten – zugleich Abgrenzung der Anwendungsbereiche von Art. 290 und Art. 291 AEUV –, Europarecht (EuR) 2012, S. 511-546.

Stern, Klaus, Die Verwaltung, in: Stern, Klaus (Hrsg.), Das Staatsrecht der Bundesrepublik Deutschland, Band 2, München 1980, § 41 (S. 726-840).

Stober Rolf, Der Begriff der öffentlichen Verwaltung, in: Wolff, Hans Julius/Bachof, Otto/Stober, Rolf/Kluth, Winfried (Hrsg.), Verwaltungsrecht I, 13. Aufl., München 2017, § 3 (S. 28-39).

Storr, Stefan, Rechtsschutz gegen Regulierungsmaßnahmen in der Europäischen Union, in: Gramlich, Ludwig/Manger-Nestler, Cornelia (Hrsg.), Europäisierte Regulierungsstrukturen und -netzwerke, Baden-Baden 2011, S. 107-118.

Streinz, Rudolf, Europarecht, 10. Aufl., Heidelberg 2016.

– : EUV/AEUV – Vertrag über die Europäische Union und Vertrag über die Arbeitsweise der Europäischen Union, 2. Aufl., München 2012.

Streinz, Rudolf/Ohler, Christoph/Herrmann, Christoph, Der Vertrag von Lissabon zur Reform der EU – Einführung mit Synopse, 3. Aufl., München 2010.

Sydow, Gernot, Europäische exekutive Rechtsetzung zwischen Kommission, Komitologieausschüssen, Parlament und Rat, Juristen Zeitung (JZ) 2012, S. 157-165.

Templin, Wolf, Das Recht der Konzessionsverträge, München 2009.

Terhechte, Jörg Philipp, Strukturen und Perspektiven des europäischen Verwaltungsrechts, in: Terhechte, Jörg Philipp/Leible, Stefan (Hrsg.), Enzyklopädie Europarecht (EnzEuR) Band 3 – Europäisches Rechtsschutz- und Verfahrensrecht, Baden-Baden 2014, § 30 (S. 1137-1160).

Theobald, Christian, Grundlagen des deutschen Rechts der Energiewirtschaft, in: Schneider, Jens-Peter/Theobald, Christian (Hrsg.), Recht der Energiewirtschaft, 4. Aufl., München 2013, § 1 (S. 1-48).

Thiele, Alexander, Die Nichtigkeitsklage, in: Terhechte, Jörg Philipp/Leible, Stefan (Hrsg.), Enzyklopädie Europarecht (EnzEuR) Band 3 – Europäisches Rechtsschutz- und Verfahrensrecht, Baden-Baden 2014, § 9 (S. 251-287).

Thieme, Werner, Verwaltungslehre, 4. Aufl., Köln/Berlin 1984.

Thomas, Stefan, Die Bindungswirkung von Mitteilungen, Bekanntmachungen und Leitlinien der EG-Kommission, Europarecht (EuR) 2009, S. 423-444

Trute, Hans-Heinrich, Die demokratische Legitimation der Verwaltung, in: Hoffmann-Riem, Wolfgang/Schmidt-Aßmann, Eberhard/Voßkuhle, Andreas (Hrsg.), Grundlagen des Verwaltungsrechts – Band 1: Methoden, Maßstäbe, Aufgaben, Organisation, 2. Aufl., München 2012, § 6 (S. 341-435).

– : Methodik der Herstellung und Darstellung verwaltungsrechtlicher Entscheidungen, in: Schmidt-Aßmann, Eberhard/Hoffmann-Riem, Wolfgang (Hrsg.), Methoden der Verwaltungsrechtswissenschaft, Baden-Baden 2004, S. 293-325.

– : Der europäische Regulierungsverbund in der Telekommunikation – ein neues Modell europäisierter Verwaltung, in: Osterloh, Lerke/Schmidt, Karten/Weber, Hermann (Hrsg.), Festschrift für Peter Selmer zum 70. Geburtstag, Berlin 2004, S. 565-586.

– : Regulierung – am Beispiel des Telekommunikationsrecht, in: Eberle, Carl-Eugen/Ibler, Martin/Lorenz, Dieter (Hrsg.), Der Wandel des Staates vor den Herausforderungen der Gegenwart – Festschrift für Winfried Brohm, München 2002, S. 169-189.

– : Verantwortungsteilung als Schlüsselbegriff eines sich verändernden Verhältnisses von öffentlichem und privatem Sektor, in: Schuppert, Gunnar Folke (Hrsg.), Jenseits von Privatisierung und „schlankem“ Staat, Baden-Baden 1999, S. 13-45.

– : Öffentlich-rechtliche Rahmenbedingungen einer Informationsordnung, Veröffentlichungen der Vereinigung der Deutschen Staatsrechtslehrer (VVDStRL) 57 (1998), S. 216-273.

– : Die Funktionen von Organisationen und ihre Abbildung im Recht, in: Schmidt-Aßmann, Eberhard/Hoffmann-Riem, Wolfgang (Hrsg.), Verwaltungsorganisationsrecht als Steuerungsressource, Baden-Baden 1997, S. 249-295.

– : Die Verwaltung und das Verwaltungsrecht zwischen gesellschaftlicher Selbstregulierung und staatlicher Steuerung, Deutsches Verwaltungsblatt (DVBl.) 1996, S. 950-964.

von Danwitz, Thomas, Was ist eigentlich Regulierung?, Die öffentliche Verwaltung (DÖV) 2004, S. 977-985.

von Hayek, Friedrich August, Der Wettbewerb als Entdeckungsverfahren, Kiel 1968.

Vesting, Thomas, Die Bedeutung von Information und Kommunikation für die verwaltungsrechtliche Systembildung, in: Hoffmann-Riem, Wolfgang/Schmidt-Aßmann, Eberhard/Voßkuhle, Andreas (Hrsg.), Grundlagen des Verwaltungsrechts – Band 2: Informationsordnung, Verwaltungsverfahren, Handlungsformen, 2. Aufl., München 2012, § 20 (S. 1-34).

– : Zwischen Gewährleistungsstaat und Minimalstaat, in: Hoffmann-Riem, Wolfgang/Schmidt-Aßmann, Eberhard (Hrsg.), Verwaltungsrecht in der Informationsgesellschaft, Baden-Baden 2000, S. 101-131.

Von der Groeben, Hans/Schwarze, Jürgen/Hatje, Armin (Hrsg.), Europäisches Unionsrecht, Bd. 4: Art. 174 bis 358 AEUV, 7. Aufl., Baden-Baden 2015

Voßkuhle, Andreas, Neue Verwaltungsrechtswissenschaft, in: Hoffmann-Riem, Wolfgang/Schmidt-Aßmann, Eberhard/Voßkuhle, Andreas, Grundlagen des Verwaltungsrechts – Band 1: Methoden, Maßstäbe, Aufgaben, Organisation; 2. Aufl., Tübingen 2012, § 1 (S. 1-63).

– : Expertise und Verwaltung, in: Trute, Hans-Heinrich/Groß, Thomas/Röhl, Hans Christian/Möllers, Christoph (Hrsg.), Allgemeines Verwaltungsrecht zur Tragfähigkeit eines Konzepts, Tübingen 2008, S. 637-664.

– : Sachverständige Beratung des Staates, in: Isensee, Josef/Kirchhof, Paul (Hrsg.), Handbuch des Staatsrechts - Band 3: Demokratie – Bundesorgane, 3. Aufl., Heidelberg 2005, § 43 (S. 425-475).

– : „Regulierte Selbstregulierung" - Zur Karriere eines Schlüsselbegriffs, in: Regulierte Selbstregulierung als Steuerungskonzept des Gewährleistungsstaates, Die Verwaltung (DV) 2001, Beiheft 2, S. 197-200.

– : Der Wandel von Verwaltungsrecht und Verwaltungsprozeßrecht in der Informationsgesellschaft, in: Hoffmann-Riem, Wolfgang/Schmidt-Aßmann, Eberhard (Hrsg.), Verwaltungsrecht in der Informationsgesellschaft, Baden-Baden 2000, S. 349-404.

– : Gesetzgeberische Regelungsstrategien der Verantwortungsteilung zwischen öffentlichem und privatem Sektor, in: Schuppert, Gunnar Folke (Hrsg.), Jenseits von Privatisierung und „schlankem" Staat, Baden-Baden 1999, S. 47-90.

Weaver, Kent R./Rockman, Bert A., Assessing the effects of institutions: When and how do institutions matter, in: Weaver, Kent R./Rockman, Bert A. (Hrsg.), Do institutions matter? Government capabilities in the United States and abroad, Washington D.C. 1993, S. 1-41.

Weiß, Wolfgang, Komitologieverfahren, in: Baur, Jürgen/Salje, Peter/Schmidt-Preuß, Matthias (Hrsg.), Regulierung in der Energiewirtschaft, 2. Aufl., Köln 2016, Kapitel 12 (S. 147-162).

– : Der Europäische Regulierungsverbund im Energierecht: Europäische Kommission und nationale Regulierer, in: Baur, Jürgen/Salje, Peter/Schmidt-Preuß, Matthias (Hrsg.), Regulierung in der Energiewirtschaft, 2. Aufl., Köln 2016, Kapitel 32 (S. 440-459).

– : Der Europäische Regulierungsverbund im Energierecht: Europäische Kommission und nationale Regulierer, in: Baur, Jürgen/Salje, Peter/Schmidt-Preuß, Matthias (Hrsg.), Regulierung in der Energiewirtschaft, 1. Aufl., Köln 2011, Kapitel 40 (S. 560-588).

Weyer, Hartmut, Europäische Netzkodizes Strom und Gas – zwischen Selbstregulierung und Normsetzung, in: Bien, Florian/Ludwigs, Markus (Hrsg.), Das europäische Kartell- und Regulierungsrecht der Netzindustrien, Baden-Baden 2015, S. 123-156.

Wieland, Joachim, Die Entwicklung der Wirtschaftsregulierung in den Vereinigten Staaten von Amerika, Die Verwaltung (DV) 18 (1985), S. 84-115.

Williamson, Oliver, The economic institutions of capitalism – Firms, markets, relational contracting, New York/London 1985. Zitiert als: The economic institutions of capitalism.

Williamson, Oliver, Transaction-cost economics, 3 Journal of Law and Economics (1979), S. 233-261.
Willke, Helmut, Supervision des Staates, Frankfurt am Main 1997.
– : Die Steuerungsfunktion des Staates aus systemtheoretischer Sicht in: Grimm, Dieter (Hrsg.), Staatsaufgaben, Baden-Baden 1994, S. 685-711.
Wißmann, Hinnerk/Lange, Pia, Handlungsformen im europäischen Verwaltungsrecht, in: Terhechte, Jörg Philipp/Leible, Stefan (Hrsg.), Enzyklopädie Europarecht (EnzEuR) Band 3 – Europäisches Rechtsschutz- und Verfahrensrecht, Baden-Baden 2014, § 31 (S. 1161-1193).
Wöhe, Günter/Döring, Ulrich (Hrsg.), Einführung in die Allgemeine Betriebswirtschaftslehre, 25. Aufl., München 2013.
Wollenschläger, Burkard, Wissensgenerierung im Verfahren, Tübingen 2009.
Zeidler, Anne Christine, Die Bundesnetzagentur, in: Baur, Jürgen/Salje, Peter/Schmidt-Preuß, Matthias (Hrsg.), Regulierung in der Energiewirtschaft, 2. Aufl., Köln 2016, Kapitel 39 (S. 501-509)
Zöller, Richard, Zivilprozessordnung Kommentar, 32. Aufl., Köln 2018.